滄海叢刊　史地類

罘姑話飄泊

——側寫中國百年

錢石英　著

東大圖書公司

國家圖書館出版品預行編目資料

果姑話飄泊：側寫中國百年／錢石英著.－－初版一刷.－－臺北市；東大，2003
面；　公分－－(滄海叢刊. 史地類)

ISBN 957-19-2749-X(平裝)

1. 錢石英－傳記

782.886　　92014005

網路書店位址　http://www.sanmin.com.tw

© 果姑話飄泊
——側寫中國百年

著作人　錢石英
發行人　劉仲文
著作財產權人　東大圖書股份有限公司
臺北市復興北路386號
發行所　東大圖書股份有限公司
地址／臺北市復興北路386號
電話／(02)25006600
郵撥／0107175-0
印刷所　東大圖書股份有限公司
門市部　復北店／臺北市復興北路386號
重南店／臺北市重慶南路一段61號
初版一刷　2003年11月
編　號　E 781030
基本定價　玖　元
行政院新聞局登記證局版臺業字第○一九七號

ISBN　957-19-2749-X　(平裝)

錢石英女士（清光緒三十一年乙巳一民國九十一年壬午，1905～2002）　攝於民國八十七年。

岳飛祠（用庚韻）

飛來峯下岳王塋
英烈千秋蓋世名
石破天驚蒙冤獄
錢塘潮怒吊忠貞

書贈

錢石英女史　敬正

後學　耿仁　十、廿九、

民國八十九年十一月攝於高雄市科學工藝博物館前。

用日曆紙反面寫作草稿。

在老人公寓每天下樓看報。

民國八十七年十一月，在老人公寓中向大家示範製作紙花。蔡淑娟攝影。

上臺客串表演。

民國六十年當選模範母親，省府秘書長代表省主席陳大慶致贈紀念章及匾額。

與黃美華合照。

與林靜玉合照。

與秦惜今合照。

民國八十八年參觀高雄縣議會。

與郭黃秀梅合照。

與吳韻華合照。

與買鄭瑞英合照。

與翁闊旺合照。

老人公寓居民同往鵝鑾鼻燈塔遊覽。

老人公寓居民參觀高雄市立美術館。

寬薇休假，自菲律賓回來，來到老人公寓。

訪問鳳山聖功修女會與會長筆談。

寬泠自美國回來同去訪問鳳山聖功修女會。

1995年，與承庸弟在巴黎街頭。

1995年，承庸家中的法國式派對。

1995年6月底，在曼谷子平弟家中。右起為家鈺、寬仁。

1995年6月底攝於曼谷。前排右起為子平弟、子平弟幼女錢家珠姪女、子平弟長女錢家鈺姪女，前排左為姪女家珠夫婿鄭貴本；後排右起為寬仁、紅卿妹次女辛蕾甥女夫婿林甘作、姪女家珠幼女鄭秀仁、紅卿妹次女辛蕾甥女、姪女家珠次子鄭健仁、姪女家珠長子鄭康仁。

1971年第一次去美國。
10月攝於去西點軍校途中。

1982年第二次在美國過耶誕節。

1988年，與寬泠夫婦、寬泠子齊唯德合照。

2001年秋，寬泠偕夫婿齊家旦返來在高雄聚餐。右為寬民夫婦，左後是宜昕。

2002年7月，寬泠夫婦攜子齊唯德自美返。前排右一為寬泠一女中同學馮國慶。

1995年，長孫女宜申于歸傅府。後排右起為楊書田親翁、傅朝枝親翁夫婦、新郎傅文隆、宜申、寬仁夫婦和寬民；前排為宜正和她夫婿楊千謙。

1999年3月，外孫翁漢生在美國結婚後返臺會親聚餐。右起為宜定、寬平、翁漢生；左起為宜昕、翁菀菲、鄭乃蘋和新娘吳正寧。

1999年6月於高雄。後排右起為楊千謙、宜定、鄭乃蘋、宜昕、寬仁和寬民；前為宜正。

2000年7月，長外曾孫女傅郁庭隨父母來老人公寓。

1992年2月，住在冬青女婿李仁源家中，與冬青合照。

冬青長子王恩海獲得航空工程博士學位合影。右起為王潔明、冬青次子王恩南；左起為冬青女婿李仁源、冬青媳婦黃齡玉；前排為李恒萱、李恒薰。

與冬青家人合照，冬青笑得很開心。後排右起為冬青媳婦黃齡玉、李恒萱、冬青女婿李仁源、李恒薰；前排右起為王以昕、李恒荃、王以琳。

2001年（農曆12月22日）在高雄寬民家中切開生日蛋糕。生命中的最後一個蛋糕。

1975年8月，宇飛住入三軍總醫院後與家人合影的最後一張照片。右起為宜申、翁漢生、齊家旦，後為寬民；前排左起為宜正、齊唯德，後排為夏宗陶、寬薇和寬泠。

2002年10月，全體在陽明山第一公墓安葬著者後，回到臺北聚餐。

自序

錢石英

民國八十四年九月十六日，我九十歲，入住高雄縣崧鶴樓老人公寓，成為公寓中第一批居民之一員。入住的條件是自己能管理自己。

崧鶴樓在鳳山市內，地點很適當，房屋建築及一般設施很夠水準，公寓斜對面就有一處黃昏市場，買東西很方便。公寓歷居主任及辦事人員友善熱心，老人居民互相照應，友情洋溢。入住以後身心愉快。

居民之中數我年歲最高，大家尊我為長者；從第一任主任秦惜今小姐直到現任主任黃美華女士和辦事人員都稱我是奶奶。

入住崧鶴樓之後，漸漸養成樓中居民的團體生活習慣，雖然自己二耳的聽覺能力急遽退化，但是，我與別人溝通仍然沒有困難，只是較複雜的事情不得不請人書寫下來用筆談。

我一向有與國外親友保持通信問候的習慣。住入崧鶴樓後，生活有規律，自己可以掌握的時間也多了，比較有更多時間寫信。

民兒住在高雄市，隨時都可以來看我；不過他到底是年輕一點，有關親戚朋友之間的關係以及過去許多經歷，他印象不深已經淡忘。老大仁兒住在臺北，三四週才會來高雄看我，見面有什麼好聊的呢？他總是用筆問說，有誰來信啦？於是，我們便一起看信。有泰國曼谷來的、法國來的、美國來的、加拿大來的，還有老家大陸廣東潮州來的。來信中的點點滴滴便會引起一些話題，可以消磨一個下午。

民國六十年與老伴宇飛同去美國東岸，在泠女家和鎔女家居住約一年。體驗中美生活方式不同，觀感印象深刻。回國途中特意繞道歐洲，去巴黎探視承庸弟。後來，七十一年和七十七年我個人又去了二次。七十一年中，從美國進入加拿大看看老朋友。七十七年，我獨自一人從美國回來先去了泰國曼谷，再回臺北。

八十四年六月間，我再度去了法國巴黎探望承庸弟，又去了泰國曼谷探望子平弟。他們都比我年輕很多，來信中都說到：很想來臺灣，只是心有餘而力不足了。既然如此，那麼我去看他們罷！沒想到與承庸弟巴黎一見竟成永別，翌年他就去世了。

我在巴黎住了七天，每天與承庸弟一聊就是好幾小時。他是三叔父的次子，自幼生長在廣州和香港，抗日戰爭時代，來在上海我們家住過一段時間。後來我住在重慶山洞時，他準備隨駐蘇聯大使傅秉常去莫斯科之前常到我家來。因此，在眾多堂弟妹中我們比較熟稔，在一起時也有較多較廣泛的話題。多年前，隔二三年他會來臺灣一次。

子平弟是大伯父的兒子，年輕時活躍於泰國的銀行界和航運公司。好幾年前我曾經去過泰國看他；從巴黎回來便順路在曼谷落地又去他家住了三天。臨別時，弟媳辛婉卿緊握著我的手說，彼此都老了，每見一次面就是少了再見一次的機會啊！不想她一語成讖，八十六年她去世了。

許多堂妹中最熟稔的是紅卿，她是大伯父的次女。當年她在上海讀大學時，住在我們家，甚至於有一段時間，她還協助我母親替我管家、管孩子。可惜經過曼谷時，她去了美國看兒女，沒有見到面。她是最勤於跟我寫信的。

堂弟妹們常會給我信。三叔父的長女美容本來長住香港，我們經常通信。她和夫婿來過臺灣數次。每次我去香港便住在她家。她家在銅鑼灣一處半山腰，從大客廳中可以遙望隔海九龍半島上啟德機場的飛機起降，景觀極美。自從六年前她全家移民遷居加拿大以後，就很少來信了。

我自幼生長在廣東潮汕，從小使用的母語是潮州話。後來也能說廣州話和客家話。至於說普通話時，我的廣東腔並不嚴重。

結婚前後都住上海，父母親帶領承權弟和荷生妹就移居上海。父親從此就沒有離開上海。

生下仁兒，父親對這個長外孫特別寵愛，甚至於為他命名叫「錢海疇」，用古玉請名家替他刻了一方圖章，圖章中文字是「吳越國錢武肅王二十八世外孫之印」。每年歲末仁兒率弟妹們去向外公辭歲，依長幼順序一一從外公手中領取壓歲錢紅包。仁兒一包一定特別多，以致老二寬淳公開抗議，母親知道了便去指責父親太偏心。

雖說傳統的老人家會重男輕女，父親卻另有一套理論。我接連生下平、泠、薇三個女兒，他沒有什麼表示。再生下民兒，他突然表示「寬薇會帶弟弟來，值得寶貝！」寶貝到什麼程度呢？他說，寬薇是他的「五銖」錢。

「五銖」是漢朝時代所鑄造的銅錢，方孔兩邊鑄有「五銖」二字。「五銖」錢流傳下來的數量不多，是古董之中很珍貴的錢幣。於是，全家都稱寬薇是「五銖」，並且要用廣州話發音。剛好寬薇行五。

抗日戰爭中我們全家逃難，從上海出發經過八個省份，去到西南大後方的貴州省安順定居。勝利後，我們已在廣州。宇飛趕回南京，帶仁兒先回上海讀書。仁兒便去住在外祖父家裡。他每天放學後便陪阿公躺在大床上，隔著鴉片煙燈具看外公燒煙泡、抽鴉片煙。外公把大煙抽足了，便開始為他講故事。不但是講而已，他老人家還親自起來，樓上樓下翻箱倒篋的，找出他的收藏寶貝來為他一一印證說明。

父親收藏許多古董珍玩，字畫卷軸、鏽跡斑斑的青銅、宋元明清各朝代的精美瓷器都有。當年在上海的古董收藏家中，他也頗有一點名氣。

父親以姓錢為榮。杭州附近有人發掘到一座古墓，墓中所葬的是唐朝末葉吳越國的一位幼年公主。父親把那墓中陪葬文物全部買下來，運到上海，把上海霞飛路興業里寓所樓下，原來空著的汽車間堆得滿滿的。他自己做了不少考據，研究那位錢家夭折公主的生平。

吳越國是唐朝某代皇帝所封，在錢塘吳越之地建國，賜姓錢，國名吳越。第一代國王是錢鏐，諡武肅王。所以，後來姓錢的便以吳越國武肅王為始祖。錢塘是地名，戰國時代曾為吳國和越國領土。

仁兒對錢家的歷史極有興趣，更想要知道他外祖父的生平。嫌我說得前後雜亂不完整，乾脆要我有系統的寫下他的一生經歷和私生活。憑我這枝拙筆能寫出什麼嗎？一輩子沒有寫過真正的文章！真是大開玩笑！

平心而論、父親的確是一位人物。雖然他的五品官階是他的父親以五百兩銀子向光緒皇帝朝廷捐來的；可是以他的博學見識和幹練的治事能力來說，如果在人生舞臺上讓他有機會扮演不同的角色，他一定會博得更多喝采和掌聲的。

父親一直只是個鹽務官員。他一生遭遇波折起伏很大，他的有些事蹟的確值得讓後輩知道。問題是我現在自己獨處崧鶴樓，所有的僅僅是自己頭腦中的記憶而已。已過去數十年了，不可能記得那麼詳細。不過憑我的記憶，重大事情的先後應不至於弄錯，實際的年月日隱約記得，當然無法詳細。

本來只說是寫一些父親的事蹟，寫著寫著不免寫到自己；本來只說是寫下來的東西比較有條理而已；本來我只是信手在任意白紙上寫下一段，多年不用筆，不免偶有別字。仁兒帶回去逐字鍵入電腦，加標點、分段落、擬標題，編印整齊後拿回來給我看。

我一輩子從來沒有寫過什麼文章，重新閱讀之後，雖然是自己寫的東西，漸漸的感覺到：隨手寫的東西，當時好像寫完了，可是一經編印整齊以後再來閱讀就發現：敘述事情並不完整，自己懂、別人看不懂；語氣、句法也與平日寫信是大不相同的。於是，我就加以修改補寫，讓仁兒帶回去重新整理。有時一段文字，修訂好幾次。

本來只是寫寫當消遣好玩，寫寫滿足仁兒對他外祖父的懷念而已。仁兒整理後也只有他一個人看過。只是漸漸寫得多了，便引起多人注意。外孫翁漢生遠在美國便正式提出問題：「妳的回憶錄什麼時候出版呀？」去年十一月，泠女偕夫婿齊家旦回臺灣，來老人公寓看我，床頭櫃上有仁兒用電腦整理編印的稿子，家旦順手拿起看得入神，還問說什麼時候能寫完。平女退休後移居美國，今年初回來把我寫成的部分複印了一份帶回去，朋友間爭相傳閱。於是，他們兄弟姐妹決定要把這份東西公開印行，出書後可以分贈親友，讓後輩留作紀念。

我想成書出版後，正好也可以用來對一些人作為一種答覆和說明。例如那位我從未見過面的姪女錢寧芳，她在美國曾經來信多次問過我的一些問題，我一直未曾答覆過她。寧芳是庶弟惠生的女兒。

我這一生可說完全沒有涉入職業社會，過的全然是家庭生活，裡裡外外，上輩下輩，依然是種種人事複雜，應付圓滿也頗不簡單。我秉持的原則是以和為貴，默默處理。幾十年來說不盡有多少甜酸苦辣。尤其是時局變亂、不斷逃難、多次面臨危急狀況，甚至於全家遭遇翻車，我總是力持鎮靜讓家人不致驚慌，自己則在心中默唸佛號，禱求觀音菩薩保祐、賜我智慧、賜我勇氣，最後終能逢凶化吉，平安無禍。

人生路上，所幸諸兒女們在求學就業途中都能自律自愛，我從來沒有給予他們點滴壓力；成家立業，各人都有一條正大光明的道路在走。寫到這裡順便在此感謝諸兒女，能為我爭氣，免我操心。

遺憾的是老伴宇飛在民國六十四年就棄我先去。痛心傷感的是二兒寬淳，他一心報國、投效海軍，忠勤不懈。民國七十七年卻因公殉職，車禍喪生。

自序

多年來隨老六民兒在高雄市居住。崧鶴樓落成開幕，看見報紙上廣告後，我就來參觀。回去後一再思索、下定決心，就搬進來了。樓中環境安靜，團體生活很有規律，每天有可以自己思索記憶並且寫下來的時間，終於寫成一些值得回憶的東西。許多事情發生的前後仍然記得，一些時日以及過程中一些瑣碎小事、地名等實在不記得了，一概由仁兒去查考補正。

動筆以來前後已是五年，不想寫時就不寫，腰酸背痛時不能寫，停停寫寫，不知不覺居然寫下二十多萬字。常常由於仁兒的質疑，我便回頭補寫一段插入。不過，今春以來，握筆略為困難，著紙之際手抖得無法寫字，仁兒要我繼續補足的幾段故事只好順延，勉強先完成這篇序言再說罷。

我與遜清宣統皇帝同庚，今年實足是九十八歲了，這九十幾年來正好是我國社會動亂劇烈的時代：推翻滿清帝制、國民革命成功、掃蕩軍閥、八年抗日、國共內戰、寶島偏安。在這大時代中，澎湃的時代浪潮裡浮沉多少可歌可泣的故事，我帶領著我們這一家所扮演的，大多數是隨著時代浪潮四處飄泊的難民角色。

現在許多大人物們時興找人寫「口述歷史」，我這個「果姑話飄泊」卻只是一個不足道的小人物在亂世中逃難的一點經歷和見聞而已，也許可為歷史上的小洞作一點點補綴罷！是為序。

九十一年端午節於崧鶴樓408室

果姑話飄泊——側寫中國百年

目次

第六篇　居仁里傳奇

（民國二十一年）　110

第七篇　廣東老太太

（民國二十二年）　132

第八篇　流年不利的歲月

（民國二十三～二十五年）　144

第九篇 不發一槍的勝利

第十篇 全民抗戰

第十一篇 走向西南大後方

第十二篇 大後方平安順當的生活（民國三十三年） 287

第十三篇 廣西百色迎接勝利（民國三十四年） 320

第十四篇 沒有目標的旅程

第十五篇 南海飄泊

第十六篇 葡萄牙旗幟之下（民國三十九年） 441

第十七篇 來寶島重拾尊嚴 454

附錄 473

第一篇　憶童年

「神仙、老虎」是父親

回憶童年的敘述就從我對父親的記憶開始罷。

我父親是個聰明能幹、有作有為的人。

光緒六年八月初十、歲次庚辰、西元一八八〇年，父親在廣州出生。

他的五品官階是他父親向大清光緒皇帝的朝廷以五百兩銀子捐來的。那時以三百兩銀子就可以捐得七品候補縣知事。無論幾品，捐得官階之後一律是候補。要佔實缺要另外進行。例如：有實職官員的引荐、保舉等等。

父親得到葉家姨丈的保舉是個五品的實職鹽官。他沒有擔任過任何地方行政官職，從頭到尾他的本行是管理鹽務。從科員、鹽知事、總管、鹽局局長做到官鹽緝私委員。

父親很重視服裝，五品鹽官做得像模像樣。平常他就穿得很威嚴。父親非常考究他的衣著。尤其是在官場上，他的黑靴、長袍、背心、腰帶、絲織繡花圍在肚子上的紮帶等等其顏色搭配都是一套一套的，配合季節使用高級絲綢呢絨，量身裁剪，真是氣派非凡。在我的模糊印象中，他有一套前胸有以金絲彩線繡著飛鳥補子的官服，穿起來更是神氣。那套官服一年中大概只穿二三次罷，一是為了過年團拜、官場上相互拜年；一是去萬壽宮向遙遠北京城中的老佛爺、慈禧太后拜壽；或是有上級大員來到。

一般人形容在官場上翻滾的人是「神仙、老虎、狗」，父親可真是當之無愧。他少年得志，從二十幾歲到三十幾歲，亦就是從我出生前到我十來歲的十數年期間，他的確是到處赫赫虎威，過的是神仙般的生活。因為一般地方官員的品階都比他低，他只管鹽；所到之處都是客官身分，地方官要迎要送。

廣東潮汕地區一直延伸到福建西部的大河那一邊：峰市、永定、上杭三縣的鹽務局局長，以及石下壩、虎頭沙等處重要的鹽務分卡主管，全由他一人兼職包辦。後來鹽局又成立緝私隊，他再兼任緝私委員統領部隊緝拿走私海鹽，手下有兵有槍；再身兼一個閩粵鹽務視察專員，督導鹽稅的徵收，真正是有權有威又有錢。所到之處，人人側目。唯一的上司是遠在廣州省城中的廣東省鹽務總辦。潮州府城（民國後改稱潮安縣）中設有一海鹽官運局，是總署的分院。總辦來到潮州就在此辦事，父親必來見面。

父親常駐的鹽務局所在地是廣東省大埔縣長美鄉的石下壩，那是一處山清水秀的小村落，我出生後，以地為名父親就為我命名叫石英，又字美生。不過廣州方面的長輩們卻都叫我阿果，小一輩的就稱我果姑。據說，那時父親出差在外，睡夢中祖母要他趕緊回家去，孩子快出世了，孩子出世就叫阿果罷！父親回家當天晚上，我就出世了。那是前清光緒三十一年十二月二十二日，歲次乙巳（一九〇五）。

那個時代各地交通是很不方便的，父親卻有辦法走來轉去到處應付，他模仿驛站在各處設置抬轎人伕，他的轎子一到立刻有接替轎伕抬了就跑，沿途不耽擱，鹽務辦得有聲有色。親友們說起他莫不翹起大拇指，上級鹽務總辦對他更是讚賞無已。

三河壩應是大埔縣屬的一個鎮。附近長美鄉中有一村，村名石下壩。父親的官鹽局就在村中。我出生在此，父親為我命名石英，字美生。

父親奉命整頓從三河以北直到福建邊境一帶的鹽務機構，全權便宜行事，事後只要向廣州方面報備即可。

原來粵東那一帶崇山險峻，交通極不方便，原有官方的鹽務機構長年以來大多已被當地的土豪劣紳和海鹽私梟控制，朝廷拿不出辦法，要一一予以收復整頓不是簡單的事。父親冷靜觀察一段時間之後，成竹在胸，他首先選定進駐石下壩的鹽局。

石下壩雖是個小地方，卻是交通要道，潮汕海岸通往內陸江西南部及福建西北各地必經此處，商販來往消息靈通。父親在石下壩不動聲色的整理鹽務，他覺得已經站穩了，便正式簽報上級要求建立一支武力。建議案經上級官署奉准以後，他立刻派員去香港購買西洋槍械，一方面招兵訓練成立緝私隊，精選一批幹練的由他親自訓練，任為勇目（相當於現在部隊中的班長、伍長罷）。他身為局長再兼緝私委員統率緝私部隊。後來事實證明：這批基層幹部非常得力。

他手上有兵力了，於是放膽前進，陸續收復各地鹽務機構，首先是峰市的鹽局，然後進入福建省境收復永定，上杭各縣的鹽局，並兼任各縣鹽局局長。最後他的官銜是閩粵鹽務視察專員，專職查緝私鹽、徵收鹽稅，有兵有錢，權力相當大。

他經常下鄉出巡視察，乘坐的是二前一後三名轎伕抬著快跑的藍呢大轎子，大轎子前面有人引路，轎後還有一小隊扛著長槍的兵勇跟著跑步，轎旁另有一個徒步的跟班緊緊跟著轎子，隨時聽命傳令。轎前左右掛著兩只大燈籠，燈籠上漆著「某某鹽務局」再加上好大一個「錢」字。

離石下壩並不太遠處有一個小村莊，村名虎頭沙，村裡原來有一處鹽卡，大門口掛著一片很堂皇的木板招牌刻著「官運鹽務局」，實際上卻是鹽官與私梟鹽販勾結，狼狽為奸走私海鹽集散的一處大本營。父親偵知其內情後，以迅雷不及掩耳的方式率兵勇進入，驅散一干人員，解散其組織，收復官鹽局，整頓業務。這件事上級十分讚賞。

虎頭沙的印象

地名虎頭沙意思就是說當地出老虎。

在虎頭沙真的看見老虎，我還有一點印象。

那裡有一條流水豐沛的溪流，溪流邊上要走上十幾級石階才到岸上，岸上沿著溪流是一條很寬的大路，當地人稱之為堤頂路。跨過堤頂路便來到鹽局的正門口。鹽局是一座正式的公務建築，只是一層房屋，不過蓋得很高大，雄據一方，也頗有一點氣派。

鹽局右手邊、沿著堤頂路走約三四十步路有一家裁縫店，那家裁縫店是全村最好的房屋，樓上有廳房數間，窗明几淨，正面窗戶還裝有玻璃窗。父親便租下二樓作為住宅。母親、我以及一個貼身的丫頭名叫素蘭的，一共三人就是全部進住眷屬。

素蘭比我大幾歲，主要的工作是陪伴我玩耍。在虎頭沙我們又雇用了一個本地老媽子做些家事，上灶燒火等粗工，早來晚走。

裁縫店旁邊的一條路通往內村，村子裡大約有三四十戶人家。

鹽務局大門出來左手邊、沿著堤頂路走大約二三百步路有一條大溪流的小支流橫躺在前面，小支流上有一座橋。一過了橋，景色完全不同，青草斜坡上面是密密麻麻一片樹叢，樹叢後面便是層層疊疊的山，愈遠的山愈高，樹木茂盛。

每天晌午時分，村中男男女女結隊上山去砍柴，其中一人可能是村中老大，他領頭先過橋去，站在橋頭點明上山砍柴人數，下午二三點鐘左右，他便大吹哨子，叫大家下山回家。他同樣也是站在橋頭點明過橋人數以後，自己走在最後回來。

我那時大概是五六歲，曾經有幾次母親同意了，便讓素蘭陪著我跟隨村裡大夥人過橋去玩。每次才玩一下下，便有鹽丁跑來要請大小姐回去用飯。

母親只許我在河岸邊山前一帶玩耍，不准隨村人進山裡去。我和素蘭便在離橋頭不遠的山坡草地上玩。

有一次，我們追趕蜻蜓，看到地上長著一大叢葉子，裡面有許多微黃色的白花，白花散發著一陣陣清香。我讓素蘭摘了一大把帶回家。母親說，那是野生的素心蘭。晚上，父親回來發現了，大為欣賞。第二天，他讓幾個鹽丁帶了鋤頭、籮筐等工具，去把野生的素心蘭連根挖回來，分別栽種在二個大型的瓷花盆裡，佈置在鹽局的官廳裡。

過橋那邊，不但有野花有蜻蜓，還有美麗的大蝴蝶。我這一輩子再也沒有看到那種大蝴蝶了。大蝴蝶幾乎都是近乎黑色的紫藍色，翅翼展開足足有成人的手掌般大小，在草叢上飛舞，紫藍色的翅膀會閃閃發亮。

村民們進入山裡去砍柴，為什麼是這樣的緊張，聽哨音限時來回，不停的清點人數呢？原來山上有老虎。

黃昏時分，老虎經常會下山來，來到山麓邊樹叢間散步，有時也跑到溪邊來張望、喝水。村民們要嚴防老虎過橋進入村子。發現老虎，於是家家戶戶拿出敲打有聲音的東西來，如大鑼、銅臉盆等等，大敲特敲，也有人點燃一排鞭炮丟到橋上去把老虎嚇走。

有一次我睡到半夜被鑼鼓聲吵醒，原來黑夜裡老虎溜過橋來，跑進某家後院的豬圈裡咬豬，驚醒了村民。大家起來趕老虎，鬧到天亮。結果發現有一隻豬被咬死了。

有一次村民們居然打死了一隻老虎，死老虎抬到鹽局門外的大埕上宰割。他們把虎皮和全副虎骨送給局長。虎皮先送去請專家處理，做成一張床墊。這張虎皮床墊，後來在上海，冬天時寬仁就拿去鋪在他床上。

虎骨就在現場熬煮，做成虎骨膠。父親請來一位製藥師父，製藥師父指導鄉民就在鹽局門前大埕上架起爐火用一口特大的鍋子來熬虎骨，一連熬了幾晝夜。虎骨膠煉成了，是一塊塊黑色的東西。父親只收下二塊，其他的仍然分還給村民大家，並且教導他們用虎骨膠泡製藥酒的方法。村民們好不高興喔！

剝刮下來的老虎肉，村民們做成好幾鍋，種種不同的烹調口味，陸陸續續一碗一碗的送進鹽局請我們吃。我們都沒吃，原碗退回。

有老虎出現時，家家戶戶都緊閉門窗，人人出去吆喝趕虎。我卻是跑到樓上打開窗子找老虎看，心中卻又很害怕。每次母親都會說：「你打開窗子，老虎跳進來怎麼辦？」其實我只開一點點窗子縫縫而已。有時可以遠遠看見老虎在溪流那邊的草叢中走動。老虎很少會跑過橋來到村子邊的。

這是我對虎頭沙的一點記憶。

那個時代，人們完全沒有什麼對野生動物的保育觀念。尤其是對於老虎，傳統上認為它全身都可以煉成補藥。一見老虎就喊打喊殺，殺老虎的都是英雄。今天再去虎頭沙一定是看不見老虎了。

我們在虎頭沙住了幾個月，接到伯父自潮州來信，說是原住屋太小，對大伯母生產頭胎頗不吉利，他已經找好了一處鎮平會館的房子，預定月半之前搬家。一是要搬去新家準備過年，二來讓大伯母換新厝待產。總之要我母親提前回潮州去，處理搬家事宜，照顧伯母生產。

讀過來信，父母親商量一陣以後，決定讓我們母女先回去。於是，父親找來了船老闆張阿喜。

回到潮州府

張阿喜是當地各船戶中最大的一戶，他手下人伕最多、船隻最多，尤其是他擁有一隻官船。所謂官船就是船體較大，船中間客艙廣闊，前面是一個客廳，地板平滑，裝潢漂亮。極合適官家使用。父親幾年來在這附近水路上來往，都是包租張阿喜的這隻官船，張阿喜本人也很可靠。這次又包租他的船從虎頭沙去潮州，不過，這次是包租二隻，除了那隻官船以外再要一隻普通小民船。

住在官船上的是母親、我、素蘭以及四舅父。原來這幾年收復各地鹽局，都是父親他自己率領部屬先去上任，等到局面安定後便派人來接取我們母女前去。這樣的做法，外祖母感到很不放心，於是她讓父親為四舅父（母親的四哥）在鹽局補上一個名字當一份差事，遇著要出門時家眷便派由他護送，公私兩便。

我們的官船之外，後面還拖著一隻小民船，船上住有一位勇目和二名帶槍的小勇，以及我們的行李箱籠等。兩隻船用鐵繩連結著一起走。

潮汕一帶共有八縣，前清時代是屬於潮州府所管❶。清咸豐八年（一八五八）英法聯軍侵入塘沽，清廷戰敗，簽署天津條約，條約中要求開闢廣東省澄海縣所屬韓江海岸，汕頭一地為商埠，汕頭港灣水深，外洋輪船可以直接進入。從此汕頭蛻變成為粵東韓江口的一處重要碼頭。今天所謂的南洋華僑，其祖先有許多就是從汕頭出海去南洋討生活的。

光緒二十九年（一九〇三），潮汕地方上商人集資，請日本人設計，鋪設一條鐵路，從汕頭到潮州府城，全長只有三十九公里，所謂是潮汕鐵路。民國後潮州府改為潮安縣。汕頭潮安兩地之間的交通很方便，乘坐火車只要幾角錢而已。汕頭市面上交通工具則有人力車（上海人稱黃包車）和轎子，乘坐一次所費是幾個小銅錢而已。

民國之前，民間生活費用很低，一般物價更是便宜。大家使用銅錢，薄薄的小錢直徑略大於一公分罷，中間有一個方孔，方孔上下左右四個字鑄有「光緒通寶」或是「宣統通寶」。一般日常家用不過十幾個錢而已。交易大的則是使用錢串，錢串是每一百個銅錢用細繩子捆紮在一起，一串串再連結在一起，像香腸一般。民國以後出現銅元銅板，體積比銅錢大得多了，上面鑄有「當十文」的字樣。此外又陸續出現了一角二角的硬幣。民國七八年開始使用紙鈔，一枚銀圓兌換紙鈔一元。

實際市場上，那時又有所謂的大洋和小洋之分。銀圓和中央政府所發行的鈔票是大洋；地方政府或私人銀行發行的鈔票就是小洋或稱毫洋。小洋一元兌十角，大洋一元則可兌十二三角不定。

❶ 歷經明清二朝，潮州府管轄九縣，府治設於海陽，海陽縣後改稱潮安縣，其他八縣為：豐順、潮陽、揭陽、饒平、惠來、大埔、澄海、普寧。民國成立後廢府。

鎮平會館過新年

在虎頭沙過的是很悠閒的生活，回到潮安，母親就忙碌了。

我們搬進鎮平會館新租下的房屋。那房屋好大。房屋中有五間上房，三大廳，三間男女下房，另外有大天井、花圃等。雖說是與大伯父一家一起住，整個大家庭裡許多日常家務事卻都是由母親在支配應付。大伯母不是害喜病，就是忙著餵奶帶孩子。

那時，每年到了十二月二十三日各機關衙門就封印放假，大家回家過年。父親也從虎頭沙鹽局回來。隨行的兵勇人馬一大群，父親留下其中一人充任家丁，其他一一打發，有些要再回虎頭沙去看守鹽館。

為了過年父親開始忙碌，他指揮家丁搬箱翻櫃，選擇適宜的字畫卷軸。神廳該掛些什麼，大客廳該掛些什麼，內客廳該掛些什麼，各個房間又應如何擺設，一一佈置妥當；然後便率同家丁去逛花市，買回來大批水仙花，配上各式精美細瓷器皿安置妥當，那些瓷器都是極有價值的古董，何處應用方形瓶，何處應用圓形瓶，父親都有一套講究。

年三十夜，父親再從收藏物品中請出祖父祖母的畫像卷軸在大廳上張掛起來，供全家人祭拜。畫像中祖父祖母穿著正式的大清官服，一本正經的坐著。畫像一直掛著，要掛到正月十八日的祭拜以後才重新收起來。這才算是過完了年。

過年的這一段時間中，家家戶戶都是吃喝玩樂，賭博，請吃春酒。東家請宴、西家請宴，官爺們如此，富裕一點的老百姓家也都是一樣的大吃大喝玩樂。

父親卻利用這段時間又去了一次廣州，晉謁上官。很快就回來了。據說是去報告接收虎頭沙鹽館的經過，上級讚賞之餘，另外又交付一件新的任務，派他擔任福建省汀州府鹽館館長。那時，大家不懂得為什麼廣東省的鹽官卻管到福建省去了。

汀州府在遙遠的福建省西北山區中，民國後改稱長汀縣。

那個時代，從潮州去汀州的路途要走十數天，水路陸路，翻山越嶺，遙遠得很。父親原來想帶同我們一起走，去汀州赴任。大伯父不同意。

原來再過一個月，大伯母就要生產了，大伯父要求母親無論如何要留下來照顧，因為大伯母頭一胎生下的孩子就是由於沒有人照顧而夭折的。討論的結果，母親決定留下來等候大伯父家的嬰兒出世。父親無奈只好逕自一人先去汀州上任，留下四舅父到時護送我們去汀州。

大伯母生產惠卿

記得那是農曆三月中旬的一天，伯母開始產前陣痛，全家人都緊張起來，晚飯後更是人人忙進忙出。一位叫做九嫂的穩婆老早已來到伯母房裡等候著，母親一直就坐在伯母床邊。大伯父站在房門口不讓我進去，遠遠只見床上的帳子放下來，不知道她們在幹什麼。我就大聲叫母親。伯父給我一塊餅，要我不要叫喊，他說母親有事要我自己去玩耍。素蘭也被差遣去煎藥了，沒有人陪我玩，於是我爬上母親大床玩弄枕頭，不斷把枕頭拋向空中，玩了一會覺得很無聊，回到自己小床上去睡，卻又睡不著，爬起來又大聲喊叫母親，伯父又塞給我一塊餅，要我不要喊叫。就這樣跳來跳去的連續吃了伯父三塊棋子餅之後，我在母親大床上睡著了。

迷糊中母親的身影讓我清醒了，一翻身爬起來問母親怎麼還不睡覺。她一把抓住我說：「我的心砰砰的跳，不知如何是好！」我問她是什麼事呀？母親說，那個接生婆九嫂眼睛不靈看不清楚，嬰兒出來後，九嫂拿起剪刀，一手摸索了半天找不到嬰兒的臍帶，嬰兒著涼了怎麼辦？她當時一急之下一把將九嫂手中剪刀搶過來，一刀就將臍帶剪斷。臍帶冒出血來她自己被嚇倒了。萬一是剪壞了，那怎麼辦呢？母親像是自言自語，又像是在問我。我就問她說：「平常妳做針線時，針頭刺到手指，手指出血，妳不是吸一口就止住了嗎？妳為什麼不在臍帶上吸一口？」她好像突然醒悟，怎麼會對一個不懂事的孩子在談這些。臉色一轉，搖搖頭對我說，沒有事，睡覺罷！

第二天早晨醒過來不見母親。我問素蘭，母親呢？她說，她在伯母房間裡看嬰兒，一晚上已經去看了好幾次了。我說我也要去看嬰兒。素蘭讓我先去問伯父。伯父在廳上坐著，很高興的樣子。我來到他面前，他說大伯母為我生了一個妹妹，我做大姐了。讓我快去看新來的妹妹。這個妹妹就是惠卿。一連幾天，母親一直為那一剪刀擔心不已。終於有一天她的臉色開朗了，她向伯父說：「孩子的臍帶脫掉了，肚臍眼長得很好！」

伯母的奶水不夠，嬰兒常因吃不飽而吵鬧。母親協助餵食，餵蜜糖水、餵雲片糕，餵這餵那的，半夜要起來二三回，嬰兒仍是哭鬧不已的。母親建議餵嬰兒一些米糊，伯父同意了。於是母親做了一些米糊，還在傍晚時分餵嬰兒一頓米糊，果然嬰兒吃飽就睡著了，大家終於可以安靜的吃晚飯。母親又從古董箱子裡翻找出一支象牙小匙，三四寸長，正好用來給嬰兒餵食米糊。

有一天，不知道是一位姨公或是姨婆的生日，我們都上門去拜壽直到晚上才回來。家裡只有大伯母坐月子躺在床上，傍晚給嬰兒餵食米糊的工作便由女傭阿陳代勞。阿陳是家裡的常年老幫傭，三十多歲，不能算是很老。我們臨行時，母親一再叮囑她絕對不可以自己先把米糊含在嘴裡，再吐出來餵嬰兒。晚上我們大概十點鐘左右回到家，一進門就聽見嬰兒哭。阿陳抱著她不停的搖來搖去哄著，並對我們說嬰兒怎麼這樣的不餓，她大塊大塊的餵，嬰兒卻不斷的大哭。大伯母也說，抱上床自己餵奶，嬰兒只是大哭不吃奶，是不是生病了？母親匆匆忙忙的一面脫下身上的大紅裙子，上衣來不及脫下就一把接過阿陳手中的嬰兒，把嬰兒額頭貼在自己臉上試試熱度，覺得沒有發燒，只見小嘴巴紅紅的。於是抱到桌邊就著昏黃的煤油燈光下一看，發現原來嬰兒的小嘴巴被燙傷了。母親氣得回頭大罵阿陳，怎麼把孩子的嘴燙成這個樣子？

阿陳辯說，是因為母親不准她從嘴裡吐米糊給嬰兒吃，所以她不知道米糊燙不燙。人聲嘈雜中，伯父跑進來發現原委，看見嬰兒嘴巴裡面燙傷起了水泡，拍案大罵阿陳。伯母在床上說，蚊帳裡暗暗的沒有發現嬰兒嘴巴燙傷，只是覺得奇怪怎麼嬰兒不吃奶。現在怎麼辦呢？母親要伯父不必生氣、不要罵人，安靜下來看看嬰兒究竟燙傷到什麼程度，喉嚨有沒有燙傷。母親讓素蘭倒一杯溫開水，用小匙舀水送進嬰兒小嘴，慢慢的倒入喉嚨裡，溫開水順利流下去了。很好，喉嚨沒有燙傷。母親便讓伯母把奶汁擠在杯子裡，再用小匙舀起餵進小嘴，慢慢的倒入嬰兒喉嚨。嬰兒不再哭鬧，奶汁餵飽，睡著了。這時已是十一點多，母親要素蘭帶我去睡覺，她自己守護著嬰兒，一晚上又餵了二三次。第二天請來了醫生，為燙傷水泡用藥，幾天就痊癒了。

又過了幾天，嬰兒滿月。伯父擺宴請客，親友們前來道喜，熱鬧了一天。大家吃紅蛋、雞酒、還有其他許多佳餚。伯母的嫡母、陳家老太太也來了。大伯母是庶出，她的親生母親是二姨太，在那個時代，姨太太是不能出門入席作客的。

這只是當年大家庭裡一件事罷了！一方面是我還很清楚的記得，一方面也可以說明我母親的為人，凡事她是不辭辛苦一定負責到底的。再就那個時代來說，她的見識作為便與一般人大不相同。

沒有多久，父親從汀州來信，要母親把東西整理分開，旅途上以及在汀州要用到的東西準備好做成輕便行李，不用的東西就留在潮州家中，他已派遣一位隨員名叫邱增的回來接取我們云云。

接到書信之後，最著急的是大伯父，他不停的說：「這次我不能再留妳們了！」姑姑自動的說，她願意接手照顧嬰兒，日常餵食、洗澡等有阿陳幫忙就可以了。實際的看著姑姑動手餵嬰兒進食，母親放心了。便帶同我去看外婆也是道別。我們在外婆家住了二天後回到鎮平會館。

二三天後，邱增到了，進屋子來謁見。請示母親要哪一天下船？他又說，船老大的意思是後天開船最好。母親就讓邱增先去休息，明天來綑綁行李，就依照船老大的意見後天午飯後落船、開船。

離別那天，伯母拉著母親的手流著眼淚說：「我不能送妳了。」急急回身跑回房裡去。

我跟著母親來到門口上轎出城，來到韓江碼頭。四舅父整裝待發已經先到，此外還有大舅父、呂家表哥等人來送行。少不了大家互道珍重。

我們跨上船去，船家們前後奔波，拉繩索，撐竹竿，忙碌不停。船老大抽起踏足跳板，船隻緩緩離開碼頭，船老大在船頭焚香，對空膜拜，接著就燃放一串鞭炮，劈里啪拉，一陣青灰色硝煙籠罩著船頭，我們離開潮州了。

汀州府的印象

我們乘坐的這艘官船，船艙是個大廳，母親、我、四舅父打地鋪分睡兩側，素蘭睡在門口邊上，旅途中可能要打開的細軟小件行李便堆放在船廳後面，船家們在船艙外沿著船邊緣行走撐船不會影響到我們，船後面另外有他們睡覺的地方和一處廚房。官船後面用纜繩拴著另一艘民船，民船比官船小很多，船艙中間堆放我們的笨重箱籠，邱增帶著二名扛槍的兵勇也睡在那民船中。

第一天很平靜，船伕們有時用竹竿撐，有時用櫓搖，也不知道船走得多快。

第二天下午，我和素蘭在船頭玩丟米包，忽然船老大張阿喜跑來要我進艙裡去，母親也叫我進去，大家有一點緊張的樣子。我一直問說是什麼事？母親只說，坐著不要動！

我們只見船老大張阿喜在船頭船尾張羅一番，便來到船頭焚香膜拜，燒紙，放鞭炮，把金銀紙丟撒到河裡順水飄去，又拿一些金銀紙在船頭點火焚燒，同時口中唸唸有詞。

不知什麼時候，有二名船伕從船尾跳下河去，從水裡用力推船前進，水深只到他們腰部而已。這時開始我們感到了船底碰撞著河床的石頭，格隆格隆的響，船身忽高忽低、忽左忽右、忽快忽慢，讓我們跌跌衝衝，坐都坐不穩，有時船邊上會有一片水浪跳起來再從上蓋下灑在船艙頂上，稀里嘩啦的，我以為頂篷會倒塌下來，我們都躲縮在船艙中不敢出聲，嚇得不得了。我緊緊的靠著母親，心裡很怕，可是又很想伸頭出去看個究竟。

有幾次從船艙中就可以看見前面兩側都是巨大的黑灰色大石頭，船頭對著石頭中間湍急的水流直衝過去，剛好趁著一股大浪把船舉得高高，像拋球一般飛越過去，然後看見有人在岸上揹負著纜線拖我們的船逆著水流前進。

原來這就是所謂的過灘。過大灘、過小灘，每天都有二三次。

一連四五天，都是這樣子行船。在平靜的河水中走著走著突然水流激動起來、要過灘了，不一定是大石灘或是小石灘或是沙灘，反正過灘就是險象環生，令人驚心動魄。

終於有一天，船隻靠岸不走了。邱增上岸去了一會，帶回來幾頂轎子和挑伕。捨舟就陸，我和母親乘坐一頂三人抬的大轎子，四舅父和素蘭各坐一頂小轎子，轎伕們嫌素蘭坐的轎子太輕不好抬，於是轎子裡附加一點母親的隨行細軟，其他的大件行李分由三個挑伕挑著。邱增等三人步行，在隊伍中忽前忽後照顧著。每次我們出門，鹽務局都會派出一二名勇目隨行照顧。勇目扛著長槍，身穿制服，上衣是一件背心，背後繡著一個很大的紅色「勇」字。

轎伕們抬轎子都是小步快跑，有時他們沿著山邊在溪流上的獨木小橋上也是健步如飛，我在轎子裡總是嚇得不敢動、不敢出聲。行行復行行，坐在轎子裡迷迷糊糊的，天黑了，終於到達一個地方，該休息睡覺了。邱增說那是一處客棧，有人用竹篾火把照著地面讓我們好走路，走進一間用泥土、木板和石塊堆砌的房間。一踏進屋子，母親就說：「怎麼有豬屎豬尿的臭味？」用火把一照，原來屋裡只有一張炕床，炕床的兩邊緊貼著木板牆，室內的這兩邊下面有木板圍著，炕床底下就養著豬。原來他們是床上睡人床下養豬。

母親說：「這怎麼能睡呢？還有沒有其他好一點的房間？」

客棧主人說：「這是最好的一間房間。而且，你放心，豬不會跑進房間裡來，炕後外面另有豬隻進出的一個洞！」

河中有二列並排的圓木，讓行人過河。

母親無奈的搖搖頭只好接受這間最好的房間。有人搬來一捆捆簇新的稻草在炕床上鋪平，我們在稻草堆上再攤開鋪蓋睡具，母親叫我和素蘭都上床來，說乾脆三人擠在一起睡罷。勉強渡過了這一夜。睡著了也就不嫌豬糞豬尿的臭味啦。

第二天，天才亮，我們都起來了，收拾行李未完，店家已經做好早飯。等轎伕挑伕們狼吞虎嚥飽餐一頓就上路。那一天是上嶺，繞著山不斷上坡、旁著山壁，在小路上走，大多數時間是仰望著天空，人坐在轎子裡幾乎是仰臥著的，太陽曬著也躲不了，陽光曬得很利害，幾天後我臉上脫了一層皮。

轎伕把我們抬到山頂，翻過山來開始下嶺，轎子前低後高，讓我們有向前面跌出去的感覺，向下面俯瞰山谷低處更是令人恐懼。母親一手緊緊攬著我，另一隻手緊緊抓住轎內一支柱子，一再叮嚀要我抱緊她不要動！下嶺下到一處稍平的地方，即使轎伕們沒有想要休息，母親仍然要他們暫停一下，因為我們需要休息，我們要喘一口氣。

就是這樣旁著山壁，繞著山走，忽高忽低、忽傾忽仰，經過小村落胡亂打尖，一直走到天黑，又住進類似頭一夜所住的簡陋客棧。天亮，又被轎伕抬起，上山、下山。終於來到一處河岸邊上。河面估計有四五丈寬罷，水流很急，坐在轎子裡遠遠望去好像是有一座橋，來到近處看清楚了，更是嚇出一身冷汗。

原來那河裡只是插著二排並列的杉樹原木而已。二排高高直立露出水面的圓木，河水不知有多深。轎伕肩上挑著重擔來到圓木橋頭，前後轎伕開始大聲一唱一和，邁開腳步，左右二腳一腳踏一支圓木，真正是一步一腳印，每一步都準確無誤的踏著圓木順利跨過橋來。我坐在轎子裡以為是騰雲駕霧，真是嚇得半死，連呼吸都忘了，過了橋才想起重新呼吸。

終於進了汀州城。一般人乘坐的小轎子來到鹽館門前就要下轎，官家的大轎子則要抬進門去。

鹽館建築高大，門面廣闊，很有氣派，門前有幾階花崗石石階，上去是一片大平臺，平臺中間才是大門，門前有一對圓圓的石鼓，跨越過門檻是門廳，左右兩旁是鹽丁和兵勇們住處。越過正面天井再上一道石階進入轎廳，一般內眷乘坐的轎子要一直抬到這裡才落轎下地。

轎子放下，我立刻跑出來，向前跑又經過一處天井進入大廳。大廳兩側是公事房，父親剛好從公事房出來，我撲上去叫：「爸爸，我好怕！」父親說，已經到了，沒有什麼好怕的了。大家上樓罷。

鹽館建築後半有樓，樓上廳堂寬大，房間也大。前廳掩蓋著半個天井，有點呈半圓形，裝有玻璃窗可以俯瞰天井，白晝有陽光照射，夜晚可以賞月看星星。前廳後面是六扇紅木屏門，我們只開中間二扇。前廳兩邊是房間，這邊最大一間是父母親主臥室，後面一間較小的是我的房間，廳那一邊隔成兩間，一間作為備餐之用儲放一些雜物，另一間是素蘭的房間，後來我們雇用一個會說官話的本地老媽子做家事，她就跟素蘭住一起。

樓下大天井兩側各有一個圓門，東邊圓門進去是一片大花園，有一座東花廳，另有一排平房，那是鹽館職員的宿舍。其中住有一位管鹽倉朱師爺的全家，朱師奶和二個孩子，大女兒和我差不多大小年齡，說一口廣州話。

西花廳比較安靜，廳前有一株很大很大的老桂花樹，桂花四季都開，花朵隨風飄落，西花廳前面常常是滿地鋪灑一層桂花，花香四溢，踏上去軟軟的好好玩。夏季裡也只有西花廳最涼爽。每天我都和素蘭在那裡玩耍，採桂花，然後朱家女孩也跑來和我們一起玩。

中秋節，當地一位紳士家送來月餅。

聽說有人來送禮，我們母女來到客廳一看，都看呆了。月餅很大，是二名鹽丁用一張圓桌面抬上樓來的，月餅只比圓桌面略小一點點而已。月餅面上印著嫦娥奔月的圖式，據說月餅是用糯米粉和粳米粉混合製成，柔軟適口，甜甜的很好吃，迄今我依稀還記得那個大月餅有宜人的橙橘香味。

第一張圓桌面抬上來的是那個大月餅，第二張圓桌面也是二個人抬上來的是一個白色大米糕，糕面上用些紅紅綠綠的糖果點綴成八仙過海的樣子，我想好看的一定不好吃，而且我平常就不喜歡吃白米糖糕。母親說，人家才不會管你喜歡不喜歡吃，這是這裡的風俗，是汀州的規矩。

家人們又架設一張圓桌，擺滿一桌新鮮水果和乾果果仁之類。三張大圓桌放在窗前拼成品字形，預備晚上祭拜月亮娘娘。

晚上，等候一輪明月來到窗前，汀州老媽子點起一把好香，交到母親手中，教母親拜月，再教我拜，拜畢休息一會再拜；如是者三次，拜完已近子夜。她拿來一把長刀交到母親手中，教母親切一刀，再教我也切一刀，然後她才接過刀去正式切糕。我們在一旁看她切，她動作俐落，先把糕餅切成二寸寬的一長條一長條，然後橫過刀來斜切一刀，把糕餅切成兩頭尖尖的橄欖形。不到一會功夫，她把兩大塊餅切完，切成兩大堆。她說餅可以收藏起來，留著小姐慢慢吃。母親不同意，她說，過節要大家高高興興、熱熱鬧鬧，誰要吃就盡量吃，切好的一大堆餅，她讓吳明帶人上樓來搬下去分給大家吃。

那次中秋節使我印象深刻，那個大月餅是我這一輩子所見最大最好吃的月餅。

汀州還有一項風俗，每年一次，某月某日有一位菩薩要出遊，菩薩出遊經過之處，家家戶戶門口臨時設置香案酬神還願。菩薩出遊經過大街小巷後回到廟裡，就要看戲了。

菩薩廟的正對面、隔著大廣場臨時搭起一座戲臺。一連好多天的晚上，戲臺有戲班來表演，演戲唱戲給菩薩看，一般民眾就圍在戲臺前面站著觀賞，廣場上擠滿了人。各個官府衙門的官大人以及內眷要看戲則坐在特別的看臺裡。看臺是專為看戲而臨時搭建的，由地方知縣（相當於現代的縣長）搭建報效。依往例，為汀州府臺衙門所搭建的看臺是最大的一座，然後再為各衙門依官職大小順序在戲臺前各處搭建小一點的看臺。很奇怪，那一年，府臺衙門放話出來說，鹽館是客官，對客人應該禮讓客氣。所以，為鹽館所搭建的看臺可與府臺衙門的一模一樣、同一大小。而且是並列在菩薩廟前的廣場上，兩座看臺中間留出空間，不能擋著後面廟裡的菩薩看戲。

看臺是用篷帳搭建起來的小屋子，屋頂和看臺三面用刷過桐油的厚布圍起來，後面留有一扇門，門上掛一幅門簾，進門有三四級臺階直通上面的看臺，看臺的地板距離地面大概是一個成人齊肩的高度，看臺正面朝向廣場邊的戲臺，看臺下面四邊也用篷布圍起來。

那天，晚飯後吳明進來向父親請示，晚上有誰去看戲，他要事先準備。吳明和邱增二人原是石下壩鹽局中的勇目，父親見他二人忠實可靠，帶在身邊極為得力，然後用為家丁，而且可以進出上房。

父親指示說，只有我一個人去看戲。吳明答應知道，又再報告說，過節時期街上閒雜人多，他已安排好看臺進口處加派二名小勇，在看臺下持槍站崗，另有一名小家丁聽差伺候著隨時傳信，老媽子和素蘭陪同大小姐在看臺上看戲。父親點頭答應了。吳明退出房間，辦事去了。

很快的一會兒，吳明上來報告，燈籠、轎子都已準備好了，請大小姐下樓上轎去看戲。我下樓上轎，那是我生平第一次自己一個人坐一頂大轎子，坐在轎子裡好不開心得意呀！轎子來到戲臺邊落地，走出轎子，吳明引我踏上小階梯上到看臺，看臺上一排擺設著三張太師椅，中間一張茶几，茶几上有四盤茶點乾果等；看臺前面二角各掛著一只大燈籠。我坐在太師椅上東張西望，另外二張太師椅空著。素蘭和老媽子則坐在進門邊一張長條木板凳子上。

吳明走過來提醒我，要我注意戲臺上要跳加官了。果然戲臺上出來一個戲子戴著臉譜，的的達達鑼鼓聲中在臺上跳來跳去，然後來到戲臺正中央，鑼聲一響雙手應聲拉開一幅字軸，紅紙上寫著「錢大小姐萬福」，然後彎腰作揖而退。一會兒，他又跑出來，雙手先拉開一幅字軸，這次寫的是二個大字「謝賞」，再拉開一幅，寫的是「謝錢大小姐」。我都不懂，看得莫名其妙便問吳明那是怎麼一回事，吳明才解釋給我聽。他說，那是一種規矩，戲班在臺上為我跳加官是向我祝福，我則應賞以紅包。至於紅包，那是吳明在鹽館時事先就準備好了的，大概是二個銀圓罷！那時代，二個銀圓已經是很夠體面的了。

吳明先回去了，至於那天戲臺上演些什麼戲，我是一點印象都沒有了。大約是九點多鐘，吳明又來傳話，說是母親交代要我不要看得太晚，正好我也不想看了，回家罷。於是又坐上大轎子，一隊人馬浩浩蕩蕩回到鹽館。

在福建汀州那一段時日過得十分寫意。父親在任一年多。母親和我在汀州則住不到一年。

辛亥革命

宣統三年，歲次辛亥（一九一一），我六歲時，突然消息傳來，武昌革命成功。未幾滿清宣統皇帝宣佈遜位。

陸陸續續福建各地也出現了革命軍。有一天聽說第二天就會有革命軍來到汀州。汀州府臺因為是旗人，雖然平日做官還算清正，但為形勢所逼，全家在衙門內自縊身亡。

府臺大人全家上吊自殺，消息傳來，一向堅強的母親也嚇得發抖，決定當晚就上船離開汀州。父親是老早就交代船老大張阿喜準備好船隻，緊急時立刻要用的。所以，可以說走就走。這時已是初春，溪水豐沛行船方便，不像來時水淺要逆水過灘。官船順水而下，不數日便到達潮安。會合了伯父一家、姑姑、老媽子和小丫頭等一大群，忙忙亂亂到汕頭搭乘可以出海的大輪船逕去香港。

三叔父一家已經從廣州先行來到香港，並且已在香港的灣仔租好了房屋。我們到達後幾日，曾祖母、庶祖母、三姑和六叔等也從廣州出來。真沒想到，在逃避戰亂中我們一大家人反而是四代同堂，團聚一起。

大家嘻嘻哈哈，興高采烈了十幾天。消息傳來，潮汕及廣州各地平靜無事；只是有辮子的，當街就被革命軍剪掉。父親和伯父無奈的在香港就先把寶貝辮子自行剪了。兄弟二人一同回到潮州，回到原來的鹽務工作崗位上去。家眷就暫時住在香港，再觀望一陣。

第二篇　父親公私生活一斑

吃喝玩樂不誤公事

父親在當年被人家稱為「三光先生」，意思是每次他出去賭博打麻將，一直要等到「天光、錢輸光、賭友走光」才會回家的。

其實父親一生多彩多姿，在清末民初的一段歲月中，在華南一隅，他可是一個敢作敢當的響噹噹人物呢！

父親肖龍，光緒六年庚辰（一八八〇）八月初十日出生於廣州，一九五二年正月初二逝世於上海。辛亥年國民革命成功那年，他三十二歲。

父親排行第二，同胞四兄弟，長兄名榕字培軒，三弟名源字晴峰，四弟勉之。父親名浩字仲然，號浩然，老年時自署默盦，有時也自稱默道人。

父親的四叔與胡漢民是同學，在廣州秘密參與策劃革命活動，有時要與同盟會革命同志聯絡時，偶然便要父親兄弟等小孩輩替他們冒險送信。這些故事三叔也是津津樂道。

他們的原籍是浙江杭州。錢姓乃隋唐時代吳越國武肅王錢鏐之後。

大概是前清咸豐年間，父親的祖父名舜卿，上京考試中了進士，授廣州府道臺。於是，把全家從杭州搬遷到廣州。舜卿先後正娶五位填房夫人，另有一位姨太太，六房夫人各有所出，子孫繁多。

我的祖父名信甫，出生在杭州。八歲時隨父母親在北京，那時英法各國軍隊不斷在天津隨意進出，義和團亂黨鬧事，所謂是有紅毛賊到處捕殺男丁，他躲藏在母親裙子下面逃過一劫。後來，曾任廣東省數處知縣。光緒三十二年五月初，在肇慶府知府任上，去省城廣州向上司拜節完畢，乘船返回任所，半途恰逢西江上游水源暴漲，波濤洶湧而下，逆水而上的座船在駭浪怒濤中翻覆，信甫不幸與一位鮑姓幕僚同遭溺斃。

我的祖母顧氏。顧府原籍是浙江，好幾代前就來到廣州做官，自是全家都說廣州話，可是仍然保留若干浙江老家的風俗規矩。顧氏生兒女頗多，只有四個兒子二個女兒長成。父親約十七八歲時，他母親去世，父親為三個大孩子一一作了妥善的安排。

老大，我們稱阿伯、大伯父，被他父親送去潮州府，依附辦理鹽務的葉姓姨丈學習管理鹽務。他一直在潮州府城中的在城鹽廠工作，從基層職員做起，多年後昇任為在城鹽廠的主管。

伯父在潮州與原籍浙江紹興的翟府三小姐結婚。

翟府中上二代有一位太公，原在北京做官，放來潮州府補了道臺，從此落籍在潮州。錢翟二家聯姻可說是門當戶對。婚後二年生下一男孩，命名單一個森字。這是下一代的第一個男丁，全家喜悅，特別雇用了奶媽來餵養。只是產婦翟氏產後失調，身體不適時好時壞，拖了將近兩年，不治死亡。不到二歲的阿森也是一病不起，追隨他母親到地下去了。

三四年後，伯父再娶陳府二小姐填房，這就是後來我們所認識的大伯母。

陳府原籍廣東新會，也是上代放來潮州做官的。大伯母生有三兒三女。男孩是子平、子常和子文；

女孩是惠卿、紅卿和瑜卿。伯父全家都說潮州話。

老三，我稱三叔，仍然留在廣州跟隨父親。他去一位堵老夫子處學幕，學幕的意思就是學習如何擔任師爺的本領。他得到堵老夫子青睞，把女兒五小姐許配給他。後來，三叔在廣東政府中曾經做過一番事業。他做過肇慶、東興、廣寧等三地的縣長；擔任過省政府財政廳主任秘書。民國十年前後，曾任粵軍籌餉處處長；後來又擔任過粵軍第四軍的參謀長，軍長是楊琨如。

父親三兄弟中，三叔家孩子最多。我家孩子們稱大舅舅的是承模，稱二舅舅的是承庸，稱三舅舅的是承格，稱四舅舅的是承棟，行五稱顯舅舅的是承樑，行六稱傻舅舅的是承柱，他天生智能不足；稱二姨的是美容又名靜文，稱四姨的是美顏，稱七姨的是美嬌。三叔家全家只說廣州話。唯一能說一點普通話的是承庸。

老二就是我們的父親，則被祖父送去廣州灣依靠顧府母舅。

當年的廣州灣現在的地名是湛江。法國在廣州灣設有領事館，而且很早以前法國就利用領事館積極的經營地方，建設新式都市。光緒二十五年，一八九九年，經由某一項條約，廣州灣正式變成法國租界。

也許是母舅的關係，父親進了廣州灣法國領事館當差，謀得一個文案的工作。

漸漸的，父親受到了一些法國的影響：他把辮子盤在頭頂上，戴著一頂帽子，換掉長袍馬褂，穿起西裝來了。

駐廣州灣的法國領事官有一位妹妹，相當於父親的年紀，開始時，是她要父親教她中文，然後她則教他法文回報；更熟悉以後，法國小姐為他準備了西式禮服，以私人朋友的身分帶他參與當地法國人的社交活動。

父親參加領事館中的舞會，與法國小姐摟摟抱抱的跳舞，陪著法國小姐騎馬出去郊遊玩樂拍照片等，這些消息傳回到了廣州家裡，他父親勃然大怒，立刻發送加急電報謊稱病重，要他回廣州來。

回到家裡，父親一見面就先揪拉他的辮子只道是假的，不久又攔截到法國小姐的來信催他回廣州灣去，一怒之下把他送去潮州府，讓他和大哥一起跟隨姨丈學鹽務。一方面也說是到潮州去參加大哥的婚禮。

居然他的鹽務管理學通了。後來，在實際鹽務管理方面也很有一點表現。

我的母親、翟秋華，是伯父原配翟三小姐的妹妹、翟四小姐。她是遺腹女，因此不但母親特別寵愛，更是全家的明珠。她的四個哥哥也都是對她呵護有加，遊戲玩樂都帶著她一起。哥哥們的同學來了也是玩在一起。可說是從小身邊左右都是些男生，習慣以後，所以後來見到男生，她是自然而然落落大方，行事敢作敢當和那時代一般大家人家的小姐見了生人會羞羞答答、躲躲藏藏的樣子不同。

父親那時人稱錢二少爺，來到潮州追隨葉家姨丈學習鹽務。下班以後無處消遣，藉著大嫂的關係經常走訪翟府，與翟府四兄弟聊天、下棋，消磨時間。翟老太太很好客，經常是泡功夫茶、擺出乾果、點心等招待，有時也留下用飯。

葉家姨媽見他經常往翟家跑，靈機一動，想他可能是對翟四小姐有意思罷。於是，就向翟老太太提出親上加親的意見。錢二少爺當然高興；不過有些人說，親姐妹嫁親兄弟大不吉利云云。錢二少爺說這是迷信，不必理會。

熱心的姨媽終於說服了翟老太太。她主要的說詞是：選女婿很難，要門當戶對又要本人出色。翟老太太點頭答應了。

姨媽熱心奔走媒介，錢府擇吉下聘，第二年完婚。

婚後翟家的二姐妹亦是錢家的一對妯娌，同住一宅，離娘家很近，每天都可以往來。只是數月後，姐姐生下男孩阿森之後就臥床不起，二年後母子連袂因病死亡，不吉利的結局真是不幸被人家說中。

在潮州追隨葉家姨丈學習鹽務二年多，父親已經洞察當時鹽務管理的癥結，頗有心得了。於是，他父親在廣州花了五百兩銀子給朝廷，為他捐了一個五品官階，姨丈再行保舉，他就變成一個實職鹽官了。

粵東邊區境內多山，離省城廣州遙遠，鞭長莫及政府照顧不到，致潮汕一帶海鹽走私猖獗；地方上土豪劣紳勾結私梟威脅各地原有官鹽館，包庇漏稅，好幾處鹽務局都沒有人敢去接管整頓，嚴重影響朝廷的鹽稅收入。

父親有鑑於此，向上級提出整頓意見。上級廣東鹽務總督辦認可他的意見，並且就委派他去接管各地鹽務局，閩粵邊區一帶鹽務著由他全權處理。

父親以初生之犢不怕虎的姿態帶著新婚妻子和一些簡單行李離開潮州，乘船沿韓江北上來到三河壩的石下壩。

父親來到這裡，採取了所謂是極低的姿態接管一處鹽館，在此對海鹽走私的路徑及其全盤關係作深入了解。

翌年五月初，父親接到消息：祖父在西江中翻船溺斃。於是立刻攜帶妻女趕回潮州舊居，匆匆安頓下我與母親，他自己就趕往廣州。要去西江河流中找尋他父親的遺體。

父親的大妹夫、周仲甫在水師衙門中有熟人，找人派了一條官船，和三叔等一起出去找尋，沿江上下尋訪，找了三四天不見屍體。

一天，他們的船經過一處支流河灣，沒有進去，船老大說，屍體只可能順水飄流，不可能逆水而上的飄到小河港灣裡去的。他們再三要求之後，船老大無奈只好駕船轉彎，彎進支流小河，逆水而行。進入小河，行不多時，遠遠望見河岸上村落前面，火把燈籠一片通明，人頭擠擠。船老大興趣來了，催著船隻前進，離岸邊近了，便大聲問岸上為什麼這麼熱鬧，是打醮迎神嗎？

岸上有人回答說，正是迎神，迎接「錢老爺」到任。

船上人聽說是「錢老爺」，趕忙就上岸去，擠開人群到裡面一看，一座小廟前面木板床上躺臥著的正是他們要找的父親屍體。

小廟廟祝說，他昨晚睡到半夜，聽到有人大聲叫道，快開門迎接錢老爺到任。他立刻爬起來打開廟門，一看沒有人，覺得怪怪的，走出廟門走到河堤上來，就看見這位官老爺官服整齊的躺在沙灘上，想必就是錢老爺。於是叫醒大家，快手快腳，搭起一座篷帳，安好床位。把錢老爺從沙灘上抬上床，請錢老爺在此休息云云。

那裡本是一座小型土地廟，全村人集資把小廟拆掉擴大改建，新廟剛剛落成，廟中菩薩金身也已塑造完成，擇定就是當天會有一位地方上的官大人來為泥身菩薩點睛開光。廟中這座菩薩乃是土地正神又兼水司，附近出海行船或是打漁的人家都來祈福參拜的。

這是錢府中流傳下來的一則傳奇故事，是真是假當然無從查考。

奇怪的是，廟祝口稱這是「錢老爺」，老爺姓錢是他夢中得知的，老爺在水中飄浮了幾天居然衣襪袍褂服裝整齊，臉部正常有如常人睡覺一般的平靜，並不浮腫。寧非奇事。

遺體運回廣州，開喪弔祭，逢七做佛事。兄弟們守靈一百天之後，父親便攜同他的二妹和四弟返回潮州，在家守孝。

這位二妹就是後來吃長素的老姑婆。他的四弟跟隨他學了一段時間的鹽務，不久返回廣州，因病死亡。

父親在潮州家裡守孝，石下壩鹽館裡的事交由師爺和科長照顧著。鹽館有自己的專職信差，父親定有規矩，重要公文函件等隨時傳送。所以，鹽館中的事務，事實上他自己仍然掌握著，在家比較安靜更便於作全盤思考，規劃如何發展。他深深體會出要有實際力量才能放手做事。等到喪假期滿復職上班，他已胸有成竹了。

他把閩粵邊區包括廣東的潮州、嘉應州（梅州）直到福建汀州所屬的永定、上杭一帶地理狀況以及海鹽走私的路徑，地方上土豪與私梟鹽幫的勾結關係等又提出一份詳細的報告，並且簽請建立緝私武力。廣州鹽務總督辦同意他的看法，准許他依計畫建立武裝部隊，強力緝私。

奉准組織緝私部隊，他手上掌有武力，開始徹底整頓鹽務。重組後的海鹽官運局局址設在三河壩，他自己是局長兼任緝私委員，率領兵勇查緝走私，稽徵鹽稅。

他明示一項政策：緝私過程中，所有查獲的私鹽一概沒收入官，但不得傷人。走私人犯全部釋放。所以，從前鹽局裡的牢房統統拆掉。他說，他不是地方上行政官員，沒有權力可以抓人。他要求緝私部隊嚴守紀律，武裝搜鹽，絕不對人開槍。

他又規定在鹽局中一律要以官話（普通話）交談，不得使用方言。他的母語是潮州話，但是他的普通話說得不錯，又能說廣州話和客家話。大伯只能說潮州話，三叔只能說廣州話。

清朝末尾幾年和民國初年的十幾年之中，父親的鹽務工作表現得有聲有色，在閩粵邊陲一帶是個名聲響亮的顯赫人物；不過，就私生活來說，父親真可說是一個典型的「歹仔」，又花又賭，吃喝玩樂樣樣來。

不過，在清末那個時代像他這種「歹仔」大有人在。吃喝玩樂不是一個人的事，非得有至少的三朋四友才玩得起來。一般情形，直屬上司和部下是不可能在一起吃喝玩樂的。平行的官員都是當然玩伴，尤其是所謂的地方上富豪紳士們，他們有的是錢，更樂意交結衙門官爺，能與大官一起玩樂認為是極大的體面事。

一般的請宴大多數是在酒樓中舉行，偶然也有席設自己公館的。無論是在什麼場合請客，那裡都可以變成花酒，叫條子姑娘來陪酒，即席清唱。喝花酒既不是秘密，也不犯法。總而言之，冠冕堂皇的一句話，這是應酬嘛！

記得有幾次，父親在鹽館內請客，請的是夫妻檔。男女客人到達後就分開，男客人在花廳接待，女客人就請上樓。

男客人入席後就要點名寫紙條叫姑娘來陪酒。姑娘們到達，卻先由吳明帶路率領先上樓來給眾太太們請安。

吳明自己先進來請示，等母親點頭示意以後，吳明這才讓姑娘進來，吳明一一指點稱呼某某太太，姑娘們一一躬身請安。然後再請示要聽什麼曲子，母親再回過來問各位太太喜歡聽什麼。有時有些太太會點唱，有時讓來讓去的大都不想聽曲，母親便會說免了罷，下去招呼好啦！姑娘們就下樓去伺候男客人。

父親花錢很慷慨。有時，他在高級妓院堂子間擺花酒宴客，請一次賓客所花費的銀兩，一般四五口人家可以足夠過一年的生活。在堂子裡請客是為姑娘捧場，使的是體面錢。受捧的這位姑娘在妓院堂子裡面子十足，風光一時，在眾姐妹中自是翹楚人物。有時父親會為她開堂會，那更是不得了的事。這位姑娘必須去邀約二三位姐妹來配合。受邀的姐妹當然是沾了極大光彩，無不興高采烈。席上陪酒唱曲，隨時有紅包可拿。

花錢捧姑娘其實也是捧自己。錢老爺出手大方，妓院上下人等都把他捧上天。只要一坐下立刻有人捧著高貴滋養補品，用上好細瓷碗杯盛著在旁邊伺候，碗裡盛著是用冰糖燉成的燕窩、銀耳、人蔘或是哈士蟆。

有好幾次，他要家人把我扮成男裝，帶我去看堂會。堂子姑娘們稱我是大少爺，巴結十足。直到堂會結束，由家丁送我回家。

公開的，他在外面置有二間小公館。請客、堂會常在小公館中舉行。這二處小公館我都去過。

他自己雖是花天酒地，但是從不在外面過夜，最晚在一二點鐘會回家。第二天早上照樣上班。花月場中從未闖禍，鹽務公事也絕無閃失。這就是他的聰明處。

他對家事照顧得很周到，每月必定寄一大筆錢去潮安老家給伯父，一部分作為家用，另一部分請伯父代為儲蓄。因為那時只有潮汕一帶才有銀號、錢莊等等金融機構。他尊重兄長如家長，他說錢由大哥當家去支配；並且表示大家庭兄弟不要分家。祖宗牌位都供奉在潮安家中。

每次我們要追隨他前赴任所，母親和我都是帶著一些簡單行李隨往。原則上歲末過年一定帶我們回到潮安家中，和伯父全家一同祭拜祖先。平常都是由伯母當家。不過，我們回家以後發現她不是害喜病就是忙著要餵孩子吃奶，而且她是從來不進入廚房的，於是一切大小家務事就全由母親打理。母親因此整天忙得不可開交。

有一次父親因鹽務公事去廣州，同時也做點私事，修理祖先墳山。他逕自在廣州買了一幢房子安頓家族中幾位老人。自從祖父去世後，這幾位老輩就由他們兄弟供養著。

那個時代，所謂是大家庭不但是人口多而已，而且是關係複雜。那時在廣州住著的有我的曾祖母韓氏、庶祖母梁氏、二叔婆、庶祖母生育的三姑和六叔等。二叔婆是二叔公早死留下的年輕寡婦，無子無女，一直依賴我祖父過活。還有一個不成材不求上進的五叔公，他是曾祖父的侍妾李姨娘所生。

這個五叔公與父親同年，幼年時代又一同入學，成年以後什麼事都不做只會賭錢，經常溜出去賭博、常常幾天幾夜不回家，有時賭博輸到被人家剝光一身衣帽鞋襪，穿著汗衫短褲回來。有一次，天剛亮他又賭輸被人家剝光衣物，卻乘坐一頂轎子回來。回到家先把我叫醒，叫我去向母親要錢打發轎伕，他還理直氣壯的說：「如果不躲在轎子裡，穿著這樣一路走到你們家來，別人看見豈不是丟你們家的臉。出一點轎子錢算什麼！」

母親反而被他說得啼笑皆非，只好找出一些父親的衣服給他穿，又叫佣人上街去替他買鞋買襪。打扮得像個人樣了，只是不知多久又會被人家剝掉去抵償賭債。

二叔婆常會和母親開玩笑說：「妳隨時要替他準備好一份轎子錢喔！」

湯坑鹽廠總管

前面說到辛亥革命後我們為躲避戰亂跑到香港。

民國二年，我們從香港回到潮安，仍住舊居鎮平會館的房屋。

去汀州路途遙遠，又聽說一路上有些散兵游勇淪為土匪搶劫旅客，父親決定不再回去汀州鹽館。休息幾天，上級廣州方面改派他去湯坑管鹽。這是民國成立後，父親的第一個公職。於是母親又帶著我去湯坑追隨父親。

他奉命接任管理的湯坑鹽廠比以前任何一處的規模小得太多。鹽館門口也是幾級石階，進門是一條五六尺寬十幾尺長的石板走道，右邊一列房間是兵勇鹽工們住的房舍，左邊有一道門，進門後右手側是一間很大的廚房，走道盡頭又是一個門，門裡面是一處大天井，進門正對面是一片白牆，白牆下面是一座花圃，有人工堆疊的假山，有樹有竹；天井左邊是一列房間，最大一間是鹽館辦公室，左右幾間是職員宿舍。天井右側的房屋間隔成一廳三房，這就是廠長的官舍，我們一家就搬進這裡住下了。

鹽館大門隔著大路的斜對面一排三幢房屋，那是儲藏海鹽的倉庫。那條路上除了鹽局的這幾幢建築物之外，四周遠近全是稻田。

湯坑是因為有溫泉而得名。每天早晚，鹽丁要去湯坑挑熱水回來給大家用，父親要他們把雞蛋放在水桶裡，溫泉挑回來了雞蛋也已熟了，父親把燙熟的雞蛋分給大家吃，他自己卻嫌蛋太老了不吃。後來他又想出一個辦法，用蒲草做成一個袋子裝入雞蛋，讓挑水的鹽丁在回程半路上才把蒲草袋子放入水桶，回到鹽館打開蒲包，雞蛋正好七分熟，完全符合父親吃早餐的要求。

那時四叔在鹽廠裡也有一份工作，有一天他帶我去看湯坑。湯坑溫泉看起來沒有什麼特色。一處小山坡地上四面用人工圍起一道簡陋的矮磚牆，留著一處出入口供人進去挑水。牆裡面地上，方不方圓不圓的是一個坑洞水池，水清見底，水底下全是卵石，大大小小，水面看起來很平靜，看不出居然會很燙，可以把雞蛋燙熟。奇怪的是看不出水是從哪裡來的；據說有時有許多人來挑水，有時一整天沒有人來挑水，坑裡的水面永遠是那麼高，池水不深不淺始終一樣。

記得在湯坑還有一件事。我們曾去拜訪一門隔代親戚，丁大人家。

我曾祖父舜卿的第四女，我稱四姑婆的，嫁給湯坑丁家的四少爺，丁清波。

丁清波是一員武官，滿清末葉時他率兵鎮守珠江口的虎門要塞。民國以後他仍然在虎門一帶活動，不知道是什麼頭銜。那時四姑婆已經去世，留下一子一女，這兩個孩子是錢家的外孫。丁錢二家在廣州仍常有來往。兒子繼承他父親的職位，人人稱他為丁大人。

我們去湯坑丁家的老家拜訪。

這時，丁大人也早已去世，丁夫人在家。我們的到來，她十分高興，熱烈招待，她說的是一口湯坑客家腔調的廣州話。丁夫人說她自己老了，家裡事務都歸媳婦二少奶管理。二少奶姓富是廣州官家之女，可能是旗人之後，改用一個漢姓。二少奶舉止大方，麻利能幹，十分俐落。我到現在腦子裡仍然能想像她的模樣、她指揮家人的神態。

印象裡，丁家的房屋是大得無法形容。

有一天，母親對我說：「你父親在這裡有如一條蛇關在竹筒裡，真為他感到十分委屈。」整個鹽廠的規模只有這麼一點大。上班在這裡，下班也在這裡，跨過大天井就是回家。

父親下班後經常是與陳二舅聊天。陳仲明二舅是大伯母的二哥，央求父親給他一個差事做，因著大嫂的關係父親給他一份工作，讓他擔任帳房要職，另讓四叔在帳房幫忙當助手。

陳二舅有抽鴉片大煙的習慣，下班後擺開煙具躺上床大抽特抽。父親常常去他屋裡聊天，不免拿起煙槍試抽幾口玩玩，不過那個時候他也只是玩玩而已，還沒有染上鴉片煙癮。

有一天大清早，有人來到窗外叫報告，說是辦公室中錢櫃被人打開，裡面的銀錢全沒有了。

父親立刻起床趕出去一看。錢櫃已被搬到辦公室門口，後面已被打開，裡面的銀錢全部被竊。四叔也不見了影蹤。

天井裡擠滿一大堆人，大家七嘴八舌議論紛紛。大辦公室內兩邊各有一個房間，正副帳房各住一間，錢櫃就放在帳房陳二舅的床頭邊上。錢櫃被搬出來他會睡得沒有知覺嗎？錢櫃很重，裡面又有幾百個銀圓，一個人絕對是搬不動的，至少是二個人合作，串通搞鬼。

大家熙熙攘攘要求下令徹底搜查。這時陳二舅才起床出來，大聲的問發生什麼事，沒有人理他。大家只要求父親全部搜查以求證明自己清白。

最後，父親對他們說：「你們請放心，我絕不會懷疑你們。我已明白是誰做的了！」父親回到房裡，嘆口氣對母親說：「當然是有人合作。自己親弟弟不爭氣，做這種事！他一走了之，我怎能去搜查別人？」為了這件事，父親非常氣惱。四叔不告而別，逕自溜回到廣州去了。一年多後，病故。

揭陽鹽局局長

失竊事件之後大概過了半個月，揭陽鹽局專差送來一封公文，父親看了以後立刻寫了一封信請專差帶回去。回房裡來對母親說：「快整理行李，後天的早船，我們要搬去揭陽了。」

原來，父親奉令改調揭陽鹽局局長。

那天我們船到了揭陽西門外大碼頭。岸上已有鹽局內幾位職員和揭陽的一位大鹽商林開守在等候。船靠岸了林開守跳上船來，父親在船頭上迎接。

林開守勸我們不要住鹽局的宿舍，他另外替我們安排好了住處，父親同意了。於是林開守一面向岸上鹽局的人員們說明，一方面指揮船家把船再往前面撐過去，到了一處春記碼頭，我們這才上岸。

林開守是揭陽市上的大紳士大鹽商，父親以前在揭陽管理鹽廠時與他結交，交情不錯。

林開守領路，碼頭邊有十幾級石階，上面是一條大路，石級爬完旁邊的房屋就是春記，走幾步就進了大門。

春記的房屋很新奇，前面一半建造在路邊陸地上，後面一半是臨空架在河流之上，房屋下面有許多柱子支撐著。進門是五六尺寬的一條長走廊直通後面，走廊一邊有一級臺階，上面是廚房，靠牆一排整潔的爐灶，打掃得乾乾淨淨。右邊有一座活動的木梯，爬上去正是廚房的上面，這是男長工李添的住處。李添是春記的管理人兼廚師。

走廊左邊有一扇很漂亮的房門，推門進去是一個大廳，向著河流的這一邊是一片方方正正的大玻璃窗，窗前放著一張大辦公桌，大廳中間有一張桌面鑲嵌了大理石的圓桌，配著四張椅子，靠牆兩邊有茶几交椅，後牆這邊中間放一張榻床，兩邊各有一門，入內是一大一小二間房間。父母親住大房間，我和素蘭住小房間，房間裡面桌椅床舖臉盆架一應俱全。

我幾乎每天都會爬上那張大辦公桌，隔著玻璃窗看河裡的船，遠遠水深處有時有些大船，看那些大船小船，船來船往。

每天退潮以後，有許多小孩來到河灘上撿貝殼，在淺水裡摸河蜆。得到母親許可，有好幾次跑下去跟他們一起玩，他們都是赤腳在水裡跑來跑去，我和素蘭只好蹲在石頭上伸手去水裡摸，我們居然也摸到不少黃沙蜆，裝了一大碗，只是我們的鞋襪全都濕透了。回家我們把一大碗黃沙蜆交給李添。李添說，沙太多，今天不能吃，養起來讓牠們把沙吐清，明天吃罷。

從春記大門出去，在河岸上走幾十步，有一處向河流凸出去的小廣場，沿著河邊築有一道矮牆，附近又有一株大榕樹，樹下有許多人坐著聊天、乘涼，許多小孩在那裡玩耍。矮牆邊上有人在釣魚，我看得好奇怪。於是李添就替我做了一副釣竿，我就和素蘭常常跑去那裡玩釣魚。終於有一天，我釣到一條魚啦！有大人手巴掌那麼大小，魚背上有閃閃金光，李添說那是好魚，名叫黃脊。又有一次，釣竿沉重，掙扎很猛，提起來一看，嚇得半死，釣到一條蛇了，甩又甩不掉，只好連釣竿和那條蛇揹在背後，回頭就跑，反正自己看不見，一直跑回家大叫李添快來。李添出來一看，笑著說我的運氣真好，那是一條白鱔魚，是上好的補品，不是什麼蛇。

春記這幢房屋是林開守所有，平時用來接待汕頭等外埠來的客人。

林開守常常勉勵別人，他說人不怕走錯路，只要及時回頭就有救。他自己在十幾二十年前是個不務正業的賭徒浪蕩子，及時覺醒，以小本經營賣鹽起家，十幾年下來，現在他是西門首富，揭陽城西門外這一片田地、房屋、店鋪等大部分是他的。交官接府，搖身一變就是大紳士、大鹽商了。

孫麗春進門

在揭陽過年，我們來到揭陽忽然已是半年了。

母親覺得過去一年來到處奔波，忙忙亂亂，現在來到揭陽住處環境改變，房間寬敞，窗明几淨，空氣清新，吃食方便，魚蝦蔬菜樣樣新鮮，住下是不錯，只是仍然想到要回潮州老家過年。林開守執意留著便在揭陽過了年。母親決定二月底或三月初必須回潮州，要趕在祖母的忌日前回家祭祖。父親同意了。

父親覺得揭陽雖然地方不大，鹽務方面多少有點事可做，就天時地利人和三方面來看也很不錯，於是就有長期待下去的打算。生活既然安定就想立妾生兒子。母親同意了，要他自己看著辦罷。於是我們先行離開揭陽。

回潮安旅途中，父親派二表哥呂星桓（母親大姐的兒子）一路陪伴我們，二表哥在鹽局裡有一份工作，還有一名家丁阿劉供使喚跑腿。我們順利回到潮安鎮平會館，第二天就打發阿劉返回揭陽去。

過了一個多月，父親領著阿劉回來，說是看好了一個孫氏姑娘，是揭陽某大家人家的丫頭，懂得官家規矩，相貌還過得去。要請母親擇日子去把她接回來。母親隨即翻開曆書，說連著這三五天都是好日子，接她回來過端午節罷。當時就決定了叫阿劉立刻回揭陽去接孫氏。

二三天後接回來了，阿劉先進來報告，孫氏轎子已到大門外，母親叫來一個懂得禮數的老媽子，先給她一個紅包要她去領著孫氏進來，又安排阿劉放鞭炮。鞭炮結束才帶她進入神廳，阿劉和老媽子站在孫氏兩邊，教她種種動作。先朝上跪拜祖先，再一一對人叩頭拜見，先拜父母親，再拜伯父母，對我也是叩頭拜見。

父親為她擬了幾個名字寫在紙上給母親挑選，母親看了說，就叫麗春罷。

沒幾天就是端午節，節後二天父親一人返回揭陽。家裡從此多了一個孫麗春。

大伯母生產子平

大伯母又要生孩子了。有一天母親和伯父母談到了這一個問題，預產期是六月間，可說是已經近在眉睫了，有什麼準備嗎？

那時潮汕已經開始有男性醫生為產婦接生。於是母親說請張鏡湖醫生來接生怎樣？伯父一口就拒絕了，他說自古以來都是穩婆接生，哪有找男人來做這種事的？怎麼可以請張鏡湖醫生接生？

那時在潮安城裡，正式的西醫除了福音醫院之外，另有二家西藥房兼診所。靠南門那邊離我們家較遠的一家是鄭曉初診所，嫌路遠，家裡沒有人曾去請教過。在我們家附近的則是張鏡湖診所，我們全家大小有病都去找張鏡湖醫生看。張鏡湖變得有似我們的家庭醫生，更像似老朋友，平時不看病，兩家人也有來往。

有一天，母親帶我和素蘭安步當車的，沒有坐轎子，目的是去探望大姨媽。民國以來，太太小姐們都可以上街行走了。

我們先逛到熱鬧的大街上，母親說要給大姨媽帶一點餅食去。糕餅店前面不遠就是鄭曉初診所，母親說正好去問問有關接生的事。診所裡的人答覆母親的問題，說去府上接生預先登記或是臨時來請都可以，而且要先說明是要請鄭醫生呢還是要請先生娘，先生娘也是醫生也會接生。母親一聽心裡很高興，謝了人家，說明天再來決定。說完回頭就走到大姨媽家，心情開朗，要大姨媽立即讓家人去把大舅父四舅父請來，兄弟姐妹聚餐。他們好久沒有這樣快樂的在一起了，談話間母親自然就說出她的想法。晚上，四舅父和呂家大表哥、呂文恒送我們回家。母親對伯父母說可以找到一位女醫生來接生，伯父沒話可說。

伯母生產那天，請了鄭醫生診所的先生娘來接生。母親一直在產房裡陪著，坐在大伯母床邊替她擦汗，嬰兒出生很順利。只是母親說她一見小嬰兒時就嚇一跳，嬰兒的二眼鼓鼓的好像核桃般凸出來，先生娘也覺得怪怪的，她左摸摸右摸摸，說好像只是皮膜有點腫而已，她不能判斷是否眼球有問題，建議派人去請鄭醫生來看看，檢查一下。母親傳話出來，伯父當然立刻照辦。

不多久，鄭醫生來到，立刻為小嬰兒檢查眼睛，他說不是先天生成這樣，沒有大關係，他翻開嬰兒眼皮清洗，用了藥，留下洗眼藥水、藥膏，還有一種浸了藥水貼在眼皮上的棉片，把用法教會了母親，醫生夫婦一起告辭說明天再來。

第一天的小嬰兒，眼睛上不停的每隔二三小時要洗眼用藥，母親日以繼夜為他洗眼，第二天果然消腫，鄭醫生翻開眼皮可以看見眼珠了，檢查後鄭醫生說沒有問題，僅僅只是眼皮腫而已，繼續用藥洗眼，消腫就沒有事了。一家人這才放心。

幾天後，眼皮消腫，嬰兒一切正常，這就是子平弟弟。奇怪的是不知道究竟什麼原因使得他眼皮腫起來，鄭醫生也說是很少見的情形。

子平弟滿月那天，伯父興高采烈，他雖然已經失去了二個男丁，這個新來的嬰兒仍是長房之長。於是邀請各家親戚、好友來家，大宴賓客，特別把在城鹽廠中的大廚師阿金請來家中主辦外燴，父親也從揭陽趕回來向大哥大嫂道喜，開席之前當然先行祭拜祖先，燃放鞭炮，然後大家開始大吃大喝，熱鬧了一整天。

二天後，父親要回揭陽鹽局上班，臨行對母親說，孩子健康平安已經滿月應該沒有問題了，準備一下去揭陽。

又過了幾天，呂星恒表哥和阿劉奉父親之命前來迎接我們，護送我們去揭陽。這次出門與以前不同的是多了一個孫麗春以及一個廚娘、阿謝。

來到揭陽我們不再住那棟河邊的房子了，揭陽紳士林開守這次為我們另外準備了一個住處，是內街的當舖埕一座四合院房屋，進入大門是一個大天井，兩邊是廂房，有一個大客廳二個大房間。二個大房由母親和孫麗春各住一間，我住母親這邊的廂房；孫麗春那邊的廂房是阿謝和素蘭住。素蘭一向不喜歡與別人合床，於是房間裡另外再架一張小床，那些房間裡原來都只有一張大床。

素蘭在我們家大概待了十多年，後來嫁給一位擔任惠來縣縣長的安徽人，名義上是姨太太，只是那位縣長的原配夫人待在安徽某處鄉下沒有出來，實際上素蘭是在縣長公館當家。

我們搬來揭陽不久就是中秋節了。揭陽的月餅小巧文雅，大小有如銀圓，四五分厚，整體酥皮，酥鬆可口，餅餡用雞蛋做成也是非常精緻。月餅用特製的瓦缽包裝，大瓦缽裝二三十個餅，小瓦缽裝十幾個餅，也很別緻。揭陽的習慣是吃餅必然喝濃茶，濃茶可以消解糕餅的油脂。所以，在揭陽可以看到人家送禮多是二大瓦缽的月餅配合著二罐上等茶葉，這是在別處沒有見過的。

揭陽月餅與汀州月餅比較起來完全不同，真是天壤之別。這也是我記憶中有趣的印象。

金麗香入門

翌年甲寅，孫麗春懷孕了。母親決定要讓她回潮安請西醫接生，於是我們全家大概在四五月間回到潮安，仍住鎮平會館。

六月，孫氏第一胎生下一個妹妹，父親為她命名荷生。妹妹才一個多月大，父親不管揭陽的鹽務了，奉調去峰市鹽局工作。他隻身前往。

幾個月後，也就是第二年，不知什麼原因父親從峰市離職回來，不但從此退離鹽務工作；而且又帶回來一位三姨太金氏和一支大煙槍。從此在潮安家中正式鋪設炕床抽吸鴉片大煙。

開始抽吸鴉片煙的明顯改變是：他不吃早餐，改變成吃消夜了。

母親為這位來自堂子的金氏命名麗香，金氏自己命運不好似乎也為家裡帶來了霉運。不到一年她因病死去，父親好傷心哭了又哭，在家中大做佛事，親友們議論紛紛都批評他做得太過份了。

金氏喪事才辦完。粵東潮汕一代發生軍閥內戰，洪兆麟、劉志陸、陳炯明等的部隊打打殺殺，到處流竄，軍紀敗壞，沒經訓練的隊伍令人可怕，家家戶戶走避一空。

父親帶著我們一家、伯母一家、姑姑、老媽子、大小丫頭等二十幾人，其中最小的是伯父的次子常，只有四個月大。逃避到揭陽，再度投奔林開守家去。

林開守認為軍閥部隊流竄騷亂，城鎮裡的大街上比較會受到影響，我們不如住到城外他自己的家裡去比較放心。未去以前我們也不知究竟，來到揭陽也只有聽他的安排。去了才知他所謂的家原來是一座很大的寨子，寨子裡房屋成群，其實是一處「林家莊」。四圍有高牆濠溝、有砲樓，日夜有人瞭望看守。林開守為我們準備的一幢房屋，有客廳、有書齋、另有幾間房間，足夠我們住的。

汕頭的中華書局

父親離開鹽務工作從峰市回來；不久，伯父原來在潮安的在城鹽廠工作，鹽廠改組後他也就不再去了。兄弟倆就討論改變行業的問題，有人介紹認識上海中華書局的管理當局，建議籌款在汕頭市開辦中華書局，經銷上海總局出版書籍等。兩兄弟不但決定合資開書局，更決定了二家人全搬遷到汕頭去。諸事正待進行時，粵東發生戰事，於是父親率二家家人到揭陽暫避戰亂；伯父則去汕頭規劃書局，他並且去了一次上海，拜訪中華書局總局，談妥業務事項。

後來汕頭中華書局開幕，上海總局方面特別派人過來協助裝潢店面、佈置書架賣場等等。書局開幕那天很有氣派，雖然沒有造成車水馬龍之勢，但在汕頭市面上也算是大事一樁。

汕頭中華書局開張以後，他們又買下了汕頭橋林里房屋二幢以及中間的一塊空地。二幢房屋兄弟二人一家一幢。伯父說，二家人住一起都住他的房屋；父親的那幢出租，所得租金則交伯母貼補家用，算是我們一家人的吃飯錢罷。那幢房屋先是租給日本學校用作學校，後來租給一位羅炳章先生。

事實上，十多年來父親一直以潮安為家，以大哥的家為家。他常在外地工作，所以一向把錢交由大哥支配，由伯母當家，家事一概不過問的。因此，房屋的租金是多少，我們從來就不知；甚至於後來房屋賣掉，賣了多少錢，我們也不知道。

橋林里的新房子

民國六年八月某日，我們兩大家人在揭陽林開守的堡寨裡住了數月後搬回汕頭，住進橋林里的洋樓房子。房子是同樣的二幢，中間只隔著一片空地。房屋並不是全新，經過整修油漆粉刷以後也就煥然一新了。

第一次住入有電燈的房間，感到新奇令人高興。

二幢房子中間的空地其實剛好也相當是一幢房屋所佔的面積，略成長方形，兩側已有磚牆，父親計畫把它佈置成花園。他找來各種工匠，在正屋庭院的一面牆上中間打開改建為一個圓圓的月門，這是私家花園的入口大門，他親自寫了「怡園」二個大字做成門額釘在圓門的門楣上，花園地面上用小

塊紅磚鋪成走道，鑲成種種吉祥圖案，彎彎曲曲的小徑兩側和其餘空地種植花卉，長期雇用一位花匠阿林來栽種四季名貴花卉。花園北邊建造一座大型的亭臺。亭臺的設計完全是父親自己的創思。

亭臺四周一共使用了十二根粗大的圓木柱圍成一個長方形，木柱下端深深埋入土中，木柱上端支撐著屋頂結構，木柱間架設橫樑，地樑上鋪設木板，亭臺的地板足足高出地面有三尺之多，整個架構就相當堅固了。亭臺北邊略佔三分之一的空間，用薄板隔成一間房間，室內東西兩側都裝設大片玻璃窗，南邊開一門連通亭臺前半。亭臺前半建成一座花廳，花廳的正面朝南。花廳的外面：南面和東西兩面外觀形式相同，正中間利用兩根木柱作為門框開一個門，門上面使用許多小木條釘成半圓形；門的兩側各有一個八角形的窗子，窗子上下的牆壁全用一寸多寬的小木條交叉重疊釘成可以通風的鳳眼，所謂鳳眼今天的說法就是兩頭尖尖的菱形孔罷。三邊的半圓形門前是幾級石階，亭臺地板上鋪設了那時最最時髦的仿大理石八角形地磚。屋頂上鋪蓋厚厚的一層茅草。整座亭臺十分別緻。

土木建造完畢，父親又親自監督內部裝潢。所有的大木柱和三面外牆上的大片木板等一概漆成墨黑色，鳳眼板條和房間外圍全漆成綠色，室內牆壁漆成奶油色。

這樣一座別緻的亭臺，可惜的是全家的太太小姐們都不欣賞。伯母、母親、姑姑等平日她們都在樓上作息，吃飯時下樓，飯後又上樓去了，從來不到花園裡來走走的。

亭臺落成不久，父親利用那裡宴請過兩次賓客。前面花廳擺兩桌酒席，後面房間擺兩桌麻將，空間綽綽有餘。猜拳喝酒鬧哄哄的與居家生活隔開相當距離，不至於干擾到正屋。

父親在家的話，他每天下午會去花園中散步，指點花匠阿林的栽種。經常自己一個人在亭臺中抽煙、喝茶。依靠著八角窗看花。

堅固的亭臺終於發揮作用了。有一次潮汕一帶發生大地震，連續幾天餘震不止，住屋是磚造的恐怕不安全，而且正屋的牆壁也已出現了裂縫，於是我們二家人都搬進亭臺來暫住。住了四五個星期才陸續搬回正屋。

雖然自己家人並不欣賞，可是外面只要是知道這座花園的人卻都很羨慕這座花園呢！

汕頭海關的督辦找到伯父表示想要租用這個花園。可是這是一幢私人住宅中的花園，幾乎是不可能分開出租的。對方表示很高的誠意，與伯父幾次洽商，結果伯父只同意出租三個月供他們使用。

海關督辦夫婦原來是去過外國回來的廣州人，所謂是新派人物，全身服飾都是歐洲款式。

他們租用這座花園的目的是要照相，偶爾來住下。他們常常來在花園中照相，太太站在花前或是八角窗下擺姿勢，督辦端著相機取鏡頭。有時二人也合照。大晴天看他們在照相，夕陽西下時也看他們照相。幾乎整個花園的每一角落都被他們的照相機照遍了。

他們在花園中住了二個多月就搬走了。

後來，父親因事去了廣州，過了幾個月，母親和我也去了廣州。一年多之後，我們回來汕頭，原來一片芬芳的花園已變成殘草處處的荒蕪，亭臺也已破敗頹壞。花匠阿林早走了，換成一個阿華。阿華是孫麗春的弟弟，他的工作是打掃庭院、看守門戶。

再後來，孫麗春病逝。為了不干擾正屋，她的靈堂就設置花園亭臺中。

橋林里的房屋，最後是在伯父堅持的情形下賣掉了。

承權出生

住進橋林里二個多月，孫麗春第二次分娩生下承權弟弟，生產時請了附近一位年輕的產科女醫生侯姑娘來接生。從此橋林里中各家生產孩子都請侯姑娘來。

承權是第一個在橋林里出生的孩子。

未幾，三叔一家從廣州搬來也住入橋林里。兄弟三房住在一起，人口眾多很是熱鬧。

第二個在橋林里出生的孩子是三嬸生的承耀弟弟。第三是大伯母生的紅卿妹妹。

提到紅卿妹妹的出生，又可看出我母親當機立斷的能耐。她又露了一手，讓女醫生侯姑娘佩服得無話可說，打躬作揖，謝了又謝。

原來伯母生產時，嬰兒的小屁股先出來了，堵塞住了產門出不來。侯姑娘說這是難產，她從來沒有遇到過這種情形，慌張起來不知該怎麼辦，急忙中要寫紙條央人去請她的老師來幫忙。母親認為在那時刻另外再去請醫生，一來一回要多少時間，產婦嬰兒都等待不了的。於是，斷然下手把小嬰兒用力推進去，再伸手一把抓住兩隻小腿拉將出來，侯姑娘這才丟下紙筆趕緊過來幫忙。

嬰兒順利出生，大小平安。只是侯姑娘緊張得一頭大汗，從產房裡出來，母親讓她坐下喝茶休息一下。她氣喘未定說，就業二年多來第一次碰到這樣的難產，千謝萬謝母親教了她這一課。不停的說：「多謝二奶，多謝二奶！」那個時代的稱呼，是大爺、大奶、二爺、二奶的。

嬰兒包紮妥當抱出來讓大家觀看的時侯，小臉紅紅的特別可愛，我第一個說她小臉好紅，大家就一起跟著叫紅紅。伯父也覺得紅字不錯就說，好罷，叫她阿紅罷。她的正式名字就叫紅卿。

從此我每天放學回來第一件事，就是要抱起小嬰兒來搖來搖去，有時連她睡著了，我都捨不得把她放上小床，我坐下讓她睡在我腿上，不斷摸她小臉唸唸有詞的小小聲叫紅紅。

同年秋天，孫麗春生了第二個男孩。這個二弟才二三個月大時，廣州來信說祖父母的墓地失修損壞，於是父親便趕去廣州重新做好。

在廣州，他每天上山監工時受了風熱，病倒了。三叔公寫信來說他的病情十分嚴重，要母親前去照應。於是母親帶著我和一個小丫頭來喜去了廣州。

父親的病情樣子看起來好怕人，嚴重氣喘，請來的名醫說是重傷寒兼有氣喘云云。總之，病人在醫生和母親的細心醫療照顧之下漸漸好轉，病後休息調養一陣，完全復原，前後將近一年時間。

有一天他心血來潮的、突然決定要自己一人先返汕頭，急急忙忙走了。回到汕頭不滿十天，二弟死去。母親說他趕回去是給他兒子送終的。

不久，父親請二表哥呂星恒來廣州接我們母女回汕頭，住回橋林里。

在這段時間，他經常到中華書局去消磨時間，打麻將賭錢，抽鴉片煙。中華書局在汕頭市內，地點適當，生意很好。地面一層的店面也很像樣，樓上則是老闆頭家們休息聚會之處。初時大家打打麻將消遣，然後人愈來愈多，一桌不夠分配，二桌、三桌，正餐之外有點心、鴉片、香煙、好茶、好酒。書局變成一處俱樂部了。小小書局怎能長期供給這種開銷呢？

他們二兄弟商量：曾祖母在廣州病危有如風中之燭，三姑姑的婚嫁日期必須提前，要父親前去主持。父親答應去廣州辦事。

果然三姑姑出閣不多日，曾祖母去世。父親在廣州便代表伯父擔當承重孫的角色，主持喪禮。諸多紅白事情辦完後，卻沒即時回來汕頭。

父親去廣州二個多月後，孫氏又產下一男，這是她的第四胎。我迄今尚有印象，那孩子紅紅壯壯的。她一向生產坐月子都是母親在照料，父親根本不過問的。

孫氏產後四十多天，有一天高高興興抱著孩子帶了一個小丫頭出去散步遊玩。一二小時回來，一切正常。半夜孫氏跑來叫醒母親，說是孩子發高燒抽筋。母親叫人趕快去請醫生，醫生才進門還未開始診治，小孩死去了。

罹怪病孫氏病逝

沒幾天，孫氏也病倒了，中醫西醫愈醫病情愈沉重。住入汕頭最有名最好的福音醫院，由英國醫師診療。病癒出院、復發住院。醫院進進出出三四次。

有時她躺在病床上想吃火腿燉飯或是干貝燉飯，她要什麼母親都替她辦到。有些人批評母親說她巴結侍妾，指孫氏明明是裝病故意在折磨母親。我聽到了便回來告訴母親。母親說，隨便讓人家去說罷，她的這種病情能假裝得出來嗎？她吃飯的樣子真是怪，與常日不同，三口二口便吃光一碗飯，不是她自己在吃！是鬼在吃！

每隔一二天，母親要我寫信，將孫氏近日病情，請醫用藥等等詳細寫告父親，請他回來自己作主。我足足寄出去二三十封信，了無回音。

這種情形拖了半年多。有一天，陶曉江伯伯忽然來到家中。陶伯伯是父親無話不談的好朋友。他說，他接到我父親的信請他親自來看看孫氏病情。父親信上說，接美生信云孫氏病得很嚴重；接大哥信則云孫氏是小病、胃口很好，請放心等等。

母親即時請陶伯伯進病房去看病人。他一看，嚇一跳，孫氏瘦成皮包骨已不成人形，母親再掀開被蓋，病人的二隻小腿水腫，腫得像大冬瓜，又像一碰就會破的大水泡。母親對陶伯伯說：「請你把看到的實在情形寫信去，並請代我說以後我不會再去信。人是他的，回不回來隨便他。」

可能是接到陶伯伯的信，他老人家回來了。到家不足十天，孫氏走了。喪事辦完棺木運到潮安，在翟家祖山邊上埋葬。

搬出橋林里

民國十一年。

在汕頭橋林里家中，每晚大家消夜時，伯父就嘰咕嘰咕說書局營業不理想、虧本，想要擴大規模卻又缺乏投資的本錢。因此必須縮小營業範圍、節省開支等等。最後的結論卻是要把橋林里房子賣掉。

其實書局虧本，仍然只是一點小錢而已，真正的狀況是伯父為了一名女子、名叫靈芝草的事，虧空了一大筆錢，以致書局周轉不靈，父親明知其中原委，但是不便出口。也許心裡不舒暢，便自己一個人去了廣州。

沒想到橋林里的房子賣得很順利，直到買主來看房子時我們母女才知道。伯父他們自己一家卻已租好善慶里的房屋，臨時間我們母子女四人搬到哪裡去呢？無奈只好跟著伯父一家一起搬家，暫住善慶里。房間倒是有，只是空間比橋林里小得太多了。我們向伯父說明我們正在催父親回來，等他回來就搬走。可是千封萬封信去了，都沒有他的回音。

在善慶里大約住了二三個月，有天晚上伯父回家後，跑進我們母女房間來大發雷霆。拍桌拍椅，亂丟東西，打斷一張椅子腳，摔破了花瓶、茶壺、茶杯等瓷器，大罵父親居然要賣掉廣州的房子，簡直豈有此理云云。附帶又數說我母親不會管束他、隨他胡作亂來等等。

那晚，剛好呂家大表哥在座，力勸伯父不要生大氣，有事慢慢說。終於伯父罵累了，大表哥把他扶回房間，他不肯進房裡去，在門邊椅子上坐下喘息。大表哥回過頭來對母親說，不要太介意。

伯父罵人的整個過程中，母親一直是默默的做手中針線，好像沒有事發生一般。大表哥來跟她說話。她才回答說：「當年是他有錢，他在廣州買房子安置幾位老人，事先我並不知道。房子是他買的，他有能力買進亦可以賣出去。現今，他是不是在廣州賣房子，我根本不知道，我也不會去過問。我做我自己該做的事，我不怪誰。夜深了，你回家去罷。」

幾乎是在金氏死後，父親就沒有拿錢回家來，日常家用開支全是母親以前節省下來的錢在支應，後來母親不得不變賣金銀首飾應付生活所需。

去潮安租住廖厝祠

大表哥走後，我們母女二人商量，決定不等父親消息，我們逕行搬回潮安去住。潮安的生活費用比汕頭低得多。問題是搬家也得要錢，沒錢怎能搬呢？

我想起一個人，阿林。原來我們家曾經雇用她來專門照顧子常弟，她離去後卻進入生意人圈子，她在以手工編織辮帶的行業裡擔任工頭的角色，經濟狀況已非昔日可比。我決定去找她。當面向她借錢，言明以後替她編織辮帶抵償。她二話不說很慷慨的拿出二十個亮晶晶的銀圓借給我。

有錢啦，說走就走。當天下午，我們母子女四人便搭乘火車去了潮安。

到達潮安先在舅父家住了幾天，然後我們租下廖厝祠後座的房屋。房間又大又明亮，月租六個銀圓，類似的房屋在汕頭至少要二十圓。

廖厝祠是廖姓家的祠堂，佔地很廣，祠堂建築規模宏大，不知道是什麼年代蓋的。祠堂正面是一片廣場，另外三面便蓋了許多房屋，幾乎全供出租。租金收入就可用來支應祠堂的開銷。

三個多月後，廣州的房子賣了數千銀圓，父親帶了這一大筆錢去澳門，幾天幾夜在中央大酒店的賭場大賭特賭，結果輸得光光，垂頭喪氣的回到潮安。

父親回來後，家裡開銷增加，黑米（他每天要抽吸鴉片煙）比白米貴多了。他看到我輟學，學手藝，邊學邊賺錢的補助家用，終於，提起精神找到過去的一點人脈關係，批下潮安東橋頭一處小鹽卡，從事分銷官鹽，想多少有點收入。無奈力不從心。他因為抽鴉片煙不能起早床，等到他起床後出去，人家都快下班了。主管如此，其部屬可想而知，不久就發生部屬捲款逃走的事情。管鹽卡，錢沒有賺到，反而要母親設法籌錢替他賠補虧空。

後來他老人家自己提出來說要戒煙，母親陪他住進潮安的福音醫院，由英國醫生替他診治幫他戒煙，經過痛苦的一段過程，好不容易鴉片煙癮戒掉了。出院回家，母親每天燉好湯、做營養補品等調養得他老人家紅紅潤潤胖了一點。可是他整天無所事事，不免去俱樂部找老朋友們消磨時間，打麻將，開始是小賭漸漸變成大賭，「三光先生」之名從此開始。有時他去汕頭消遣玩樂，幾天後回來又抽上了大煙。

在那一段時間，他曾經反反覆覆的戒了至少三次煙。可是始終沒有戒成，鴉片煙一直抽到老。

潮州的煙花燄火

對古老潮安的記憶中，有一段印象深刻，很值得寫下來。

潮安城中有一座廟供的是一位「青龍大老爺」。青龍大老爺每年要出巡一次。廟祝執事等人用抽籤等種種方法請示大老爺出巡的日子。巧的是每年的出巡大多數都選的是正月下旬某日，大老爺出巡一遊就是三天三夜。所到之處，熱鬧異常。那時代其實也是官民同樂。

出巡時，青龍大老爺坐的是一頂沒有頂蓋的陽轎。青龍大老爺有二位夫人，夫人也要陪同出巡。二位夫人乘坐的是珠簾轎。抬轎的和跟隨出巡隊伍中所需種種人伕由地方上各區派出。所有參加的人在出巡過程中都合作得非常融洽。出巡隊伍分為好幾班，每班有迎風招展的大旗隊領先，接著是大鑼鼓、清音樂，然後是彩色繽紛的各式花燈、活景佈景等，整個隊伍從頭到尾少說也有一里多長。

入夜以後，青龍大老爺所到之處人們就大放燄火，燄火中不只是衝天炮火箭或是火樹銀花的噴火花筒而已，另有一種很特別的燄火，那燄火很像一口行李箱子，吊在高處，一方面是讓遠處也可看到。箱形燄火點燃以後，在黑暗的夜空中用火花顯示出一座舞臺，舞臺上出現人物有生有旦，演戲一般，燄火不斷變化，舞臺上就像是演出一齣齣不同的戲文劇本；火焰突然一變，舞臺不見了，夜空中出現四個大字「四季平安」或是其他一些吉祥成語。

一座這種箱形燄火煙花大概可以燃燒十幾分鐘，有三四種不同景色的變化。這是我從來未見過的，當年在潮安曾經看過幾次，印象深刻，後來也未曾再見。

所謂活景花燈可說是與現代的花車差不多罷。那時沒有車，整座花棚是靠人伕肩膀抬著走。沿路上人伕不斷輪流換班。花燈中央是根據不同戲劇故事做成的佈景，搭配著有活生生的男男女女在表演。花燈佈景中的人造人物有如幼童一般大小，服飾全是綾羅綢緞，神情栩栩如生；每一座活景中又點綴著許多小花燈，那個時代電並不是很普通的東西，不知道他們利用什麼方法弄得花臺上電光閃閃、亮麗奪目。

活景花燈每年是十二棚，都是各行業捐獻的，有公有私。有縣政府捐獻的，有地方紳士獨力捐獻的，也有二三人合捐的。父親愛熱鬧又捨得花錢，我們住在鎮平會館期間，有一年，父親就獨力捐獻一座花棚。

一座花棚要花費二百多個銀圓，前前後後需要十幾個人照應。活景花燈每天下午二三點鐘開始隨著青龍大老爺出巡遊街，直到夜間十二點前後才休息，一連三天三夜。遊行過程中有評審委員觀察，根據好幾個項目評分，獲得前五名的都有一面銀牌。那一年父親的花臺獲得不少銀牌，銀牌就掛在花棚上，閃閃耀眼更為花棚生色。青龍大老爺出巡結束後，執事先生把幾面銀牌送來給父親，父親沒有接受反而將所有銀牌送給出力氣抬花棚的那一班人。

青龍大老爺出巡最後一晚的壓軸節目，本地人稱為放「國王鞭」。實際上那是一張大床那麼大小、用木板釘成一個框框，正中間安置一個用各式各樣鞭炮做成的大皇冠，整個木框全用大大小小鞭炮包裹起來，要用三個人抬。走在中間的一人，只穿一條短褲，上身赤膊，雙手高舉抬著木框中間的橫木。

三人抬國王鞭來到廣場中央，四面圍觀的群眾自然退後讓出一片空地，有人走上前去點燃了國王鞭，木框上鞭炮開始爆炸，先是小鞭炮響，這時他們舉著國王鞭沿著空地在眾人面前快步跑一圈回到中央，木框上鞭炮爆炸愈來愈多，愈來愈密，他們三人開始好像舞龍舞獅一般扭來扭去，忽前忽後，有大步有小步，時快時慢，鞭炮聲響砰砰邦邦的直貫雲霄，二耳都震聾了，廣場中一陣陣電光閃爍，硝煙四起，四周群眾有歡呼的、也有被鞭炮打中而驚叫的；鞭炮爆炸愈來愈密，愈來愈響，最後燒到中間的皇冠了，突然皇冠中間噴出一叢叢火樹銀花，彩色斑斕，不斷向四周噴出閃亮銀光，真是壯觀極了。

燃放一座皇鞭大概要三四十分鐘，最後火光熄滅，突然安靜了，可是耳朵裡還一直是隆隆的響，彼此講話聽起來也都覺得怪怪的。那三個抬皇鞭的抬著空木框從黑暗的廣場中走出來，膚髮無傷，大家報以熱烈掌聲。

潮安比較重視傳統的風俗，過年過節遠比汕頭熱鬧得多。以前住在汕頭，過了年母親總會帶我回到潮安，住在舅父家過元宵節，去看遊神勝會。

我們搬來潮安，住在廖厝祠。每年過年後姑姑便帶了惠卿妹妹從汕頭來我們家住上十幾天，出去看熱鬧。

這似乎也是潮安的風氣，城裡人家在過年過節時、家裡總會有一些外地來的親朋好友住著，來看勝會。

第三篇 潮陽三年歷練多（民國十三～十六年）

馬家的光德學校

民國十三年春天，在潮陽教書的一位戴小姐要我去替她代課。

這位戴小姐和三舅父的女兒翟肇莊原來是潮安城內金山中學的同學，在校時常常和其他幾個同學到我們家來玩，彼此之間都非常熟稔。她們兩人自金山中學畢業後同去潮陽教書又變成了同事。教書教了一學期之後，阿戴決定要去廣州昇學，但是她接受的聘書期限還有一個學期，她們兩人商議定了就跑來要我去替她上課，我自認學歷不夠格怎麼能去當老師呢？阿莊表妹一向對我很有信心，她堅決的說她已考慮再三，相信我一定能夠應付得下來；而且只是一個學期嘛，於是我抱著玩玩試試的心情姑且就答應下來。

不料這一去就去了三年。

我居然在潮陽混過了三年的教師生涯，為人師表，連自己都不能相信。尤其聽說以前曾有一位年輕女老師去教課，第一天進教室，一群頑皮的男生對她叫囂把她嚇哭了，辭職回家。

而且潮陽並不是一個交通方便的地方。從潮安去潮陽路途並不遙遠，可是由於交通工具不方便，必須在汕頭住宿一夜。

從潮安搭乘早班七點鐘的火車去汕頭大約要二個多小時才到達，而汕頭開往潮陽的小火輪也是大清早七點鐘離埠，每天只有一班。所以必須在汕頭住宿一夜趕搭第二天早晨開航的輪船。小火輪航行大約三個小時到達一處小口岸，輪船乘客立刻上岸換乘一種窄軌道的小型火車，像火柴盒子般簡陋的小火車也隨即開車，搖搖晃晃的行駛大約二小時到達一處車站，地名龍井，名為車站，除了簡單的月臺邊有一幢售票小屋之外，四望無物。

龍井其實只是個傍著海岸的碼頭，下車後跨越過小鐵路步行不遠就到了一處小海灣的岸邊，所謂是小海碼頭。

沿著小海碼頭的黃土大路邊上一列有幾家小飯店，賣菜賣飯。小飯店都是用竹篷蓋覆著桐油帆布而搭建的臨時建築。進入那幾家小飯店的室內倒是明窗淨几鋪設整潔的令人可喜，店主人招待殷切，尤其是烹調有術菜色一流，價廉物美，家家如此。原來這個地方是汕頭進入潮陽內鄉各地的必經之處，而一般進出潮陽者多的是在外地經商的有錢財主，都是花得起銀子會點菜的客人。我進出潮陽也來到這裡吃午飯，飯後喝上幾杯功夫茶，休息片刻。十二點多便再踏上未盡的旅程。這次是一種式樣很古老、用木頭建造的近海帆船。

帆船在淺海中張帆行駛，上下搖晃得很厲害，順風的話要三四小時才到達潮陽縣的城前鄉港口，再往前行便是分歧複雜的河汊，航道彎曲水淺，沙洲很多，帆船太大不能進入；有錢人家來去這裡，各家人家都有小船前來城前港口等候接駁。

我到達城前港口時，事先已有書信請馬家派小船來等候迎接。於是就直接的由大船跨上小船，靠人力撐竿前進的小船又再搖搖晃晃的行約二三十分鐘，到達了田中鄉的馬家碼頭。上岸步行幾分鐘就是光德學校。

潮陽縣各鄉有不少富戶，城前鄉地扼各鄉的交通要道是一處重要碼頭，田地肥沃、魚米豐沛，全鄉幾乎都姓馬，許多成年男丁都到南洋經商謀生，其中有一家數代在暹羅經營有方已成巨富的大戶，便在家鄉建造大屋、蓋起一座大祠堂，又斥資創辦一所光德學校，相當小學程度。一年二個學期，正式申請縣政府立案。不過，光德學校並沒有專門的校舍建築，而只是利用大祠堂邊的一部分空間，用木材隔建成幾間教室、辦公室和先生的宿舍。

那個時代對於老師的稱呼，不論男女一概都是「先生」。我是去替表妹肇莊的朋友代課一學期的。不過，自已檢討並沒有完整的師資學歷，居然為人師表心中覺得有點慚愧。

整個童年時代常常隨著父親四處奔波，可說是隨時隨地的插班入學，短者一二個月二三個月，說走就走，較長久者幾乎也沒有超過一年的。有些學校使用普通官話，在潮安縣立英厝巷女子學校入學時，先生們教書則全用廣州話。住汕頭橋林里的時代，日本人租了隔壁房屋辦一所學校名叫「東瀛學校」，主要是供日本僑民子弟入學的，但是也招收本地學生，尤其是學費廉宜。因為近在隔壁嘛，我首先去東瀛入學，接著伯父家幾個孩子也都陸續進入東瀛就讀，在東瀛讀書上課時全用日語。後來，我另外就讀嶺東學校專攻美術，學校裡上課下課則全用潮州語。所以，我的學歷真正可說是亂七八糟。一直到開始在光德學校當先生後，一連二個暑假去潮安東門外的韓山師範學校進修，自已才覺得真正讀了一點書。

那個時代，許多人還是進私塾讀書。大家人家是把各房孩子集中一起請一位先生回家來教。國民政府的教育制度仍屬初創，正式的學校不是政府辦的就是大型的商業團體所辦。入學後初小四年、高小二年、中學或是師範學校則是四年。師範學校畢業就可以去教初小。

我去到光德學校，負責的年級是高小，內心有點誠惶誠恐，外表盡量保持冷靜沉著；我覺得既來之則安之嘛，一定要好好應付。所有教材都事先詳細研讀，或字或詞其意義了解不肯定的，一定翻查辭源徹底弄清楚。於是，我在教室中是游刃有餘而應付自如。

終於，學校召開座談會，由學校董事會的執行董事擔任主席，馬家的族長也列席。班上學生的一位代表人物、平常大家稱呼她為七奶的，站起來說了幾句稱讚我的話。她說，錢先生上課講解得非常清楚、非常詳細，遠比以前的二位先生講得好云云。當時我在會場上只能站起來表示感謝，一直在心裡壓著的石頭終於放下，差堪自慰。

七爺七奶當時是馬家族中的壯年中間代，上一代的大多數已回家來養老不再出遠門打拼，下一代年輕的出去外地讀書。暹羅的生意正好是由七爺在經營，他本人經常在國外；鄉裡族中家務、錢財、房屋、田產等就全由七奶掌管。那位七奶有三十多歲了，她為了充實自己能夠確實掌握大權，誠心誠意的來讀書。她真正是了解到知識就是力量的意義啊！

潮陽縣城前鄉隔鄰是溪中鄉，全鄉幾乎都姓陳，陳姓族長是一位在汕頭經商成功而發了大財的老太公，老太公回鄉來創辦了一所啟明學校，兼收男女學生。

在光德學校學期結束之前，啟明學校的一位校董特地來看我。他直接了當的希望我下學期到啟明學校去任教，他要我去擔任全校的訓育主任再兼女子部主任，薪資比光德的要高一點。我略加考慮就答應了。第二天啟明學校就把一年期的聘書送來了，也許是怕我反悔罷！事實上，那個時代女老師人才奇缺，尤其這一帶交通不便，不大習慣於出門的小姐都害怕得不敢來。

當時接下了聘書，心中始終有一陣怪怪的意外感覺。啟明學校怎麼會知道我的呢？

不久學期結束，我在光德學校的代課也就告一段落，學校放暑假，我回到潮安。

陳家的啟明學校

暑假結束前，我特意提前了幾天去潮陽溪中鄉向啟明學校報到。

同樣的轉折旅程，只是這次到達城前港口時，等著迎接我的小船是溪中鄉陳家派來的。溪中鄉比城前鄉更遠一點點。

我來到啟明學校，在學校裡等候我的是一位年輕男士，服飾華貴，舉止有禮，旁邊各人稱呼他為二少爺。二少爺為我引路，並作簡單

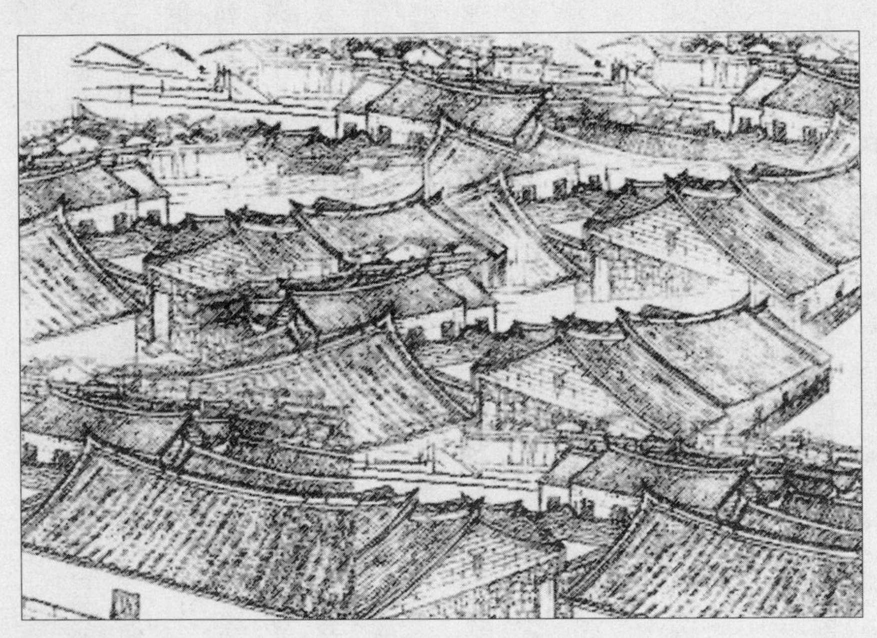

人丁興旺的華南村落。

說明，一直來到大廳請我坐下，招呼佣人奉上茶水。然後才自我介紹。他的名字是陳滌凡，是學校董事之一，這一年學校事務輪到他執行管理。

一旁還有一位老先生，是啟明學校的校長，姓林，據說是遜清時代的秀才。

陳滌凡說：「錢先生，這個學校妳認為有什麼需要改革或是需要添置些什麼，儘管告訴我好了。現在請去飯堂用飯。一路來辛苦了，今天早一點休息。明天我再來請教。」

第二天早餐後，校董陳滌凡和校長林秀才一起來了，很客氣。

我提出一大堆意見。首先第一項，我說應該使用國民政府教育部新編撰的教科書，國文、公民、歷史、地理、自然等課都要讀，增加白話文的課程，要為學生購買新書。他從口袋中掏出記事本記下。並且說，明天一早就派人去潮陽縣城中購買新的教科書。

我又建議：教室旁邊有一處光線很好，可以放置一張大型的長桌配幾張椅子佈置成為簡單的閱覽室，同時再為學生訂閱幾份雜誌書報等，讓學生至少有點課外書可自行閱讀。

我又要求購置一座風琴，我準備教女生們唱歌、彈琴，為學習環境創造一點活潑生動的氣氛。

陳滌凡一面聽我說話，一面在記事本上寫，又不斷的點頭，連聲答應一定照辦。

只是當時風氣未開，所以男女生二班分開各據一幢建築，各有男女老師，兩屋中間隔著一大片曬穀埕，土埕不曬穀的時候就供學生當作操場使用。

陳滌凡辭別離去後，一直站在旁邊的老校長向我說：「錢先生妳運氣真好，遇到今年是輪到二少爺主管學校。妳說的每一樣他都點頭，他都照辦。他不會去問老太公的，他自己就做主了！如果是大少爺管學校的話，他事事向老太公請示，老太公不點頭的事他就不敢做！」

二少爺陳滌凡經常來往香港上海，世面見得多了，自然另有他自己的見識，辦事魄力也不相同。

老校長又特別舉例：以前曾有一位先生建議購置一座風琴教女生唱歌，老太公不准，只好作罷。

總之老太公說的話是無人敢違逆的。

我不免對老太公的威權興起一點好奇。

林校長看我有興趣聽故事，於是就將有關老太公的傳奇對我娓娓道來。

老太公是白手起家的。年紀輕輕的就離開家鄉出外奮鬥，吃苦耐勞，漸漸的從經商過程中累積不少財富，變成汕頭市上的首富。他膝下有三個兒子，都是學業有成，父子四人合力經營，事業規模相當大。他的事業中有錢莊、客棧、西餐廳等，甚至於在上海也開了一家行號專事南北雜貨的進出口。

鄉中年輕人想要找工作的話，只要來求他，他立刻就可安排這位年輕人到汕頭去工作。

老太公回來家鄉興建大量房屋、修橋鋪路，幾乎改變了整個溪中鄉的面貌；他在鄉中買下許多土地開闢為農田，農田耕種需要大量人力，於是，召來大批長工佃農為他耕種，他對佃農並不苛求。若干年下來，整個溪中鄉的經濟狀況大幅改善，幾乎可說是戶戶安居，人人樂業，人人不愁吃、不愁穿。

溪中鄉人丁興旺，全鄉幾乎都姓陳。各家平常也都融洽相處能夠合作。老太公斥巨資整建祠堂，又再開辦學校讓族中孩子免費讀書，更令族人欽佩。雖然已是年老退休在家，只是德高望重深得人心，大家尊敬他都稱他為老太公。長期以來的習慣他喜歡管事，於是人人仍然事事向他請示。

族人之間偶然有一些紛爭，來到老太公面前，他說二三句話就解決了。

老天不作美，人間不能事事如意。老太公的三房兒子，老二老三在中年就先後病故，只有大爺仍然健在。大房和三房都是女兒大、兒子小，小到還在讀書。二房有二個兒子，大少爺名叫巧凡，二少爺就是滌凡。他們兩兄弟和大爺，伯姪三人共同繼續經營老太公的事業。

整個事業由大爺在汕頭總管督導，陳巧凡也就坐鎮汕頭；陳滌凡是上海某大學畢業的，家鄉中原已娶有一位太太，畢業後就留在上海經商，年紀輕，觀念新，出手大方，所謂是有海派作風，長住上海，自己另外又娶了一位太太。他每年回家鄉來數次，這次老校長說我運氣好，要東西遇到的是他，他做事是不請示老太公的，他同意就買來了。開學不久，陳滌凡就返回上海去了。

老太公的事業好像仍是屬於全家共有，有些田地房屋可能已經分配給各房了。三房兒子各有一幢很大的房屋，每一幢房屋正面都是三開間後面有三進。太公太媽另外住一幢。

每天三餐雖然還不到鐘鳴鼎食的程度，有大大小小一百多人在一起吃飯，這場面也夠熱鬧的了，男女佣人的支配，種種事務一應開銷則是全家統一管理，由三個房頭輪流負責。

有錢人家講究重重規矩，家教嚴格。各房的媳婦、孫媳婦、孫兒女等每天早晚必須來到太公太媽面前請安問好。禮教十足，事事講究長幼有序，說話要輕聲細語；吃飯的時候，長輩沒吃完沒放下筷子，晚輩是不可以離開座位的。所謂是禮失而求諸野，城市中是早已經看不見這種生活形態了。

陳族家人的穿著都是來自蘇杭的綾羅綢緞，婦女們腳上穿的是香港買回來的絲襪和親自手繡成的繡花鞋。室內陳設的成套傢俱全是從上海運來的酸枝紅木製品。我曾經去過好幾家人家，作客所見家家如此。

來到這樣富裕的鄉村教書，遠比大城市中的公立小學校舒服多了。這裡沒有工作壓力，只有人們的尊敬，尤其他們對女先生更是特別敬重。

我的待遇除了每月固定薪資之外，尚有一份所謂的半供，半供就是日常生活所需，包括傳統的柴米油鹽醬醋茶之外再加一項燈火。我的年薪是一百四十個銀圓，屆時便由帳房總管親自送來。兼任女生部主任加二十圓津貼，後來我又再兼男生部的訓育主任又再加二十圓，一年淨得大洋一百八十圓。那時一個中級公務員每月所得也不過是十四五圓左右。

那個時代，在潮汕日常市面上一般交易大多數是硬幣銅板或是銀角子。一角可抵換二十二或至二十四枚銅板不等。一角的銀幣不大，直徑大概十五公厘釐；銅板則大得多，直徑大概有二十五公厘，上面鑄有「當十文」的字樣。

國民政府發行的貨幣所謂是大洋，例如中央、中國及交通等銀行所發行的鈔票；廣東省銀行、浙江省銀行或是其他私人銀行，例如有一家四明銀行等所發行的鈔票則是小洋。平常市面上大家使用都以小洋為標準。小洋一元兌十角，大洋一元可兌十二三角。

啟明學校的第一個學期很快過去，回到潮安家中過年渡寒假。

民國十四年，新年過去了，看過元宵節熱鬧的遊神花燈後，重又回到啟明學校。

開學不久，居然接到一封陳滌凡從上海寄回來的信，信中表示對我的感謝。他舉出實例說，寒假中收到家鄉中幾位堂妹寫給他的信，他終於看得懂了。信都寫得很淺白，意義清楚，可以看得懂；不像以前的來信，常常是胡亂抄襲一段古文尺牘的文字，虛字連篇，詞不達意，看不懂她們真正的意思。

陳滌凡的來信肯定了我的做法，鼓舞起我對教學工作更大的信心。

原本學校中的女子部都是未婚的女孩入學，女子部共有學生二十多人。來校上課各穿各的衣服，我擔任訓育主任後為學生制定制服，男生是白色襯衣配藍色斜紋布長褲，女生改穿裙子。我去布店揀選，發現一種有彩色線條的花格子布匹，適合給女生穿著。那種布料是當地一家小規模織布廠生產的，我直接去到織布廠向老闆訂貨買布。

女生們穿起新制服，興高采烈，那些學生都是有錢人家的小姐，量身訂做對她們來說也是新的經驗，興奮之餘每人都訂做二三套，在家裡也穿。學生穿起制服，服裝整齊劃一，看起來精神抖擻，士氣高昂，令人耳目一新。

按照溪中鄉傳統的老規矩，各家媳婦們平日是不能隨意跨出內庭二門的。有一天，有一家的老太太親自帶著二個年輕媳婦來到學校，要讓二個媳婦入學。老太太說，她二個兒子都在上海唸大學，要這二個媳婦也讀點書才可以相配。尤其她對我說：「交給妳錢先生教導，我很放心。」這位老太太性格直率平日就是以作風開明在鄉有名，在當時那個環境中真可說是鳳毛麟角，萬分難得。她能打破傳統而且信任我，真令我感動。

有一天，一個女生名叫碧真的來向我說，她的祖母和母親誠摯的邀請我去她們家吃午餐。

那天，到了她們家，除了豐盛精緻的午餐之外，香茗細點，十分款待。飯後婆媳二人結結巴巴輪流說話，互相補充與我商量要我幫忙的意思，繞了一個大圈子是怕我拒絕。原來是碧真的姐姐名叫碧鳳，預定明年出嫁。她們一直就在考慮到時的嫁妝。預備的嫁妝中有一項非常體面的鏡屏。那是一座四扇活頁的落地大屏風，每扇中央鑲嵌一面鏡子，鏡子四周整個扇面是緞面刺繡，上面再覆蓋玻璃。這四扇八幅刺繡要由新娘親自繡成。她們的意圖是：「請錢先生來家裡教導碧鳳繡鏡屏」，不知道我有沒有時間，來到她們家教導時招待三餐另外致送一份酬金，並且對我說酬勞要多少儘管開口說不必客氣。

我自己估計這不是什麼困難的事，一口就答應了。我說明，我只有星期日的上午半天有空，可以過來，來到時麻煩她們準備一頓午餐就可，酬勞金就不必了。因為，我那時正在籌劃下學期要開一個教學成果展覽會。於是，我提出一個條件：這座鏡屏要趕在學校的展覽會前完成，參加展出。

去碧鳳家才教了二次時，另外一個學生名叫素英的，來向我說她的嫂嫂懇切希望也要我去教她繡鏡屏。於是，我每一個星期日，上午去碧鳳家，下午去素英家，教刺繡。

星期日的工作很輕鬆也正好消磨空閒的時間，二家人都是盛情接待周到。直到學期結束放暑假，我要回家了，她們二家人不約而同的各送來一個紅包，沉甸甸的紅包中是十二個銀圓。她們堅稱這是供出門旅途花費的程儀，按禮俗是祝福一路平安的意思，那是一定要收下的。於是，這一學期額外賺了二十四圓大洋。

教學成果展覽會

啟明學校的教學成果展覽會的準備工作早就開始，可說是全校投入。雖然我是女生部主任，但又兼教勞作課，實際上我的勞作教學成果變成是展覽會場中最重要的項目，後來展覽會開幕也證實了的確是最吸引參觀的項目。

女生們上勞作課的成果，主要是刺繡作品。其實這種繡花的基本技術她們在家從小就學，人人都會，並不希奇。但是保守各家傳統秘方的結果，是花樣千篇一律，沒有變化，沒有創新，尤其配色只是互相抄襲模仿。最後變得所謂是土裡土氣，繡出來的東西大紅大綠不堪入眼，粗俗無比，毫無美感。

我提供她們新穎的畫稿，教導她們選色配色，結果繡出來的東西讓鄉人看了嘖嘖稱奇，奔走相告。

我又教導她們使用鉤針的方法，利用鉤針勾織成許多家用織品在展覽會上展出，吸引許多人看。

我在東瀛學校學過日本製作人造假花的技術，只是用布或用綢製作假花必須要使用一些專門的捲壓工具。無法得到那些工具，我便改用廉宜的蔃草紙來製作假花。學生們從來沒有見過這類東西，高興極了，學習情緒達到最高峰。展覽會場上我們展出高度逼真的梅花、日本櫻花、玫瑰。別的學校展覽時只有傳統的彩色紙球，也有幾朵紙花，但是遠遠看去就知道那是假的紙花。

有一次去一處販賣花樹的苗圃參觀，心裡正在想有沒有什麼樹木可以利用，忽然看見一株喬木很像梅花樹，略比成人高一點，枝椏不多，樹姿優美可喜，於是買下。花匠把樹木移植到大花盆中，運回學校。我把樹上多餘葉子清除掉，用小鑽子在樹幹上各處鑽了一些小洞，再把蔃草紙做成的潔白梅花一朵朵的緊緊插入小孔固定好，樹上梅花是一簇一簇的，我們師生合作的那株梅花看起來比真正的梅花開得更茂盛、更壯觀。

結果，展覽會場上，這株燦爛盛開的梅花和二家人家繡成的鏡屏大出風頭，參觀的人一看再看，無不稱讚。

教學成果展覽會展出成功，我名揚各鄉。

為了開展覽會，啟明學校發出請帖邀請鄰近鄉鎮的中小學來參觀，有些距離太遠的就沒有邀請。想不到有一所因較遠沒有發函邀請的，堂北湖鄉的鄉辦學校竟然包租了二艘船，載了一大群師生前來參觀。合山鄉中學有一部分師生來看過後回去，學校立刻專差送來一封公函，信函中提出二點，一是要求我們展覽會延期閉幕，二是他們師生前來參觀時要特別請教研究，請惠予同意云云。

我們原定展覽三天，因此延長至一個星期。

開始佈置會場時，八幅鏡屏繡面才一出現，林老校長立刻就被吸引住了。他和其他幾人嚷叫起來，他們說，那不是一般的刺繡，那是國畫，是用刺繡表現的國畫。了不起的可貴呀！

老校長一本正經的對我說：「這鏡屏有二種欣賞方法。一是看繡工，一是看畫。我們一直都不知道錢先生畫畫的造詣有這麼高深啊！真是深藏不露。」

對他們的稱讚只好客套一番，自己心中暗叫慚愧，老校長確實是有眼光，一眼便看出那些刺繡的畫面構圖是模仿古代名家的名畫。

原來一向在家沒事時，曾經打開父親的古董收藏，其中有不少是古畫，有卷軸、有冊頁、有扇面等，我並不在意是什麼年代誰畫的，我只選了一些自己喜歡的便用一種白竹紙臨摹下來，白竹紙很薄很韌不易破裂。前前後後我臨摹了不少，有一大捆。去光德學校代課時我就帶去了，沒有使用過，又帶到啟明學校來。這次碰到人家要做大幅的刺繡，我一時靈感，覺得在落地屏風上本來應該是畫嘛，那麼就用刺繡來表現畫罷！沒想到一炮打響。

陳滌凡專從上海回來參加教學成果展覽會開幕儀式，對我一再稱謝。

辭別啟明學校

我在啟明學校任職這段時間的確很值得留戀，生活愉快，工作勝任沒有困難，而且績效不錯。每年聘書由校董提前送來而且口頭上也一再敦邀留任。人緣關係也處得不錯，校內校外人人尊敬，日常生活起居、校工的伺候非常周到。

可是有二件事，使得我下決心辭職不幹了。

第一件事是天氣的影響。民國十五年的春假後，與一位同事連袂同返學校，我們順利來到龍井碼頭區吃中飯時，二人正在說笑，突然天空變暗，霎眼間狂風亂竄、暴雨傾盆而下，只聽四周人們叫喊著：「風颱來啦！風颱來啦！」

我們二人從來沒有經驗過這種狀況，不免驚慌失措，二人商量：風颱來了，船一定不開，必須找尋附近的旅社暫時住下再說，討論完畢想找人打聽，這才發現原來幾家飯店都已拆卸，附近不見一個人影。四面八方風雨交加，到處迷迷濛濛海天一片，手中雨傘已被吹反，海水仗著風勢掀起巨浪向岸上撲來，我們幾乎被風吹倒，於是二人就交叉扣著臂膀互相支持，腳下海水洶湧而來，急流不斷上漲，水淹到我們膝蓋處了。在這種情況下任是叫破喉嚨也不可能有人來救的。忽然我們在風雨中看見不遠處有一塊牌子是「警察局」三個字。不約而同我們二人都說，走，到警察局去。好在我們二人都只有一只背包而已。

距離警察局只是幾十步路而已，但是全身濕透的冒著大風大雨、跨著齊膝的激流又怕一腳踏進大水溝，二人緊緊拉著手，真正是狼狽不堪，悽慘之狀無法形容，終於好不容易的來到了警察局。

警察局裡面也被水淹了，幾個警察躲在一處用木板釘成的簡陋樓板上。聽我們說明身分後，局長非常客氣的連聲道歉說，他們局裡地方太小，泥菩薩一般自身難保，實在無法招待我們；同時掏出一張名片寫了幾個字，交代一個警察要他帶領我們去附近的一家幼稚園，介紹我們去那裡借宿暫避風雨，並且要向幼稚園說明所有費用由警察局負責償還。

於是我們從水淹的警察局裡出來，重又回到頭上狂風暴雨腳下激流洶湧的街上，摸索而行，難之又難的走了百多步有如登天一般，終於來到那家幼稚園門口，警察費了半天敲開大門，裡面也是二位女先生。警察送上局長名片又遵照局長的吩咐簡單說了幾句，二位女先生立刻把我們讓了進去，連聲說應該招待，一面立刻叫校工燒熱水準備我們洗頭洗澡，又昇起二個大炭爐火來讓我們烘烤衣服。忙了好大一陣子，晚飯也準備好了，我們顧不得客氣坐下就吃，那飯好香啊！

那二位女先生同一間臥室，有二張大床，於是她二人擠上一床，讓出一床給我們二人睡。就這樣，颱風過境施虐，我們過了一個平安夜。

第二天早晨起來，雨已停了，只是颱風還剩下一點尾巴偶然還會橫掃一二下。

吃過早餐我們想出去看看，校工說不行，外面正在整理，打掃街道不方便行走，要我們留下不必急。午飯後來了一位警察，他說局長要他過來護送我們去碼頭等候，他已打聽好了，一點多鐘就有船要開航。

我從濕透的背包中拿出幾個銀圓想做一點補償，幼稚園先生不肯收，警察也不肯收。那警察說，局長認為昨天一起風之時，出去巡邏沒有發現我們在風雨中受難，他感到非常抱歉，有虧職守。他特別加強語氣說：「如果再讓妳們出錢的話，他這個局長還想不想幹呀?」我只好把銀圓收起來。

一行人來到碼頭上，果然已有不少人在等著。一會，警察局長來了，遠遠就打招呼，來到面前再三道歉，照顧我們上船，揮手告別。

海上風大浪也大，船在浪濤中搖晃而進，許多人睡倒，許多人嘔吐，只有船伕們忙著拉帆轉舵。

漫長辛苦的一個下午終於過去，我們疲乏不堪的回到啟明學校，已是萬家燈火時分。

冷靜下來重新回憶過去三天的經歷，一幕一幕電影一般在腦海裡放映，令人驚心動魄，原來潮陽行是這麼的危險和辛苦啊！自己愈想愈怕。我開始動搖繼續留下來工作的信心了。

第二件事使得我決定辭職回家，是我病倒了。

有一天，迷濛中睡醒，忽然發現床前圍著好些人，自己正感到四肢軟弱無力，只聽見大家同聲嘆道：「好了，好了，先生醒來了！」一位人稱三奶的正在窗口向天合十禱告；一個我最喜歡的、班上最年輕的小女生，平日嬌柔可愛，這時卻趴在床邊哭，我用力伸手摸著她的頭問說：「韻華妳為什麼哭？有什麼事嗎？」我把同一的疑惑問題用眼睛掃向大家。究竟是什麼事呀！

原來平常早晨我都是很早就到教室的，那天快上課了全班卻還沒有看見先生。於是一個學生名叫楚娟的便和校工一起跑到宿舍來看我，先在門外叫了幾聲，見沒有動靜，開門進來一看，見我暈倒在床上，她們幾乎嚇死。立刻跑去報告三奶。

三奶、細奶率同一些人匆忙趕來，看見我昏睡的狀態，她立刻叫人取水來，有人把我扶起，三奶親自動手為我刮痧。整個過程我都不知道，完全不省人事，刮痧以後我仍然睡著，然後才迷迷糊糊的醒過來。

她們又把我扶起，拿來二面鏡子對照著讓我看自己的背，嘩！沿著脊椎骨的二側各好像掛著一串紫葡萄一般，一粒一粒大者比花生米大，小的也有黃豆大小。這些都是三奶從我身上刮出來的「痧」，自己看得莫名其妙，心裡想怎麼會這樣的呢？三奶說：「妳中暑了！這種痧是烏狗痧，再遲一點或是刮不出來的話，那就很難說了！現在刮出來了。沒事啦！」她說完一直搖頭。

中暑了？

後來自己想想，可能是一連好幾天帶領學生隊伍去附近鄉村遊行，響應國民革命，在大街上唱：「打倒列強，打倒列強，除軍閥，除軍閥，……」到處喊口號，在大太陽下曝曬了好幾小時，中了暑氣了。

由於這二件事，我決心辭職回家。口頭上我向校董、校長都表示請他們預先找人接替我的工作，他們不答應，總是慰留。當然我不能說走就走。

捱到學期結束放寒假了，我正式送上我的辭職書，在潮陽三年的為人師表生活就此結束。回家渡假，過了年，歲次進入民國十六年。

有一天，無意間遇到張唯一老師，他那時擔任潮安縣立第三國民小學的校長。我們都非常熟悉。翟家幾個表兄弟妹都是第三小學畢業，荷生妹承權弟也正在該校就讀。張校長問起我怎麼還沒有去潮陽，才知道我已辭職不去了。他很高興的說：「不去潮陽了，正好到我這裡來！妳來我這裡最合適了。」

張校長正在物色一個音樂先生，要會唱響應革命的歌，專教高小五六年級學生唱歌。我是根本不懂五線譜的，怎麼能去當音樂先生呢？張校長說，他要找的先生是個沒有鄉音、字音咬得正，能教小學生唱歌的，所以我就很合適！

張校長口氣非常堅決，他說：「明天送聘書過來，下星期上課。」

第三小學的教席，我只去了半個學期就讓表弟翟肇偉去接替。一方面是我自己在盤算要不要遷居去上海，心情煩擾不想教；一方面是寄居在我們家的肇偉正好要找一份工作。

黃埔軍校的潮州分校

民國十四年初夏，蔣介石率領黃埔學生軍來到潮汕。年底在潮安成立了陸軍軍官學校的潮州分校。潮州分校校址在縣城北門附近，何應欽任分校校長，召訓第四期學生。

廖厝祠佔地廣闊，房屋很多，學生軍的輜重隊就進駐廖厝祠一幢房屋成立一座倉庫。祠堂後門外是一大片曬穀場，穿過曬穀場去大馬路比走前門便捷。

我們租住的房屋是曬穀場另一邊的後座，後座各家住戶都是沒有門牌號碼的，我們家為了便利郵差投信，父親就在門外掛上一面牌子寫著「武林錢寓」。武林是杭州的別稱。我們的祖籍是杭州。「武林錢寓」的牌子吸引來了潮州分校中的幾位浙江同鄉軍官，上門自我介紹。我們家客廳很大，父母親又都很好客，於是，同鄉人漸漸又引帶來了一些外省人。例如，座上客中一位湖南人黃杰，那時他是學生連的連長。我們家有一座風琴，黃杰喜歡玩弄風琴。那時有一個供小學生演唱的歌舞劇「葡萄仙子」正當流行，黃杰便常常彈奏其中的一曲。無論平日或假日，來到家裡的「學生軍」客人很多，姓名都弄不清楚，於是我們從那時便以「葡萄仙子」指稱黃杰。

客人之中有一位姓童的上尉隊長是奉化人，跟父親很談得來。後來發現父親是管理鹽務的專家，便邀了父親同去汕頭見一位姓周的署長。

原來革命軍在汕頭成立一個鹽務總署管理海鹽，剛上任的周署長正在千頭萬緒之際，與父親見面談話之後非常高興，立即就聘請父親為鹽務總署諮議，不必每天上班，只要十天半個月的到署裡去，指點一下管理海鹽的秘訣，表示一點意見就可。父親多年已沒有工作，在家無事、意志消沉，突然有了一個頭銜，變成革命軍中的一份子，整個人的神情改變，興致勃勃，精神抖擻起來，全家都為他鬆了一口氣，為他高興。

我們家隔壁的房屋原來空著，不久有一對夫婦租下遷入。過了幾天兩夫婦抱著孩子過來我們家拜會。江西人姓鍾，是潮州分校的上尉副官，他們都不懂本地潮州話，鍾上尉就特別拜託母親多多照顧一下他的太太。

胡振武帶來了陳教官

從此，鍾太太幾乎每天都帶著她一歲多的兒子在我們家玩，從早到晚。跟母親聊天。

不久鍾副官又把他的長官，胡振武副官長介紹到家裡來，也是江西人。胡副官長在我們家混熟了，他又帶來了一位陳教官。

陳教官來過家裡幾次以後，胡副官長正式向父親提出要為大小姐做媒。父親向胡說要等我學校放假從潮陽回來，當事人雙方見見面以後再說。實際上，父親也利用這一段時間，想要打聽這個陳教官在他興寧家鄉有沒有童養媳。

父親記得以前有一個興寧鹽商，名叫饒銘三的，常去在城鹽廠批鹽，和大伯父有點交情，於是就請大伯父寫信給他去查詢陳家的情形。饒銘三的覆信很快來到，信上說：陳教官行七，他陳家三代是殷實商人，老七陳阿宣少年時在家是好學生，不過已外出多年，品格如何不知道。但是在家裡的確沒有童養媳。最後這一點他還特別強調他可擔保云云。

那時，潮安有一個來自興寧南門壇的陳百珍，生財有道。他在福建某地設工廠鑄造大鐵鍋子，潮汕人所謂是鼎，可以煮飯供幾百人幾十人吃的大鍋，行銷各地。鼎行就設在潮安。陳百珍自己常住潮安，太太是潮安人姓余、小名叫美嬌。余家和翟家本來就極為熟悉。

陳百珍縱橫商場、為人豁達，對我父親非常尊敬。他交遊廣闊，朋友很多，無論是陳炯明時代的粵軍或是潮州分校的革命軍，不少是他們家中的常客。週末都來到他們家打麻將。同鄉人的陳教官也常到他們家盤桓。

想不到幾十年後，陳百珍的一個兒子名叫震南，跑到貴州安順考進軍醫學校與我們攀上親戚。後來來到臺灣，他在軍醫界已經有點名聲，全家人看病吃藥沾了他的光不少。

震南曾經說過，當年每逢星期日，他們家門口一大群客人騎來許多匹馬。裡面要伺候客人，外面還要伺候這些馬匹。

父親一方面也正式請教陳百珍，打聽陳教官的身世。

寒假，回到家裡，母親把整個事情告訴我，饒銘三的回信也讓我看了。

總之，陳教官家世清白，本人是留學日本士官學校回來的；另外，眼前的事實：黃埔軍校潮州分校在那時可是一面金字招牌；他所追隨的長官，何應欽，那時正是響噹噹的人物；革命軍的職業路是一條康莊大道，似乎沒有什麼可以表示反對的理由。

每次陳胡二人都一同來，見過幾次面。他自我介紹，那時他的名字是宇非，說的是一口雲南腔的普通話，又能說廣州白話，與一般的客家人鄉音不改的口音顯然不同。不久，我準備去潮陽返校開學，他要求通信。

民國十五年，春。宇非提出要求訂婚。既然沒有什麼可以挑剔，於是，決定春假回家去訂婚。訂婚的過程很簡單，大家在一起吃一頓飯，彼此交換一只金戒指而已。第二天我就返回潮陽啟明學校。

用現代的眼光來看，那真是完全沒有一點點羅曼蒂克的氣氛。

上海張和盛商行

我返回潮陽大概不到二個星期，宇非來信說，奉令調職。革命軍成立迫擊砲隊，他擔任隊長。又過了幾天來信說，奉命即日出發北上，進入福建。同時又接到母親來信說，父親要隨著鹽務總署跟著革命軍一起北上，第二天就要動身。

據近代史：民國十五年六月，蔣中正在廣州就任國民革命軍總司令，誓師北伐；總司令命令潮州分校主任何應欽為東路討伐軍軍長，東路討伐軍自粵東出發向福建進軍，攻擊軍閥周蔭人。

周蔭人是孫傳芳任命的福建省督軍，周蔭人所部以槍炮犀利有名。孫傳芳則自稱是東南五省聯軍總司令（江蘇、浙江、安徽、江西和福建五省），總司令部設在杭州。孫傳芳與東北的張作霖互通消息。

革命軍攻打福建軍閥周蔭人的部隊，節節勝利，向北追擊。鹽務總署不是軍隊，跟著軍隊走一路上人員已散失得七七八八，父親跟著他們走很辛苦，一直到了福建省會福州市，他們準翁婿二人才見了面。宇非設法為父親在部隊後面的輜重糧食隊中，安排了一個車位，又指派一個年輕勤務兵跟隨著

老上海的黃包車陣。

一路照應，到站搶旅館，出發時搶車位。就這樣，一路上風塵僕僕的穿越福建和浙江二省。

民國十六年二月革命軍攻佔杭州，六月到達上海。準翁婿倆在上海又再次見了面。

到上海不久，他們二人一同去拜訪一家張和盛商行。從那時起父親就在豪華富有的張和盛寶號中住下了。

張和盛商行是在上海經商的潮陽人所開辦的一家大規模企業機構，表面上是進出口糧食，同時又經營當舖，實際上卻是販賣鴉片煙土的大盤商。商行中實際負責人是張春臺和他的兒子張慶生。

商行中與張慶生同一輩份的、有二人非常能幹，一是張瑞棠，另一個是王寶珊。王寶珊的弟弟叫王道，王道和宇非是雲南講武堂時代的同學，而且又是同一批以雲南軍政府公費派去日本士官學校留學的同學。留學日本期間，雲南境內發生政變，軍政府改組後停發學生公費。留日士官學校學生便推派代表回國想辦法要生活費。宇非和王道被推為代表，回到上海。就因為王道的關係認識了張氏父子。

當時宇非有沒有要到留日學生的生活費，已無從查考。只是宇非後來又和另外一位籍貫廣東的同學，黃國樑，一起又當留學生代表再從日本回國，去廣州向南方的廣東國民政府要錢，那一次，錢是要到了，那大概是民國十二年前後的事。國民政府給錢的條件，是他們畢業後回國要到黃埔軍校去擔任教官。

這是國民革命軍戰史中一段小小的插曲：雲南軍政府以公費送出去的留學生卻變成廣東國民政府的人才。

張瑞棠後來離開張和盛商行，投入青幫杜月笙門下，自創門戶，在上海商場上表現得非常出色。宇非和張瑞棠二人間的交情處得不錯。數年後更變成了乾親家，長子寬仁出生未幾就拜張瑞棠為乾爹。

第四篇 結婚生子（民國十六～十八年）

追勦軍閥宇非病倒

民國十六年，國民政府自廣州遷來南京，正式以南京為首都。

宇非晉昇為上校，任第六軍直屬第五十五騎兵團團長。第六軍軍長是楊耿光。部隊在南京整編補給後，沿津浦鐵路向北方出發，繼續攻打軍閥孫傳芳。軍閥孫傳芳自稱是東南五省聯軍總司令，與山東的軍閥張宗昌等互通消息，並且引入日本軍隊，為虎作倀。

十六年初，氣候仍如隆冬一般，蘇北戰地大雪盈尺，革命軍部隊在泥濘雪地中徒步前進，後方糧食補給困難，部隊經常是二三天吃一頓，沿途又沒有清潔飲水。戰事持續進行了好幾個月，追追打打，一直追打到了江蘇省北部的宿縣境內，宇非病倒了。部屬利用民船轉駁把他送到上海，進入虹口的安生醫院就醫。

安生醫院院長孔錫鵬博士是興寧人，留學美國回來自設安生醫院，妹妹任護理長。兄妹二人悉心照料這個同鄉人。父親當然是每天跑去照顧。

據說病人入院時已昏迷不醒，三四天後才清醒過來。患的病是傷寒，經過幾個星期的治療，病好了。出院後身體仍然虛弱需要調養，便在虹口北四川路底附近的賓樂安路上租了一處房屋住下。父親便從張和盛商行搬出來與宇非同住。

寶樂安路的房子是單開間假三樓，父親住二樓大房間。宇非因為隨時要出發去前線，便住亭子間。亭子間是一二樓之間的夾層，是上海建築物的特色。

以上的這些事是我到了上海之後才知道的。

宇非是在病癒住入寶樂安路房屋後才給我信。信中說是因事來上海處理，不日即將返回前方參加作戰，沒有時間來潮安接我，希望我自己能到上海去，並能進入持志大學就讀。他再找機會請假回上海結婚云云。他的這番想法，當時我並不很同意。

不過，在一段時間裡，幾經書信往返，最後的決定是我們全家從潮安遷往上海。父親是已經早在上海，所謂我們全家五個人，是母親、我、妹妹荷生、弟弟承權以

抗戰前數年的上海

沿著黃浦江邊，這裡是最熱鬧的地方，所謂是外灘。圖面正中間高高的鐘樓是英國人模仿倫敦的大笨鐘樓所建的海關大廈，房屋後面一大片就是英租界，後來變成公共租界。照片右上最遠處山字形大樓的下面，就有一座跨越蘇州河口的有名的外白渡橋，山字形大樓後面北四川路一帶是所謂的虹口區，是日本人聚居的地方。照片左下最近處的左側後面地區是法租界。前面這一帶也稱為十六舖。

及一個自幼七八歲時買來的潮州小丫頭彩明。

沒想到，後來這小丫頭她居然爬到我頭上來了！

民國十六年中秋時分，我們從汕頭來到上海。

宇非帶領我去張和盛商行認識張慶生全家，請他們照顧我們，他自己即將去前方復命。來到上海，我並沒有進入持志大學。那時基於全家經濟的考慮：我覺得二個弟弟妹妹更需要教育，我把機會讓給他們罷！荷生順利在上海住校昇學，後來從著名的上海美術專門學校畢業，她專攻國畫。

張慶生全家人都很熱心，他們覺得我們在寶樂安路租屋住不妥，那附近有點荒涼，離市區太遠了。張家有一幢房屋一向是供潮陽家鄉親朋好友來往上海時住的，正好有兩間房間空著，堅持要我們暫時先去住下再說。

於是，我們搬進了法租界貝勒路的道德里。

我建議宇非把名字改為宇飛。

汪先章

宇飛的軍事生涯中有一個得力助手，那是汪先章。

汪先章有時會依老賣老，很自傲的說：「我追隨老闆的時候，他還不認識妳啦！」來到公館時常與孩子們玩耍，自稱是「娃娃頭」。寬仁小時，別人問他怎麼會有一個肚臍眼，他說：「是汪副官有一次不小心開手槍打的。」

民國十三年四月，宇飛自日本士官學校騎兵野砲科十五期畢業。七月下旬回國到廣州向國民政府報到，接受任命為黃埔陸軍軍官學校少校教官。十月，又奉令兼任砲兵隊隊長。

那時黃埔陸軍軍官學校第一、二、三期的學生時常要出發去從事實際的作戰，掃蕩地方軍閥，鞏固革命基地。一般外人稱之為學生軍，實際的名稱是教導總隊，學生軍則自稱革命軍。

有一次，學生軍來到粵北與一股滇軍鏖戰，大勝。被俘虜的滇軍解散後，個別編入革命軍教導總隊各部隊當兵；知書識字文化程度高一點的，就被革命軍各級主管選去派為隨從勤務兵。

滇軍中有一位部隊主管、姓尹名龍舉是雲南人，他的部屬中有一個特務長名叫汪生昌。滇軍作戰潰敗失散，尹龍舉逃回雲南，汪生昌卻被革命軍俘獲了。

汪生昌是浙江省奉化縣人，卻生得高頭大馬、體格魁梧，他站在人群中足足比人家高出一個半頭，鶴立雞群，真所謂是南人北相。早年，不知道犯了一點什麼事，在家鄉待不下去，就乾脆跑到遙遠的雲南去當兵吃糧。因為體格健壯高大，讀過一點書認識字，又有一點能指揮別人辦事的能力。得到尹龍舉的賞識和提拔，在滇軍中昇任為准尉特務長。當年的特務長用現代的話來說，就是可以接近主管的事務總管。

在滇軍中傳說：凡是軍官被革命軍俘虜的一概遭槍斃。於是，士兵被俘後自稱是士兵；軍官被俘後也自稱是士兵。俘虜中老粗型的士兵在解散後就直接編入部隊仍然是當兵。汪生昌等幾個認識字的就集中在黃埔軍校大禮堂中，讓革命軍各主管自行去挑選當隨身勤務兵。

當勤務兵的人選：一般人都喜歡要選比較年輕、活潑、動作伶俐、反應敏捷一點的。汪生昌長得高大魁梧，整個頭顱比球更圓，雙眼卻長得像關公一般的細長，相貌令人可怕。沒有人選他。宇飛知道選人消息時晚了一步，來到大禮堂，只剩下一個沒有人要的汪生昌了。於是便對他說：「好罷！你就跟我罷！」

宇飛從說客家話的家鄉興寧出來後，直接就到昆明雲南講武堂入學。首先學會的一套語言是昆明的官話。所以後來說普通話，仍然帶著濃厚的雲南腔。多年以後，汪先章曾說到當時情形。他以為宇飛是雲南人。他說，他當時心裡就在想：怎麼又碰到一個雲南小矮個子？原來宇飛的身材個子跟尹龍舉差不多，都比汪生昌要矮一個半頭。

不過，那時大家都不知道他們二人之間的關係，宇飛跟尹龍舉竟然是雲南講武堂時代的同班同學呢！當時他們同班同學之中尚有來自廣東省梅縣的葉劍英、海南島的黃國樑等人。

不久，宇飛知道汪生昌的底細了，於是替他更改名字為汪先章。重新替他辦理任命，恢復他的軍官身分，派職為少尉隨從副官。從此，汪先章變成宇飛的得力助手。忠心耿耿的追隨宇飛，真是數十年如一日。儼然有「馬前張保、馬後王橫」的姿態。

他平日駕駛一輛三輪的德國機車，那是機車邊上附有一個船形的小車，小車上可坐一人，旁邊有一個輪子。南京市面上可能只有他這一輛。他稱這機車是「三卡」。

宇飛擔任軍政部軍械司司長任內，經常有槍枝等大量軍械器材運進運出的情事。宇飛交付汪先章去押運，從來沒有意外發生。

船運軍械到了南京下關碼頭，碼頭工人按規矩搬運，該上車的上車，該上船的上船，看起來很熱鬧、熙熙攘攘的，其實亂中有序。在現場卻是根本不見汪先章人影的。他在哪裡呢？

原來他在下關附近一處小旅館中打麻將牌！看起來他好像很逍遙自在，其實他利用江湖幫會的關係實施極嚴格的管制，隨時有人來向他報告狀況，請示處理辦法，一切活動逃不出他的手掌心，他說什麼自有人替他辦到。

抗日戰爭初起，國民政府遷都重慶。宇飛奉令擔任委員長廣州行營副官處處長又來又兼總務處處長，工作忙碌，汪先章簡直是宇飛不能或缺的助手。後來廣州行營撤銷，宇飛到重慶進入陸軍大學深造。宇飛入學這段時間汪先章被軍政部部長何應欽先生指名借用。不過，沒有多久他卻跑回浙江家鄉去，參加游擊隊打日本鬼子去了。

等到宇飛自陸軍大學特五期結業，獲派新職，出任陸軍獸醫學校中將教育長。陸軍獸醫學校在貴州省安順縣，學校有事要人，宇飛才又把汪先章找回來幫忙，到陸軍獸醫學校任職。直到抗日戰爭勝利後，軍隊復員，汪先章才正式告退，再回他浙江老家去了。

寫到這裡想起一件小事。宇飛在陸軍大學入學時，我帶了五歲的平女去重慶住在山洞。有時攜帶平女出門，路遠有車可坐，一般都是步行。可是只要有汪先章陪著一同走路，平女就會嚷嚷：「鞋子裡有砂，腳底有砂。」替她清完鞋子，才走幾步，又叫：「腳底有砂。」汪先章就把她抱起來。「腳底有砂」也變成我們家的一個典故。

大西洋餐廳行婚禮

民國十七年。宇飛奉令調任第三師上校參謀長，趕赴前線報到，參加國民革命軍北伐的戰鬥序列。第三師屬第一軍，師長是廣東梅縣人涂思宗。部隊從江蘇省境內沿津浦鐵路（從南京市的浦口到天津市）北上，攻擊各地軍閥。那時勢力最大的軍閥是盤踞東三省的張作霖。張作霖接受日本軍閥的支援，不服從南京中央政府的號令。在張作霖的號召之下，山東的張宗昌，江蘇的孫傳芳等軍閥都各自盤踞一方。

國民革命軍以少擊眾，勢如破竹，孫傳芳的部隊節節敗退，第三師乘勝向北追擊進入山東省南部。這時發生了我國近代史中所謂的「五三慘案」。日本帝國主義為阻擾我國革命成功，指使駐紮在山東省濟南市南郊的日本軍隊出兵阻擾革命軍前進。兩軍箭拔弩張局勢非常緊張。

那時國民政府主席是譚延闓，蔣中正是軍事委員會委員長兼北伐軍總司令，何應欽是參謀總長。政府決定對日本忍辱退讓，派熊式輝為代表與日本高層談判。

日本駐濟南第六師團師團長福田彥助非常傲慢無禮，先把我外交部部長黃郛拘禁，又把第三師師部的外交專員蔡公時殘殺，割舌剮死。

濟南發生事變，權衡大局，第三師奉令忍辱退讓，國民革命軍大軍繞道前進繼續北伐。第三師調防皖北一帶，師部駐留皖北重鎮蚌埠。宇飛就利用部隊調防的空檔中請假，回上海結婚。

民國十七年（一九二八）九月五日，舊曆七月二十五日，我們在上海西藏路三馬路口的大西洋餐廳舉行婚禮，邀請孔錫鵬醫師證婚。宇飛著上校軍服配丁字皮帶佩掛著短劍行禮。

我們以西餐款待來賓，在當時也算是開風氣之先。

新房仍舊是道德里張家的屋子。我們去杭州，在西湖附近玩了幾天。宇飛匆匆趕回安徽蚌埠師部銷假。幾天後來信說：奉令調職，要去擔任什麼水上公安局局長。未幾又來信說，舊有的公安局需大事整頓、重新組編等，以致沒有時間能親自來上海接我去。

父親自動提出要送我去蚌埠。

蚌埠的水上公安局

水上公安局不是軍隊。

原來安徽省北部這一帶瀕臨黃河故道，河道連通淮河、大運河和洪澤湖，港汊極多，水道複雜。地扼蘇北、魯南、豫東、皖北所謂是四不管的地方。自古以來只要有戰事，這裡就所謂是兵家必爭之地。民國成立後仍然是南北軍閥征討的戰場，以致民不聊生，盜賊四起。

革命軍把軍閥打跑了，第二步便必須綏靖地方，恢復秩序，安定民生。於是，第三師參謀長才會奉調去擔任水上公安局的局長。

自古以來，安徽省北部一帶幾乎年年發水災，水退以後便是不斷的飛沙走石，整天是黃塵蔽空。無法耕種。鳳陽、蚌埠、宿縣等縣城因為是緊靠著津浦鐵路，尤其蚌埠是一處水陸碼頭，行商很多，民生經濟狀況比其他各地略好一點，但是無論城裡城外除了一條大街之外，其他街巷大都是一片頹圮破損，街道骯髒，一般居民的穿著都是補綻上再加補綻。冬天時他們穿一種藍布浸泡過桐油的連襪長褲，可以防水。腳上穿釘鞋，走在泥地上不滑。

當地貧富極為懸殊。一些富裕人家，只見他們身上穿的都是來自蘇杭的上好綾羅綢緞。我在蚌埠居住時間不長，沒有機會深入見識到富貴人家的家庭中是什麼樣子。

可是自古以來這一帶又一直是賣兒賣女出名的地方。有一首老歌叫「鳳陽花鼓」歌詞中唱的就是窮苦人家賣兒賣女的無奈。

愈是貧窮的地方，盜賊愈多。想起來似乎是不合理的事。都是窮人家，盜賊能搶什麼呢？反過來想：窮的關係是由於沒有工作。傳統的工作是下田務農，這裡有地無田，平日是乾旱一片，辛辛苦苦種一點東西，沒等到收成，大水一來連整個村落一掃而空。於是，年輕力壯的鋌而走險不免做起一些不要本錢的生意來，原來是只圖療饑的小小偷竊，漸漸的物以類聚變成小賊幫，其中如出現了天生就有一點領導才幹的人物就會兼併這些小幫變成大賊幫。大賊幫便會去外地搶劫，心狠手辣的說不定就殺人放火，做完案子回到家鄉來便大吃大喝。外面是窮鄉僻壤，匪盜寨子裡可不窮，頭目以上的手指上便套有粗大的金戒指，抽的香煙是英國三炮臺名牌。

更大的幫派嘍囉多、勢力大，便明目張膽的開設賭場、大煙館和娼寮。地方官員唯唯諾諾任其擺佈。幫派活動的中心就在蚌埠。

有人說，皖北一帶盜匪很多，由於警察與盜匪沆瀣一氣云云。這是不正確的，是完全不了解當地情形的論調。因為，在那一帶警察是完全沒有作用的！

不知道從什麼時代開始，蚌埠城裡便設有一個「水上公安局」。名義上「水上公安局」的職掌是維持水陸治安，管轄範圍是皖北、蘇北、魯南甚至於可以管到豫南，所謂是各省邊陲四不管的地區，幾乎有十幾個縣的疆域，換一句話說，也就是黃河進入洪澤湖與淮河以及大運河交會的一帶。因為是水道縱橫，河汊複雜，於是就稱為「水上公安局」。公安局的局本部就設在蚌埠。若干年前，官方派任的前後二任局長皆被土匪殺害；然後土匪自行派出局長，利用「水上公安局」公然魚肉地方老百姓。各處縣政府在軍閥撤離後只有縣城中的警察局裡還有幾把不知道能不能打響的槍。警員待遇菲薄都未經訓練。一隊警察站出來，雖然說是穿著警察制服，可是全身上下破破爛爛補綴處處，彎腰駝背、無精打采，小腿上裹著布綁腿甚至於有穿草鞋的，看起來真正是比叫花子都不如。「水上公安局」自有「公安大隊」，公安大隊根本就不用正眼看警察，警察對他們也是視若無睹。彼此毫無關係！

所有的盜匪絕沒有自稱為盜匪的，大多數的名稱是某某地方的保安大隊。這些保安大隊中的大隊長，所到之處，由前後幾個保鑣團團圍住。保鑣手中提著去掉木托的德國駁殼槍。有時同一個地方會出現同名的保安大隊。各個保安大隊之間平日裡是禮尚往來，說不定也會為了些雞毛蒜皮的利益而火併一場。

國民革命軍第三師北伐途中在山東省濟南遭遇到日本軍隊的阻撓，造成「五三事件」。日軍殘殺第三師的外交交涉專員蔡公時。第三師奉令避免與日本軍隊的正面衝突，自濟南轉向，暫駐皖北一帶，師司令部就設在蚌埠。國民革命軍的北伐大軍其他部隊則繞過濟南繼續向北進攻，掃蕩軍閥。

國民革命軍的志業除了打倒軍閥統一全國之外，還要起民生於凋敝，打仗時只顧往前衝殺，現在來到皖北不打仗了，才發現老百姓過的日子那麼困苦。地方治安敗壞，警察根本沒有作用。於是，國民革命軍總司令命令第三師一方面護衛北伐軍的後側安全，一方面肩負綏靖地方恢復社會法治的責任。

這時涂思宗離職、顧祝同回任第三師師長。他認為軍隊還是軍隊，隨時要出發打仗的，綏靖地方應是一種地方上公安警察的工作，來到蚌埠了解到原來老早就有一個「水上公安局」。於是撥出一小部分人員和部隊強行進入「水上公安局」接收。

宇飛原為第三師上校參謀長，奉令調任這個公安局的局長，負責整理重新編組這個「水上公安局」。重整「水上公安局」之後的第一件大事是「招安」盜匪。

地方上匪徒們原有兩大股勢力，勢力最大的匪首在蚌埠就好像是皇帝一般，姓名實在是想不起來了。勢力較小一點的一股，匪首就是李培六。「招安」的意思是承認他們是正式的公安部隊，自行組成二個「公安大隊」，政府發給薪資，不得自行騷擾行商住民。

二個「公安大隊」予以合理編組，人員分批陸續予以訓練。指派正式駐地，接受命令節制，部隊不得私自調動。

宇飛接受這個任務，忙得不可開交。事情終於上了軌道，一切順利，平安無事。原有的公安大隊整訓以後，撤出蚌埠分別到四外鄉鎮去駐防。蚌埠城內由第三師借調的部隊駐守，並保衛水上公安局的局本部。

宇飛不能分身去上海接我。民國十七年十月間，父親送我去蚌埠。我們從上海搭火車到南京下關車站換津浦鐵路快車北上，想像中很遙遠的地方，搖搖晃晃一二天就到了。

蚌埠市面並不如想像中那麼落後，大街上也很熱鬧，我們下了火車先找一家旅館住下。旅館也很有規模，設備可說是應有盡有。

蚌埠是一處水陸碼頭，行商眾多，市面顯得相當繁榮，大街上也有拉著客人快跑的黃包車。同一家旅館中設有不同等級的房間，樓上的高級房間有齊全的進口的舶來品搪瓷衛浴設備和抽水馬桶；另外樓下則有房間可讓那些不會使用抽水馬桶的旅客住宿。名義上有電燈，實際上電燈泡中的燈絲紅紅的像鬼火一般，忽明忽暗。

旅館住了幾天，我們才搬進租賃的房屋。房屋離水上公安局極近，一廳二房。一房讓父親用，後面另有下房、廚房、廁所及一處後院。

父親送我來到蚌埠以後，整天無事，自然而然的便會跑進水上公安局的局長辦公室，偶然看了公文自然有意見。憑他的閱歷見識和應付地方江湖上各色人物的經驗，自然要比宇飛多一點。有時老人家看公文看得技癢，不免便動筆逕自批示。這當然是不合理的事，當時免不了有一點爭論罷。老人家堅持要，而且又能說出一大堆道理出來。最後宇飛便以秘書長名義讓父親正式到水上公安局裡上班，替局長看閱公文。

以父親的閱歷經驗去擔任那個水上公安局的秘書長，游刃有餘，應該是沒有問題的。

未幾，宇飛的母親和二哥益三等也從廣東老家出來。先到上海再來到蚌埠。於是，父親的房間讓給老太太和二哥住。我們另外在隔壁房屋中租下一間給父親住，經由後院一處後門互通很是方便。

宇飛認為他二哥是自己親人，稟性又非常誠實可靠。於是讓他擔任監印官，把局長的官章、印鑑、關防等機要都交付給他管理。沒想到這位天真純樸的二哥完全未經世面，別人奉承他幾句，悄悄送他一點小錢，他就拿出圖章來蓋。事後他還說別人叫他不要聲張呢！

俠盜李培六

凡人都有良知，只是良知常常被世俗利慾蒙蔽而不顯。蒙蔽得太久太厚便不易揭開；蒙蔽不太厚而且揭發有術者，良知便會驚醒從心底浮現出來。

李培六原來是個江洋大盜，他的良知浮現是父親邀他「吃點心」吃出來的。

宇飛進入水上公安局時，身邊僅有的親信是汪先章和一個勤務兵王祥古二人。汪先章原是青幫的一份子而且輩份不低，來到蚌埠，他稍為亮一下名號便結交上一票江湖朋友，掌握了不少地方上黑社會江湖中的消息，多多少少發生一點作用。

父親送我去蚌埠便留下住在蚌埠，宇飛讓他擔任公安局的秘書長，處理一些公文。他和汪先章二人可說是一文一武。汪先章在外面聽到一些消息便來與秘書長商量。秘書長定出計謀，汪先章便去設法執行。

李培六讀過一點書原來是好人家出身，汪先章蓄意與他結交認識。我與父親到達後才幾天，他就很正式的前來拜見局長太太和老太爺。禮節周到。

父親正式擔任秘書長之後，他常常到辦公室來見秘書長。父親可說是識人多矣，覺得李培六良知未泯，於是對他進行心理作戰，借機為他講一些忠孝節義的故事，其中不斷曉以大義，激發他的良知。

李培六是當地人，父親不斷灌輸他應以建設家鄉為榮的觀念。他果然幡然改過，虛心受教。積極的協助水上公安局整頓地方上的治安，肅清宵小。

我心想：像他種人少得罪為妙。於是他每次來在秘書長處聊天，無論是在局裡或是家裡，我就叫人為他們準備一些點心送進去。點心不外是小籠湯包、蒸餃、雞絲干絲或是火腿干絲等，雖然都是蚌埠本地的點心，但是已屬不是一般老百姓經常吃得起的東西了。剛開始李培六有點拘謹，漸漸習慣了便自行動手。他吃得很高興，他說：

「秘書長，你是看得起我，你把我當朋友！」

「秘書長，跟你一起吃這個點心特別有味道！」

「秘書長，聽你說話，我覺得這一輩子是白活了！」

終於有一天，他一陣嘆氣之後向秘書長說，他們那班人一向是自由行動的，喜歡打打殺殺，駐守地方有規律的生活他們過不慣啊！父親後來說，當時聽了他就是心中一驚。原來李培六只是地方上許多幫派中的一幫而已，而且並不是力量最大的一幫。好幾個幫派醞釀結合起來公然表示反對他。

蚌埠風沙遍地，市面落後，民不聊生，地方上治安也不安寧，風聲鶴唳。而且那已是冬天隨時會下雪了。我們住得很不習慣，我和宇飛的母親決定返回上海。不過，只懂得興寧家鄉客家話的老太太在蚌埠住不習慣，在上海也住不習慣，她一直想要回廣東老家去。於是，我和宇飛的母親離開蚌埠返回上海。

以前地方上所有的盜幫平日各自爭奪利益，弱肉強食；現在卻有了一個共同的敵人，水上公安局。第三師部隊中官兵主要是廣東人，改編為公安警察的只是一小部分而已，來到地方上要與老百姓打交道，可是人生路不熟，方言不通，憑仗著的只有槍械比較犀利而已。大白天可以整隊出去巡邏一週，太陽一下山便只好躲在局裡面，外面風吹草動裡面就膽戰心驚，人人枕戈待旦。

終於有一天晚上，有人趕來向宇飛報告，保衛公安局的部隊奉緊急命令已調走了，外面沒有警衛。宇飛大吃一驚跳起來叫道：「誰發的緊急調動命令？究竟怎麼回事？」宇飛話沒說完，只聽外面一陣亂槍響起，一群凶神惡煞衝進室內，宇飛還沒有轉過身來只見李培六手持一把駁殼槍，跟著衝進來攔在他們前面，對他們大聲喝叫：「都不准動！」一面揮舞著手槍，一面回過頭來說：「局長、秘書長，你們快走！」

李培六憑他一點個人的威望和勇氣把那一幫土匪趕了出去，又叫勤務兵王祥古快把局長和秘書長的行李整好。

宇飛領了父親、他二哥、汪先章和王祥古等幾人，提著一些細軟，真所謂是落荒而逃。李培六持槍一路護送，直到火車站。剛好等候不久就有班車開往南京。宇飛率眾狼狽不堪的上了車，李培六在月臺上肅立，舉手行禮道別。

在月臺上等待火車的時候，李培六扼要的說了一些事變醞釀的經過。

事後陸續又有局裡人員從蚌埠回到南京。

宇飛一再調查，最後真相大白。原來，陰謀分子老早私下做好一份要把防衛部隊調走的命令，然後請益三去吃飯喝酒，飯飽酒醉之後又送他一點錢，請他把局長姓名圖章和關防拿出來蓋一下。益三照做了。

宇飛知道詳情以後，一連幾天像個木頭人一般，不知是生氣呢還是慚愧！

宇飛一行人可說是狼狽不堪的回到南京，他自己有公務責任必須交待，父親則逕自回到上海來。父親還沒有回到上海時，宇飛打來電話三言兩語只說，人已回到南京，平安無事。同時上海的報紙上已經刊出，蚌埠發生兵變的消息。報紙上只含糊說是地方團隊攻擊軍隊，情勢混亂云云。看完報紙不免焦慮。父親回來了。

父親休息之後才從頭細述蚌埠兵變的前因後果，一面說一面不斷讚嘆李培六的行事為人。他說：「如果不是李培六有點義氣呀！……，唉，命都沒有啦！」

後來，父親大罵益三：「你賺一點外快，賺小錢出賣你弟弟的人頭！你知道嗎？你是拿你弟弟的人頭去換外快！拿我們大家的人頭去賣！你還是不是個人呀？」益三被罵了還是不懂。喃喃自語的說，他們是好人喔，他們對他很好！真是可憐巴巴的一個鄉下人，不知世事，不知輕重。民間諺語說，一條牛牽到京城還是一條牛嘛。

水上公安局，後來也不知道是怎麼了。

上海馬浪路的新民村

我從蚌埠回到上海。道德里的房子一廳二房，不夠使用，最不方便的是沒有衛生設備，家家仍然使用古老的木質馬桶，每天大清早要提到巷口去等水肥車來出清。

於是，我挺著大肚子懷著胎兒，每天出外去找合適的房子。最後找到一處頗合理想，那是在馬浪路新民村八號的三層樓房。居然有新式的抽水馬桶。一樓是一間大客廳，並有一間大廚房、工人房、廁所；二樓中間是樓梯，前後各有一間大臥室；三樓也有二間房間和陽臺。二三樓都有貼著白磁磚的衛生間，三件頭齊全。每月房租要五十兩銀子。我立刻就租下了。

那個時代，社會上貨幣仍很混亂。前清時代的方孔小銅錢已漸漸淘汰，出現的是直徑約二三公分的銅板，銅板上有「當十文」的字樣。小銅錢只值一文。另外就是每枚重七錢二的銀圓。每一銀圓大概可換一百枚銅板或一千枚小銅錢，視銀圓的成色而定。那時的銀圓有鑄著孫中山頭像的、或是袁世凱頭像的或其他圖案，甚至於外國的銀幣也可通用；最受民間歡迎的是鑄有一隻老鷹圖像的墨西哥銀圓、成色最好。民間買賣仍然以若干「兩」銀子為交易標準，實際上支付是銀圓。銀圓重不及兩，便要加一成。所以，房屋租金是五十兩，我實際上要付出五十五個銀圓。

民國十八年初，搬入馬浪路新居不到一個月，蚌埠發生兵變，局面混亂，水上公安局發生事變，宇飛率領自己人馬撤回上海。

宇飛在家住了三個多星期待命，後來奉接命令調任為軍政部部隊編遣委員會委員。他隻身去南京報到後便南北出差，整編各地軍閥留下的部隊。

二哥益三和老太太返回廣東興寧。

長子寬仁出生

民國十八年十月三日農曆八月三十日，仁兒出生，依興寧家鄉族譜列為寬字輩。

滿月後二三天，初為人父的宇飛回來了。剛好是華北方面的部隊整編工作告一段落，下一段工作要去福建等地整編部隊，路過上海，乘機回家休息數日。興高采烈為兒子做滿月，回到大西洋餐廳紀念結婚之地請客。餐廳老闆非常高興的送了兩大盒點心。

幾天後，宇飛匆匆的帶領著幾個隨從人員走了。繼續他的部隊編遣工作。

大概一個多月後，有一天汪先章突然出現，並帶來一封信，信中說是特派汪先章回來幫助搬家，搬去蘇州住云。信中說是他自己在福建漳州，他已與一位雲南籍的老朋友嚴師長談好了。嚴師長在蘇州新造一處花園洋房，前後有花園，空氣好，正屋之間附有大廚房，月租只要十五銀圓，如不夠用，另有空房間，月租只要三銀圓。住在上海太浪費，而且距離南京遠，不如蘇州近得多。

於是，就憑這一封信，我們全家搬到了蘇州。

來到了蘇州城內閶門附近的十全街寓所，一進門就明白那位嚴師長是個抓大頭的錢蛀蟲，恰好抓到了這一個大頭。宇飛是上了他的大當了。

第五篇　三城之間（民國十九～二十年）

蘇州城內十全街

民國十八年初冬，我們從上海搬遷到蘇州，在十全街租下一處住宅。

蘇州十全街的寓所，所謂是正座房屋者就是傳統老式建築的一明二暗，即中間一廳、二側各有一間廂房；所謂前後有花園者，是前面有一個小天井，後面是一小片的空地。空地中間有一條用青磚鋪成三尺寬走道直通最後，後面一排房屋是他們嚴家自己住。

我們的客廳前後雖有門卻是關不得的，因為居住後面的人都要從此出入，進進出出便隨著冷風捲進來一陣雪花或是雨水。因此，名為客廳其實跟一座涼亭一般。

二個房間都很小，床頭床尾都抵著牆壁。我去問房東太太有沒有馬桶間呀？房東太太說馬桶可以放在床邊、也可以推到床底下去，平時可以當凳子坐嘛。老天！原來是這樣！

我看到前面天井邊有一間小空房間，便租下來專作為衛生間使用。安置馬桶、洗澡用的大木盆、洗衣服用的小木盆、水桶等，室內又張起幾根鐵絲供晾曬衣服。

客廳後面青磚路一側，有一間是我們的廚房，另一側有一空房，我也把它租下，用來堆放大件行李箱籠並讓阿潘住。阿潘是從蚌埠帶回來的勤務兵，忠實可靠，很聽使喚。

當時蘇州一般住民的觀念保守閉塞，我多租了二間小房間便引來前後鄰居的不少閒話。說我是上海來的太太敢花錢，居然租一間房間來放馬桶！

原來我交代汪先章率了阿潘去買馬桶。一買就買了三個。每一個馬桶都要求是裡外塗髹生漆，漆得光光亮亮的。一個要有大蓋子加配一個小板凳，那是給父親專用的；另外兩個，一個放在阿潘房內供一般公用；一個放在衛生間只供我們自己家裡人用。鄰居們聽聞以後，爭相走告，都搖頭咋舌不止。

這樣一幫少見多怪、閉塞不悟的鄰居，要怎樣才能和她們相處呢？且等春暖花開再說罷！

一連四十多天的大風雪，偶然只停止幾十分鐘，大雪說來就來，一點預兆都沒有，下個不停。據當地人說，二十多年來從來沒有這麼大的風雪，蘇州從來沒有這麼冷過。

我們住的房屋很不理想。不過，蘇州倒確實是個住家的好地方。住下以後立刻可以感覺到的是食物既新鮮又便宜。來自淡水江河中活蹦亂跳的魚蝦，鮮嫩的蔬菜瓜果都是上海的菜市場中沒有的。想要消磨時間的話，散步到玄妙觀前面，那裡有如北京的天橋一般，喝茶磕瓜子花一二毛錢就可以消遣大半天，蘇州有幾種餅食製作得很精緻。讓老人家們在此靜養生活，蘇州倒是很適當的地方。

一個多月以後，宇飛的部隊編遣工作告一段落，休假回到家來。有一天，帶我一同去拜訪一位馬晉三先生。馬家跟我們同住在這條十全街上，接近街尾。馬家的房屋是真正自己設計建造的新式花園洋房，落成不久。他聽了我敘述嚴家的房屋情形後，哈哈大笑對我們說，他說他知道嚴師長曾經好幾次邀請朋友去租他的所謂花園洋房，看過房屋的人都沒有下文；想不到你們卻租下了他的房屋！

馬先生說，他自己曾經花了幾天時間在蘇州城內外各處打聽調查，感覺到蘇州的生活費用的確是比南京上海便宜多了，食物新鮮可口，生意人誠實無欺。所以，他才會在蘇州建造這座房屋安頓全家老少。我深有同感。

桐芳巷的華廈

馬家給我的印象，讓我決定要換房屋。我想另外先租一處房屋安頓一家老少，而我自己可以在蘇州和南京兩頭跑。過一段時間再作進一步的打算。

我們想找房屋的消息不知如何傳開了，一個接一個的房屋仲介人擠上門來，七嘴八舌的卻鼓起了父親的興趣。於是，他興致勃勃每天出去看房子。原來我們只打算租一處房屋，後來變成說是要買一幢房屋了。

十九年暮春，看了好幾處之後，父親看中一處桐芳巷中的大型樓房。正面四開間寬，屋深三進，後進是二樓。我覺得房屋太大。父親說可以改建，他胸有成竹已經有了一套規劃。於是成交買下。

父親精心規劃房屋的改建工程，親自監工：四開間改成三開間，拆掉一間廂房改建為花圃，種植鮮花，花圃後面的房間是把整個牆壁打掉改裝為大片的法國式落地長玻璃窗，這裡是全家的日常起居室，也算是內客廳。家人坐在裡面隔著玻璃春天看花、冬天賞雪，白晝有陽光、晚上還可以看星星、看月亮。

內客廳後面的房間給我住，舊式木板小窗戶全部改變為新式玻璃窗。正中間的大廳改成六片屏門，上半部裝方格玻璃，客廳明亮多了。大廳地面上鋪上水泥仿造的地毯，有五隻大紅色的蝙蝠，翅膀連著翅膀圍成一個大圓圈。其他所有房間則全部鋪設

木質地板。

老太爺親自動的腦筋，氣派到底是不一樣，整修以後房屋煥然一新。

蘇州興建花園洋房的消息傳回到了興寧老家，宇飛的大哥輔南便首先趕來，我們把左側大房間佈置好了讓他住，而且告訴他要住多久都可以。可能是言語不能溝通、生活不習慣罷。他住不到幾天便逕自上南京找他弟弟去了。

接著五哥少珣帶著「廣東老太太」和二哥益三的女兒集珍一同來到，住下。不久五哥自己回鄉去了，二哥又來。

一次，宇飛休假回來蘇州後帶同他母親、二哥、姪女以及我母子一起去了南京，住在四牌樓寓所。

所謂四牌樓那是南京市中一處地名，不知道是區抑或是街，原有一個門牌號碼，不記得了。那是方方正正的一個大宅院，四面有高大的灰色青磚圍牆，大門在左手邊，汽車可以直駛而入，進來便是一大片庭院。正樓是一幢灰色磚造的二層樓，三大開間。中間有一座寬大的樓梯直上二樓，我們就住樓上。正樓的後面還有幾座較小的建築。整座宅院原來是中國銀行的職員宿舍，後來不知何時變成了軍政部的官員宿舍。

從民國十九年春算起，我們在南京城內的四牌樓住了四年，然後搬去傅厚崗自己興建的房屋。蘇州環境適宜住家，我便安頓父母親和承權帶著彩明住在蘇州。荷生在上海美專入學。

二歲寬仁南京患肺炎

民國十九年，時序進入冬季、那年南京的冬天特別冷。

仁兒那時十四個多月大，有一天，發現他發高燒，全身發燙，宇飛打了幾個電話後，請得鼓樓醫院一位小兒科醫生來家診治。醫生診斷說是感冒而已，沒有大關係。可是過了二三天，熱度不見稍退，我感覺到不像是一般的感冒，病情似乎很嚴重，正在此時宇飛的二哥卻帶著他母親和集珍回鄉去了。我感到有一點害怕，便派一位在公館聽差的勤務兵去蘇州接請母親立刻來南京。

母親來了一二天就懷疑說是醫生用藥不大對，建議另外請一位醫生來診斷。宇飛堅持說，南京最大鼓樓醫院的專科醫生會醫死一個孩子嗎？不但不允許我們更換醫生，而且每天上班前親自打電話約那位醫生來看病。這樣又拖了幾天。終於有一天，下午二點左右，仁兒發出「咕」的一聲，全身抽筋發抖，兩眼翻白，手足冰冷，昏厥過去。

我當時抱著全身冰冷的孩子，自己也嚇得混身發抖。不過頭腦仍然冷靜，立即吩咐家人在附近找一位醫生來，另外再打電話通知宇飛。

附近找來的醫生看了孩子就說：「這孩子患的是肺炎，已經很嚴重了，你們怎麼耽誤了這麼久？」說罷就立刻動手，先打一針急救的強心針，接著又配合了幾種藥再打一針，同時又要我們立刻替他打電話把他的太太請來。原來那位醫生的太太是日本人，而且是一位專業護士。

醫生太太來了立刻點燃一個酒精爐子，融化一種乳白色的藥膏，藥膏塗佈在兩方塊白布上，白布大概七八寸見方，趁藥膏還是熱的，分別貼在仁兒的前胸和背後。醫生忙完了才說，這孩子幸是先天底子好，否則就很難說了，一面大搖其頭。

他們留下一些藥膏和白布，又教導我們每天早晚如何換藥。留下定時該餵食的藥，提起皮包走了。

宇飛回來時醫生正忙，於是他就一直站在床邊上看著。醫生走後他才說，他接到電話立刻坐車回來，半路上先去鼓樓醫院要接那位小兒科醫生一起回來，到了醫院找到醫生，那位醫生居然不肯來，爭執了一會，宇飛只好自己回來。我懶得理會他，只是母親說了他一句：「你至今還在相信那個小兒科醫生啊！」

一個十四個多月大的孩子，手腳冰冷，我想抱在身上應該有點「人氣」可以讓他暖和一點，於是我就盤腿坐在床上懷抱著他。母親也坐上床不斷的為那兩隻冰冷的小腳小腿上下按摩，揉揉捏捏。漸漸的感到小腳不再那麼冰冷了。

入夜以後，我一直在床上盤腿坐著，這樣不知道到底過了多久，寂靜中突然孩子又是「咕」的一大聲，當時真把我嚇死了，我以為又會全身抽筋發抖。結果卻是很平靜的好像是喘了一大口氣。我輕輕的搖他，母親和我就不斷的叫他小名「毛毛」，「毛毛」，……。叫著叫著卻把宇飛叫醒了。於是我們三個人一面揉捏他手腳，一面叫他。終於孩子打開了眼睛看一下又閉上，一會又這樣，一連三四次，看來好像很疲倦似的，然後又睜開眼，很困倦的樣子，氣喘噓噓的叫了一聲「姆媽」。

他那一聲「姆媽」我當時就崩潰了，眼淚如瀑布般傾瀉而出。

仁兒終於脫離險境，母親餵他吃藥喝水。問他：「換爸爸抱好嗎？」他已經睡著了。

醫生認為仁兒的肺炎已經漸漸痊癒，只需繼續用藥即可。可是他得到的消息說，是附近一帶有不少兒童正在出痲疹，痲疹很容易傳染。如果痲疹和肺炎剛好碰在一起的話，可是有點麻煩。他建議我們帶孩子找地方躲避一下。

於是，母親和我帶著仁兒回去蘇州，希望躲開正在南京流行的痲疹。宇飛指派一個勤務兵劉永興護送我們回蘇州。

黑芝麻偏方治痲疹

我們為仁兒躲避痲疹，特意從南京搬到蘇州，不料仁兒在南京已經感染到痲疹，半途在火車上便昏昏欲睡的有點發燒了。我心裡很明白：痲疹沒有躲避掉，急得幾乎要哭出來。

母親伸手摸摸孩子額頭，唉的一聲嘆口氣，對孩子說：「你真是多事磨人！為你才避開南京，你還是要跟人家學！」果然，來到蘇州痲疹便發作了。

我們一回到桐芳巷家裡，把整個情形告訴父親，父親立刻就讓劉永興去天師莊西醫院請醫生，而且指名要請院長老醫生親自來。

蘇州有一處有名的醫院，據說是英國人創辦的，叫做天師莊西醫院。附近有教堂，有小學，那一帶地名就叫天師莊。醫院中並沒有外國籍的醫生。院長是一位蘇北人，五十多歲並不算很老，可是大家都稱他為老醫生。老醫生術德兼具、口碑極佳。

老醫生來到一看是肺炎兼痲疹便皺起眉頭，治這二種病所用的藥正好是互相矛盾，而仁兒的痲疹又是潛伏著發不出來的模樣。醫生說明二種病情的複雜狀況後，留下藥劑，約定次日再來。

第三天，孩子全身尤其是臉上可以看見隱隱約約的許多小紅點子藏匿在皮膚下面。醫生搖搖頭的說，痧子能發出來就好了！交代說按時吃藥，有動靜立刻通知他，如果無事的話，他就等到明天天亮後再過來用藥，說完默默的走了。

父親送醫生出去，感覺到醫生好像也沒有信心了。回頭就鑽進書房去埋頭翻找古老藥書。父親居然找到一個單方，說是可以把痲疹潛伏的痧子逼出來。他立刻命人準備。

他使用一座全新的紅泥木炭風爐，木炭先在廚房燒紅到不再冒煙後才放入風爐，爐子架上一個紫銅製的深鍋，鍋裡煮沸了一鍋開水等候著。

半夜三點鐘左右，昏睡中的仁兒突然驚醒大聲嘶叫，聲音悽厲驚人，全身痙攣繃得僵硬的抽搐不止，四肢亂抓亂打，小臉上已經被他自己抓破幾道血跡。我和母親二人四手簡直抓不住他，手忙腳亂中手背也被他抓破，突然原來潛伏在全身皮膚下的紅痧子全部消失，一轉眼間全身變成青白色，看來真可怕。

父親立刻叫人把木炭爐子和那一大鍋開水抬進屋來，在床邊架設妥當。他親自把一包黑芝麻和一把新鮮的芫荽菜放入沸騰的開水中。我坐在床邊，把孩子褲子脫去，端起他雙腿，對正銅鍋，讓鍋中騰起的蒸汽薰灸他的肛門。四面又用一床毯子圍起來，盡量的不讓蒸汽外洩。仁兒身上則另蓋一條薄薄的毯子。

為了蒸汽不能中斷，父親忙著不斷的為銅鍋中加入開水、為風爐添加紅炭。

剛開始薰蒸，孩子掙扎著哭鬧，漸漸的他安靜下來。薰蒸大約一個小時，小臉上開始出現許多小紅點，說著說著，突然他的手掌心和腳底也都泛紅了，接著是前胸心口處開始透出紅色痧子，很快的整個前胸後背立刻都紅了，一會兒全身都佈滿了紅痧。細細密密的小紅點子，耳朵上、鼻腔、小手指尖上、腳指頭上都有，整個身體變得通紅。父親說：「好了，痧子出來了！」放下了手上的工作。我們大家都鬆下一口氣，一方面把孩子包裹好，一方面撤除了木炭爐子和銅鍋開水。這時天已亮了。

一早老醫生又來了，一見仁兒滿身紅痧，臉上露出笑容連聲說道：「恭喜，恭喜，府上祖宗積德！」父親連忙向他回禮，並說：「醫生高明。醫生高明。」老醫生彎腰回答：「慚愧！慚愧！」

後來，老醫生和父親說話。那段時間他同時在診治三個出痧子的孩子，幾乎是同樣的病情，那二個孩子也都是在半夜發作痙攣抽搐不止而不治了。對於父親施用的芫荽黑芝麻單方大感驚奇，認為很值得進一步研究。

為祈福上海拜乾爹

寬仁病中，宇飛曾經抽空回來蘇州數次。

有一次，父親說起，小孩多病不妨認一個有福氣的乾爹乾媽，可以沾沾人家的福氣。宇飛同意這個說法，隨即想到了張瑞棠。於是，宇飛特別安排一次行程，親自去上海與張瑞棠商量這件事。張瑞棠夫婦十分高興，隨即去銀樓訂製了一套銀飯碗餐具、兩個大紅肚兜、肚兜中有一封裝有銀圓的紅包，另外又有桂圓、紅棗等禮品，派了專人送到蘇州來，這算是認乾兒子的第一步。

寬仁病癒後，張家選好了一個黃道吉日，邀請我們全家去上海。寬仁要去正式上契，祭拜張府祖先。張家還要大宴賓客。恰好那時宇飛有公務外出離開南京，承權要上學，父親不願行動。於是，前一天，母親和我帶了寬仁乘火車去了上海。荷生來車站迎接，荷生那時在上海求學。我們就住進永安公司隔壁的大東大酒店，稍事休息便上街去購買一些第二天去張府應有的進門禮物。

第二天，來到張府。張瑞棠夫婦二人非常高興，十分認真的帶領著寬仁行大禮祭拜祖先，跪拜乾爹乾媽，認識長輩親朋好友等。大門口放了一大捆鞭炮，大廳裡擺開二桌酒席，全是自己人好不熱鬧。

張瑞棠夫婦子女成群，那時已有二子四女，名字以朝字排行，幾乎都間隔二歲，寬仁比小女兒朝美小二歲，於是為取名為張朝澄。差不多二年後張太太又生了一個兒子，命名朝池。最後三姨太生了一個小女孩。

張家幾個孩子是：朝漢、朝貞、朝珠、朝杰、朝蓮、朝美、朝池和那個小女孩。

講古嘛！穿插一個小故事。張朝漢交通大學畢業去美國留學回來，說是學電的。回國到家第一天，張瑞棠說正好無線電收音機壞了，讓他修理。張朝漢束手無策。他父親挖苦他幾句。大家哈哈大笑。

再說拜乾爹乾媽熱鬧的一天終於過去，客人辭去後我們也回到大東酒店。

突然電話鈴響，當時就嚇了一大跳。

蘇州打來的長途電話

電話是承權弟從蘇州打來的，他說：「爸爸因為抽大煙，今天下午被警察抓去了。怎麼辦？你們快點回來罷！」

這一通電話猶如雷霆轟頂，我們都呆了。母親說，這事很奇怪呀，屋前屋後巷子裡經常有警察巡邏走動，鴉片煙味聞了二三年了都不曾進來抓人，為什麼今天會跑進來抓人呢？

我冷靜的思考一番，問題最好是在警察局裡私下解決，一旦警局公事公辦予以公開變成正式案件，上了報紙，案件必然就移送法院，人證物證明明白白，當事人進了法院就是正式的煙毒犯了，接下去是徒刑坐監，勒令戒煙。老人家怎麼受得了這番折磨呢？宇飛出差去了，無人可以商量。這事又非在二十四小時內解決不可，因為警察局羈押嫌犯不能超過二十四小時的。

突然想起宇飛的一位同鄉又是同宗，陳天鳴。他在鎮江地方法院中擔任推事，應該可以幫忙向警局關說罷！我立刻就拿起電話要櫃臺代叫一輛計程車，安排仁兒請母親照顧，一方面交代荷生明天早上送一老一小上火車回蘇州，我匆匆下樓坐上汽車趕到北站，搭上十一點開出的快車趕去鎮江。

清晨四點左右，到達鎮江，天還沒有亮，什麼事都不能做，只好在車站候車室中坐等天亮，還好那不是冬天。挨到七點鐘了，這才坐上一部黃包車逕行去到陳天鳴家。見到陳天鳴推事把事情告訴他，直接了當的就請他幫忙。他很客氣的反問我，要他如何幫忙呢？是要警察局立刻釋放人嗎？

我知道求人援助也得要合情合理合法，我說明我的意思是請他寫一封信給蘇州警察局長，將這件事暫時壓住不要公佈，不要送法院。請他介紹我去見面，當面再談事情怎麼解決。

陳天鳴說：「這樣好辦！我馬上就寫信。」他立刻就寫了一封介紹信給蘇州警察局長，我又擔心時間不夠，趕回蘇州來不及辦事。陳天鳴說：「你放心，我一到辦公室就給蘇州警察局長打電話，關照這件事，要他等候妳去。這時妳也不必急，休息一下再去搭火車回蘇州不遲。」

於是，他上班去了。陳太太是蘇州人，知道我還沒有吃早餐，端出一碗湯糰來給我。我也不作客套接過來就吃了，原來是鹹甜二味的四個湯圓。吃完湯圓辭謝了陳太太，再到火車站，搭車回到蘇州。回到蘇州寓所，踏進大門遇著房客吳嫂，吳嫂攔著我，伸手一指說：「都是那個死丫頭啦！警察問她那一家姓曹?她啊了一聲,回頭就走,警察跟著她走,她就把警察一直引到房間裡老先生的煙炕床邊……。就是那個死丫頭弄出來的啦!」

吳嫂口中的死丫頭指的是彩明。事後,我問彩明為什麼不向警察指出曹家反而要把警察帶進父親房裡來?她始終不開口。這個問題我等了幾十年,仍然沒有答案。

回家略微休息便去警察局請見局長。局長一早接到鎮江地方法院陳推事的電話已知我要來拜訪,很客氣的把我讓到客廳坐下。我先把陳推事的介紹信遞交給局長。

正當局長在拆信讀信的過程中,一位警察走近過來向我行禮,表示非常抱歉,他說昨天拘捕老先生是他做的。他接著說明,老先生抽大煙其實他們老早就知道的,早就向局長報告過,局長指示說:一方面你們是規規矩矩的人家,老先生年紀大了身體不好,自己在家裡私下抽一點煙嘛!算了!再一方面也知道你們陳先生在南京中央政府是有頭有臉的人物,我們這小小警察局是惹不起的,眼開眼閉罷!昨天,他們是特地去抓姓曹的,因為曹家是私煙館,有煙客上門買煙抽。結果是我們家裡人把警察帶到父親床邊,父親正在抽煙,碰個正著。警察不抓不行,反而白白的讓姓曹的溜掉。

那個盡責的警察也許以為我會怎樣對付他們罷,不斷向我賠禮,不斷的解釋。終於局長過來伸手阻止他不要再說。局長自己說話了,他說,昨天事情一發生他就考慮過了。他解釋,他絕不能把老先生留在警局中過夜,過夜的話,事情一定會公開的,因為會有報社記者來。所以,昨天下午他們就把父親送到一家「戒煙醫院」去了。對外公開的說詞是老先生自願要來戒煙。局長又向我說明「戒煙醫院」的環境很好、病房設備完善、有醫生有護士,照顧周到。老先生去了他們會好好接待的,一再叮囑要我放心。我心裡明白:警察局的老謀深算,條件當然不方便在警局裡談,換一個地方談,那麼「戒煙醫院」應是最適當的地方了。

一般要戒煙的進了「戒煙醫院」三五天是出不了院的。不過，家屬可以去探病。可是等我趕到「戒煙醫院」才發現家屬探病不能直接見面，只能隔著一片薄木板門講話，一位外籍醫生說中國話特別叮嚀我說，病人是警察局送來的，所以說話要小心、要有分寸一些。父親隔著門板說話。醫院裡什麼都有，病房膳食很好，家裡不必送任何東西來。我隔著門板問他是不是開始戒煙啦？他答非所問的說，那裡面有頂上級的鴉片煙膏，要抽多少盡量抽，沒有限制。並且要我去與醫院中人談談，他的意思要我不必問他那麼多問題。

負責的一位外籍醫生膚色不白不黑，很可能是印度人罷，能說流利的普通話和上海話。雖然與他交談幾次，我始終弄不清楚，他們與警察局之間是一種什麼關係。父親住院十天，其實是在那裡抽足了最好的煙膏，警察局同意後就可辦理出院，當然我也依照規矩繳付了一筆相當大的費用。總之，破財消災，父親並沒有受到監獄之苦，平安歸來。

第六篇 居仁里傳奇（民國二十一年）

上海貝勒路居仁里

民國二十年，日本軍隊進攻瀋陽北大營，製造「九一八事件」。宇飛任職軍政部軍械司司長。二十一年，駐上海市日本軍隊進攻閘北，製造「一二八事件」。日軍出動三萬人，國軍奮起抗戰，這場淞滬戰役打了三十四天，後來經由英美二國調停。宇飛仍任職軍械司司長。

寬仁的乾爹張瑞棠，原來在上海法租界的貝勒路一處無名衖堂裡，買了一片土地，本來他自己準備蓋住宅用的，建築藍圖、建築申請等各項手續俱已齊全，只是嫌小了一點以致始終沒有動工。後來、他另在華格臬路上看中一塊較大的土地，準備在那裡興工蓋三開間的較大住宅。貝勒路上的這片土地就頂讓給我們。

那個時代，上海市內所謂的衖堂房子，大概都是那樣：沿著街邊按門牌編號有一處進口就是衖堂口，衖堂進去是一列石庫門，推開石庫門進去是一個透天院子，所謂是天井，房屋多半是兩層樓或許還有一個假三層。天井進去屋內是一個矩形大空間；這個大空間，有人隔成一廳一房，有人就佈置為一個大客廳，客廳後面是樓梯間，再往後便是廚房、佣人房、廁所和後門。張瑞棠原來的營建計畫是將相鄰的二幢合併為一家，這樣一來就有一個二倍大的天井，二層樓裡有四大間房間和二個亭子間，足夠我們住的了。

為張家負責營造新居的工頭看來殷實可靠，於是我們也就委請他替我們興建新屋。工頭建議：立即開始埋樁子打下地基，然後等候冬天下雪，再等到春天雪融以後動工興建。另一方面，母親和張太太的多次討論結果：認為在明年的仲秋時分搬入新厝最為適宜。於是，營造工頭也就決定了明年中秋節前完成交屋。

母親與張太太計議之後，定出一項原則：她認為這是宇飛生平第一次正式造厝置產，無論房屋是大是小，即令將來是在南京上班，到時必須正式的搬遷進來，屋裡供奉祖先神位，要熱熱鬧鬧的搬進來，拜天公，拜土地；至於以後是不是在這裡常住，到時再說罷！

房屋事情告一段落，我們先回到蘇州。一一向父親說明後，翁婿二人推敲一陣，最後為貝勒路衚堂命名為「居仁里」。

休息幾天，我們回到南京。

蘇州的「燒餅油條」

民國二十一年初，舊曆則是尚未過新年的辛未年臘月，我將生產第二胎，提前回到蘇州待產。

那時的蘇州還沒有正式的產科醫院。一般生孩子都是在家裡生。街上掛有「婦產科接生」牌子的大都是家庭式附帶的生意。終於找到了有一家規模還像樣的診所，診所中有一位五十多歲的女醫生，居然也有護士。於是就上門掛號待產。

也許一切是老天爺註定的，預產日期恰好是「一二八」生產。

「一二八」之前很多天，日本軍隊在上海不斷製造事端，時局緊張。影響到蘇州人心惶惶，店舖關門街上靜悄悄，頭頂上偶然有飛機飛過亂開機關槍，咯咯咯的鬧哄哄。剛好那幾天又是天寒地凍，奇冷無比。街上人影都沒有，診所中的年輕護士害怕走避去了，女醫生出門找不到車子，心慌意亂，由一個老媽子替她揹著藥箱一路走來，腳凍手抖，為我接生。

在這種情況下接生的確是難為了她，生產經過順利，平安產下一女嬰。

過了幾天，發現嬰兒小肚子和臍帶紅腫。醫生說：天氣冷臍帶掉得慢一點，撒點藥粉就好。可是再過一二天，嬰兒肚子腫脹，有臭味。於是另請一位醫生來診治，這位醫生看後，搖搖頭說：消毒沒做好，內部已經腐爛，勿靈光啦（蘇州話，沒有辦法啦）。藥都不用，告辭走了。果然，不靈光，孩子就這樣走了。

鄰居們都說，去法院告她！有另一位醫生證明，這消毒不好，官司一定贏。

我自己也知道：打官司會贏。但能把孩子贏回來嗎？那是不可能的事，那麼贏了什麼呢？只有兩點：一是賠錢，我要這種錢嗎？另一就是讓她坐牢。這樣對她的打擊會很大，甚至於會影響到她一輩子。我考慮再三，想想何必損人又不利己。自己舒口氣，自認走了霉運。放她一馬不追究算了。

接著過年了，那時政府當局想要廢掉傳統的農曆，改用陽曆。農曆新正各機關學校都不放假，但是過年的習俗已經根深柢固，深入人心的傳統是廢不掉的，家家戶戶依然關上大門，祭祖拜年，在家賭錢，大家照老樣子過年。

元宵之後，我才回南京。二歲多的寬仁纏著問說妹妹呢，妹妹呢？當時不知道是誰搪塞他說：「妹妹在蘇州吃燒餅油條！」於是，那個無名的小靈魂偶然便以「燒餅油條」為名。

錢塘江觀潮

民國二十一年秋天，我們去海寧觀賞錢塘江的大潮。

那是杭州軍械庫周庫長的特別邀請，周庫長邀請我們全家去杭州玩，並去海寧觀潮。

周庫長是杭州人，文質彬彬四十來歲，他有一位兄長還是清朝時代的舉人，一大家子書香文雅，在地方上也有點名望。據他說：有經驗的本地老人，推算出那年的錢塘江漲潮會特別壯觀，很多年都沒有這麼大的海潮，那年的大海潮值得觀賞，不可錯過。

我帶寬仁回到蘇州，邀請父母親一同去杭州玩樂。父親不去，一是他以前看過錢塘漲潮、二是染上抽鴉片煙惡癮行動不便。於是，我和母親帶了承權和寬仁先回到南京。

中秋後二天，宇飛安排好先到杭州巡查軍械庫，公務結束後申請休假，那時便帶我們去遊西湖。南京出發時只帶一隨從副官和二名衛士，一行到達杭州，周庫長安排我們住進酒店休息。一連二天的上午，他們都去軍械庫辦理公事；二個下午周庫長安排他太太來作陪，乘船遊西湖，很輕鬆的玩樂。

宇飛公事辦完了，我們遊玩較遠的地方，時用汽車，時乘轎子，好些地名忘記了，只有龍井一處，迄今還有一點印象。

我們乘坐轎子沿山邊小路走，高高低低，一路風景十分宜人，仰望一層層山坡上，樹梢與朝陽相映，深深淺淺顏色十分好看，俯視一片密密的清翠茶園。到達終點，下轎行數步，有一處以大石板築成的臺階，臺階寬大好走，一步步走下山谷中去，真似下到井底一般，突感一陣涼爽，不是寒冷，而是一種令人舒服的陰涼。

有一座和尚寺院，我們就在那裡享用一頓齋飯。寺院中已有先我們到達的遊客，因此頗不寂寞。小和尚來奉茶，端上茶杯，拿到手上已聞到清香，入口生津令人精神大振。好泉水泡的好茶。素菜做得精緻可口。因此谷地土壤好，山泉水好，栽種出來的瓜果蔬菜，鮮嫩無比。有一位遊客說，他是每隔一段時間便專程來喝這杯茶、吃這頓飯，這是在城市花再多錢也無法吃到的。

那天是農曆的八月二十二或二十三已記不清楚了。吃完早餐，上車逕到海寧錢塘江口觀潮。到達海邊，當地警察局長來到車邊歡迎，引導我們上到一方亭子中。這亭子專供觀潮用，可能是周庫長先通知當地警局，因此已有人搬來桌椅，把亭子周圍打掃乾淨，佈置整齊。中間有一方桌，桌上放著黑白圍棋，宇飛和周庫長坐下對弈；另一桌子上擺有點心、乾果之類，有專人過來泡茶。隨侍的衛士和二三名警員，則在亭子下面巡來巡去不讓一般遊客走上亭子來。

大約過三四十分鐘，有人上來報告說，時間差不多，海潮到了，遠遠的已可聽到微微的隆隆之聲了。宇飛二人放下棋子，大家走到亭子邊上來看。遠遠江面上好似有一條帶子般的東西在動，帶子般的東西愈來愈大，潮浪約三四尺高時，看得清楚那是一片水牆，牆上的水在滾動、像似沸騰一般，水牆高至有一人高時，看上去好似一橫排士兵在齊步操演，十分整齊雄偉。帶來一陣陣轟隆隆說不出是什麼的聲音，越來越響，同時風也大起來了，洶湧豎立的海潮來將到面前時，好似大山壓頂排山倒海般的聲音，地面好似搖擺振動，海潮經過我們面前時，最高的水柱看起來比一層樓還高，雄偉的水牆很整齊略有高低，一橫排直衝過去，幾乎令人窒息，大家紛紛後退。寶仁有點害怕了，他本來站在桌子上，看得很起勁，那時卻蹲下去緊緊抱著外婆的脖子。

緊接著水牆後面是大大小小的水柱和浪頭，頂尖處白得發亮光。翻滾的白浪後面襯著天空，淺藍深藍，壯偉景色實在是無法形容的好看，令人印象深刻，久久不忘。

在杭州玩了一個多星期，先回返南京，母親和承權休息二天回去蘇州。元旦後農曆十二月中旬我去蘇州過生日，直到元宵後才又回南京，那時我已有四個多月身孕了。

母親長疔瘡

二十二年三月初。有一天午後，忽然接到荷生來的電話說，她陪母親來南京已到達下關車站，要汽車去接他們，我非常高興。立即打電話去軍械司，請宇飛安排車子去下關火車站接她們。

一進門荷生就說：她趁春假昨天回到蘇州，發現母親用鏡子照著自己貼膏藥，她的背脊骨下端長了一個小瘡。母親接著說，起床時就感覺到有一點痛，摸了發現是有一個小顆粒，胡亂找了一片膏藥貼上去，正在貼藥膏時荷生恰恰進門，荷生提議到南京來，於是說來就來了。

宇飛下班回來，知道情形後就說，長東西就該去看醫生。決定晚飯後去夫婦醫院，看夜診。那時南京市只有夫婦醫院獨家設有夜診。夫婦醫院元旦才開幕，院長李文欄是宇飛同鄉、興寧人，李太太是湖南人，他二人同是日本學醫，回到南京開設醫院專治外科和皮膚科。醫院的名稱就是夫婦醫院。

李院長親自診查母親的背脊骨後，認為開刀割除較妥，不必住院，手術以後每天來換一次藥，一星期就好。李院長說得很輕鬆，對病情相當有把握。我們來看病的當然一切聽醫生的，立即同意接受動手術，開刀經過很好，稍事休息一下回家已是十一點了。

我和荷生二人伺候她吃點粥，服了藥，讓她上床睡覺，叮嚀她不要多說話、好好睡覺，明天換藥就沒事了。

我們才走到門口要回房休息，便聽母親大叫好痛。不對！我回頭看看她是咬著牙在忍痛，她說好像有一大把針在刺，也好似大群螞蟻在爬、在啄，好痛，全身都痛很不舒服。我們發現她發燒了，熱度好像很高。止痛藥剛服下，醫生說過不能多用，母親說藥沒止痛，更痛。我和荷生二人認定是麻醉藥消退了，是刀口痛，於是不停的換冷毛巾替她冷敷，就這樣折騰到天亮。宇飛醒了，走過房裡來看看，我把整夜情形告訴他。他說，再用點止痛藥止痛，不過發熱就不對啦，找李文欄這傢伙來，隨即交代叫人打電話去夫婦醫院。說來奇怪，我突然想起當年寬仁鬧肺炎那一幕，於是大聲叫佣人不要打去夫婦醫院，電話打到光中醫院，說明這裡有急病，請張醫生來診治。

那時是一大清早，張醫生還沒來上班。我要他問明了張醫生住家地址，立刻派司機大楊子開車去接他來。很快張醫生來到，我把開刀前後經過告訴他，他打開外層紗布看了看，並沒有再掀起貼著刀口的內層紗布。他說：「現在先打一針退熱，消炎，止痛。立即去住醫院。」

他到客廳打電話給他太太，他太太是醫院護理長，要她準備有病人來開刀。

我們一行送母親到光中醫院，張醫生叫我們進入手術房去看。他說，平常手術房是不讓人家進來的，這次特別要你們家屬進來看看才有信心。張醫生讓母親坐在一張椅子上，上身趴在手術臺上，張醫生打開一層層紗布，我們都嚇一大跳，紗布下面紅腫處有大鴨蛋這麼大，難怪母親昨晚痛苦不堪，開刀口已化膿，還有些紅紅的小顆粒頭，張醫生指著紅腫處說：「這些地方已經不是用消炎藥消消腫可治的啦，裡面已受感染、已經腐爛，慢慢化膿就完了。今日的治療法，是必須把感染範圍的腐壞部分全部割掉、清理掉，然後再用消炎生肌的辦法。」他認為手術時採用局部麻醉較安全。他對母親說：

「老太太妳要有信心，堅強一點，不要睡覺！醒醒！」他指定一名護士專陪母親聊天，要她跟老太太說話，不要讓老太太睡覺。又把我們統統請出手術房到外面等候。

我們在外面等候，大約經過一個多小時，手術完成。護士把母親推往病房，母親清醒而且平靜的躺著，不像昨晚那樣苦楚，我放心多。母親住進病房安頓好，荷生願意留在醫院陪伴母親。

我們回家吃中飯，宇飛睡午覺，我去收拾母親和荷生在醫院中應用的衣物等東西，同時給父親寫了一封信，告知一切。顯然是感覺到有些不尋常的事情發生了，三歲多的寬仁緊緊的黏著我，不肯去睡覺。

宇飛睡醒去上班，順道先去醫院，把衣物等用品送去。宇飛從醫院打電話回來說，情形很好，母親睡了好覺，吃了東西，放心，沒事了。我終於躺下休息，寬仁看我睡下也就放心睡覺了。三點多鐘醒來，我帶著他和剛煮好的一鍋稀飯去醫院，母親居然吃了一碗，足見沒問題。第二天退熱，胃口更好一點，吃得更多。我每天下午送點心，或是燉湯或麵或餃子去。張醫生說：「住院二個星期就可以回家了。」

我給住在蘇州的父親又去了一封信。

幾天後，承權回我一封信，信中說，他放學回家找不見父親，幫傭吳嫂說老太爺帶著彩明到上海去了，不知道上海的什麼地方。因此我給父親的信他拆開看了卻無從轉送；他又說到耽心母親的病，想到南京來。

我立即回信給他說：父親的事不要去過問；母親病情並不嚴重，要他放心，在信中我夾附了一張十元法幣鈔票給他，讓他到外面去吃飯，提醒他注意自己居家安全。我還記得告誡他不可在家生火，甚至於說到要喝水可以讓老虎灶上的師傅挑送。

所謂「老虎灶」就是專門賣開水的小商店，那種店中砌有大灶用大鍋把水煮沸了賣開水，從清晨賣到晚上。上海蘇州一帶俗稱那種店為「老虎灶」。

我心想：老人家可能沒有做什麼好事罷！很可能帶著彩明到上海渡蜜月去了！他居然能丟下承權一個小孩子住一幢大房子！

我撥通長途電話到上海張家，找到仁兒的乾媽張太太。

張太太說，錢公住在大東大酒店，前兩天來過電話，……，她已為他送了一點錢過去云云；我說起母親住進醫院等等。張太太說，嗶！疔瘡長在龍骨尾椎部分是很危險的，她會立刻轉告錢公。

也許是張太太說話有力罷，父親帶著彩明搭乘京滬夜快車趕來南京，午餐前就來到四牌樓。飯後便去醫院探望母親。他對母親說，彩明他已收了房了，如何如何。母親打斷他的話，對他說：「我現在只有半條命躺在這裡，沒有精神來聽你說什麼鬼話，你要做什麼事，自己負責，自己解決，不要像以前一樣，活的死的都推到我的肩膀上來！」

以前我曾經帶彩明來過南京，四牌樓房屋二樓後面專有一個小房間給她住。這次她來了，不住小房間了，大刺刺的就往母親大床上一躺睡下。

我問父親：過幾天母親出院回來，她睡那裡呀？而且醫生已經一再交代，開刀傷口尚未長好必須多多休息，回家一定要躺平才可以的。父親沒有出聲。過了一會，他把勤務兵邢有富叫來，把房間裡的幾口樟木衣箱重新堆放，騰出一處空間，又命他去帳房吩咐，立即派人出去買一張床回來。新床買回來，房間裡如曲尺一般放置兩張床，床頭抵著床腳擠得緊緊的。

我去醫院迎接母親，臨出門時拿了一套乾淨的床單枕頭套等等放在床上，匆匆忙忙走了。回到家，踏進房間，只見新床已經鋪陳好了，中間架起煙具煙燈，他們二人躺在床上抽煙，好像完全沒有看見我們進來似的。我留下的乾淨床單等仍然堆放在舊床邊上。

我只好扶著母親先在椅子上坐下，過去把床上髒被單換下來。正忙著時，荷生和獨眼的幫傭楊媽提著醫院帶回來的大包小包進來，七手八腳幫忙著把床鋪整好，再過來伺候母親到床上睡下。我對她說：「什麼事都不要管，不要去看。妳好好保養妳自己才是最重要！」她點點頭，喝了一點水，睡了。

有一天，我才來到房門口，聽見母親在房裡說：「……這裡是姓陳的家裡，上上下下男女佣人很多，不要在這裡做戲！你們客氣一點好嗎？」

老先生可能生氣了。沒幾天，二人趁我不注意時走了。

我以為他們回家去蘇州，過幾天才發現原來又跑到上海，仍然住進大東大酒店。

彩明是何許人

幾十年前的往事，本來是不必提起，早該忘掉。感恩圖報那只是聖人教誨，可是有關於違背了做人的基本原則，令人無法淡忘。

一個一直照顧自己、養育自己的人生病了，居然連遞送一杯水的力量也不屑於出手，床單也不幫忙換。母親出院回來，鄰居都一一過來道賀，她居然是大剌剌的睡在床上，甚至於連瞎了一眼的長工楊媽也用僅有的一個眼睛狠狠盯她。她卻自以為是飛上枝頭高高在上就是鳳凰了。令人可惜的是，數十年來的這一輩子，她失去了所有親人對她的尊重。

這位從丫頭變成姨太太的角色是什麼出身的呢？按傳統老規矩的話，正式的姨太太可是要公開進入大門，正式禮拜祖先，然後以大禮一一拜見全家大小才可以。一般丫頭收房做姨太太的更是要特別謙遜的。

話說這位丫頭出生於廣東省惠來縣境內一處小漁村，窮鄉僻壤，村中只有七八戶人家，住屋都是以黃土糊粗茅草搭建的。漁村前面水淺，沒有大魚。村民也買不起大一點的可以出海捕大魚的漁船。每天幾乎都是以一些手指般大小的魚與地瓜紅薯煮成一鍋果腹。這些都是彩明自己說給我們聽的。

窮苦的漁村中偏偏孩子特別多，家家都是五六個。有一年，大颱風過境，海水倒灌把整個漁村沖刷為平地，留得性命的，辛辛苦苦到處流浪，或是成群結隊的進了縣城。男丁是要傳宗接代的、不能賣；女兒大了正好是幫手、不捨得賣；太小的、沒有人要買；於是所賣的大多數是十歲左右的女孩。

大概那是民國十二三年間，我們住在潮安廖厝祠時。有一天，當地的一個保甲（現在稱為鄰里）或是媒婆某某帶了幾個人來到我們家求見母親，每一個人都是衣衫襤褸骨瘦如柴，原來那是一家人。他們來請求我們買下他們的女兒，請求我們做做好事，請求我們讓他們一家能活下去。那個介紹人則說一向知道母親有善心、常做好事。所以直接就把他們帶來。

他們一家五六個人，衣不蔽體骯髒不堪，個個是皮包骨頭，不斷的發抖，站立不穩，可能是饑餓罷。母親看他們實在可憐，便問他們要多少錢。他們吞吞吐吐說了一個數字，大概是四五十圓罷。那個介紹人立刻破口大罵罵他們亂開高價。母親打斷他的叫罵，說：「賣兒賣女賣自己的骨肉是一件大事，是不是真正要賣？你們回去好好商量一下，想清楚了再來。真正要賣也要照規矩來辦事，寫好賣身契紙再來。我這裡多不多一個小丫頭無所謂，身價就照你們要的給。」

他們走了。二三小時後又回來，多了一個代書的老者拿著一紙賣身契書一起進來。於是，當事人的父親、介紹人、代書人等一一當面畫押捺下手指印，完成手續。於是，我們買下一個十歲左右的小丫頭。母親為她取名彩明。

我不記得荷生和彩明誰大誰小，二人也許同年，也許相差一歲。

其實那時家裡沒有那麼多錢，幾十塊錢是臨時母親親自跑去三舅父店裡借來的。三舅父原來是公務員，辭職不幹，一年多前在大街上開了一家聚源廣貨店，販賣家庭日用品、南北雜貨等，生意還算不錯。母親說：「我們向聚源借的錢可以分月攤還，沒有什麼關係。其實我們也沒有必要再買這個小丫頭，只是看他們那一家人的樣子實在是可憐，他們有了這幾十塊錢可以重整家園，做點小生意養活一家。這也是好事一樁呀！」

不滿十歲的鄉下孩子，長期營養不良，來到一個陌生的新環境她怎樣能適應呢？母親一一調教，她就整天黏在母親身邊。名義上是小丫頭，她能做什麼事呢？

彩明入門後順利平安的過了一年。荷生生了一場大病。

荷生的病弄不清楚到底是傷寒或是腸炎，病情很嚴重，很可能喪命。她發熱、體溫忽高忽低，意識有時清醒有時迷糊，這樣情形拖了三四個星期，醫生用盡了可以用的藥，病情仍然沒有起色。

有一天，體溫低到全身冰冷，呼吸好像也停頓了，只剩心臟還在輕微跳動。二位名醫會診之後商量出一個處方，立刻讓人上街到大藥房去買一種德國製造的藥用牛肉汁（那種治病專用的牛肉汁只能在大型的西藥房中買得到，自從離開汕頭以後再也沒有見過那種牛肉汁了）。牛肉汁買回來立刻打開，舀出一小匙黑褐色濃稠的膏狀肉汁和上一小匙上好的白蘭地酒，再加一小匙溫開水攪拌均勻了，一點一點的灌進病人喉嚨。大概過了二十分鐘又灌食一次。二位醫生一直是輪流守在床邊觀察。灌食了四五次以後，二位醫生又會商了一陣重新開始用藥、打針。

荷生居然擺脫病魔之手，活回來了。前後二個多月。

在這二個多月中，每天廢寢忘食衣不解帶的是母親，她照顧病人是無微不至，終於放下心上一塊石頭可以輕鬆一點了，整個人卻瘦小了一圈。

荷生剛離開病榻不久，彩明病倒了，幾乎完全和荷生同樣的症狀，也是體溫忽起忽落只是沒有低到全身冰冷的情形。母親和看護荷生一般的看護她，請來同樣的二位醫生，餵湯餵藥是不必說。每天替她抹身洗澡、從頭擦到腳，換衣服、清理大小便等護理工作，全是母親一人包辦。親手抱上抱下的伺候直到病癒。

十歲時所經驗的事情，不過才十年就忘掉了嗎？母親病了，半夜自己爬起來找水喝，她居然不肯伸出援手協助一下。且不去說什麼忘恩負義的大道理罷，那麼即使是不認識的人之間也還有一點同情心呀！

上海大東大酒店

書歸正傳，繼續講古。

父親帶彩明從南京又回到上海大東大酒店。原來他們離開大東時房間一直保留著沒退，房間是長期租下按月付費的。這一切我都是後來才知道的。

五月初的一天，突然寬仁乾媽張太太從上海給我來了一封信。接到信時我是一小驚，看完信後是一大驚。

張太太的信說，錢公居住在上海，他老人家的生活費用，他們就近嘛，自然應該由他們照應支付，沒有問題。但是，老人家帶著一個年輕姨太太在豪華大酒店裡長期包有房間，進出賭場、賭西洋輪盤，收買古董出手大方。上海灘十里洋場什麼人都有，難保沒有人以為他是什麼暴發戶，會對他動腦筋找機會下手綁票。萬一出事怎麼得了！

上海市租界外四周是經濟落後的所謂華界，街道狹窄，人口稠密，每天有打打殺殺的新聞；而商業繁榮燦爛、柏油馬路清潔整齊的是公共租界和法租界，租界裡的治安是由外國人的巡捕房負責的，租界裡整個社會表面看來很安靜，實際上在黑社會裡幫派重重疊疊，所謂的青幫紅幫只是籠統的名稱而已。那時，華界和租界之間是可以自由通行的。

張瑞棠是青幫老頭子杜月笙的門下，自然會有他們的消息來源。顯然是他們聽聞到什麼了，才讓張太太寫信給我。看完信我呆了半天，想一想以後，我決定去一趟上海。那時我大腹便便懷著寬淳距離預產期十天。

到了上海，我把張太太的信給父親看了。我說，張家當然是聽到消息才會很慎重其事的寫這封信。我向他說得很明白。他被警察扣押，管他是大官小官我可以託人情關係想辦法去保他出來；對付綁票的土匪，我可是沒有辦法！我又說到，蘇州桐芳巷的房屋是他親自動腦筋規劃改造的，為什麼不回蘇州去住呢？何必在這裡充殼子當富翁讓許多人擔憂。

後來我才知道是彩明不願意回蘇州去住。因為鄰居都知道她的出身，沒有人會稱呼她是錢太太。當晚，我搭乘夜快車回南京。過了幾天，父親寄來一信，只說已搬出大東大酒店，另在同孚路某處分租了人家一間樓面住云云。

可能是與別人合租合住不舒適罷！看中了居仁里房屋，於是跑去建築工地催促工人儘先完成樓上的那一大間臥室！

老二寬淳出世

民國二十二年農曆五月二十五日，在南京四牌樓寓所，次子寬淳出生。

淳兒尚未滿月，有一天，張瑞棠太太自上海打電話來，說：「居仁里的房子不是說要等到中秋節前才交屋的嗎？現在應該是還沒有完工呀！妳不是還在坐月子嗎？錢公老太爺怎麼已經搬進去住了呢？他來到上海定居事先怎麼不通知我們，讓我們表示一點意思呀？」

我接聽了電話，感到莫名其妙，電話中只好向她道謝，我說：「多謝妳告訴我這個消息，我根本就不知道這一回事。」

母親聽我說了張太太的電話，說：「老東西在搞什麼花樣？不如我去上海看看罷！」於是，我就立刻安排讓勤務兵劉永興送母親去上海；同時撥電話去上海要荷生按時到火車站去迎接母親。

第二天，劉永興就回來了。他說，到達上海北站一下火車就遇到荷生小姐。荷生小姐說她會帶老太太去上海，叫我在車站等候有車就回南京，我就回來了。

第三天一早電話鈴響，接聽後卻是荷生的聲音，她和母親已經在南京下關車站，等候派車去接。

我覺得好奇怪。於是，宇飛提早十幾分鐘出門，司機大楊子先送司長到軍政部，然後去下關車站接老太太。我在家裡等著，滿腹狐疑，想不出一點究竟。

終於母親和荷生回來了。我急著問母親怎麼回事。母親卻慢條斯理的說：「泡壺好茶來再說！」結果是荷生斷斷續續說完了整個經過。她說，她從火車站送母親到法租界居仁里，遇見了父親和彩明二人，點個頭就急忙趕回學校上課。後來愈想愈不對，因為她看見新房屋尚未完工，到處仍是亂七八糟的建築材料，可是東邊的一間臥室卻裝修好了，室內牆上已貼好彩花壁紙，地板也已經油漆得光光亮亮，房間當中坐北朝南設置一張大床。房間裡只有那一張床，晚上，母親睡在哪裡呐？三人擠一張床嗎？她想得一晚上睡不著。第二天一早本來要去參加考試的，愈想愈不安心，乾脆請假以後再申請補考，急急忙忙又趕到居仁里。

來到居仁里門口遇到建造房屋的工人，荷生就問他們為什麼只有一間房間完工？工人回答說是那位年輕太太交代先做那一間，而且還一日兩日的不斷來催促趕工；房間弄好他們就搬進來。搬進來有十幾天了。

荷生趕緊上樓，進房間看母親坐在一旁正端著水煙袋在抽煙。母親先開口說：「我知道妳一定會回來，我在這裡等妳。不便走開，怕妳回來找不到我。我們走罷！」

荷生看到房間裡多了一張帆布小床，可能是給母親睡的，可是床上空空的只在床頭有一張折疊好了的毛毯，看樣子母親是一直坐到天亮的。他們兩人在大床上相擁而睡。這種情形誰都忍不下去的，母親卻忍住了。

母女二人對話把床上二人驚醒，他們只是偏起頭來看看而已。

荷生提起小箱子，扶著母親下樓，走出居仁里。二人商量著去哪裡呢？大清早去張家有點唐突，經過一些餐館時，早餐已收市，午餐尚未開始。於是二人沿著霞飛路無目的的走著走著，走到午餐開市，走進一家餐廳用餐，休息一會。招喚了一輛J字標誌的祥生計程車去華格臬路的張家，寒暄一陣，再到北火車站乘夜快車回來南京。

我終於弄清楚了。我正想要勸母親不要生氣，話才出口，母親卻是一本正經的對我們說：「我不會生氣，生氣也沒有用！我是想起一件事……，你們父親年輕時、事業興旺時從來沒有這樣荒唐的行為，愈老是愈不正常，可能是有冤鬼纏身呀！當年金麗香臨死時說過一句話『十八年後我再來！』現在算起來是十八九年了！真不知道他們前世造的是什麼孽哦！唉，人生事不可以自已想要做什麼就逕自去做喔！」

上海居仁里的房屋母親從此未再去過，我是從來都沒有去過。

協和製藥廠

有一位雲南人王先生，名字實在是想不起了，他是宇飛在雲南講武堂入學時的同學，畢業後也是同一批保送日本士官學校的同學。我們來到南京，軍政部分配官舍住宅讓我們住入四牌樓。我們住二樓，樓下恰好就是那位王先生的一家。老同學變成天天見面的鄰居，二家人彼此來往相處不錯。王家有一個姪子名叫王裕昌，留學日本專攻藥學，寒假暑假回國就在叔父家住。我弟弟承權在蘇州入學，假期來南京就住我們家。兩個年輕人一見面就變成好朋友，經常玩在一起。

民國二十二年暑假，王裕昌畢業回國。有一天很正式的上樓來要見陳伯伯（宇飛），他說，他已畢業，他會製造注射用的針藥劑，他已製成功某種針藥，樣品已經送到某幾家醫院試用效果不錯云云。他主要的意思是計畫成立一家製藥廠生產針藥銷售，他自己沒有本錢想請陳伯伯投資協助。經他詳細說明後，宇飛讚賞他的想法。於是，正式的談到要多少資本、要多大場地等等細節。

王裕昌說，從小規模做起，有三五千圓就可以了。考慮到場地時，宇飛想到了上海居仁里的房屋。我父親住著居仁里的東邊，西邊房屋仍空著可以用來製藥。能夠去上海設廠製藥，場地又是在法國租界之內，王裕昌高興極了。因為在租界內，水電的設施、公共交通、環境、治安等條件都比較好。

宇飛攜同王裕昌專程去上海看房子。居仁里的房子相當大，王裕昌說即使將來生意規模擴大了仍然夠用。他的規劃：樓下大廳作為辦公室，二樓是庫房和製藥工廠，他自己住亭子間（上海一般住宅的建築多有一間亭子間。住宅中廚房的天花板比正屋的低很多，便在廚房的上方搭蓋一間房間，所謂是亭子間）。

王裕昌的這套主意，我父親也非常欣賞，也覺得這個行業大有希望。三人計議之下定名為「協和製藥廠」。後來請工人做了一面招牌掛在衖堂口，看起來很不錯，上海話所謂是像煞有介事。

王裕昌計算一下：必須購置一些製藥設備、工具、桌、椅、工作臺，需要一座玻璃櫥櫃存放原料，需要裝置一支電話等等。他請宇飛先動支二千銀圓給他去購辦這些事。佈置妥當立即就可開始生產針藥。宇飛同意了。

此外他又說明一些狀況，同時要求宇飛另外準備二三千圓作為周轉。因為，針藥賣出去不可能馬上收到現款回來的，付帳的方式每家醫院都不大相同，有按月結帳的也有不按月結帳的。王裕昌本人負責製藥和出去推銷，他不能再管錢財的收支。此外廠裡還需要一個打雜的。

規劃成立製藥廠的事，張瑞棠也很贊成，他身邊正好有一個年輕人要找工作，就讓他來擔任打雜。這個男孩十七八歲剛從家鄉出來，樸實可靠，負責打掃、洗衣、煮飯、送信跑腿等。張瑞棠考慮到藥廠剛開張，所以打雜的暫時不給薪水，只支給一點零用錢供他理髮洗澡。大家同意了。

至於掌管財務的經理人，宇飛覺得父親正好在家無事，住家就在隔壁，而且這個藥廠經理的工作實在是很輕鬆。於是就央請父親擔任，名義上是總經理。老人家欣然同意。

宇飛籌措了五千銀圓交給老人家作為藥廠的周轉金。一切就緒，宇飛離開上海回到南京。藥廠開始生產，聽說生意很好。

不料，不到半年，上海方面不斷傳來奇怪的消息：總經理和製藥師互相指摘。爭吵得相當嚴重。宇飛因公事不能分身去上海，恰好二表哥呂星恒自鄭州來南京探望姨媽（二表哥的母親是我母親的大姐）住在我們家。宇飛就託請他跑一趟上海，實地去了解一下協和製藥廠的狀況。

二表哥去了上海二天，帶著歉意回來說，無法查明究竟是怎麼一回事。他說，雙方各執一詞，總經理指責製藥師自作主張，賣藥的收入一分錢也沒有交出來；製藥師指責總經理不管事，不但從來沒有到藥廠來過，周轉金是一塊錢也沒有給過。製藥要買原料、有開銷、二個人要吃飯，……。二表哥轉述王裕昌的話：「總經理不管事也就算了，我做藥、賣藥，藥廠的開銷我自己可以維持。憑什麼一個鬼丫頭大吵大叫的要來查帳，她是什麼東西？有什麼資格來查我的帳？我當然把她轟出去！你是老闆派來的，我的帳本在此，收入支出都有詳細數字。請你過目。」

協和製藥廠後來如何，已是我記憶外的事了。總而言之，整件事是不了了之。

父親後來搬家，遷往霞飛路亞爾培路口的興業里，我是事後才知道的。王裕昌此人也就從此沒有消息。居仁里的房屋後來究竟是如何了，我也不知道。

二條魚的故事

講古寫古，想起二條魚的故事，不妨一記，這是六十多年前的事啦！也許很多人會不相信，實際就真是如此。

二條魚，一條是生蹦活跳的鮮魚，一條是木頭雕刻的魚。

民國二十三年春，我們全家乘隴海線火車來到河南。全家是母親、宇飛、我、仁淳二兒，淳兒大概只是七八個月大。

到達鄭州，當地有關主管請吃飯，在大飯店擺開很正式的酒宴。上了幾道菜之後，突然只見一個侍者大步跨來，一面大聲唱著：「新鮮黃河四鰓鯉魚，活的！」侍者走到主人背後，兩手高高舉起足有一尺長的一條魚。然後繞著圓桌在客人背後走一圈。魚在他手中掙扎，水滴撒落到客人頭上身上。大家知道這真正是一條生猛活魚。

侍者走完一圈回到主人背後，主人便站起來請示主客，這魚要怎麼樣做法？席上我母親是尊者，母親回答說：「客隨主便，怎麼做都可以啦！」最後是宇飛說，做糖醋魚罷！

主人很高興，回頭就交代那個拿著魚的侍者。侍者大聲回答，是；然後再大聲唱著：「鯉魚醋溜！」隨即把那條魚舉得高高，用力摔在地板上。啪啦達的一大聲把我們都嚇了一跳。那位服務生當場把活鯉魚摔死。

原來，黃河四鰓活鯉魚是很希罕的，主人以之待客是極盡尊敬的規矩，對自己也是很體面的。生平吃各種新鮮活魚不少，只有吃這條鯉魚遇見這麼隆重的場面，印象深刻。

另有一次是在西北。我們去到甘肅省的省會蘭州市。有一天，我、宇飛隨著幾位本地接待人等，各人騎乘一頭騾子去到一處不知地名的地方。只見四野黃沙、遍地礫石。騾子走著走著，我們各個都在騾子背上搖呀搖的，騎了很久到達一處村落。進入村落發現幾乎家家人家在門廊前屋簷下，都掛著一條木頭雕成的魚。木魚有大有小、有新有舊，覺得很奇怪。

向引導我們的一位當地先生請問之後，才恍然大悟。原來當地地處高原，附近沒有河流，土地貧瘠，人民不但貧窮、觀念也極保守。他們一輩子幾乎是吃不到魚的。於是，家家門口掛一條木頭魚表示「家有餘（魚）糧」「年年有餘」的意思；只是這木頭魚不僅僅只是掛掛而已。

逢年過節或是家有喜慶，例如長輩生日或是送嫁迎娶等大好日子，排開圓桌，加菜吃喝。這時便將這木頭魚拿下來，洗洗刷刷弄乾淨了放置在一個大盤子裡；另一方面則將大白菜、木耳、大蔥、小蔥、青椒、紅椒等切碎炒成一鍋，加糖加醋加醬油，最後沟以粉水。這一大鍋雜菜覆蓋在木頭魚身上，這就是一道很道地的醋溜魚了。

醋溜魚端上桌，大家同聲唸：「年年有魚」。動筷子只吃配料雜菜。酒醉飯飽之後，木頭魚再洗淨掛回屋簷下去。

我不記得那一帶居住的是些什麼民族。一般來說，他們極少到城市中去找工作，人人都終老於家鄉。天氣轉暖，他們早出晚歸有工作了。做什麼事呢？一家大小全都出去四面搜撿牛糞、馬糞、羊糞等用籮筐盛了堆放在屋角，留置到冬天。這些獸糞是極佳的燃料，用來生火取暖。

他們沒有廁所，不懂得什麼是馬桶、什麼是糞坑，男女老少都是到村外空地上就地解便。事後便有一群土狗去舔吃乾淨。土狗長大了，他們就宰殺了吃掉。用今天的觀點來看這個簡單的食物鏈循環，倒是很合乎環境保護的原則。

他們一身衣服穿上身便不再脫下，衣服變得油光油光的樣子，從來不洗的。外地來的人以為他們很窮；其實他們並無任何匱乏。家家屋裡掛得琳瑯滿目是牛腿、羊腿、馬腿、豬腿。他們一年四季都吃這些東西，隆冬寒冷下雪不必出門也有東西吃。我訪問過的幾家人家之中，有一二家居然就在屋內床頭邊上騰出一小片空地，堆成土畦，栽種韭黃。

他們的房屋裡面可說是五味雜陳，薰人難堪。不過只見他們無論男女老少，個個都是紅紅壯壯的。他們的居住環境中如果要用現代標準講求什麼衛生的話，那是根本免談。完全是一個無從談起的題目。

第七篇　廣東老太太（民國二十二年）

宇飛之母

二十二年三月，日軍侵佔熱河省會承德市爆發「長城之戰」，打了三個月。五月簽訂「塘沽協定」緩和日軍的逼迫。宇飛仍任職軍械司司長。

宇飛的母親，黃氏，自幼生長在廣東興寧農村，只會說一口客家話，從來沒有離開過家鄉。一直等到宇飛離開部隊到軍政部任職，所謂是兒子在首都做官了，她才來到南京。她完全沒有接受過教育，是一個典型的舊式婦女，可是聽她細述家族中諸人諸事，卻是通情達理，並不偏袒。她真是一位慈祥和睦的老太太。

因為寬仁整天要黏著外婆，於是母親一直就跟著我生活，公館裡上下都稱她是老太太。她人緣很好，跟任何人都談得來。除了潮州話之外，普通話、廣州話、客家話都能溝通。

宇飛的母親常年住在家鄉，只會講廣東興寧的客家話而已，大概也只有她兒子女兒可以完全聽得懂她的話。來到南京後，所到之處必須有一個翻譯才行。而她也很少出去，整天待在家裡。公館裡上下都對她必恭必敬的稱她是「廣東老太太」。

民國二十二年的端午節前。

廣東老太太又從家鄉來到南京，這次偕行的有宇飛的大姐和五哥兆珣；宇飛的大哥輔南則是早一個多月就先來了，據他說這次是特意來探望他的大女兒大妹的。

提到大妹此姝，又有文章可寫呢！

自己命名冠青的太妹

客家話裡「大」「太」同音。大妹唸為太妹。那個時代社會上沒有所謂太妹。依大妹後來的行為而言，恐怕會被列入太妹之列啊！

大妹是輔南前妻所生，上有一兄就是衍珊（從家鄉叫出來的小名是「珊狗」，在香港入學用的名字則是冠中），下有一弟就是衍鑑。這二兄弟在二年多前就一前一後離開家鄉出來依靠宇飛，宇飛資助他們的生活和讀書，衍珊在香港拔萃英文書院就讀，衍鑑在南京的勵志中學念初中。

大妹才只有幾個月大時，因為生母患病不能照顧她，就送出去給人家做童養媳。她命運不好，在夫家長到四五歲時，那個比她大一二歲的小丈夫卻死掉了。從此一個不懂事的小女孩就冠上小寡婦的頭銜。她的婆婆認為是她的命硬把丈夫剋死的，因此對她百般虐待，動輒就是一頓毒打；偶然回娘家來也是緊張無已的要當天趕快回去，怕出事回家挨揍。按照鄉下的傳統規矩，嫁出去的女兒是絕對不可以在娘家渡過任何節日的。

大妹就這樣，在這種無法無天的淫威下生活了十幾年。

二年前，廣東老太太來南京住在四牌樓時，有一次閒話家常說起大妹這麼一回事，當時宇飛的二哥益三也在座。我就說，既然是這樣，為什麼不乾乾脆脆把她接回來呢？益三解釋了一大堆話，結論仍然是說嫁出去就是他們家的人，寡婦有寡婦應守的規矩，娘家是不能過問的。

我說他們兩家都太殘忍，哪裡來的這種規矩？這樣虐待小女孩是不合情不合理又不合法的事，什麼是小寡婦？為什麼陋習不能改掉？無知識的鄉下老太婆不理會法律，那麼就許她一點錢嘛！不能花點錢把大妹買回來嗎？然後另外再找個好人家，正正經經的嫁出去，不是很好嗎？

老太太和益三都贊同我的說法，但是仍然怕行不通。我說我相信花錢就能行得通。我又再三聲明說我絕不是要來破壞他們的鄉規禮教。我的想法是人道主義的，做任何事情都要講合情合理合法嘛！不過大妹是輔南的女兒，要他們不妨與輔南商量商量，讓輔南自己決定。

後來聽說輔南果然就用了這個辦法，把大妹買了回來。錢是宇飛花的，花了多少我沒有過問。大妹回到家來，她的生母已經去世，祖母特別疼惜她，呵護有加，同寢同食。她的父親、繼母、叔嬸等全家都為她高興；又見祖母憐惜她，大家索性讓她跟著老太太，使老太太高興。

這樣在家鄉皆大歡喜的狀況不是很好嗎？

突然，有一天宇飛好像是心血來潮，對我說：「把大妹丟在老家！糟蹋啦！叫她出來讀書！」出來讀書當然是無可厚非，姪輩中靠他這個七叔出來讀書的，多啦：衍疇早在民國十六年就出來在上海同濟大學讀醫學院再去日本深造，衍瑞也是讀醫學院，衍珊、衍鑑前文中已說過；現在再添一個姪女罷了。奇怪的是對我說糟蹋了她，這是什麼意思?!

當時我並沒有去理會他。因為，大妹過了十幾年的黑暗生活，他這個做了十幾年官的七叔曾經過問一下嗎？事情讓我知道了，我只是出了一個主意，居然辦通了罷了。我只是同情一個小女孩的遭遇而已，其實一切與我毫無關係！

二十一年的年初，大妹出來了。來到南京，七叔視她如天賜的稀世珍寶，百般縱容，寵得她無法無天，目空一切，整天吃喝玩樂。

那時衍疇讀書在上海租屋住，未幾他的三妹阿秀出來讀書也住在上海。於是，大妹也就從南京去了上海，堂兄妹三個住在一處。大妹模仿她親哥哥入學的名字冠中，為自己命名為冠青。至於她在上海有沒有正式入學讀書，我不知道。

上面文字介紹了大妹，筆頭又跳回到民國二十二年五月，廣東老太太來到南京。

老太太這次來到南京，情形很不一樣，兒子有老大、老五、老七等三個在身邊，大女兒也在，孫兒孫女一大群都聚會在四牌樓寓所，每天是興高采烈。

端午節後不久，寬淳出世。在重男輕女的傳統觀念中，一個男丁的出生是極重大的喜事。老太太高興無比。廚房裡使用最大的鍋子依家鄉規矩煮了幾鍋雞酒，大家大吃特吃。老太太顫顫巍巍親自端了一碗來給我吃，我毫無食慾，一口都沒吃。

老太太患有糖尿病，眾人熱鬧了幾天後，便由大姑陪著她住進光中醫院治療。在醫院裡大概住了二個多星期罷，出院回家繼續吃藥。不知道是誰的主張要她吃豬的胰臟。於是，廚房每天特地為她清燉一碗豬胰子。每次我一看見那碗東西就覺得噁心想吐，難為她老人家這樣每天一碗的吃下去。

那個時代一般人都沒有什麼有關營養保健的常識，生病了那麼除了吃藥就得補一補，大家都相信食雞最補。於是我就交代廚房每天多買一隻老母雞，專給老太太吃補的。全雞切成兩大半加一點人蔘燉成一鍋。老太太連雞帶湯中午吃一半，晚飯時再吃一半。其他的雞頭、雞腳、雞骨頭等就由大姑陪著她吃，母女兩個吃得好開心。

大妹從上海來，陪著父親和祖母，每天嘻嘻哈哈。

有一天，大妹不在時老太太悄悄的對我說：「幾個月不見她，大妹怎麼變得像野馬！」老太太偷偷拿出大妹的一些衣服給我看，並且說，她問大妹為什麼穿那種裙子，為什麼穿那種衣服？大妹反而數說她是鄉下老人家不懂，在上海讀書的、住在上海的就應該穿得有一點上海的派頭。

老太太又問我說：「你們荷生阿姨不是在上海讀書嗎？我看她也沒有穿這樣的衣服。」我審視一下老太太拿給我看的衣物，原來是一些三角褲、絲綢襯衫、內衣胸罩以及一些西洋進口的蕾絲襯裙之類高級紡織品。

我對老太太說：「住在上海的，什麼樣的人都有，隨便自己要學哪一種人都可以！至於這種衣服要去大百貨公司或是洋行裡才買得到，價錢是很貴的！荷生在上海讀書就是讀書，無須去穿什麼、學什麼派頭，她也買不起這種衣服！」

老太太淚灑隔夜雞湯

軍械司裡有一位李英豪科長是客家人，他見了老太太分外親切。有一天，李英豪夫婦要請我們吃晚飯。宇飛有事不能去。我則因為寬淳太小，每次出門要帶奶瓶、尿布等一大包，太麻煩了，不去。結果就是老太太母女兩個去了。

所謂是天有不測風雲，那個時代沒有氣象預報。她們到了李家以後天就下起雨來，雨勢愈來愈大，甚至於狂風大作，後來更是長江的江潮暴漲，江水淹上岸。李家住處地勢較低，整條街淹沒，交通受阻。李科長打電話來說，老太太母女非得在他家留宿一夜不可。

第二天一早，水退了，我去接她們回來。一到家，我就叫勤務兵邢有富把冰箱裡的雞湯去加熱，端來給老太太吃。她看見那碗雞湯覺得很奇怪，她說，這麼一大早，怎麼會有雞湯？

邢有富說：「妳的雞湯昨天晚上沒有吃，太太交代替妳留著，今天給妳吃。」老太太忽然兩眼流下淚來，我嚇一跳，忙問她怎麼樣啦？她喘了一口氣，哽咽的說：「這雞湯妳昨天就把它吃掉啦！為什麼還要留到今天給我吃？」

她又說：「妳這雞湯讓我想起一件事。讓我說給妳聽，……」

老太太說，在家鄉時有一晚肚子餓睡不著，爬起床來要去叫醒二媳婦，要她起來做「板丸」吃（板丸是用米粉做的，類似麵疙瘩），經過老五兆珣的房門口，見到他們在房門外用木炭小風爐燉著一鍋，嗅聞到是燉雞的香味。她就問他們是在燉雞嗎？並說自己肚餓要去找二嫂弄東西吃。話尚未說完，老五把爐子上的鍋子提進房間裡去，一面說他們沒有煮雞，她聞到的味道是別處飄過來的。

老太太為了一碗雞湯觸景生情，引出這麼一段故事，激動得流下眼淚。

老人家在南京住了一陣，說起要回興寧，說著說著的便眼露淚光，嘴巴一癟話都說不出來；我們都是勸她多住一些時日。過了一段時間，回家的舊話重提，又是老淚縱橫。一再如此，我就詢問大姑，老人家究竟是那點不如意呀，能不能說清楚了，要我們怎麼做才能讓她安心住下。

大姑說，老太太在這裡住得很高興、很滿意，她尤其喜歡我這個媳婦，想要回去又捨不得你們這一家人。她那種傷心的樣子是另有原因：原來年初在家鄉時，有一個算命先生替她算命，說她大限已到，過不完今年。老太太念著你們一家，因此決定出來看看，一來到南京剛好我又了替她添了一個孫子，她高興極了。她想長住下去，但是生活上多少有點不習慣，而最怕的是死在外鄉；回去罷，又捨不得這裡。總而言之，老太太的想法矛盾、無法自解這個心結。

我終於了解老太太的心理狀態，所謂算命的論斷即令是江湖術士的胡說八道，不過他們也有一套自圓其說的邏輯，令人寧可信其有而不要信其無。聽了大姑的敘述，我心中一動，想出一個主意。這時父親來在南京，我就與父母親來商量這個主意。

父親自上海特地來到南京，是為了表弟翟肇偉的婚事。肇偉是母親二哥的次子。二舅父不幸早死，寡居的二舅母帶著孩子生活很艱苦，長期以來母親一直照應他們，後來二舅母也死了，孩子的成長幾乎全賴母親資助完成學業，肇偉成人後在汕頭市立第一小學擔任教員，教了好幾年書。民國十六年初，各路軍閥爭戰不已，有一次一位軍閥進駐汕頭時把第一小學的教職員從校長起全部撤換，肇偉失業就來潮安住在我們租下的廖厝祠家中。

我那時在潮安第三小學教音樂，準備要去上海就把職位讓給了肇偉，他在那裡表現還算不錯，還教些其他別的課程。

當年我們離開潮安去上海時，廖厝祠的房屋並沒有退租，屋裡仍留著大件笨重的行李箱籠等，肇偉一個人住兼看管行李。民國十七年，我結婚後才決定退還廖厝祠的租屋，所有的行李仍然是請肇偉整理後護著運送到上海來。

民國十九年，宇飛晉昇為少將，奉命在軍政部之下成立軍械司，並擔任第一任司長。軍械司下轄南京軍械總庫（一般人多稱之為金陵總庫），總庫之下再行成立三個分庫。宇飛推荐肇偉擔任其中的槍炮分庫分庫長，軍政部敘任他為陸軍上尉。肇偉從待職的小學教員搖身一變變成一個正式軍官了。

他擔任上尉分庫長有一年多，終於自己找到對象、要結婚了。翟家的長輩在南京的只有我母親是他嫡親姑母，當然要由姑丈姑母替他主婚。由於這一層關係，父親才會離開上海來到南京的。

夫子廟前鐵嘴算命

父親來到南京，於是，我把廣東老太太的煩惱告訴了父母親，討論了一下。母親說：「既然是與寧的算命先生如此批法，我們何妨找一個南京的算命先生算算，看看又是如何斷的。」

第二天，我就讓母親陪著帶了廣東老太太的生辰八字去到夫子廟前。那一帶有好幾家算命館，其中要數童慶之是當時首都南京城中最有名的鐵嘴算命先生。我們是慕名而去的，我拿出老太太的八字向童先生請教。

童先生推算一陣後，抬起頭來說：「依八字來說，這個命只怕是過不完今年喲！」我不相信，又另找一家算命館，進去請教，居然和童先生的結論相同。我問算命先生可有化解之道。算命先生慢吞吞的說：「除非是有替死鬼。」

找替死鬼？什麼話？

回家後和父母親商量，我聽說過：有所謂的沖喜可以迴避大凶。父親同意我的說法，贊成儘速為廣東老太太做一場生日，賀壽沖喜！

母親立刻翻查黃曆選擇一個好日子。決定了在肇偉完婚後二星期的某日為老太太舉辦賀壽大禮。宇飛知道了，沒有什麼意見，為自己母親祝壽他當然完全同意。

日期決定，我就召喚汪先章進來，正式交代他去籌劃這件事。汪先章推荐二人，連他自己成立一個三人小組去辦這事。我同意了。那二人，一是金陵總庫的會計主任王世杰，另一人是軍械司的一位科員李恭臨。他們這三人平日就是玩在一起的好朋友，辦這場壽禮也正好需要他們這三人的擅長。王世杰管銀錢進出自然是不必說。汪先章本人不但是青幫人物而且頭腦細密、辦事能力很強。李恭臨是寧波人，隨機應變會動腦筋，也是青幫中人物，在江湖上有點小名氣。汪先章是武將，那麼李恭臨就是文臣。

中央大飯店祝壽沖喜

汪先章等人首先響應，聯名合送一場堂會。所謂堂會就是請些戲子歌女等演藝人員來，當場唱一些吉祥戲曲。

祝壽禮的前一天晚上，我們在家裡先為廣東老太太祝壽。我預先為她定身量做了一件寶藍色織錦旗袍，深淺不一的藍色花紋閃閃發亮，衣服顯得很漂亮。老太太體型適中，穿起新衣頗有一點氣派。我們又替她在胸前披掛上一朵大紅花，紅絲帶上用金漆寫著壽星二個字。

老太太高興極了，喜極流淚，她說：「生平沒有穿過這麼漂亮的衣服，當年做新娘也沒有這樣的打扮過。」

我特別叮囑大姑，我說：「明天我們一齊去中央大飯店，已經開好一間房間，你們可以從窗戶看到禮堂裡的情形，妳陪著母親在房間裡不要出來，不要讓她當面遇到來賓客人，絕不要讓她當面受禮。禮堂裡的客人我們來應付，老人家絕對不可到禮堂來！」

大姑莫名其妙的一直問為什麼，我才說不去禮堂不親自受禮是為了沖喜。大姑說：「聽說禮堂佈置得非常漂亮，不去看看多可惜呀！」

於是，第二天上午我就先帶她們母女二人去參觀禮堂。賀客們要在晚餐前的下午才會陸續來到。我們包租了中央大飯店的大禮堂，禮堂內外到處張燈結彩佈置得很熱鬧，一片喜氣洋洋。沿走廊一直到大廳兩側牆壁排滿了賀客致送的各式壽屏、壽帳，有刺繡、有書畫，琳瑯滿目。地面上鋪了長長的大紅地毯，我領著她們二人，母女互相扶持著從地毯上走過去，大廳上面正中間一個大大的紅色壽字燈，燈下安放著一張太師椅，太師椅上鋪著大紅繡花的椅墊。母女二人看呆了，老太太有點激動，二人都好像自言自語一般，不斷的說：「從來沒有看過這樣漂亮的擺設排場！」

下午四五點鐘開始，賓客陸續到來，有許多是不請自來的，白天空空的大禮堂突然變成熙熙攘攘的一大群人。賀客來到大都是由招待人員先引到空無人坐的太師椅前面，象徵性的表示拜壽，口中唸唸有詞說一些祝壽的吉祥話，然後走開，去四處打哈哈招呼熟人。

那天晚上，酒席不知道開了幾十桌。大概是上了三道主菜之後，我引領著老太太出來，走到太師椅後面的臺上，舉起酒杯向大家敬酒道謝。我抓住她的前臂，幫她舉高。老太太整隻手在發抖。

酒宴結束，禮堂一變成為表演場地，堂會開始囉！

堂會的序幕由大鑼大鼓開始，一霎那間大廳中鑼鼓喧天，絲竹齊鳴。有唱戲的，有唱歌的，熱鬧無比。

漸漸的，來賓陸續辭別。這時忽然進來了一位未經邀請的貴賓，事後我才知道他是青幫在南京的二當家。他把大衣和帽子脫下交給隨行人員，逕自走到太師椅前，拜完壽，對四圍邊上人說：「我來坐坐壽星椅，沾沾老太太的福氣！」說罷轉身就向太師椅上坐下去。

奇怪的是，不知道為什麼，他卻是一屁股跌坐在太師椅前的地上。眾人驚叫起來，旁邊的許多客人圍了過去，有人伸手要扶他起來。人群中有人叫喊：「不行，不行！快送中央醫院！」眾人七手八腳把他抬起送出大廳，上車送去中央醫院。

有人在叫喚如何通知他家人。有人說他到底是誰？許多人忙進忙出的不知道在幹什麼。我正好在圍觀的群眾後面，目睹整個發生過程，嚇得自己都能聽見心臟砰砰跳動，整顆心好像要從口腔裡跳出來似的，氣都喘不過來。腦海裡立刻閃過夫子廟前算命先生說的一句話，「除非是有替死鬼！」哎呀！

那位青幫二當家到了中央醫院已經沒有意識了，只有心臟微弱跳動，醫生們用盡急救方法，毫無復甦跡象。家人把他抬回家去改用傳統辦法，針灸、按摩等可以試的都試了。終於，第二天微弱跳動的心臟也平息了。

我們聽到消息，都感到很難過。無論如何，他是在我們的宴會上出事的，我們該怎麼辦呢？我讓李恭臨用比較婉轉的方式去喪家，代表致哀。

李恭臨回來說，他的兒子很明事理。他說他父親根本是自己跑去的，沒有人邀請他去。當天他回家本來已躺在榻床上休息，聽人說起中央大飯店有人請堂會，他父親生平好熱鬧、喜歡看戲看堂會，於是爬起來穿衣服要去。家裡人還勸他說天已晚了，而且人家並沒有邀請等等。結果他仍然要來。現在出了事，還能說什麼呢？這完全不干陳司長的事。擾亂了老太太的壽堂，他們還應該道歉呢！

算命先生說的「除非是有替死鬼」這句話只有我們父女三人知道，始終沒有對任何人說起。他們家舉行喪禮時，我們特地送了一堂佛事，請了全班和尚去為他唸經。超渡冤死亡魂。

廣東老太太平平安安的渡過了民國二十二年。回去興寧。

民國二十三年，她也平安渡過了。

二十四年三月某日在家鄉，中風去世。

第八篇 流年不利的歲月（民國二十三～二十五年）

寬淳長癤子

民國二十三年，這是流年不利的歲月。

南京一向以酷暑有名。那年夏季，南京更是破紀錄的特別熱，屋裡真正有如火爐一般，桌椅傢俱等觸摸火燙，甚至於床鋪上也熱得有如北方冬天的土炕一般。那個時代冷氣機尚未問世，想要涼爽一點只有電風扇可用，電風扇吹過來的卻是陣陣熱風，愈吹愈熱。

次子寬淳那時剛滿一歲，全身長滿了痱子，背上最多，額頭上也有。孩子可能是又熱又癢，吵鬧不休，只好給他多次洗澡，全身灑佈爽身粉。不料爽身粉被汗水一糊，不但不爽身反而堵塞了毛孔的呼吸，本來只是紅紅一小點丁的痱子都長大了，變成癤子了，一個個小瘡皰皰，有些甚至於化膿了。只好抱去私立的光中醫院請教醫生。

張醫生診斷之後，動手術把膿皰一一剪破清除膿血，敷上藥膏，並用紗布覆蓋起來。醫生叮囑第二天去換藥。

回家以後，一夜中淳兒沒有一分鐘安靜過，熬到天亮去醫院複診換藥，打開紗布一看，嘩！慘了！所有紗布覆蓋的地方長滿了大大小小瘡皰，大的已灌膿，小的紅紅腫腫。可是張醫生說沒關係，仍如昨天一般，弄破灌膿的大皰皰，清除淤血，敷上同樣的藥膏，仍然是用紗布覆蓋起來。覆蓋的地方更大了，紗布從胸背一直包裹到額頭上。紗布裹得孩子的頭都不能轉動，眼睛迷迷糊糊的張不開，連哭也哭不出聲音來。

我抱著這麼一個半死不活的兒子，每天來回奔波醫院。幸虧母親跟隨著我住，老大仁兒就全由母親照顧。

在這段時日中，宇飛完全不在家。

那時正值中日關係緊張。軍事委員會在北平成立了委員長行營，軍政部部長何應欽先生兼任行營主任，長駐北平與日本軍閥代表梅津美治郎舉行談判，歷史書上所謂是「何梅談判」。

淳兒發病之前數日，何部長忽然發來一封電報，要宇飛立刻趕去北平協助辦事。宇飛應命匆匆而去，臨行時說，很快，幾天就回來！

淳兒發病忙亂中，宇飛不但沒有回來，軍政部裡卻傳來一個有如雷轟頭頂的消息。說是奉蔣委員長電召，宇飛已從北平直接去了南昌，上廬山晉謁委員長不果，反而又奉委員長手令立即扣押，著予查辦云云。

南昌事變

民國十九年，那年可說是國泰民安，南北各省軍閥平定，全國統一。秋冬之際，軍政部中成立一個軍械司，職司整理全國軍用槍枝械彈等。宇飛奉命擔任第一任司長，同時晉昇為陸軍少將。那年他剛好三十歲。

那段時間，我們家中的常客有李宗嶽等。李宗嶽是粵軍駐南京代表，另有一人是楊永泰的私人代表，與宇飛極為熟稔，姓名卻想不起來了。提起這二位人物是因為後來靠他們幫忙才得到一些確實的消息。這個消息來源，我從來都沒有對任何人說過。

軍械司成立時隸屬軍政部陸軍署。兩年後軍械司改為直屬軍政部，由次長陳儀指揮。

二十三年夏，宇飛應何部長命去了北平。不到一個月，軍政部裡傳來消息說，因為前線某作戰部隊中有一批步槍發生膛炸，炸死了幾個士兵。這批槍枝是來自南京市郊的金陵軍械庫。宇飛職務是軍械司司長，正是金陵軍械庫的上級主管官。金陵軍械庫果真有不法情事的話，宇飛難脫干係，罪名可能很嚴重。

就所得到的消息我自己冷靜盤算一下：營私舞弊購買劣質槍枝，宇飛絕不可能去做這種違法勾當，其中必然另有原因。問題是宇飛已經被監禁在南昌，我自己徒然心中焦急，怎麼辦呢？

有人勸我：要我自己去南昌，逕直要求去見委員長，打開天窗說亮話。不過，我考慮到傳說委員長手令中有「查辦」一詞，「查辦」當然是要一點時間的；查未明尚待辦之時，家屬前去干擾，說不定反招委員長老先生之怒，一氣之下把人槍斃了。那個時代，委員長槍斃人並不是很希奇的事。

我考慮以後，決定在家裡等候進一步的消息。

然後，聽說：何先生在北平發了一個電報給委員長，大力為宇飛說脫云云。何先生能為他說情，這力量很大。於是，我決定了：自己不去南昌，轉而立即吩咐陳伯英和蔡慶山二人前去。我要他二人到南昌，在看守所附近租下一處房屋住下，安排好時間去探監和送飯。這樣多少可以通一點消息，宇飛在裡面比較安心。

我交代陳伯英定期寫信向我報告。

後來的狀況：是不能進監探視，但是每天可以送飯進去。就這樣，一拖拖了好幾個月。

這段時日中，好些朋友來看我、安慰我、鼓勵我。卻是至親的自己人反而前來煩擾，無理又無禮。

一天晚上，宇飛的五哥兆珣到我房裡來，開口要錢。他說，宇飛所有的現錢、存款簿、支票簿等全部都要拿出來交給他。我問他：「你認為你弟弟死定了，是嗎？就算是的話，在公在私都輪不到你來接收任何東西！」我說完話，他還裝呆賴著不動，我板起臉大聲申斥他：「出去！」他才厚起臉皮轉身出去。

然後，有一天有二位年輕軍官前來拜訪，說是代表戴雨農先生專誠前來慰問我的。交談中，他們說是來自藍衣社。我一再表示道謝，向他二人道謝，請他二人務必代為轉向戴先生道謝，我不提任何事情只是不斷稱謝。最後，是他二人忍不住了，一人開口問道：「關於陳司長的這件案子，陳夫人您有什麼意見嗎？」我坐直起來向他二人說：「司長所管的公事，我一向從不過問。所以，我也沒有資格可以來討論或是來表示什麼意見。不過，今天你們二位來到我家問我這個問題，我可以告訴你們二位，我有信心，我相信委員長他老人家不會不明不白就判決一件事，他一定會去徹查清楚。所以我很鎮定，在家等候這水落石出的一天。」

「再說這件案子，最嚴重的情形不外二點：一是造反，一是貪污。」

「說到造反。憑陳隱冀這個人他沒有那種魄力，他做不到的。而且造反不是單獨一個人搞得起來，更不是一朝一夕臨時可以發生的。」

「至於貪污。尊駕二位今天親臨寒舍，這前後左右可以看得很清楚，我們粗衣淡飯家庭生活過得去，無需貪污。有沒有貪污，你們二位當然看得出來。」

「總之，這二點罪名在陳隱冀身上是不可能成立的。所以這件案子其中必然另有原因，我相信委員長比我看得更明白，一定會查清楚的。」

「不過無論如何，事情在陳隱冀司長任內發生，是他公務上的疏忽，有失檢點，接受處罰，這是應該的。」

他二人聽我說完，點點頭，認為我很明白道理。告辭走了。

從此也未再見過這二位，再也沒有聽說過什麼藍衣社。

「敬公保不日歸」

寫到這裡，有一段令人不得不信的靈異故事，不可不記。

那時「碟仙」在社會上風行一時，市上可以買到。我應景也買了一套放在家中。

「碟仙」是用來問卜的。經由「碟仙」可以請來想要請的神明或是已經亡故的親人，進行陰陽溝通云云。我們卻常拿來當玩具、消磨時間，找些無名鬼神來玩文書遊戲。

「碟仙」是一個卡片紙盒，封面印著「誠則靈」三字，盒中裝著一張紙和一個小瓷碟子。那張紙攤開大約一張報紙的大小，正方形，紙面是黃色，外框印著八卦圖形，整張紙上密密麻麻的印滿了小字，字體也許比報紙上的字更小。黃紙正中間印有一個圓形框框，剛好與小碟子一般大小，圓形框框正中用紅色畫著一個太極圖和一圈八卦。

小碟子其實就是一般餐桌上、用來盛醬油或是辣椒醬的白瓷小碟子，只是碟子裡中央畫著一個猙獰的鬼臉。碟子反面邊上畫著一個小小的箭頭。

請「碟仙」的儀式可繁可簡，有人是煞有介事的焚香祝禱而後行；也有人攤開黃紙手指一伸，就與「碟仙」開始一問一答。據說，有人請來的「碟仙」會吟詩、會塡詞；有人請來的是文字不通，答非所問。也聽說有人請來了不知名的兇神惡鬼，恣意搗蛋，來了不肯走。

請「碟仙」時一定要有三個人。黃紙攤開在桌上，將小碟子倒撲，小碟子上的鬼臉對準紙中央的太極圖。三人圍坐著，每人伸出一手以中指輕輕觸放在小碟子正中央。這時大家應該肅靜，專由一人說話提問題。小碟子不久就會自動游走。

那時我們仍住在南京四牌樓一棟二層灰色磚造房屋，宇飛去了南昌沒有確實消息。傳說事情很嚴重，委員長的處分很厲害云云。母親的一個大舅父正好住在我們家，那天恰好二表哥呂星恒來了，說起「碟仙」可以問吉凶，那麼就來玩玩罷！

我，二表哥和荷生妹正好三人。我們伸出手指不久，小碟子開始在黃紙上自行游動。我們都說潮州話，問話只要大聲說即可，「碟仙」卻是一個字一個字的回答。小碟子倒撲後，背面邊上有一個小小的箭頭符號，自行游動的小碟子會在黃紙上跑來跑去，有時很快就會停止，箭頭正好指著一個字，我們認出那字抄寫下來；小碟子就會自動開始再在黃紙上跑來跑去。我們會覺得有一股力量拖著我們的手在動。有時「碟仙」找一個字會很費時，黃紙上的小字印得密密麻麻，我們故意要找一個字的話，真是有如大海裡撈針一般的困難，「碟仙」居然能找到！

碟仙斷斷續續在黃色背紙上密密麻麻的文字陣列中指出一個個字。大舅公在一旁就大聲唸出來。幾次問答之後，大家說這個鬼是個讀過書的斯文鬼啊！

二表哥把幾年前因病去世的二表嫂叫來了，談他們的家務事，談兒女種種，一問一答頭頭是道。我們有時也會發現「碟仙」想要調頭把箭頭換一個方向時，會很辛苦的不斷繞大圈子，最後讓箭頭指向另一個方向。

我們在走「碟仙」時，母親站在旁邊觀望一會以後，她插嘴進來說話，並且找來了她亡故的二嫂，我的二舅母。母親問她說：「妳兒子阿偉結婚了，妳知道嗎？」阿偉就是翟肇偉。

於是，小碟子斷斷續續在黃紙上停停跑跑，每次停下我們便將小箭頭所指的字抄錄下來。最後，我們記錄下來的句子是：「感謝細娘成全媳愚兒魯細娘多指教」十五個字，貼切事實，尤其是「媳愚兒魯」四字，一針見血，用字簡潔。令人驚訝不止。

二表哥正想要叫他亡故的姐姐來問話時，突然我們三人都感到一陣震動，好像小碟子上面另有一股硬擠進來的力量，另有一個鬼搶著要說話似的，我們三人當時被震攝住了都沒有開口。只見小碟子很快的跑來跑去的，停下指出一字後再跑，這次它跑得很快，直接了當的指出幾個字。我們一看，是：「宇安敬公保不日歸」八個字。我們三人都有點目瞪口呆了。

軍政部長何應欽先生字敬之，大家稱他為敬公。這句話明明是對我說的嘛！他是誰？誰把這個好消息告訴我，文句簡潔有如電報。我立刻對空懇求，請碟仙神明賜告姓名，究竟是何方神聖？

圍觀人眾嘖嘖稱奇，紛紛有人問碟仙是誰。大舅公就大聲問：「你到底是誰？」

小碟子又開始在黃紙上來回找字回答，指出每一個字的時候，二表哥就用潮州話唸出來，唸著唸著的，他說：「這個鬼是在說廣州話嘛！」於是，他改用廣州話唸出小碟子所指出來的字，是：「……艇沉……連同鮑君……。」

碟仙很忙碌的指出幾個字，大舅公又唸一遍大家也不懂意思。旁邊父親躺在床上抽鴉片煙一直很注意聽，等到大舅公大聲唸出「艇」、「沉」二字，父親一翻身把煙槍丟開，一個箭步衝到桌子邊上，用廣州話連問幾遍：「阿爸，阿爸，你係唔係阿爸啊？」

小碟子拖著我們三隻手飛快的在黃紙上指出二個字：「信甫」，然後就不再滑動了。

信甫就是父親的阿爸，是我的祖父。清光緒時代官任廣東省肇慶府知府時，有一年端午節前去廣州省城向上官拜節之後，乘船循西江上溯返回肇慶途中，不幸遇山洪暴發，西江水漲浪高洶湧而下，官船翻覆，祖父遭溺斃，同行幕僚中有一位姓鮑。那時我大約只是四個月大的嬰兒罷！

「宇安。敬公保，不日歸。」是祖父安慰我，發給我的一封電報嘛！這八個字深深的鏤刻在我腦海中，永遠磨滅不掉。

以前偶然拿「碟仙」當消遣，經過這次以後，我再也不願去觸摸那個小碟子了。

時序進入民國二十四年，在南昌監禁約七八個月後，宇飛恢復清白回來了。大約是正月元宵節的前後罷！

槍管爆炸原委

宇飛在南昌被監禁的原因，事後逐漸澄清。

原來宇飛在南京時，軍械司曾經向上海的禮和洋行訂購一批德國新式步槍。正當何部長電召宇飛去北平之時，步槍運到了。宇飛通知禮和洋行暫緩交貨，等待他從北平回來親自處理。

何部長去了北平應付日本人，南京軍政部部務便由軍政部次長陳儀暫代。宇飛去了北平，次長陳儀下條子，命令軍械司著禮和洋行立即交貨。步槍運到金陵軍械總庫，尚未進入庫房，陳次長已另有安排，派了一批人員直接接收運走，然後這批槍枝在某處被調包換成土造槍枝，分發到前線；而德國來的犀利新槍則全部到了共產黨部隊手中。陳儀本人其實是資深共產黨員。

何部長親自去見了委員長討論這個案子，據說曾經對委員長說了這樣一句話：「您查清楚了嗎？我可是查清楚了！」於是，委員長下令釋放宇飛。所謂「敬公保」原來就是這樣一回事。

宇飛回到南京，奉令交卸軍械司職務，調任軍政部參事。

正在辦理移交過程中，突然接到興寧老家來信，說宇飛母親黃太夫人中風病危。非要他回去不可云云。可是，宇飛這時必須先去北平正式向何部長道謝，並且報告整個事件的始末。於是，我陪他一同去了北平。我們一連幾天都待在中南海、軍事委員會駐北平辦事處。何部長有許多事情交代他，我就陪著何夫人閒聊話家常，逛花園。

南京轉來興寧的加急電報，老太太已於三月初五某時逝世。我們辭別何先生回到南京。

只因軍械司職務交接未了，不能離開。於是，便在四牌樓家中設立牌位，早晚敬香祭拜。直到移交事宜告一段落，宇飛正式取得喪假，我們才起程南下回鄉。

破紀錄的殯儀

民國二十四年夏季，我們回到廣東興寧，宇飛的故鄉。

寬仁自從病後便一直是母親在照顧他，整天黏著外婆。於是，母親也就跟我們一起南下廣東。離開潮汕多少年了，正好回去看看。寬淳二歲多，有一個照顧他的劉媽也跟著去。另外再帶著一個隨員蔡慶山照顧行李。

我們從上海上船經香港再到汕頭，在汕頭休息二天，再去興寧。

汕頭與興寧之間，約在一年前開行了一班公路客車。客車事業名義上是他們陳家幾個兄弟合夥投資創辦的，其實資金全是宇飛負擔，並且在興寧還起建一座車站大樓。樓中有電影院，當時確是開風氣之先。實際負責管事的是留學德國回來的漢星大哥。

客車公司為我們準備了一輛專車。專車在午飯後從汕頭開車，傍晚到達興寧，直接開到一家旅館門口。宇飛的三個哥哥、嫂嫂及一大幫姪兒姪女等已在迎候。我們下得車來，亂哄哄，鬧哄哄，敬煙敬茶，鬧到晚飯開席，眾人吃飽散去，這才安靜下來。

飯後，宇飛大哥輔南特地再來鄭重的向母親一再道歉，說是本應擇日專為母親接風歡迎來到，無奈有服在身不便行事，只好從簡邀請母親明天到他家便飯接待云云。母親當然也要客套道謝一番。無論如何，輔南大哥很懂得禮節，做得很周到。

第二天一早，宇飛自己先回家去。九點多鐘來了二頂轎子接我們，寬仁跟母親乘坐一頂，我帶著二歲的寬淳乘坐一頂，劉媽、蔡慶山一行隨著轎子步行到家。那一段路程其實並不很遠。

轎子進入大門，越過天井在二門口落地，由好命的漢星大嫂來在轎前迎接，一同進入大廳。老規矩所謂「好命的」意思是指一位有丈夫的婦人，堂上公婆父母健在，膝下有兒有女。我母親是第一次來到陳家的親家母，必須要有一位好命的出來迎接。

大廳已經用白布長幔隔成兩間，後面這間佈置成為靈堂，前面這一半仍然是客廳，暫時變成我們休息的地方。

三位大嫂擁著母親上坐，依輩份次序一一上來敬茶。上輩下輩，少不了姑姨舅妗一大批，都是第一次見面。終於認出來一位向我敬茶的，是冠中的妻子。冠中在家中排行的名字是衍珊，是姪兒輩，他長期在香港讀書，所有的費用都是宇飛負擔的。

午餐席開二桌，是外面菜館叫進來的酒席，算是歡迎我回鄉的禮數。飯後來到隔壁休息，那是老太太生前所住的一廳一房，是近年整修過的舊房屋，明亮整潔多了，他們稱之為「新間」。

外面眾人沒有閒著，他們將四周圍白布幔拆除，整個大廳佈置為靈堂。笛達鼓手開始奏樂，有司儀大聲唱禮。於是，輔南大哥帶領著宇飛、我、仁淳二兒先去後廳祭拜歷代祖先，然後再到前廳靈堂來祭拜老太太。

所有這一切是專為我們而設的。據他們的說法：這是因為宇飛外出做了官、結婚、生子之後是第一次回來家鄉的原故。其實那時老太太去世已經過了三七了。四七是不必鋪張的，只請了二個和尚來靈前唸經而已。

五七則是一場連續三天三夜的大佛事，場面熱鬧壯觀。和尚們都抖擻起精神表演一場極為罕見的「和尚拜參」。一共是十二位穿戴整齊的和尚，分成二列，披上有鵝黃襯裡的大紅色袈裟，手持各式佛器敲打，口中高唱佛經，旁邊另有一隊樂班在奏樂，和尚們隨著音樂節奏，在靈堂中穿梭游走，忽行忽止、步伐猶如跳舞一般。煞是精彩好看。最後一晚是七個和尚主持的坐檯放焰口，引人注目。

這場喪事盛大隆重驚動興寧縣城內城外，屋裡陳族上下輩幾乎到齊，外面各房頭又引來四鄉親戚朋友無數，他們住上三四天，不是來祭拜而是來開眼界看熱鬧的。一些七八十歲的老者們說，這座屋子已經快有二百年了，他們從來沒有聽說過有這般隆重的喪事，而他們自己這一輩子也沒有見過這種盛大場面。

宇飛兄弟們會商決定：七七上午先舉行公祭，然後家祭。家祭結束就起靈，送上山安葬。

後來一經計算，有些公私單位要求沿途停棺在路邊擱祭，上山路線必須東繞西繞，時間不夠分配。於是，改為提前一天全天公祭，第二天一早家祭隨即起靈。

公祭那天從縣政府縣長算起，縣參議會議長、參議員、駐軍單位、公私團體、各級學校校長、地方紳士、親戚朋友等的共有一百多場祭拜。

七七那天大清早就舉行家祭，隨即起靈出殯。由一大隊和尚開道，敲鐘擂鼓、誦經唸佛，領引上山，超渡來生。大隊家屬由白布屛圍著隨著靈柩步行，後面又有幾隊大鑼鼓樂隊奏著哀樂。老太太的靈柩棺木由人伕抬著。我建議棺木上覆蓋一個錦繡的罩套，大哥二哥都說既沒有見過也沒有聽說過，而且在興寧也無從去找這種錦繡的棺罩。我說去向禮品店租一大幅彩繡橫披，將棺木四面圍起來，然後在棺木上面佈滿鮮花，如何？二兄弟點頭同意。

那天出殯時果然圍著華麗彩繡的棺木上堆滿了鮮花，引人注目。這是地方上見所未見的，大家爭相傳說，結果是額外多了一大批不相干的群眾送靈上山。

其實就一場大家人家的喪禮來說，老太太的出殯儀式並不能算是豪華奢侈，只是興寧小地方，人們少見多怪罷了。

起靈出殯同時家中拆掉靈堂，但是神主牌位仍然保留，尚待早晚祭拜，一百天後才將神主牌位請入後廳和歷代祖宗的牌位供在一起。

安葬後，喪禮告一段落，我和宇飛預備留下到百日之後再說。母親帶領仁兒先去汕頭暫住，等候我們一起再回南京。軍械司中有一位科員，黃維，是汕頭人，休假回來汕頭，專程再來興寧弔拜老太太。我們就請他順便照顧老少一起回去汕頭。隨行的還有一個阿海。這位阿海與輔南有一點關係，以前是一向隨在他身邊的親信，拳腳上頗有一點功夫。離開輔南後曾在汕頭市開過公共汽車。這次我們來興寧經過汕頭時，又把他找回來跟著走，多一個本地人照顧比較放心。於是，冠中和阿海二人輪流駕駛一輛小轎車把母親和寬仁送去汕頭。母親住進當時最大最新的一家旅館，擎天大酒店。第二天，冠中和阿海再駕空車回來興寧。一切順利。

不料，母親才離去幾天，有一個晚上，已近十點鐘了，大哥輔南忽然慌慌張張跑來說，謠傳當地黑社會有人要來找麻煩，要打我們的主意，趕快走為上策。立刻，我們匆匆把蔡慶山叫醒收拾行李、把劉媽叫醒伺候熟睡中的淳兒，會齊了冠中和阿海，靜悄悄的摸黑出來，隨即開車，奔向汕頭。一路上冠中和阿海二人輪流開車，馬不停蹄的趕路。到達汕頭擎天大酒店時，天已大亮。

早幾天，荷生已從上海來陪伴母親。我們會齊了便去潮安拜祭翟氏祖先，住了幾天才回汕頭。宇飛帶領蔡慶山，二人逕行先回南京銷假。我們留著劉媽大小一共六人，在汕頭玩了二個多星期，才回到上海。

南京傅厚崗新屋

宇飛回到南京，見過了何部長，職務調動改任軍政部少將參事。參事並無固定任所、無固定職掌，不必每天上班，他乾脆請了一段時間的病假，跑到上海來，全家聚在一起。

我們在亞爾培路口辣斐德路上的滄州飯店住下。那是一家別墅式的旅館，清淨高雅。寬闊的大走廊一側隔著大玻璃窗外面是花園和草坪，走廊另一側是客房。開門進來是一個大客廳，客廳後面是幾間套房，房間的空間很大足夠我們全家住下。

原來我們在南京住的四牌樓房屋是軍政部的官舍，二年多前我們就著手規劃自己興建一座住宅。在鼓樓火車站後面不遠處叫做傅厚崗的地方，買下了大約十三畝地，委託一位年輕的建築師為我們設計興建一座住宅。

南京市中有一項特別的設施值得記下一筆，那是小火車。從上海到南京的京滬鐵路是按照標準軌距鋪設的。南京的火車站設在挹江門外靠長江邊的下關。從下關車站開始另外有一條窄軌距的鐵路，從玄武門附近穿過城牆，貫通整個南京市，從中華門穿出城外。這就是小火車。

小火車是南京城中重要的交通工具，每天往返班次很多，進出車站也很方便，火車進站離站時車速很慢，許多不買票的客人趁勢跳上跳下。從鼓樓車站後面出來的大批乘客便從我們土地上走過。於是我們就用竹子編成圍籬塗上黑黑的柏油，把行人擋在外面。

年輕的建築師也許欠缺一點經驗，房屋後面的一小角居然逸出地界，蓋到別人的土地上去了，我們為了省事，同意把那一角拆掉，還好那是後面，影響到的是廚房、儲藏室、後院、走道等等。

原來我們一直使用的一輛黑色福特汽車是軍政部撥用的，前後二位駕駛是姓楊的二叔姪，我們叫他們是大楊子和小楊子。既然有新房子啦，便將黑車交回軍政部，自己買了一輛灰色斜背的美國新車。雇用了一位專任司機老魏。老魏是北平人，待人彬彬有禮，說話斯文，平日很在意服裝，因此他也特別細心維護車子。抗日戰爭開始，政府從南京撤退到重慶，老魏也就把那車子從南京開到重慶。

傅厚崗新屋落成。房屋左半側樓上樓下都是臥室、起居室等，是日常生活的範圍；中間是常用的客廳；右側樓下是一個很正式的大型客廳和飯廳，樓上是一個特別大的大廳常做聚會使用，我們稱之為跳舞廳。跳舞廳後面有儲藏室之外另有一個小房間，用今天的話來說是大概是不到一坪大小罷，因為房屋拆掉一小角的關係那個小房間變成不規則的五邊形，只能作為堆放雜物使用。那時不知是誰的主意，小房間裡地面堆了厚厚的一層乾淨的細沙，把小房間變成孩子們的遊戲室、玩沙。

我們住在上海正好為新房子購置傢俱。張瑞棠太太為我們介紹了殷實可靠的廠商，我為自己臥室訂製了全套紅木傢俱擺設。其他各人的臥室、大客廳、小客廳、大飯廳、小飯廳、跳舞廳以及書房等所需的傢俱全部在上海購置，運到南京去。

新房子裡甚至於寬仁也有一個專門接待小朋友的小客廳，小客廳裡的一套小型沙發和一張大理石鋪面的小圓桌子也是從上海買去的。我們從上海永安公司買了一套戶外玩具，有鞦韆、滑梯、浪船和蹺蹺板。那時寬淳太小還不會玩，寬仁在大石橋的中央大學師範學院實驗小學進幼稚園，放學後常常有小朋友來我們家玩。何應欽部長的姪兒何紹雄，他和寬仁年歲相若，有時就玩得不肯回家。

新房子前面是花圃，四面有常綠的冬青圍著。花圃專由一位花匠管理，花匠還帶著他的一個兒子在協助。花圃正前方隔著一條水泥汽車路和一片草地，走下幾級臺階便是一處青草地的木球場，稍遠處是一處鋪黃沙的網球場，木球場右邊就是那些戶外兒童玩具，再向右邊是一座長長的平房。

這座平房可說是「年輕人的俱樂部」。中間一間大廳設有一套乒乓球桌和一些運動器材，前面一大段像是宿舍一般的一列幾間房間，是伯英、衍瑞和衍鑑等年輕人在住著。

陳伯英是一個來自家鄉遠房的子姪，很早就出來追隨宇飛。不過他不像其他兄弟出來是要昇學唸書，他只在家裡住著。後來變得有點像是管家一般。所謂「司長公館」裡的廚師、花匠、粗工等長工佣人都由他傳話支配工作。全家上下不知道是為什麼都稱呼他「陳老師」。其實他是個沒有主見的好好先生，一輩子都只會傳話而已，似乎沒有獨當一面的能力。

衍疇、衍瑞、衍通三人是親兄弟，就親屬關係來說已經很遠了，不過反正是家鄉出來的子姪輩嘛！宇飛是一概照顧。衍疇到日本東京帝國大學唸醫，衍瑞在國內某校也是唸醫學院，衍通唸什麼學校我忘記了。

宇飛大哥輔南有二個兒子是宇飛培養的。老大衍珊長年在香港讀英文書院，自己取名叫冠中。會開車（在那個時代！）、會跳舞、會做幾道菜，也喜歡動頭腦想主意，的確是有點才華。大家用客家話叫他「珊狗」！

衍鑑，大家叫他阿鑑是冠中的親弟弟，他從十二歲就離開家鄉出來跟隨七叔。來到南京時，個子矮小骨瘦如柴令人可憐，母親拿出一些寬仁的衣服給他穿，剛好合身。他成長得很快，讀書成績很好，考進勵志中學。初中畢業後又考進空軍幼年學校。抗日戰爭期間他從空軍軍官學校畢業，選派到美國去接受訓練、駕駛新式戰鬥機，不幸失事殉職。令人痛惜。

住在上海的這段時日，欣逢母親生日。我們預先訂座，去了北四川路上，豪華的新雅大酒店為她慶祝。那是上海市上第一家裝置空調冷氣的大飯店，顧客盈門，生意興隆。那時淳兒已會說話，我拿起桌上冰水給他喝了一口，他居然自言自語搖頭興嘆道：「唉，真好！」我問他什麼東西真好呀？他忽然東張西望的到處看了一會，說：「哪裡來的好涼快的大風？」惹得大家都笑了。

這是六十多年前的事了，在我腦海裡還有他二歲時活動的情景。唉！淳兒車禍棄世也已有十年了。

民國二十四年，農曆八月初，天氣仍然酷熱，我們離開上海搬進南京傅厚崗的新房子。

舌戰首都警察廳

想起一件事，覺得很好玩。記憶猶新，順便寫下。一方面也表示對衍鑑的懷念。民國二十五年，秋天。我們住在南京傅厚崗新房屋中。宇飛已經自軍械司司長卸職，任軍政部少將參事。

衍鑑在勵志中學初二或是初三就讀，學校放假在家。有一天晚上，衍鑑要帶寬仁去看電影，恰巧宇飛和我有一個應酬要外出。於是，他們兩小兄弟就搭我們車，汽車先送他們兩人到國民大戲院門口，我交代他們電影散場時，在原地等候，不要亂跑開，有車來接他們回家。

我們的應酬很快結束，便逕自回家，等到電影散場時間便讓司機老魏再專開一次車，去把他們兩兄弟接回來。

應該很快就能回來的，結果等了幾十分鐘。正覺得奇怪時，兩人回來了，司機老魏跟在後面顯得緊張兮兮的。衍鑑一臉是血，嘴巴是齒齦出血，鼻孔也流過血；兩個拳頭手背磨破了流過血，血漬都乾了。寬仁左臉頰有點紅腫，眼淚汪汪的。老魏跟在後面，一臉氣呼呼的樣子。我們都嚇一跳。

大家爭著問話，亂成一團。我要大家安靜，然後說：「阿鑑，你坐下。不要怕，不要急！慢慢說，究竟是發生什麼事？」衍鑑從頭說起，老魏接著再行補充。

原來兩小看電影時，坐在前面一排有四個人戴著帽子妨礙視線，甚至於是故意擋住他們看。那個時代，上層社會的男士時興戴有邊的厚氈禮帽。一般入室是應該脫下帽子的。同時戲院座椅的下面也有一個鐵絲做的帽架供觀眾可插帽子。衍鑑請他們脫帽。他們不但不理會，反而是在電影放映過程中故意左右搖來搖去的，很可能是年輕人氣盛故意欺侮小孩。黑暗中衍鑑也許怎樣，他自己沒說，反正雙方少不了囉囉嗦嗦，有一點小磨擦罷！

散場出來，在人群裡那四人圍過來，不由分說，動手就打他們兩小。寬仁挨了一下巴掌便躲開了。衍鑑雖然個子很瘦小，卻是一個從小在鄉下長大的孩子，平常個性就極好動，在家鄉就是以會打架出名的，進入勵志中學，這個學校又是個積極培養尚武精神的學校。當時他以一人抵抗四人，四個大人圍著他打。

後來我發現：從對方的臉上就看得出來啦！衍鑑出拳很重，憑他學過西洋拳擊的拳腳功夫，可想而知那四位都吃了大虧的。

老魏開車到戲院門口看見打架，就下車走過去要拉開雙方。不料四人中一人轉過來向他攻擊，把老魏推開打倒在地上。另外二人跑過去砸汽車，打破一盞車頭燈，踢彎了保險桿，車門上凹下幾處。現場來了一個警察，警察反而仗他們的勢責難老魏。抄錄老魏的駕駛執照，要電話號碼。衍鑑、老魏敘述打架經過還未說完，電話鈴響。電話是首都警察廳打來的，電話中說：「你們家有二位少爺在外面打壞了人家的東西，廳長要請二位少爺去問問話。」

宇飛非常生氣，警察廳廳長居然要管街頭小孩打架？立即打電話把汪先章叫來。

不一會，汪先章騎著他的三卡帶著王士杰，二人匆匆趕來。他二人一向是焦不離孟、孟不離焦的。我把所知道的講給他兩人聽。宇飛要汪先章先找側面關係打聽對方，這四人究竟是什麼人？「居然能叫警察廳長連夜打電話來要人？簡直荒唐！」

汪先章連續打了幾個電話便問清楚了。他說，對方是財政部稅務司的曹司長，父子四人去看電影，散場時被人打了。稅務司司長親自跑到警察廳找廳長，要廳長還他公道云云。

狀況弄清楚了，汪先章和王士杰二人都說，小孩不要去，他們兩人都認識警察廳長，讓他們兩人前去應付就可以了。我心裡在想：居然會有這樣狂妄自大的人，打了小孩子，跑到警察廳去告狀，還要廳長來要人？是什麼角色呀？我本來就是有點不服輸的性格，這下子可引起我的興趣來了。好罷！奉陪這位大爺玩玩罷！我站起來，問司機老魏：「車子能開嗎？」老魏說，車能開，只是一個頭燈被打破了。

我讓他準備開車去警察廳，轉過來又對衍鑑說：「阿鑑，走！不要怕。我帶你們二人去。不過，記得去了那裡不要開口說話！臉上手上的血跡不要洗掉。我們走！」

宇飛仍然覺得讓汪先章和王士杰二人去就可以了。汪先章也說：「這種小事我們去辦就好啦！不要勞動太太您啦！」我不理會他們，逕自牽了兩小上車。汪先章和王士杰二人連忙擠進前座，老魏開車直奔首都警察廳。

在車上，我心裡盤算，先要把警察廳長的威風殺掉。

車子直接進入警察廳，開到裡面。下車進門，是個大房間，中間一張長長的會議桌。下面主位上坐著警察廳長，他的右手邊客位上坐著一人穿著西裝。臉上像是有一點傷痕，血跡可能洗掉了。我裝著沒有看見。

我們這一群人，我走在前面。廳長看見我便立刻站起來欠身讓坐。他請我坐在他左手邊的位子。我一面就座，一面就正經八百的開始說話，我根本不理會他還有一些見面禮數尚未表演完畢。我說：

「廳長連夜審案，勤政不懈，難得！難得！幾個流氓馬路邊打架，這種小之又小的事，路上巡邏警察就可以處理啦！怎麼能鬧到廳裡來？驚動你廳長親自連夜查案。這種為民服務的精神，令人可佩，上級應給嘉獎。現在，應你廳長的電話要二個小犯人來問話，一個十五歲、一個七歲，二個小犯人我帶來了。打架對方是那幾個流氓？不妨找來當面對質說清楚。凡事起頭總有一個原因嘛！為什麼打架？廳長你不妨從這點問起。好不好？」

我一口氣詞嚴義正的說完了，廳長站著聽著聽著的有點手足無措，他無法打斷我說話。一直等到我說話告一段落，他微微一鞠躬陪著笑臉，伸手指向他右手邊的客人，說是要為我們介紹。

我說不必啦！廳長正要開口，我又打斷他的動作。我說：「廳長，我今天晚上不是來拜訪的，我不便、也毋須認識你廳長的貴客。我是應你電話，帶二個小犯人來投案的。夜深了，請廳長速審速決；沒事的話，小孩子要回去睡覺了！打架流氓來了沒有呢？」

我故意東張西望，一再問：「打架流氓來了嗎？」

廳長很尷尬，有氣無力的說：「不是馬路上的流氓，是……」

我不等他說完，又打斷他說話就說：「哦，不是流氓！那是什麼人當街打小孩？這麼沒有教養的！」

廳長伸手從桌上拿起一副破碎眼鏡，吞吞吐吐說：「這是府上少爺打壞的眼鏡，……。哦，這位是財政部稅務司曹司長。這眼鏡是曹司長的，……」

我這時才轉過身來對著那位客人，說：「哎呀呀！原來是您尊駕跟小孩子打架呀！失敬，失敬！曹司長，我原來以為是流氓打了小孩。剛才我左一聲流氓、右一聲流氓，真是不好意思，失禮，失禮！原來是你司長大官親自來告狀，所以廳長才連夜辦案！好，那麼，請教廳長，司長和小孩打架現在該怎麼辦呢？」我又回過頭來問廳長。

廳長慢吞吞的說：「打破了一副眼鏡嘛，就……賠償一副眼鏡……」

我立刻就接著問：「打破眼鏡當然應該賠！算錢嗎？多少錢？」

廳長手上玩弄著破眼鏡，還是慢吞吞的說：「就賠償一副眼鏡啦！不要算錢……」

我立刻接著說：「賠償一副眼鏡！好！我們照賠！現在晚了，明天一早我派人過來拿眼鏡，上街去配。保證配得一模一樣。南京配不到，我會派人去上海配。這樣可以嗎？」

廳長終於現出一點笑容，說：「好，好，好極了，眼鏡就放在我這……」

我又打斷他說話，一方面把兩小拉到身邊，對廳長說：「對方的賠償問題解決了，一副眼鏡而已。現在請廳長看看，我這邊還有一點問題。」我把衍鑑推在前面，說：「廳長請你看看，這小孩子臉上鼻血、牙血，血跡都還在。四個大人打一個十五歲小孩打成這樣！你看這個。」

我又把寬仁拉到前面，把他臉頰轉向廳長。「這個才七歲，這個臉明天會腫得更大啊！」

廳長無話可說，臉上笑容也沒有了。我接著又說：「廳長你說，人重要還是東西重要？打壞的眼鏡，我負責賠他一副一模一樣的。兩個小孩的臉被打成這樣，那麼我也要把對方的臉打成這樣才公平啊！我沒有牛力氣打人，我也不願打痛自己的手，我可以脫高跟鞋下來用鞋跟打啊！我現在先向你廳長報備，不要事後又有什麼話說！」

廳長不斷欠身鞠躬，口中含含糊糊不知說什麼。我站起來準備告辭，又說：「明天去配眼鏡，請廳長派一個人一同去。配好回來，我親自把眼鏡交到你廳長手裡。等我打過對方，廳長才能把眼鏡交付對方啊！這樣才公平！」我牽了兩小，招呼汪先章和王士杰，「走，我們回家！」

汪先章和王士杰二人一直就站在旁邊看著，聽著。他們二人其實就與那位廳長很熟。這時那廳長又想與他二人打招呼，又要裝著不認識。一副尷尬無已的神情。

廳長必恭必敬的陪我走到門口車邊上，我順便就請他看汽車。我說：「廳長那麼客氣，還要送我出來。你既然來到這裡，那麼就請你順便看看我這車。車子不會打架、不會罵人，為什麼要把車燈打破，你看這裡，……，還有這裡……。還有司機老魏也被他們打了……」廳長不斷的搖頭。我故意大聲說：「我剛才根本沒有提及汽車被打壞的事啊！我以為打架是小事情，好意思要人家賠汽車燈嗎？堂堂一個司長率同三個兒子當街打小孩，還要拿一副破眼鏡到警察廳來耍賴，真是天下少見！」

說完，我跨上車走了。回到家，汪先章和王士杰二人向母親和宇飛等敘述經過，同時放聲大笑。王士杰說：「太太，妳左一句流氓、右一句流氓，那個姓曹的坐在那裡，臉上一陣紅一陣青，看他咬緊牙關又不敢發作，一句話都插不進。罵得真是痛快！我幾乎要鼓掌叫好！」

第二天，十點鐘左右，汪先章從警察廳回來，一進門就嚷叫著：「太太全面勝利啦！」他說，上班後他就去警察廳找廳長要拿眼鏡，其實他們是老早就認識的。汪先章說：「廳長送走我們以後回進去還未說話，那個曹司長就先說，真的是個小孩。他就不必跟小孩子計較啦！廳長說既然他自己找路下臺，就順著他說話。最後，曹司長向廳長說，眼鏡不必賠了；二個小孩子受傷，他願負擔醫藥費；打砸汽車的確是他一個兒子幹的，他願意賠償車燈、負擔修理費。」

廳長又特別要汪先章向我致意，並且說，對方已經認錯，已經表示抱歉、願意賠償。請我賞臉，到此為止不要再追究了。

哈、哈，廳長真以為我會提著高跟鞋去追趕打人，要公平公道呢！

事情到此，有這樣的結局，還待什麼？我讓汪先章再跑一次，去到警察廳對廳長說，事情到此結束，對方的賠償一切全都免了，醫藥費也不要他負擔啦！

後來證實，衍鑑很驍勇，的確讓他們四個都嘗飽了拳頭，司長的眼鏡是在臉上被打爛的，三個兒子都因受傷未隨父親去警察廳。如果四張破臉都去了，結局也許不同。

短小精悍的衍鑑自勵志中學初中畢業就考進空軍幼年學校，又進入空軍軍官學校。民國三十二年間，選派去美國接受訓練、學習飛行野貓型戰鬥機，不幸在亞利桑那州某基地失事殉職。消息傳來，大家傷感無已。宇飛更是一連幾天情緒惡劣，子姪輩中任何一個有一點不順他心，立刻就罵：「該死的不死！」

長女寬平出世

民國二十五年，農曆二月二十八日下午二點多鐘，在南京傅厚崗寓所，長女寬平誕生。

我在產前一切正常，生產過程也很順利，只是產後第三天突然發冷，然後發高燒，體溫高達四十度再多一點點。特地讓老魏開汽車去把余光中醫師接請到家裡來診斷。

幾天後體溫恢復正常，仍然感到非常睏乏疲倦，完全沒有食慾，肚餓時只想吃一點白稀飯而已。按老規矩坐月子的產婦是要大補特補的，可是我只對白粥有緣。頭胎生寬仁時，第二天口腔中長出許多小白點點，小白點會變紅變大，沒幾天連舌頭上都是，滿口顆顆粒粒的，喝白開水也會痛。根本無法吃什麼補品，每天只有忍痛的勉強喝米湯和蘿蔔湯進補。

生老二寬淳時，已搬來南京住在四牌樓，產前一切正常，產後第三天突然發高燒，整個人昏昏迷迷，全身疼痛不堪，什麼都不能吃，也是只喝白開水，後來能喝一點極稀的白粥。那時正好宇飛的母親來在南京，她看見我喝的清水無米粥，傷感到淚眼婆娑，結結巴巴的說，興寧老家整個家裡的花費都是宇飛匯款回去接濟的。他那幾個嫂子都很會享受，生產前幾個月就買了幾十斤上好糯米自己釀成米酒，一罈一罈的留著等坐月子時用；等到生產之後，每一天就要吃一隻雞。而我坐月子卻在喝白粥，害得她老人家在一旁搖頭拭淚。

寬平出生時，我又是老毛病發作，第二年生寬泠時也是這樣，第三天發高燒。據醫生的解釋：第一次是因為感冒，然後變成一種習慣性的症狀云云。拉雜瑣事，信筆帶過，言歸正傳。

月子裡不到二個星期，突然接到來自北平的一封電報，是承權北京大學同學發來的，電報上說：承權因患腸炎，住入醫院，需要開刀。

我好像中了魔，看著電報突然好像老僧入定一般，什麼知覺都沒有了。一會又如夢中驚醒一般清醒了。只見母親坐在床邊，微微發抖。我立刻鎮定下來，安慰她要她鎮靜。建議她親自去北平看看。母親回過神來，決定立刻就要走。

北平傳來惡耗

我盡力勸阻母親不要獨自去北平，同時立刻叫撥接長途電話，電話打到上海法租界興業里，把這消息告訴父親。父親在電話裡回答說，當天夜快車就趕來南京，兩老一起到北平去。那時京滬鐵路上有一班夜間對開的特別快車，加掛了臥舖車廂，頭等是一人一間或是二人一間，然後是四人一間；子夜時分開車，上車就睡覺，黎明到達終點，正好一覺睡醒。

於是第二天早晨，先派車去下關車站迎接父親回來。休息一陣，攤開鴉片煙具，讓他抽足大煙之後，商討決定趕搭當天夜間的津浦線特別快車北上。那一班車也掛有臥舖車和餐車，而且餐車備有中西餐飲很方便，應該是最適當的了。宇飛立刻決定著汪先章去安排一切事宜，並派汪先章護送兩老前去北平，沿途妥善照料。

忙忙亂亂中諸多事情分頭依序進行，他們三人去了北平。

汪先章從北平打來電話說，到了北平他先送兩老住入大飯店，他設法安排先讓老太爺過足了鴉片煙癮，然後才去協和醫院。到醫院後發現承權的病情相當嚴重，並不是單純的腸炎。原來承權患病後自己強忍了一段時間，送醫已經遲了一點，腸炎已併發了腹膜炎。入院當時情形相當危險，經過開刀以後，復原狀況很好。只是老太太堅持要親自照顧病人，要在病房中留宿，不願去住飯店。老太爺不僅是二頭跑來跑去的不方便，還有一個麻煩的問題是要抽大煙。

汪先章跟隨著父親跑了兩天，想出一個主意。他看見承權病房對面有一間病房空著。於是，他去找護理長商量。先以不公開的方式塞給她一個信封包，然後再公開的說老太爺要戒煙，請她設法讓老太爺住進對面病房。

當然以戒煙名義住進來的病人，每天就得接受醫生的診治。要不要戒煙在乎自己，最難的是在病房裡偷偷抽鴉片，那可是絕對不能讓人家發現的。汪先章用盡了本領說服護理長幫忙，並且一口承諾所有眼開眼閉的醫生和護士，事後都有一份禮物致謝。

就這樣，父親也名正言順的住進了協和醫院戒煙。

又過了幾天，荷生也去了北平探看弟弟。她打電話回來說，病情已經穩定漸漸恢復健康，以前一直平躺現在已可把病床搖高坐起來，仍然只能吃流質東西，母親燉雞湯給他吃等等。

然後，突然有一天深夜，承權從病床上跳起來大嚷大叫：「牽馬過來！牽馬……牽馬過來！」醫生護士抓不住他，無法制止，同時他的開刀傷口崩裂，鮮血透過紗布噴流出來，病房中醫生護士一陣忙亂把他制伏。而他不斷叫著，馬來，馬來的聲音愈來愈微弱，愈遙遠。

最後醫生護士把他重新安置在病床上時，他也就永久的安靜了。他的馬來到，他跨上馬，騎著他的馬走了。

小黑狗悲號

那是閏五月初三的夜晚，在北平發生的事。奇怪的是：南京傅厚崗家裡養著好幾隻狗，其中一隻小黑狗嚎叫終夜。那是一隻毫不出色的普通小黑狗，原來是蘇州別人家的。承權每天放學回家，牠就從半途跟他回來。後來那狗主人就把那狗送給承權。承權就叫牠是「小黑」，把牠帶來南京。平日就在狗群裡生活，並沒有特別照顧。承權休假回來，偶而逗牠玩玩而已。

我們接聽到電話不幸消息以前，小黑表現異樣的暴躁嗚咽不停，終夜哀號，人人覺得訝異，知道不幸消息以後更覺得不可理解。

兩老和荷生三人傷心欲絕。父親往日那種安排眾人辦事、指揮若定的智慧盡失，所有事情全由汪先章去辦。

承權遺體就在醫院太平間直接入棺，然後必須另找一個可以暫時厝放棺柩的地方。

「馬王廟」的巧合

汪先章在北平是人生路不熟。出了醫院門，正不知道該怎麼辦，心想信步走走再動腦筋罷。走著走著只見前面一座廟宇，心想廟宇正好，走近廟前只見廟門上的匾額大書「馬王廟」三個大字。汪先章後來說，當時他心中就有了二分驚訝。那時辦事要緊，於是他進入廟裡找到當家和尚談妥了寄厝靈柩的手續，出來又去雇了人伕、車輛把棺木送進馬王廟暫厝。然後再把兩老和荷生三人安排到飯店旅館住下休息。

第二天，他請示兩老，靈柩何時起運？運到哪裡去，南京還是上海？父親回答他說：「運去南京傅厚崗，再行擇地安葬。」

母親斥責他，說：「胡說八道，南京傅厚崗是陳家，你的兒子憑什麼送到陳家去？你自己住在上海，當然是運去上海。到了上海再擇地安葬嘛！」

父親堅持運回南京再說，汪先章只好照辦。

一行四人哀傷不已，肅穆無語的回到南京。汪先章來到公館把整個過程向我報告，巨細事務他如何處理都交代得清清楚楚。

幾天之後，接到津浦鐵路局運輸通知單，通知有一口棺木運到下關車站應立刻去提領。我把運輸通知單交給汪先章，要他去提領並且找地方厝放，絕對不可以搬到傅厚崗陳家來。汪先章應命而去。

下面這一段是回憶當年汪先章處理厝棺以後回來所說的話。

汪先章說，他奉命辦事，騎了他的三卡離開公館以後直奔下關。一路在想：應該把棺材送到哪裡去厝放呢？南京城外下關車站附近有什麼和尚廟或是道觀呀？怪就怪在平常從來就沒有注意到那裡居然有一座廟。走到廟門口一看，又是一座「馬王廟」！他當時嚇一跳，在北平看到「馬王廟」時有二分驚訝，這時在南京又看到「馬王廟」時就有七分驚訝了。

我當時聽了曾問他為什麼是二分又來一個七分？汪先章說，承權在病房裡叫，馬來，馬來，那是一分詫異，北平的馬王廟是二分，通通加起來就是十分了。

從來就沒有聽說過有什麼「馬王廟」，汪先章居然在北平和南京二地都會闖入「馬王廟」去厝棺，天下會有這麼巧合的事嗎？真所謂是神差鬼使罷！

王裕昌來訪說怪夢

怪事還有呢！

前文提過一件有關「協和製藥廠」的事。其中主要人物王裕昌不告而別，就此沒有下落了。不過他本人是留學日本回來的，又有能動手製作西藥針劑的本領，在上海當然很快就找到工作，只是不再跟我們來往罷了！

父親回到上海。忽然有一天，王裕昌來訪。王裕昌見了父親就問起承權，聽完不幸消息後他非常難過。然後，他問父親道：「錢爺爺，你知道我今天為什麼會來嗎？」

父親被他問得有如丈二金剛一般摸不著頭，愣愣的看著他，然後聽他說了一大段經歷，也是聽得有如丈二金剛一般摸不著頭，更加莫名其妙。

王裕昌說，前幾天，他晚上睡覺至半夜起來夢遊，他從來沒有患過這種毛病。他說，先是聽見遠處有大隊跑馬的聲音，於是夢中從床上爬起來走出陽臺去看馬隊，只見左手邊有三人三騎成品字形從前面小跑過去，前面領頭的騎著一匹白馬分明就是多年未見的錢承權嘛！王裕昌說他就大聲叫：錢承權。錢承權好像抬起頭來，可是又好像不認識王裕昌似的，帶領著其他幾匹騎乘逕直向中山門外騎去。王裕昌著急了又大聲叫喊，叫喊聲音卻把王裕昌的室友吵醒了。室友發現王裕昌夢遊起來在二樓陽臺上大喊大叫，嚇一大跳，衝出去三把兩把將王裕昌拖回房間裡，連搖帶打的把王裕昌弄醒。王裕昌口中還喃喃自語的說，那是南京的中山門嘛！

室友聽他說完夢遊所見，原來是喊叫一個多年未見的朋友。就對他說：「恐怕你的這個姓錢的朋友出了事了！你到他家去看看罷！」

父親聽完王裕昌敘述夢遊所見之後，立刻搭火車來到南京，當著大夥把事情說了一遍，大家聽了無不嘖嘖稱奇。父親問道：「中山門外是什麼地方？」汪先章回答說：「中山門外多的是墳墓。有中山陵、明孝陵，譚延闓墓、國民革命軍陣亡將士紀念碑、靈谷寺、……」王世杰打斷他的話說：「聽說最近有一家私人的公司，在那裡附近規劃經營一處永安公墓。」

於是翻出前幾天的舊報紙來，大家分別找尋有關「永安公墓」的消息。果然找到一段報上廣告：有一家公司在中山門外整個一座小山上，規劃新式的花園公墓。

於是，老魏開車，「勞萊哈臺」汪王二人陪著父親出中山門去看墓地。回來後，父親興致很好，說個不停。

第二天，父母親、我和荷生再去永安公墓，要決定墓地了。永安公墓果然是有規劃的花園公墓，沿著一片山坡地，棋盤格子一般開闢了許多小路，沿路種植了四時花卉，墓地都是方方正正的一塊，入葬的並不很多。父親不要那些已經規劃好了的，他走到一處較高地方伸手一指，說：「那個小山坡，你們看見了嗎？路是還沒有開到那裡，昨天接待我們的先生說那裡至少可以開十個墓穴供一家人用，一家人用的話，就可以照自己意思規劃啦！我決定要買下那整個山坡。」母親問：「為什麼要買那麼大的一片墓地？」父親說：「開闢作為我們錢家的祖山用！」他一面交代汪先章去辦理手續。

汪先章早就料想到老太爺要幹什麼，一早就先找帳房借了一筆錢帶在身上，先在公墓等候我們去。交付定金是很簡單的過程，花了很長時間的是父親親自向墓地工作人員說明如何施工等等。

回家後，母親翻黃曆選定了日子，大約是六七日之後罷。第二天，父親親自寫好墓碑的碑文，交付給汪先章去做石碑，又叮囑他好好的去監工，就回上海去了。等到承權下葬的頭一天，才帶同惠生弟再來南京，參加葬禮。

下葬的那一天，氣氛肅穆。除了我們自己家人，來參加葬禮的賓客不過十數人罷，其中有二位是承權的同學。他們居然帶來一篇祭文在墓地上唱讀，更使得人人感傷不已。

父親帶惠生弟回上海去了。母親可是每日以淚洗臉悲不自勝，喃喃自語把承權從小到大、種種乖巧、種種孝行，唸個不停，唸完又哭。真正是哭得她自己清瘦了一半，哭得我和荷生二人手足無措。

這一切都發生在我坐月子的期間，當時我真是身心皆疲。日子略為平靜時卻發現在襁褓中的寬平吃不飽吵鬧，原來我自己的乳汁減少了。於是，選用一種奶粉沖泡牛奶餵給嬰兒吃。不料，平女又不能適應牛奶，每次吃完不久，就從口鼻直噴出來，弄得滿頭滿身，麻煩透了。

第九篇 不發一槍的勝利（民國二十五年）

國民政府特派員

民國二十五年（一九三六）。

宇飛的公務突然繁忙起來，三天兩頭的軍政部裡找他去開會，開會有時到半夜才回來。我問他，調任為參事，這不是個閒差嗎？忙些什麼嘛？他每次都是笑而不答，看我連問幾次，他說有關國家軍事機密，要再等幾天才能說明。

直到三月中某日，宇飛回來悄悄的對我說，準備一下，要到香港去渡假，全家都去。

我定下神肯定是聽清楚了，我說，奇怪呀，從來沒有聽說過辦公不辦，反而帶全家去渡假的。宇飛只說，他奉令以國民政府特派員的身分到香港去執行一項任務，帶全家去渡假是一種工作上的掩護。至於工作是什麼？事涉軍事機密，那時他沒說，我也不便追問。

事後當然一切都明朗了。

原來那時李宗仁、白崇禧和黃紹竑三位在廣西省開始表態，不願意服從南京國民政府的號令。綽號「華南王」的廣東省省長陳濟棠乘機響應，高倡兩廣獨立。甚至於積極組成一支號稱三十萬人的「抗日救國聯軍」。陳濟棠自任總司令，李宗仁為副總司令，要進攻湖南。

可是兩廣仍有許多有實力的軍政人士是擁護中央的，國民政府只是在南京有點鞭長莫及的情勢。

宇飛是廣東人，在兩廣的軍政界中有不少有交情的老朋友，尤其是粵軍中的一些有實力的將領。於是，國民政府給予他這個任務要他去策反兩廣的獨立計畫。

對我們來說，正好讓母親改變一下生活環境，應該有助於恢復她的悲傷心情。於是我告訴她要去香港渡假。

每天宇飛忙他的公事。

端午節前我們全家先來到上海。我央請張瑞棠太太替寬平找一個奶媽。張太太還正在物色適當奶媽人選時，我自己卻病倒了。我和母親住在上海永安公司附設的大東大酒店，張太太帶來入選的奶媽，是一個蘇州人，便讓寬平給她試餵。她們相處一天很順利，奶媽的奶水充沛，為人也很和藹。決定雇用她照顧寬平。

宇飛有軍令在身不能等我病癒，率領二個隨員，逕行搭船先去香港。

父親住在法租界霞飛路上的興業里，荷生有一間房間。於是，我把奶媽、寬平、冬青，那時還有一個阿菊，留在上海，通通塞進荷生的房間裡打地舖。讓荷生照顧她們。

神秘的香港渡假

我已病癒，就帶著母親、仁淳二兒，蔡慶山和幾大件行李搭乘美國郵船公司的皇后號去香港。

到達香港，冠中來接，安排我們住進九龍尖沙咀的半島大酒店。他說，七叔（冠中稱宇飛為七叔）已在這裡開了房間，也替姐婆（客家人稱外婆為姐婆）訂好一間，七叔本人則因有公事，當天早晨乘火車到廣州去了。

半島大酒店是香港第一流的高貴場所，到處鋪著厚厚的地毯，沙發椅套全是絲絨的，桌上是絲絨桌布上面再鋪一層勾紗再用玻璃板壓著。

我們平日習慣隨時喝茶。想到要喝茶便按鈴找來穿著一身筆挺白色制服的服務生，請他送茶。服務生去不久便回來了，推著一個精緻小車，小車上一個閃閃發亮的大銀盤子，銀盤上堆滿了高級精美瓷器，茶壺、茶杯、茶盤、方糖罐、奶壺等等。母親泡開了茶，才喝兩口站起來走開一下，回頭過來茶車已被穿著一身筆挺白色制服的服務生推走了。而且每次都只有英國口味的紅茶。

母親長期抽水煙袋，咕嚕咕嚕抽過幾口煙之後要把煙渣去掉，一般是把水煙袋盛煙絲的銅芯抽出來，倒過來把煙渣吹掉。母親的習慣是對準了痰盂吹，半島酒店裡是沒有痰盂的。所以母親每次抽煙就跑到浴室裡去抽，把煙渣吹進抽水馬桶裡。

總之，我們在半島酒店住得很不舒暢。宇飛自廣州回來後也發現了這點。既是諸多不便嘛，就遷移到隔壁街上的九龍酒店。當時是說搬就搬。

住進九龍酒店後，才發現抽煙和喝茶與半島酒店一般的不方便。

冠中建議不如出去找一處合適的房子，租下來，自己安排生活，每日起居飲食可以方便一點。我們都同意他的想法，就讓他出去找適當的房子。

香港沿著街道的房屋，一般就像是許多長方形的鞋盒子堆疊在一起，騎樓下面沿著道路做商店用，兩家商店之間有一座階梯直通二三四樓，每樓一家。屋頂上的大平臺是可以相通的。

房子看得很順利，冠中先選擇幾處，我再陪著母親一同去看。很快就決定了。那是大埔道上剛好走完一段商業繁忙的地方，是建成不多久的新房屋，三樓還空著，是沒有間隔的一大間，後面廚房廁浴等設備都已齊全。於是，我就決定租下。同時又去購置一些必要的傢俱。主要是利用屏風隔開空間，我和母親各用一張大床分佔大廳兩頭，中間安置餐桌椅子等，另外在前面騎樓一角安置一張小型單人床供蔡慶山睡覺。

宇飛的任務是沒有規則的，經常要去廣州，回到香港來也是每天匆匆忙忙的與不同的人約會見面。冠中在家鄉的名字是衍珊，小名珊狗，是宇飛大哥輔南的長子。由宇飛資助，多年來在香港求學讀英文，在香港獨自生活。他性格靈活相當活躍，會開車、會跳舞，讀書的成績則不是很顯赫。我們來到香港，他當然是義不容辭的要來照顧，另一方面他實在是閒著無事，我們來了他反而是有事可做。所以，每天都是興致高昂的跑來跑去。

我們的生活大概是這樣：我們向一家車行長期租一輛英國奧斯汀小汽車，每天早晨冠中從他住處逕到車行把車子開過來，然後帶著蔡慶山一同去買菜買早餐。買菜回來大家圍坐餐桌吃早餐，一方面就討論當天的活動，吃什麼，去哪裡玩。

冠中對烹飪很有一套，想菜、配菜、買菜、下廚做菜都是興趣盎然。母親對這一套更是深入。所以每天早餐時所討論的幾乎都是要買什麼菜，要吃什麼菜。好在是香港的菜市場幾乎可說是想到要吃的東西隨時都可以買得到。

蔡慶山和一個名叫韓傳玉的，二人都是安徽省合肥縣人，為人忠實可靠，原來是金陵軍械庫中的庫兵。宇飛在軍械司任司長時就把他們調為隨從勤務。宇飛交卸軍械司司長職時，他們二人表示願意繼續追隨宇飛。從此這二人可說是跟隨了宇飛一輩子。二人之中蔡慶山較為憨厚，留在公館中打雜的時間較多，於是跟寬仁、寬淳二兄弟玩在一起。寬淳稱他是老師傅要跟他練功夫。後來變成大家，包括住在上海友華村時的左右鄰居，都叫他是老師傅。

蔡慶山當兵出身，原來是根本不懂烹飪的，來到香港遇到冠中每天帶他從買菜開始，一直到飯菜上桌，真是耳提面命的一點一點講授。結果，幾年後在友華村有一段時間便由蔡慶山主廚，為全家買菜做飯。偶然他也能表演幾道大菜。這是後話。

學習開車

我們在香港實在是無所事事，每天我和母親出去閒逛，廣東話所謂是行街。我們踏遍了大埔道附近的街道。有時我和母親帶二個孩子就由冠中開車，連人帶車開到過海渡輪上，一車子從九龍開到香港。在香港吃喝玩樂一天才回來。

有一天，冠中說起要教我開車。說去就去。我們發現大埔道後面不遠幾條街道就很偏僻，來往車輛極少。我就利用那個地方作為教練場所，學駕車。每天實際在馬路上駕駛，所以進步很快，在路上不會蛇行了。學了幾天，冠中說，走，開往遠處去，不要老在這裡轉圈圈罷！

那時夏季來臨，天氣漸漸變熱。大埔道後面接著的青山道是一條環山傍海的一條道路，沿著海岸有一大片沙灘。

沙灘和道路之間有許多全部用竹子搭建的臨時建築，建成海邊俱樂部或是游泳會等等，發售門票，正式營業。

大多數的建築，是從路邊的海岸上就使用木板鋪平，供客人步行方便。整座建築以巨竹做成框架安置在沙灘上，上面用木板鋪平，再使用竹子搭建，有設計別緻的進口大門，竹壁上也有利用竹子編織的圖案。大多數的建築都是與海岸平行建造一條長走廊，站在走廊上隔著竹欄杆下面就是海水或是沙灘。走廊靠馬路這邊就隔成一間一間，房間有大有小，就如一般餐廳一般，只是整座建築在腰身以上是透空的，視線沒有阻礙可以到處看穿。

青山海水浴

這些游泳會提供場地、設施供遊客游水玩沙，也在附近備有廚房可以隨時供應一些飲食，炒河粉、炒麵、炒飯等。也有幾家更以當地盛產的海產蛤蜊、鮮貝等為號召，大做宣傳。最多的是本地人稱之為蜆的一種海貝。

炒一盤新鮮海蜆非常便宜，大家吃得很高興。

海水有漲有落，每天隨著月圓月虧的節奏變化。海水有時很高，一直淹到竹篷走廊口的階級處；有時海水退得遠遠的，好幾級階下去全是一片沙灘，走不少步子才到水裡。

海面上遠遠浮著一條黃色的繩索，警告游泳客人，那邊是深水危險區。

我們租下一處竹篷，有自用的更衣室，有一處向海的大廳。我們常常都是大家都換上游泳衣下水去玩，留下母親在竹篷裡看守衣物。隔鄰幾處竹篷也大概是這樣，留著一個老太太看東西。結果是幾位老太太聚在一起聊天。

大家都是這樣：泡海水、玩沙，海水裡或沙堆裡玩厭了就爬上竹篷裡休息，吃東西。要點餐食隨時都有。

我們大概都是在家吃過早餐後就準備去青山，冠中不一定會一起去。到了青山海灘選一處竹篷，買門票進場，換過衣服不久就叫服務生過來，要飯、要麵、要河粉各自點餐。四面海風習習大家吃得很舒服。下午，大概玩到四五點鐘才回家。完全躲開了城市房屋中的炎熱。

有時宇飛回來香港，上午在家有做不完的事，於是下午三四點才去青山。吃了晚飯後，趁著高潮游夜泳，情調也很不錯。

有一次，宇飛邀了幾位朋友與我們一同去玩。

大家去海水裡泡一陣，上岸來就吃炒蜆，吃完又下去游泳。其中有一位粵軍中的將領，也是這樣跟大家一樣吃吃玩玩。我們全家人與他們不同一桌。母親是從來不下水的，她喜歡跟著人家看熱鬧。她發現那位先生吃吃玩玩的形態，便招手叫宇飛過來，對宇飛說：「那位白白胖胖的是誰？你去跟他說，叫他不能再吃啦！」宇飛以為母親跟他開玩笑，覺得好奇。回答說：「他跟別人差不多呀！吃了三盤罷！」

母親說，她看別人都沒有關係。只是這位先生是不能再吃了！否則，……

宇飛便對那白白胖胖的朋友，用客家話說：「阿廖啊，姐婆話你唔好再食啦！」姐婆就是外婆。

「無問題的啦！」白白胖胖舉手向我母親打招呼。母親搖搖頭。不再理會他們。

整個沙灘上所有的營業場所或是來游玩的客人，似乎都有一個公約，沒有人會亂丟垃圾。偶然會有警察前來巡視，無論是竹篷裡、沙灘上、甚至於水面上發現了不該有的東西，他們都會一直追查到亂丟東西的人，無論是廚師、送菜服務生、或是游客一律開發一張罰款單子，罰款相當重。警察執行公權力的態度相當堅決，令人印象深刻。

那天卻是我們破壞了環境的清潔。

離我們準備回家還有一點時間罷！突然一陣人聲鼎沸，好幾個服務生互相大叫，一面跑來跑去。我正在竹篷裡坐著與母親說話。一見眾人起鬨，便站起來要找宇飛，卻見宇飛在老遠人堆中指手劃腳。很快，一輛救護車來到門口大路上，顯然是有人出事了。只見人群移到門口，救護車開走，人群散開。一會，宇飛一臉狐疑的回來，一直走到母親面前，詢問我母親，怎麼會知道那阿廖會出事。母親說：「看他那種吃法，我就知道會出事！現在怎麼樣？」宇飛回答：「就是他。廖鳴歐。倒在階梯上，上吐下瀉，弄得一塌糊塗，簡直不成樣子。跟他一起來的二個朋友送他到醫院去了。」

我就此記得這個名字，廖鳴歐。客家人。那時好像是粵軍中的一個師長。香港渡假、青山避暑的生活，每天玩樂表面上看起來很是遐意；可是我內心正如十五個水桶七上八下般的，只是強自鎮靜。

宇飛經常去廣州辦事，他的工作直接了當的說法，是去勸人家不要造反。這種事情相當複雜，可大可小。人家可以不理會，可以認真看待。認真的話，一是聽，一是不聽。如是不聽，小者拘捕扣留，大者暗地裡就被人做掉了。

莫名其妙把命送掉的，在當年軍閥時代，這種事例多的是。國民政府統一以後，許多原來各霸一個地區的軍閥搖身一變，變成地方行政最高主管，他個人的氣焰固然收斂很多，但是犯了他的毛病的，那仍然是說變就變的。

兩廣獨立「機不可失」

廣州方面究竟是以什麼態度對待宇飛的呢？我只好整天胡思亂想。

終於，有一天早晨把報紙打開，頭版大字標題。兩廣李宗仁、白崇禧和廣東陳濟棠通電服從南京中央政府的領導等等。

國民政府不費一槍一彈，沒有出兵，兩廣放棄獨立。

整個過程，除了正史之外，流傳的野史中有不同說法。其中一段故事不妨記下：熱中兩廣獨立聯省自治的廣東省省長陳濟棠，非常相信扶乩卜卦之類。正好陳濟棠的一位兄長會在沙盤上扶乩求仙。陳濟棠便把這件大事，請他兄長作法告求仙人指點，他兄長推演扶乩在沙盤上留下四個字，辨識之下乃是「機不可失」，陳濟棠大喜，以為大事定矣。不料過了幾天，廣東航空學校的教官帶同學生，把所有的幾十架飛機全部飛往南京，投效中央政府去了。陳濟棠接到報告，才恍然大悟「機不可失」的啟示。此機非那機！放棄兩廣獨立的主張。

事實是廣東航空學校的機隊在七月某日起飛，飛到南昌機場落地，休息，加油，發表投效國民政府服從中央領導的通電。第二天繼續飛到南京，在南京城內明故宮機場降落，受到極熱烈的歡迎。

李白黃三人接受國民政府另外派遣的工作，「華南王」陳濟棠棄職逃亡到香港作寓公。後來來到臺灣辦學校。死後葬在新北投，有一座極為堂皇的墓園。

宇飛的秘密任務大功告成，輕輕鬆鬆的從廣州回到香港。真正的享受了幾天休假，南京來了電報要他趕快回去。

我們在香港大概待了不到半年，又再搭乘美國郵船回到上海。略事休息，便帶領了寬平、奶媽、冬青、阿菊等返回南京傅厚崗寓所。

宇飛奉頒一座雲麾勛章。雲麾勛章是政府為獎勵戰事功績而設立的。許多朋友都覺得奇怪，說陳宇飛沒有領軍打仗，怎麼會有一座雲麾勛章呢？這座勛章所表揚的故事是正史中沒有記錄的，可能也是沒有人知道的，實際上卻是我國近代史中的一個關鍵事件。

國際恥笑的藏本事件

進入民國二十五年，日本軍閥對我國的態度愈加惡劣，各地駐軍不斷挑釁。日本人一慣使用的手法，是藉口有軍人失蹤，派出軍隊要越境搜尋，越境搜尋便隨意開槍製造事端。弄出有名堂記入歷史的，例如：「五三」在濟南、「一二八」在閘北、「七七」蘆溝橋、「八一三」在上海等莫不如是。其中也有一些沒有弄出名堂的。有一件事就發生在南京。

我不記得確實的日期，大概是二十五年罷。「藏本」這個名字我也不太敢肯定。但是，這件事是真實的。我沒有讀過幾本有關歷史的書，我相信公開的歷史書中大概不會記載；但是，我相信在這世界上許多尚未公開的檔案中，一定有關於這件事的記錄。例如：歐美各國駐南京大使館的日記。因為，這又是一件日本方面所製造的極嚴重外交事件。

日本方面宣稱：派駐南京的一位副領事，名叫藏本，失蹤了，一定是被我國綁架，要求若干小時放人。否則如何如何。日本人開出極嚴苛的條件。內容我不記得了。

國民政府中真是雞飛狗跳，幾乎出動全部治安人員、憲兵、警察，搜遍南京城裡城外，找尋這個失蹤的副領事。一方面與日本人談判，寬延時限。首都警察廳廳長急得去中山陵哭祭孫中山先生，祈求國父在天之靈協助。

也許真是國父在天之靈協助。中山門外某村有老百姓向警察報告，說是有一個不會說中國話的人躲在山裡，沒有東西吃，拿一顆黃金鈕扣來跟他換大餅。

警察廳不動聲色，派出便衣隊躲在那村外。不知道等了多久，那副領事果然出現，立刻就抓起來。

據說：日本駐南京機構準備製造失蹤事件是用抽籤方式決定人選，藏本不幸抽中。上級對他勖勉有加，鼓勵他要效法武士道精神去山中自殺。不料這位副領事不捨得死，沒有自殺。在山中躲了幾天受不了飢餓，跑下山來找村人用K金袖扣交換食物。

這是當年的大事。國民政府在日本人大肆咆哮之際，在南京向各國使節代表公開的把這位副領事交回給日本代表。

日本方面立刻宣稱那位副領事患有精神病，常常會無故漫遊。隨即把他送上船押回國去。傳說，他在船上就被處決了。

軍政部特務團團長

民國二十五年底，軍政部因應需要成立一支直屬部隊，編成一個特務團，團長是少將編階。

宇飛奉令擔任團長。以前的職位是參事，是個輕鬆的差事。擔任團長便有部隊要照顧，尤其是新編成的部隊，全部是德國式裝備。不但每天要去上班，甚至於有時晚上也要留宿在部隊裡，他恢復了典型的帶兵官的生活。

傅厚崗的生活很有規則，很平靜。全家的事幾乎都由陳伯英在管，大家叫他陳老師。

初冬，我又懷孕了。這次產前我很健康，估計預產期是明年的五月中罷。

荷生得怪病　寬泠出生

民國二十六年，元旦假期悄悄過去，農曆新正仍然是最熱鬧的節日。

荷生在上海入學，唸的是上海美術專門學校，從民國二十二年唸到二十四年，唸了三年。她的專長是國畫。她畢業後，校長劉海粟先生特別推荐她追隨國畫大師王一庭繼續學習，專攻古裝仕女人像。晚上跟父親住在霞飛路的興業里。她有幾個很要好的同學，李宗閨和潘再黎等。寒假將屆，我打電話去上海邀她帶同學到南京來渡假。她來了，帶來的同學是一位泰國回來的僑生蔡碧容。

傅厚崗寓所裡多了二位學藝術的年輕小姐，整個氣氛都變了。

從大年初一到元宵節之間，我們舉辦了二次家庭舞會。不僅只是南京而已，就那個時代來說，確是破天荒的大事。

傅厚崗寓所西邊二樓是個大廳，大家都稱那是跳舞廳，平常幾乎沒有用處，真正的大規模使用大概也就是那二次晚會罷！

所謂舞會，其實用今天的話來說應該是聯歡晚會，在那個時代根本沒有這種聯歡的概念，一概以跳舞名之。我們所邀請的全是極熟悉的朋友。當然晚會中也有人用手搖的留聲機放唱片，和著音樂節奏跳些三步四步的交際舞。不過會場很熱鬧，大家搶著表演節目，根本不可能規規矩矩的跳舞。

二位藝術家設計會場，再帶領著一幫年輕小伙子，伯英、衍瑞、衍鑑等人爬上爬下的佈置。她們又用紙板塗上各色顏料製作了許多面具和帽子，有滑稽的、有恐怖的、還有幽默的。

每一個人進門要摸一支籤，紙籤上規定應該戴什麼面具或帽子。有人戴上一個像是盆子，正面寫著「小便處」。

晚會中幾乎每一項活動都會引起哄堂大笑。

我出主意，要做一個美女。她們兩個過來合作。我們用厚紙板和碎布等做成一個假人，大概是一米二三高，燙起捲捲的長頭髮，穿上高跟鞋，手、臂、腳、腿都可以活動。美女出場時，全場來賓都呆了，會場突然安靜下來，大家都看著不知道是怎麼一回事。

突然，來賓中一位男士大步衝到中央，一把把紙美人抱住，說：「我太太沒來，這位小姐我要定了！」一面叫人家快放唱片，他就抱著假人美女跳舞。大家又是哄堂大笑。

這位先生姓周名修理，是潮陽人，早歲留學歐洲，通曉好幾國語言，那時是軍政部中俄國顧問的翻譯官。

荷生常常會調整會場中的氣氛，她趁大家不注意時，突然又來要大家摸紙籤。紙籤寫的是什麼就要當場表演。衍瑞摸到一張，打開一看唸出來是「表演狗吃屎」。大家一陣哄堂大笑之後，不知道荷生要衍瑞怎樣表演。荷生把衍瑞引到後面小房間，讓他套上一件父親在前清時代當鹽官時所穿的大袍子，然後要他兩手兩腳的從門外一直爬進跳舞廳裡去；同時又讓下面廚房立刻炒一盤雞蛋送上來，炒蛋放在大廳中央地板上，衍瑞必須爬過去把炒蛋吃掉。

高度近視眼的衍瑞在地板上爬，眼鏡會掉下來，戴也不行不戴也不行，跌跌衝衝的爬到大廳中央，四面觀眾個個已經笑得眼淚汪汪的直叫肚皮痛。汪先章乘機惡作劇，跑下樓去把大狼狗牽了上來。大狼狗一見披著大袍子衍瑞的奇形怪狀，衝過去對他大聲吠叫。衍瑞還沒有吃到炒蛋就被大狼狗衝撞，嚇一大跳。跳舞廳地板打過蠟，很滑，衍瑞不斷跌倒，大狼狗也滑倒了站不起來。人和狗跌成一團。大家笑得喘不過氣來。

正月過去了，蔡小姐是華僑子弟要回南洋去，荷生送她到上海上船之後又回到南京。過了幾天，忽然病倒了。

病發之初好像是感冒，體溫昇高。臥床休息幾天，發燒漸退，體溫恢復正常。可是突然又發高燒。請醫生來家裡診治，原先懷疑是感染了傷寒，做了一些檢驗以後，並沒有發現傷寒病菌。體溫忽高忽低的症狀仍然不變。於是，另外聘請名醫來看。詭異的病情依舊。

在病榻邊日夜照顧荷生的是母親，二個多月下來，母親累倒了。於是，聘請一位特別護士來專門照顧病人。

有一位醫生建議，病況很特殊，應該送進醫院，讓醫院照顧。母親認為不如直接到上海去住醫院，換一換環境也許對病人有好處。父親不同意，他說，南京或上海，醫院都是一樣的。

他們二人在前面的母親臥室中不斷討論，荷生睡在隔壁房間聽得一清二楚，突然大哭起來。特別護士嚇一大跳，又勸又問的驚動了母親，母親走過去只見她淚痕滿臉，問她什麼事，她就是不說。多問她幾次，她就說沒事。

母親在她床前坐下，安慰她，要她寬心好好的休養，又對她說，人沒有不生病的，生病看醫生就會慢慢好起來的。

荷生聽著不說話，一會，她伸手抓住母親的手，叫了一聲「阿奶」（潮汕一帶稱母親為阿奶）然後斷斷續續的說：「我會一輩子孝順妳，只是我沒有這個命來孝順妳啊！」喘一口氣之後，她又說：「去醫院很好，有護士陪我就可以了。妳不必來啦！」這是她在家裡所說的最後一句話。

第二天，她住進鼓樓醫院一間頭等病房。聘請特別護士日夜照顧她。父親回上海去了。

我和母親每天都去鼓樓醫院看她。病情時好時壞。有時體溫正常，她很清醒，仍然很會聊天。有一次，她還指著我的大肚子說，挺著這麼大的肚子不必麻煩跑來跑去上醫院啦！

農曆五月十二日下午，我在傅厚崗寓所生下次女寬泠，整個過程順利正常。

產後第三天，我的老毛病發作，又發高燒了。只是沒有像前幾次那麼狼狽不堪，幾天就退燒了。整個坐月子期間仍然只能吃白粥稀飯，真是命中註定該吃白粥不成？

父親又從上海來到南京。

產下寬泠將近滿月，有一天，鼓樓醫院送來一份荷生的病危通知，兩老匆匆趕去，正好送別。

荷生在病床上捱了三個月多月，走了，始終不知道她患的是什麼病。

白髮送黑髮，兩老悲傷無已。父親回上海，母親是整天的哭了又哭。大家都很難過，荷生性情溫順，活潑樂觀，人人對她都有很深的印象。她才只有二十三歲。

我那時是產後不久，十分虛弱，有時站起來動作快了一點立刻就是眼冒金星，頭昏腦脹。雖然整個公館裡每天的例行事情是由伯英去管，但是仍然有許多不得不由我親自處理。

母親每天哀悼荷生，悲傷無比。我乾脆就請她照顧寬泠，事實上我自己也有點無能為力。母親開始照顧嬰兒，調奶粉，定時餵奶，忙碌中漸漸忘掉了哭泣，她把全部精神都放在小泠子身上了。從那時起，寬泠就一直跟著外婆。

七月七日，蘆溝橋事變，抗日戰爭爆發。

整個首都南京城沸騰起來了。傅厚崗寓所也沸騰起來。宇飛是忙得不可開交。匆匆交代我說，要準備一下，說不定全家先去上海，也許再去香港。話沒說清楚，人又不見了。

要準備一下，這可是要面對戰爭的準備啊！

忙亂中的第一件事是把荷生送出中山門，安葬在永安公墓，承權的墓穴隔壁，讓他們姐弟倆永久作伴。

據說，近代史學家們，把民國十七年國民革命軍北伐成功直到民國二十六年對日抗戰開始的這十年，稱為國民政府的「黃金十年」。那麼，我們這一家所沾到的一點「黃金」大概就是在南京的這幾年生活罷！

全國來說，名義上是統一了；雖然內戰平息，不過各地仍有一些口服心不服的態勢。但是，無論如何已經是國泰民安，百業欣欣向榮。市面安定，物價便宜，經濟繁榮。

一般家庭月費十幾個銀圓罷！普通人家雇用一位奶媽，比照長工老媽子每月二三銀圓而已，我不但付四圓，逢年過節都另有津貼，而且奶媽是可以登堂入室與我們家人平起平坐的。一方面當然這一切仍有賴於宇飛的收入。那時中央政府中、軍人的待遇可能是最高的。宇飛是陸軍少將，本俸月薪二百銀圓，另外還有種種加給。

在今天，也許很難體會當年的一個銀圓大洋有多大價值。如果拿雞蛋來比較，那時在城裡一個銀圓可以買二百個雞蛋！

第十篇 全民抗戰（民國二十六～三十年）

南京出走

民國二十六年七月七日，蘆溝橋邊響起了抗日戰爭的第一槍。國民政府已預知首都南京不可守，一方面調動軍隊準備在上海牽制日軍；一方面在南京把政府機構沿長江向內陸緊急撤退，先撤到武漢，再撤到四川的重慶。

宇飛是軍政部特務團團長，掌握著相當大的人力，要負擔軍政部的撤退任務，忙得不可開交。回家來出現一下有如閃電一般，他不能透露戰事狀況。他只說，南京不能住了，快走，先去上海住下，看情形再去香港。話未說完人又不見了。

我那時生產寶泠剛滿月，體能不但沒有恢復，根本還是在病中，全身虛弱無力，精神不濟，自己的這個家還不知道該如何搬時，宇飛又為我增加一項額外的負擔。

額外負擔是：宇飛要我順便照顧陶彥威的一家四口，帶著她們一起走。

陶彥威是軍政部中一位科長，黃埔軍校二期畢業，宇飛當時是教官教過他，有一點師生關係，彼此同在軍政部上班，他就一直稱呼宇飛是老師。局勢緊張，陶彥威也許是聽說了我們要走，於是他就拜託老師，讓他的家屬隨著師母走。宇飛一口答應了他，然後把責任轉移到我的肩上。陶家四口是完全不經世面的四位婦孺。陶太太、岳母、二位姨妹。除了會說帶濃厚鄉下口音的普通話之外，什麼話都不會說也聽不懂。

又過了半個月，蔣委員長向全世界宣佈蘆溝橋是我國的最後關頭。而日本軍閥執迷不悟，不斷進迫。南京的情勢是愈來愈緊張。宇飛天天催促我快走。我勉強打起精神，整理出一些可帶的細軟，率領全家大小主僕十人，再加陶家四口來到上海。

上海市中心偏北地區一大半原來是好幾個國家各擁有一片租界，其中以英租界最大，後來不知何時這幾國租界合併稱為公共租界，由英國人管理，執行管理的機構叫做工部局。公共租界相鄰的南邊是法租界，法租界的管理機構是巡捕房。租界四周圍就所謂是華界。租界與華界完全是不同的世界，租界裡柏油馬路寬廣，房屋整齊，有有軌電車、無軌電車和公共汽車，交通方便。華界如南市等地就是街道狹窄、環境骯髒、人口擁擠、龍蛇雜處。平日華界民眾可以自由進出租界，現在局勢緊張，英法當局為維持租界裡的平靜，沿著邊界都以鐵絲網圍堵起來。租界裡仍舊是歌舞昇平太平盛世一般，尤其公共租界裡的南京路四大百貨公司一帶，始終是商業活動最繁忙的地方。四大公司是永安、先施、大新和新新。

我們下了火車，仍舊去到南京路上永安公司隔壁的大東酒店住下，也把陶家四口安頓好。父親住在霞飛路上，他久住上海，朋友很多，大家計議認為中日雙方打仗，應不會波及到西洋各國，所以住在英租界和法租界裡是比較安全的。既然如此，住酒店花費較大，不如找一處適當房屋，租屋住罷！

蘆溝橋事變，日軍執意挑起戰爭，西洋人多少也受到影響，不少洋人舉家離開上海回國去了，租界裡空出很多房屋。像我們這樣多人的一大家，平日要找合適住的房屋是很困難的。中國式傳統的房屋一般房間既少又都很小。

父親住的興業里，在法租界內沿著霞飛路離亞爾培路口不遠，亞爾培路隔鄰的一條馬路是邁爾西愛路。這條路上以前住著不少法國人，法國人走了，房屋空出來了。我們看中了一家。

邁爾西愛路上的花園洋房

我們在邁爾西愛路上一條小巷子裡找到一處西式房子。大門朝北，有大片草地院子，內部房屋正面朝南，整座房子的寬度是普通房子一間半寬度，進門半間寬的地方似為小廳，也是走道，現在所謂是玄關的樣子，可以脫大衣或是換下雨衣的地方。向前走四五步正面就是一座樓梯，樓梯貼著牆，樓梯左邊是一條長走廊，走廊上第一個門進去是一間大廚房，其中有新式的煤氣爐灶，專門烘烤麵包的烤箱，燒熱水等設備，北邊另有一道門通屋外，窗子很大，廚房裡光線很好。走廊上第二個門進去是一間空空的大房間，正好就在廚房後面，猜想原是洋人家的餐廳罷。

走廊最後是一扇玻璃門，推門出去就是花園，中間是草坪，四圍是樹木，現成的樹木花草，整潔寧靜令人覺得很舒暢、愉快。

走上二樓，二樓的房間都很大，正面一間是個一開間半寬大的長方形大廳。大廳朝南的整片牆只有下面大概三分之一約三尺高是磚牆，磚牆之上一直到天花板之間是鋼鐵的長方形格子鑲著玻璃，中間另是兩片可以打開的玻璃窗，推開窗俯瞰下面就是花園草地。

廚房的正上方二樓的一間房裡有一座一半鑲嵌在牆裡的玻璃酒櫃，北邊窗臺下面也是一個鑲嵌在牆裡的矮櫃，打開一看裡面一層一層鋪著綠色絲絨，是洋人放刀叉等銀器的地方。原來這間才是正式的餐廳。餐廳牆角有一處是個方方正正的精緻小門，打開一看裡面是一個活動架子，想不到那是一個小型昇降機，用繩索拉動可以把下面廚房做好的食物運送上來。

樓梯上二樓轉彎上三樓的拐角處，是一間小小的洗手間，卻裝置有大型浴缸。

三樓有一間儲藏室和二間臥室。每一間臥室都有各自的更衣室（上海人習慣稱之為箱子間），各有一間三件齊全的大浴室。前面臥室另有一座小陽臺，走出去可以曬曬太陽，也可以俯瞰花園。

我非常中意這座房屋，與房東談判後決定租下。有些地方就請房東儘速收拾整修重新粉刷，我們擇期定好某日要搬進來。

八月十三日，我們還住在大東酒店中，日軍在上海外圍吳淞一帶發動大規模攻擊，炮聲隆隆，稍近閘北華界那一帶就可以聽到咯咯不停的機關槍聲，許多逃難民眾都想進入租界來避難，英法租界都宣佈戒嚴。許多通路全以鐵絲網阻斷，部隊荷槍實彈不准難民自華界進入租界。

租界內猶如鼎沸，街上群眾如浪潮一般擁過來擠過去，到處雞飛狗跳。邁爾西愛路房屋距離興業里很近，父親催促我快搬過來。當天我們就從公共租界搬到法租界。

我決定租屋之後就去永安公司選購傢俱，原定是等房屋粉刷好再送傢俱。這時匆忙要搬，只好催促永安公司立刻將傢俱送去。虧得永安公司工作效率很好，我們人馬來到新屋時，傢俱也正好送到。陶太太嫌永安公司的傢俱昂貴，不知道她自己去那裡買了一張床。新床抬上三樓時，隱約聽見幫傭的老媽子在嘀嘀咕咕，說怎麼買這種蹩腳貨色。

所謂傢俱，其實我買的是針對逃難情勢最精簡的搭配。我只為母親買了一張大床，另外買了一張特殊的長沙發，晚上把長沙發拉開就是一張床，這是我自己用的，另外是一張中型餐桌，幾張椅子而已。其他各人全部是打地舖。

陶家四口既然跟著我們走，我就把整個三樓讓她們住。我們一家自住二樓，大部分都住在那間法國式的玻璃大廳裡。

大廳裡整片大玻璃窗沒有布簾帷幕，裝潢店關門，無法裝窗簾。白天亮光光的可以看到藍天白雲，晚上可以看到星星月亮。

很巧的是：第二天日本飛機準備炸射地面國軍時，我國的空軍出動抵抗，大批飛機在上海市上空遭遇，嗚嗚機聲中只見飛機各別追逐，就在我們窗外頭頂上連續翻滾，咯咯的機槍聲，清脆入耳。看得我們膽戰心驚。

我們真是幸運，飽有眼福。原來那就是所有歷史書中都記載的「八一四大捷」。我們空軍以寡擊眾，奮勇抗敵，在上海及杭州一帶上空攔截日本飛機，發生劇烈空戰。據說，就是那天打下了日本飛機好幾架。

入夜後天空不時閃耀陣陣火光，四郊傳來斷斷續續的隆隆炮聲，隱隱約約的清脆槍聲，令人提心吊膽。若不是戰爭的話，大家當是看煙火欣賞燦爛光彩的燄火鞭炮，豈不更好？

晚上到處攤開地舖之時，長餐桌拉開，空出地方打開一張行軍帆布床，這是給四舅父睡覺的。四舅父也跟著我們一起逃難。

四舅父與潮安鬥魚

提到我這位四舅父，另有一段小故事值得記上一筆。

四舅父是母親的四哥，二個多月前來南京看母親的。他從潮安家鄉帶來了幾尾鬥魚，準備給孩子們養著玩的。

鬥魚不大，長約七八公分，幾乎是黑色的。養鬥魚也有一套學問的，我們都不懂怎麼養，隨便拿些米飯或麵包屑餵魚，四舅父說不可以。餵魚仍是四舅專職，他說透明玻璃缸不適合養鬥魚，需用不透明不見光線的深顏色厚瓦罐，並且要把雄雌分開來養，一個罐子只能養一條，才能培養出魚的鬥性。四舅父特地用紗布做了一個錐形的袋子。每天傍晚他就拿起錐形袋子到處去捕捉蚊子，然後把蚊子餵給鬥魚吃。鬥魚吃了蚊子身體會變得色彩鮮艷，泛起閃亮的金紅色花紋。

茶餘飯後，四舅父常常就來表演鬥魚決鬥。

他用一個較大的透明玻璃缸盛放大半缸的清水，放到桌上，我們四面圍觀。然後從這一瓦罐裡撈一條，那一瓦罐裡撈一條，放到玻璃缸清水裡。二條魚一進水的時候迅速游開，一轉身發現對方立刻就不動了，各自停住，二條魚面對面保持一點距離，虎視眈眈的互相瞪眼看著對方，尾巴輕輕撥動，各擺姿勢，雄赳赳的樣子。彼此觀察一會，突然同時向前躍進，張嘴狠咬，用嘴巴咬住對方，然後劇烈的扭動全身，魚身翻滾鬥的好起勁，有時很快就分出高下，有時互相咬住打成平手。兩魚互相繞圈子，找尋機會再進攻。有的打敗了便是垂頭喪氣的樣子，游開去不斷躲閃繞著玻璃缸落荒而逃。兩魚相鬥一定是有一條受傷逃開才會停止。勝者會洋洋得意，擺動尾巴，在水缸裡大游特游。

鬥魚過程緊張、刺激，的確好看。看的人都會為魚歡呼，叫加油！有鬥魚可欣賞不知怎麼傳了出去，惹得軍政部裡不少高級主管們帶著太太特別來到我們家裡看鬥魚。後來變得幾乎每天有貴賓光臨要來看鬥魚。

七七事變，全家要到上海來了。四舅父說魚不好帶，把牠們放生罷！不知他把那些小魚拿到哪裡去放生了。

空軍誤炸大世界

記過四舅父和鬥魚，話歸正傳，回到上海。

住進邁爾西愛路才三四天罷，有一天突然轟的一聲巨響，房屋震動。那是生平第一次聽到這麼大聲的炸彈爆炸聲，真是心驚膽跳，嚇死人。

三樓陶家一家人大叫著衝下二樓來躲避，所謂是人多壯膽罷，大家驚魂未定，又不敢睡覺又無話可說。不久張瑞棠家的少爺小姐傭人等五六人也跑到我們家來躲避。因為張家住地近滬西，與杜月笙家隔鄰，平常是很安靜，這會卻怕會受到影響便躲到我們家來。未幾張家派人過來把他們全部又接回去，順便送來消息：剛才是有一架飛機丟下炸彈炸大世界，死傷了不少人。

大世界是上海市內一處有名的遊樂場地，裡面有歌廳有劇場，日夜弦歌，人潮洶湧。日本飛機為什麼要炸大世界呢？後來才知道其實是我們自己空軍的一架飛機，空中作戰受傷，不得已為減輕重量把炸彈摔掉，炸彈恰恰摔在上海市中人來人往的大世界門口。

總之，住在法國租界裡還算是很平靜。

有一天半夜裡，大家正睡得安安靜靜的，忽然三樓傳來轟隆「砰」的好響一聲。接著只聽見母呼女，女叫母，尖聲大叫救命，說是被飛機炸到啦，快救命呀！我們全被驚醒。我飛快衝上三樓，撞開房門，打開電燈，看見陶家母女四人在地上抱成一團哭叫。她們看見我了，才從地上爬著站起來。

原來她們四人是擠在一張床上睡覺，一連幾天下來，床架終於受不了。承接藤綳的橫樑是靠一點點榫頭鑲嵌在床腳柱上的，榫頭斷掉，橫樑跌落，整個藤綳子連帶四個人就一起跌下地。黑暗中突然床舖倒塌，四母女以為飛機來轟炸，嚇的魂飛魄散。跟她們說話，也是麻木不仁，答非所問。

最後是四舅父和樓下老媽子幫忙把床架整理好，發現床架橫樑榫頭已斷了。老媽子搖搖頭下樓去廚房，找來一塊為大煤爐生火用的木柴，拿了工具釘子，與四舅父二人合作，勉強把床架釘好。尺寸不符合，歪歪扭扭無法擺平。為貪便宜買蹩腳貨，害己害人，弄得大家一夜沒睡覺。天亮了。

法租界的花園洋房住了大約三星期。一天，宇飛匆匆由南京來，急著催我們去香港。

宇飛已知道南京可能會撤守，軍政部何應欽部長已經先去武漢和廣州，要在兩地籌設委員長行營。何部長兼任行營主任，並下令命宇飛立即去廣州行營辦公。宇飛抽空趕來上海，要我帶領全家人逕去香港。他要再回南京率同一些部屬由陸路出發去廣州。

打聽船期的結果，一向來往上海香港的皇后號、總統號等郵輪已經不行駛了。有一艘義大利郵船「康特福第」預定二天後開船，票價相當高。宇飛當機立斷，馬上簽發一張支票購買船票，連陶家的四人一起付了。就這樣決定，三天後啟程。

當日租邁爾西愛路房子，合約以一年為期，先付一個月租金為押租，搬進去時付第一個月的租金，所謂是每月上期租。我們只住了三個星期。長沙發連床，那時只有永安公司獨家有賣，價錢很高，其他傢俱都是好牌子的上等貨。我把這一切連同租房子的契約全交付給父親，讓他去善後安排。

第三天啟程，有一位副官幾個士兵來協助搬運行李上車。陶家大小行李好幾件，都是我們上三樓去替她整理，搬運上車安頓好。她一家人下到二樓，陶太太對我說：她們的那張睡床留下，算是抵還我的房租和其他費用。

她不提費用也就罷了，人家聽了這種話會氣脹肚子的。整層三樓讓給她住，無條件的供應冷熱水電；我送船票到三樓給她，她伸手接去，問都沒問一下是多少錢。居然說出：拿那張破床來抵帳的話。這種人世上真正少有。

大家下樓上車，直奔外灘碼頭。大船拋錨淀泊在黃浦江中，我們要搭乘無篷的駁船轉運過去。人與行李又要分開由不同的駁船接運。粗手粗腳的船員們衝來衝去的忙著，似乎都是浦東人，說話聽不太懂。

旅客中大多數是西洋人，只有二三家中國人，扶老攜幼，大小細軟行李擠在一起，真正是亂七八糟。一般送行的都留在岸上揮手。此時六表叔顧葉生卻在人群中擠上駁船來，他對我說：「我送妳們上大船。妳這樣，行李這麼多，這麼多小孩，四舅還抱著個小洽子。我不放心，我送妳們上大船去。」聽他一席話，當時一陣鼻酸，真是感動無比。

露天沒頂的小船，從碼頭上一路向遙遠江面上一艘白色大船搖晃而去。這段水路大約三四十分鐘左右，心急如度年。敵我雙方的戰鬥機在頭頂上飛來飛去，嗡嗡機聲令人心驚，機關槍咯咯，遠處陣陣炮聲隆隆，提心吊膽的好不容易到達大船旁邊，再要爬上好幾級木梯上船。旅客先上去，然後才由船員們搬運行李，船員把行李一件一件堆在甲板上像小山一般，各人再上前去自行認領東西，自行拖進船艙房間裡去。

有一個穿著船上制服的婦女，很像是個保母，走過來要從四舅父手中把寬泠抱去，猜想她是義大利人罷，雖是聽不懂她說什麼，比手劃腳指來指去會意到她要抱寬泠去嬰兒室，我點點頭讓她抱去。四舅父與六表叔二人幫忙搬東西。

我們的、陶家的各人的房間都安頓好了。過了一會，外面大聲呼喊送客請回，船馬上開航。送客當然不只我一家有，好些人先先後後出來到甲板上，我送六表叔到船邊，靠著欄杆看著他回到小船，小船開離大船，在江水黃浪中漸去漸遠，慢慢變小，變成小黑點，小黑點不見了。

江面上黃浪濤濤，只見小船在大船之間穿梭一般漸漸遠去。我靠著欄杆想著想著，想六表叔應已平安上岸了，一直擔心，想萬一出事，怎麼與六表嬸交代哦！六表叔這份冒著危險的人情我永遠記得。

誤炸胡佛總統號郵輪

回到房艙裡坐下休息，心情平靜點，沒多久，一聲霹靂巨響，嚇死人的爆炸聲，同時整條船劇烈搖擺晃動，人無法站立，我坐在床沿也幾乎要倒下去。搖擺晃動減輕了，大家跑出房間，跑到甲板上去看看。

好多人都跑出來，有人大呼，有人哭喊。江面上前後左右都是船，遠處仍然有隆隆炮聲，頭頂上，一架一架飛機呼嘯而過。船慢慢平靜不搖動了，不知是船長或什麼人，站高說話，聽不懂他說什麼，看得懂他的表情表示沒事了，請大家回房之意。

後來才知道，那是我空軍的一架飛機要炸江中的日本軍艦出雲丸。炸彈掉下來炸中的卻是美國豪華郵船胡佛總統號。還好沒有炸中要害。黃浦江中船舶擁擠，胡佛總統號繫錨處離我們船隻大概距離兩個船身那麼遠，胡佛總統號後面不遠就是日本軍艦出雲丸。

近黃昏時開船了。船身隱隱震動，只見兩側的船和兩岸的建築物緩緩向後移去。黃濁的江水色澤漸漸變淺、變清。

不久，幾個女服務員來到每間房艙中點數小孩，我們聽不懂她們說什麼，起先我們以為要我們去吃飯，她們按著我們，讓我們坐著不動，不斷指指點點，原來是要讓奶媽保母等人帶著小孩先去吃飯，小孩們吃完了回來，他們重行整理餐廳、更換桌巾等等，再輪到大人去餐廳吃飯。

準備吃晚餐了，隔鄰房間裡的洋婆子們，服裝與上船時完全不同，一個個打扮得珠光寶氣，漂漂亮亮的上樓去餐廳。在這種環境之下，入境看俗，不得不臨時開箱子換上一套比較正式的衣裳，進入餐廳。餐廳氣氛嚴肅，有穿著筆挺禮服的男性侍者現身帶位。我們和陶家安排在一張長餐桌。坐定才看到餐桌上的佈置，瓷器、刀叉食具等等一切都比美國郵船上的用具考究多了。

在船上熟悉了，才知道上下樓層有電梯可用，不必爬樓梯。一出自己房艙門就得是服裝整齊，即使要去花園坐息也不能隨便，否則就有服務人員干涉。船上行的是一套歐洲的禮儀，規矩好大。

男女服務人員大概都是義大利人。在餐廳用餐，有時母親要他們拿水或是其他什麼東西，都是用手勢比劃，比到懂、比到達到目的為止。鄰桌一家中國人也有一位老太太，看母親樣子，她也效法。兩個老太太比來比去，惹得大家相視而笑。服務人員也很高興爭相為她們服務，拿東西。

「康特福第」所謂是一艘快速郵輪，船身狹長，比美國郵輪跑得快，但是搖晃得厲害一點。航行途中大多數時間都在房艙中躺著。只有寬冷精神最好，她不肯一直睡著。正好幾個西洋女服務生閒著沒事，就把她抱去，輪流逗她玩。

船上好像過了三夜罷，好不容易到達目的地，九龍尖沙咀碼頭。

九龍尖沙咀漢口道寓所

冠中來接船，他也為我們租定了房子，房子就在尖沙咀漢口道中間。

整條漢口道平靜整潔，沿街一樓全是店舖，但沒看見一塊伸出路面的招牌。商店招牌都是用銅牌或木牌掛在自己門上。有許多賣古玩、首飾等的高級商店，一律都是關著的玻璃門，營業或是休息都掛上牌子表示。二三樓都是住家。整條街連我們大概只有三四家中國人，大部分是英國軍官住家。

我們租了其中一幢的三樓，進門有一條通道很狹小，客廳、餐廳、一臥室、一浴室、廚房、傭人房、有一處後門。唯一的一間臥室，冠中已經放好一張大床和一張書桌。我就把臥室讓給陶家住。我與母親就用餐廳當房間，各用一張睡床，其他大人小人晚上打地舖。通道當餐廳。

大約過了兩個多星期，接到宇飛自廣州來信，信中並告知了部長何應欽夫人住港的地址。陶家也接到家書了。有一天，我與陶太太相約一同過海去香港看何夫人，由冠中帶路，街名已不記得了，是在一處半山腰的地方。

何夫人很客氣接待我們，問這問那的。沒想到陶太太卻拉著何夫人訴苦，說：「花冤枉錢、走冤枉路來到香港，其實不必繞圈子，當時在南京跟著彥威走，現在不也到了廣州了。無須現在再要派人來接我們回去，不是走冤枉路嗎？」

何夫人問她道：「跟著陳家走，陶彥威怎麼講的，他會不知道嗎？」

陶太太說，是彥威與陳老師商量，讓她們跟陳師母走到香港可以聽得懂話。

何夫人有點動氣了，大聲訓斥她，說：「那妳還有什麼話好講？妳跟著他們走陸路去廣州？一路上妳受得了嗎？來香港叫冤枉？我不是也來了嗎？」

幾天後，陶彥威派人來接取她們母女四口。這次沒有破床可以用來抵帳，什麼話都沒說一走了之。

粵北韶關定居

陶家走後，沒幾天宇飛由廣州來。在漢口道寓所住了二天，帶同我和仁兒去廣州，在長堤的愛群大酒店也是住了二晚，便搭火車去韶關。

韶關是廣東北部粵漢鐵路上一處重要城市，已經接近湖南省。軍事委員會委員長的廣州行營便設立在韶關，廣州另有一個辦事處。宇飛的新職務是廣州行營的副官處處長。名義上何應欽是行營主任，但是何主任在別處忙著，整個行營都歸宇飛管。

我們來到韶關租房子住，住處與公園隔鄰，本來是一家商店，因為日日夜夜有日本飛機前來空襲，大家逃警報出城去了，商店沒生意做乾脆關門，把房子租掉。我們租的是樓上兩層，路邊有一扇門進去直接上樓，二樓有一廳一房，三樓是廚房和佣人房。廚房外面有一片露天陽臺。

那時日軍攻陷南京不久，氣燄很盛，每天日夜數次有飛機飛來韶關空襲。每次敲鐘敲鑼的警報一響，家家戶戶老少成群，都往郊外疏散。我有時不想跑遠便到公園裡大樹下坐著。有一天早上，宇飛上班去了，寬仁跟著他父親去行營找汪先章等人玩耍。我一人在家無所事事，找出幾件待穿的冬服，拿到陽臺上曬曬太陽。沒一會兒警報響了，接著又響一次，緊接著又第三次響，這是緊急警報。表示敵機已來到頭上，我趕緊上陽臺去收起衣服，以免花花綠綠衣服惹眼被日機當成目標。幾件衣服抱在手上，站著望望上空，看到我們自己飛機昇空作戰，追趕著日本飛機，追來追去的很有意思，索性就站在那裡看。

然後地面上高射砲向空中發射，高射砲彈在空中爆發變成一朵朵小白雲，看著看著忽然看到高射砲彈擊中一架敵人的轟炸機，那飛機立刻就冒出濃濃黑煙，傾斜著脫離了另外兩架，搖搖擺擺直往我這方向飛來，越來越低，機聲愈來愈響。冒煙的日機幾乎擦到屋頂，從我頭頂上飛過去。我看得很清楚，駕駛員的頭斜斜的靠著飛機邊上，不知是死的還是活的，飛機拖著一股黑煙飛越過去十來間房子掉下地去，聲響可怕。毀損了好幾間民房，幸虧無人在家。那架飛機上已沒有炸彈了，所以也沒有爆炸。我當時是看得發呆，看得過癮，高興得忘了害怕，事後想想，才感到可怕。如果早一秒鐘掉下地來，那不是什麼都完了嗎？

二天後，軍方把那架日機殘骸拖到公園裡公開展覽，讓民眾觀看。於是，一群一群扶老攜幼來到公園，邊看邊罵，公園熱鬧起來。我擔心敵機可能會來炸掉這殘機，這裡不能住了，急著另找房子搬家。很快便找到一處內街房屋也是一層樓商店停業，二樓有一廳一房，走道可以自行隔成一廳二房，有一個小騎樓，騎樓上望出去可以看見河面上船隻往來，空氣光線都很好。我和宇飛商量決定，把母親等人都接來，結束香港漢口道的租賃。

有一次，一架日本飛機被我軍擊落摔在河流裡，汪先章奉命去處理，他把寬仁帶去了。他們去到河邊看人伕用繩索把飛機殘骸拖上岸，兩個飛行員已經被燒得焦黑。寬仁把機翼蒙布上的紅太陽標誌，用小刀割撕下一大片，帶回來好興奮的讓每一個人看。

打下日本飛機後，時常會造成一點紛爭，許多單位都聲稱是他們的功勞。有一次，一架日本飛機低飛經過一個叫馬壩的小地方，一個士兵躲藏在一座橋下，端起步槍開了一槍，居然把飛機打下來了。他聲稱是他打下的，誰都不相信。經過一段時間調查，證實的確是那小兵的功勞。飛機摔下來的原因是飛行員被那小兵一槍射中，子彈從下往上貫穿身體，飛行員當時就死了。

宇飛認為韶關的安危在短期內應該沒有問題，可以暫住一陣。於是就派隨從副官蔡慶山、韓傳玉二人去香港接母親等老小，冠中也從香港加入護送，一家人來到韶關重又團圓。

全家擠住一處實在太不方便，不到一個月，另外找到一處較好房子。那時那地，那算是一幢新式的花園洋樓。房屋是本地一位富豪所有，為躲避戰爭全家搬到鄉間去了。房東很珍惜這座房子，要妥善人家才租，一直空著。我們租到了。二層樓三開間，進門是一大廳，兩側共有四間房間，大廳後面上樓梯，樓上同樣一廳四房，桌椅、床櫃等傢俱齊全。

客廳後面有一個小儲藏室。儲藏室存放著許多空酒瓶。不知道是怎麼開始的，大概是二歲多的平女發現滾動酒瓶好玩，入夜她不肯睡覺，最喜歡在地板上滾玻璃酒瓶，百玩不厭。

戶外另有一排平房是大廚房和佣人房。花園中還有一個可容十餘人的地下防空洞。正門走出去是一小段甬道，走上大馬路要繞一個彎才能到行營、宇飛的辦公處，步行不算近。那裡本來是師範學校，委員長廣州行營徵用一部分作為辦公處。但，實際上我們房屋地段恰在師範學校後面，不算遠，所以空襲警報一響必須走避，因為委員長行營也正是日本飛機前來轟炸的目標之一。

談到走避空襲警報，花園裡的防空洞對我們全家人來說實在是太小了，而且洞中空氣流通很不好，所以我們從來沒有利用過那個防空洞。

那麼空襲警報響了，我們是怎麼辦呢？

西河壩的「桃源艇」

韶關又名曲江，為什麼叫曲江呢？有一項民間特色值得記一筆。

原來韶關地處北江中段，北江發源於湖南省向南流入廣東省，最後匯入珠江。流到韶關變成兩大股水流，過了韶關又合而為一。所以韶關是一個橄欖形的小島。韶關本地人就把這兩股水流稱為東河和西河。

東河在當時是否水運頻繁？已經沒有印象了。

西河則是河寬水淺，水流緩慢，水清見底，河底都是乒乓球大小的卵石。水淺的地方通稱河壩。

西河壩上出現了一種「花艇」的生意。廣東話之「艇」並不是指小船而言，實際上那是一種大型木船。當時所謂的「花艇」其實是家庭經營的水上餐廳也。餐廳大小當然與船隻大小有關。

西河壩上的花艇大船有二艘最大，其中又以「桃源艇」較佳。船中正廳可開兩桌酒席，船主夫婦兒女媳婦等一家人共同經營，他們是客家人，廣州話只能勉強應付，國語則是全然不通，宇飛與他們用客家話交談，他們特別高興。

行營設立在韶關後，不免有許多官場上來往應酬請宴、大大小小的喝酒吃飯機會。在城裡餐廳吃飯經常會被空襲警報打斷，於是就跑到郊外船上來請客吃飯。每次宇飛去船上吃飯，船主必定另外贈送二盤拿手客家菜。桃源艇上的菜色的確是相當精緻可口，收費公道。船主一家人也很會招呼客人，生意做得不錯。

經常躲空襲，大家聚在桃源艇上吃飯，反而都混熟了。行營中一位單身的車科長，吃飽飯就要唱京戲，另外有人會拉胡琴，宇飛也能唱。車科長嗓音嘹亮，大家因此叫他是「公雞」。雞、車幾乎同音也。行營中有一位饒秘書，很可能是外交官出身，太太是捷克斯拉夫人。太太沒法子和我們溝通，彼此點頭笑笑而已。混血的小女孩卻與冬青、寬仁等孩子們玩在一起。

日本飛機來空襲，宇飛會預先知道，有時他自已回來，有時派車回來，我們一家老少便上車去西河壩。有時就直接上桃源艇，有時是另租一條較小只能擺一桌酒席的船，要船主人用竹竿把船撐到下游對岸，有大樹蔭影處停靠。河上清風息息在船內吃午飯，孩子們睡午覺，睡醒了便下水裡去玩。水深齊胸而已。如此這般的躲空襲，有如出遊玩樂。

有時宇飛出差去了，沒車子來接，我就帶著一家老少，走路到河邊上船。這段路雖是不太遠，有時在大太陽下急行軍般的趕路也不很好受。

敵機臨頭驚魂記

後來我懷孕在身，這樣的走法實在不是滋味，於是沒車子可用時我索性留在家裡、不走。因為敵機每次來都是炸火車站那一帶，幾乎沒有飛向我們這個方向來的。所以乾脆不走避，平平靜靜在家算了。沒想到就有一天，幾乎嚇破膽。

那天早餐後，我把平、泠二女專用的一座站欄（木造、長方形、可讓幼兒站著玩的圍欄）搬到廳門外廊下，室外空氣好，平、泠二女在站欄內玩木珠。我正拿香蕉餵她們吃時，突然空襲警報響起，我早已知道宇飛今天到別處辦事，不在行營，沒有車子會來接我們出去。我問母親不走好不好，母親說她也不想走，就這樣決定不走了。沒想到接著就拉起緊急警報來了。這次敵機來得很急迫。這時街道上已經戒嚴不准通行，要走也來不及了。

我和母親話還未說完呢，就在這時候，一聲爆炸巨響，緊接著雜七雜八破裂怪聲，一陣天搖地動，我給嚇糊塗了，呆呆的抬頭朝天上望去，這一望卻嚇醒了。一架飛機呼嘯著朝我頭頂上飛過來，飛得好低，飛機翅膀上畫著圓圓的紅太陽，低飛到好像會擦到花園的大樹，唰的飛過去。我往上望，飛機座艙裡的飛行員伸出頭往下看，我們幾乎是對看一眼，我看得很清楚，那個飛行員的人頭。

真是嚇破膽！回過神來，急急忙忙一手一個抱起平、泠二女，正想進入客廳裡去。一看，又呆住了。客廳裡面已經面目全非，原來靠後牆處的櫥架，下半部是有門櫥櫃、上半部是放置酒瓶的花格子，當中鑲著一片鏡子，兩旁茶几和其他擺設等東西，全都翻倒在地。牆上掛的幾個鏡框全掉下地，滿地碎片，客廳裡撲鼻酒香。

此時警報解除，母親由兒童臥室出來，說：「今天是炸什麼地方呀？震動的這麼厲害！」一見客廳裡的情形，她也嚇呆了。那天沒有走避，日機炸彈落在隔牆外面不遠處，我們幸好大小平安沒事。

安全第一，自從那次以後每逢有空襲警報，不管有沒有車子來接，我一定是帶領著全家大小躲到西河壩的船上去。

在韶關住了幾個月，生活中有驚險，也有樂趣。

有一次，從韶關包乘一艘大木船，沿江去仁化一帶探望一些古蹟名勝。晚上就回到船上過夜。曾經去到一座南華寺上香，寺中供奉著六祖的真身，只記得是黑漆漆的廟龕中有一尊黑漆漆菩薩。那時根本不懂。六祖就是唸偈「身非菩提樹、明鏡亦非臺」而得五祖傳授衣缽者。

二十七年四月，臺兒莊大捷，歷史學家有謂是「日本建軍以來顯要的戰敗」。但未幾日軍整軍重來，攻佔徐州，同時展開武漢會戰，另一方面在華南則從大亞灣一帶登陸攻佔惠陽，廣州告急。在韶關的委員長廣州行營可能向北方往湖南省轉移。於是我們全家匆忙離開韶關再經廣州遷去香港，在香港的三叔已經為我們租妥了灣仔軒尼詩道一處三樓公寓。

寬薇香港出世

這次住在香港，房子租在灣仔軒尼詩道一處的三樓。這裡附近一帶的商店、住民等全都使用廣州話，與九龍尖沙咀漢口道的西洋氣氛完全不同。

香港一些商業區沿街的房子，所謂是「白鴿籠」，都是一個樣，大概都是四層樓高。沿街是騎樓下的商店店面，店面之間是一個窄狹的進口，進口暢開，進入就是階級，經過二樓三樓四樓可以一直上到天棚。天棚就是屋頂。屋頂平臺可以互相交通。有些樓梯間有門、上鎖。有些樓梯間可以直接下去到大街。

每家的二三四樓也都是一個模樣，一個長方形的大間，前面是一個臨街大騎樓，後面透天天井有個小騎樓，廚房、衛生間、佣人房都在後面。

空空的長方形大房間，我買來花布做成一幅一幅隔簾，上下端穿入一枝小竹竿，然後用鐵線套牢竹竿，隔簾下端就用鐵釘固定在地板上，又從天花板上的釘腳固定鐵線拉緊上端。這樣以布為牆，隔成幾間房間。靠後窗處隔成一房間我自己住，前面一大間只有母親有一張大號的睡床以及一些桌椅。其他各人，晚上全都是撐開帆布行軍床睡覺。大騎樓陽臺作為飯廳，靠牆邊放一張小床給韓傳玉睡。

民國二十七年（一九三八），農曆八月二十八日產下三女寬薇。

十月二十一日，日本軍隊從大鵬灣登陸，同日廣州宣告失守。整個香港沸騰起來，街頭巷尾人心惶惶，許多人家呼天哭地。許多來在香港謀生的，家庭仍然留在廣州內地，有些則是廣港兩地之間往來做生意的，現在廣州淪陷，交通斷了，有家歸不得，妻兒如何過生活。無論是親朋好友或是附近鄰居新識訴說都是類似的話，聽了是難過，為別人難過，可是自己呢！離開韶關之時，原說廣州行營要遷移，後來又聽說整個單位撤銷，宇飛回重慶，候令重派職務。好不容易接到他來的一封信，信封已經揉不成形，可見那封信也是歷經滄桑才來到香港的。拆開一看那已是一月多前的事。事過境遷，尤其作戰期間一切事物瞬息萬變，現在宇飛人在哪裡呢？毫無消息的狀況下，徒然擔憂。再難過的日子也得過下去呀！

十二月二十五日，武漢淪陷。

整天憂心忡忡，糊裡糊塗得過且過的，在香港住了三個多月。有一天，宇飛突然出現，他跑到香港來了。

宇飛說，廣州行營撤銷，他奉令調回軍政部。軍事委員會中成立了一個防毒委員會，派他擔任主任委員，佔中將缺；只是必須親自率隊到各地戰場前線去實際了解：日本軍方施放毒氣的情況，以及我軍防禦毒氣的做法，並且要出巡各省省會以及前後方各部隊宣導防毒事宜等等。最近來到廣東省境內，順道抽空到香港，回家來看看。住了二天就走了。

宇飛說，他還有好多地方要去，再下去來往香港的交通會更困難；甚至於可能連書信也聯繫不到，一切要看局勢發展情形而定。他走後，我想想既然是聯絡困難，在香港住下去，不是辦法，法幣日日貶值變小，兌換港幣連四成都不到，坐吃山空，一大家人能維持多久呢？不如搬回上海去，父親久居上海多少還有點可憑根據。於是我立即寫信去上海，請父親為我們物色適當的房子。很快就得到父親回信。他說，剛好見到報紙上報導有一公司，建造一批房子，請顧客去「頂」。當年上海買賣房屋有所謂「頂」，意思是只賣地上建築物，而且是有期限的。

父親推荐的房屋在蒲石路，距離父親住處霞飛路興業里不太遠，步行大約二三十分鐘罷。地點很好，付款條件可算合理，居住十九年後期滿拆除重建，我們有優先續購。父親已與建築公司主事人見面洽談過，口頭上說定，半年後可以交房子。父親的信敘述得很清楚，我立即就決定了，到銀行匯了一筆錢給父親請他代為支付定金，頂下上海市法租界蒲石路六三七弄門牌第十一號的房子。

上海有了房屋，至少有條退路可走。心裡頓時平靜下來，又再鼓舞起愉快的心情迎接新的一年。

時序進入民國二十八年。

媽祖託夢告吉凶

民國二十八年。我們還住在香港灣仔的軒尼詩道。

傳統習慣家家戶戶求神拜佛，保平安，我一向極少自動去到寺廟拜神佛，並不是不信不拜；家裡逢年過節的日子，母親在拜，我是跟著拜而已。

有一天晚上，睡夢中，我行到一處小山坡邊上，見有十幾級石階，上到頂上望見大海，有一座神廟，我跨進去。門樓三四步處，正對面是二扇土紅色大屏門關著，屏門左右兩邊小門可以通進去，四面走廊中間低下一階是方形的透天大天井。我走到正面，那邊跨進去是菩薩殿堂才暫停下腳步，突然耳邊響起好大聲音：「妳的夫婿有大災難，還不快跪下叩求平安。」耳邊只聽見聲音卻沒見人。那時我自自然然就跪了下去，抬頭上望，見是一座女菩薩，頭頂著珠盤，額前垂著珠串，卻不知道菩薩是什麼名號。我彎腰磕頭，頭才叩下去，感到身體一搖晃，醒了。

我很清醒，覺得奇怪，似夢非夢的，記得很清楚，看得很清楚。起床後，把做夢過程告訴母親，母親說：「宇飛人在外面走動，難免有災難，這是菩薩在指示妳啊！但，廟在什麼地方，菩薩名號也不知道，到哪裡去拜呢？那就對天叩求、拜拜罷！」於是我立即備妥香燭，在騎樓下，對天空禱告叩求平安。

寬仁的乾爹乾媽張瑞棠一家也已搬來香港，我們時常有往來。過了幾天，我去張家，我把夢境狀況告知張太太，她一聽就大叫道：「頭戴珠盤的菩薩，這就是媽祖娘娘天后聖母呀！難得菩薩指示妳，這真是求都求不到的事！趕快去拜！求媽祖娘娘賜平安。」

我問清楚去媽祖廟的路線。第二天，母親和我一同搭上電車到中環下車，走到皇后大道，換搭五路巴士，到終站下車才知道這地點是大坑。路邊行不遠就是石階，一級一級走上去，望到大海時就有一座廟，是天后宮。跨進門去，只見正對面兩扇土紅色屏門，一切情景與夢中所見完全相同。令我驚異不止。進入正殿橫匾上描金漆寫著「天后聖母」。

備好香燭，母親與我同時下拜，我拜完先站起來。母親仍跪著，手拿著兩片紅漆小木片，在擲「筊」，擲了又擲，一連擲了好幾次，旁邊也在拜神的一位中年太太問母親：「妳在求什麼？看起來好像菩薩不愛理妳。」

坐在拐角一位廟祝走過來，問母親道：「妳是不是代替別人叩求什麼事？擲出這幾次筊，媽祖的意思是應由當事人自己拜，不該由妳拜！」我在旁邊一聽嚇一跳，立即跪下去磕頭，求恕罪，並禱告。

廟祝問我：「是不是有訟事在打官司，抑或是要求財呀？」

我說：「都不是！我是要祈求保祐出門人平安。人在外頭走動久久未得音訊，在此兵荒馬亂時代，擔心有災難故來求拜菩薩保祐平安。」又大概說了夢境。

他說：「既然是媽祖託夢要妳親身來叩求，是很認真的。不可等閒。妳是新來求拜，那麼買一份保安狀紙罷！」

說完便拿出一張大紅紙，約一尺多寬三尺長，上面有字有符，我完全看不懂。保安狀紙上他要我寫上要請菩薩保祐者的姓名、關係，下邊寫我自己的名字。

旁邊那位太太說：「妳既然誠心，再多買一斤金斗就更好啦！」「金斗」是用金銀紙做的，內裝金箔、銀箔、錫箔，一張張平安符，簽了名拿到神前禮拜叩求，拜拜後將金斗、保安狀和平安符，一一火化。

回家路上一路在想：這樣拜求會有靈驗嗎！究竟宇飛會遇到什麼災難嗎？媽祖真能保祐他，化凶為吉嗎？時時擔心。

九月一日，在歐洲，德軍發動閃電戰進攻波蘭。第二次世界大戰全面爆發。日本也開始以重慶為目標利用飛機實施大規模轟炸。十月，薛岳將軍在長沙大敗日軍。

十二月，全家自香港乘義大利郵船「寶樹雲」號又回到上海。

蒲石路友華村寓所

二十八年年底，我們全家遷回上海。先在法租界辣斐德路，租二樓面一家老少擠著住。租房子住了三星期，蒲石路友華村的房屋建造完工。搬進新居，總算是自己的房子，住得安定，心裡感覺寬鬆多了。

友華村也是上海的典型衖堂房屋，大衖堂進去還有小衖堂，每一條小衖堂裡是三戶。全是二開間假三樓，一共有六間大房間。所謂假三樓就是指三樓的牆壁是斜的，牆壁外面覆蓋著紅瓦變成屋頂的一部分，外觀有點歐洲風格。每一戶的大門正對著對面人家的後門。後門進去就是一間廚房。那時上海人的習慣，平常家家都是利用後門進出。全村十九戶，我們是十一號。

安定下來就安排孩子就學，仁淳二兒送到徐家匯，天主教會辦理的徐匯公學的下院讀書。下院就是小學。寬仁唸三年級，在學校住宿，每星期回來一天。淳兒還小只可通勤走讀，早去晚歸，每天讓韓傳玉送接，步行到霞飛路上搭乘電車往返很方便。

防毒組組長中毒

十二月初，蔡慶山來到上海，是宇飛著他來接我去香港，在香港和宇飛會合後同去重慶。

蔡慶山談到，幾個月前，宇飛率領軍事委員會一個防毒視察小組，從重慶出發自北而南，沿著作戰前線視察日本軍方施放毒氣以及我國軍各部隊防禦毒氣的情形。視察小組最後到達浙江省金華，任務告一段落。八個多月的任務全賴騎馬。蔡慶山說，除了組長之外，全組二十幾個人沒有一個不曾從馬背上摔下來的，老闆騎馬的功夫的確很有一套。

金華是個大城市，住入旅館，宇飛想要痛痛快快的洗澡。天氣冷，於是在浴室裡燒著一大盆木炭取暖。因門窗密閉木炭燃燒不完全而中了炭氣毒，幾乎喪命。幸好遇到貴人及時趕到解救。據說那是一位多年未見面的老朋友，聽說宇飛來到金華，特意趕來旅館看他，來到浴室外敲門不應，感覺不妙。於是破門而入，大家合力急救，好不容易，才救活過來。

我算算日子，宇飛這場大災難就是媽祖託夢給我的那幾天。真是不可思議！

從那時，我就誠心誠意的信拜天后聖母和觀世音這二尊菩薩。

蔡慶山說，宇飛還有一些公務在身，大約需一月多後才能結束，去香港，再返回重慶。於是，我決定過了年再說。選定元宵節後的某一天起程去香港。

民國二十九年。

宇飛身邊的隨從可以護衛照顧家眷的只有蔡慶山和韓傳玉二人。他二人在背後稱宇飛為老闆。那時韓傳玉一直跟著我，從香港到上海。我說：「這一年多，蔡慶山在外面跟著老闆，到處跑；韓傳玉在家裡沒怎麼走動。你們二人工作對調一下，好嗎？」二人都說好，齊聲說：「隨太太的主意決定！」於是，我準備帶韓傳玉經香港去重慶，把蔡慶山留在上海家裡協助母親照顧孩子們。結果，蔡慶山在母親教導之下，廚藝精進，變成廚師。他每天固定的工作是：買菜、做菜，送接仁淳二人上學，有時中午還要送一次飯。

我又想到要帶一個孩子去重慶。仁淳二兒已進入徐匯公學附小，有書唸，安定為是。帶小的則很不方便，決定帶平女同行。

帶平女飛往重慶

從上海搭船到香港，住進九龍新新大酒店。那時張瑞棠一家仍在香港住，白天幾乎都是到張家去消磨時間，吃飯。有時就自己吃小館子。

在香港住了將近三個星期，宇飛才來到。原來的計畫，我們是想從香港搭乘飛機直飛重慶的，不過中國航空公司機位有限，一票難求。於是我們改換行程，從香港搭船到安南（現稱越南）的海防，在海防住了二三天，再乘火車到河內又住了二三天，另有二處地名已忘掉了的較小地方只住一天。

在安南這幾天，各地市面只見大香蕉、大芒果，奇香撲鼻，免不了大吃特吃。用餐中的海產魚貝等都是以前少見的；尤其是山瑞，以前只聽過名字，從來不知道是什麼樣子的東西，在安南終於嚐到牠的滋味。

帶著平女我們好像旅遊一般，遊玩安南，然後來到一處相當熱鬧的小市鎮（應該是老街），跨過一道小橋，就是雲南省境了。

從安南怎樣回到國內，進入雲南省，怎樣又到了昆明，這一段我已沒有什麼印象了。在昆明住進旅館，等候了幾天，飛往重慶的飛機機位只剩有一座，讓宇飛先行去重慶，我留下來，又等了幾天才再有一座位。

韓傳玉照應行李，搭西南公路局的長途客運汽車循山路去重慶。

我帶平女上了飛機。這是我生平第一次坐飛機，平女坐在我腿上。起飛後，沒想到平女暈機了，嘔吐了二次，全吐在我身上，氣味難受，真令人狼狽不堪。到達重慶機場，汪先章來接機，進城，先住進汪先章自己租住的房子裡。他讓出正房給我們住，他自己住到走廊邊的廂房裡。

當天晚上就有日本飛機空襲，躲警報走到附近訓練總監部的一處防空洞躲避。總監部中大部分人都是南京時代的舊識，客氣招待。我坐定後，四處看看，橫柱支架看來十分堅固。洞中平面是曲尺型、很寬大，可容上百人。在牆角上面掛上一盞打氣煤油燈，光線卻會露出洞外去，他們居然打起麻將牌來。洞中備有許多食物，空襲時不必上班，大家在此趁機享受。

回家後我和宇飛說：「我們搬到郊區去住！」我說，躲警報，向郊外散開就可以了。住在城裡，日日夜夜擠防空洞不是滋味。尤其是那種防空洞，萬一防空洞口被堵住，想想看那是什麼情形。不幸被我言中的是：後來日本飛機對重慶實施大轟炸，因為防空洞口被炸塌堵住，洞中悶死的人數遠超過被炸死的好幾倍！

當時宇飛聽我說了之後，他思考一下，便吩咐道：「讓老韓明天一早去南岸，先去南溫泉租個房子。」重慶市隔著嘉陵江的部分是南岸，南岸有一處風景優美、地名南溫泉的地區，有疏疏落落幾幢大屋子，亭臺樓閣俱備，全是公務機關所有。中央研究院也在那裡。沿大路只有一家旅舍，上好房間不多，所以要預先去訂。

第二天晚上韓傳玉回來了，他說：「我訂好一間房間，光線最好的大房間，太太一定會說好！」

第三天我們就搬過去了。

南溫泉有山有水，山上很多大樹，空氣、光線比城裡強多了。

每有空襲警報響起，我就帶著平女步行上山，選一棵枝葉茂密的大樹，坐在樹下，遠遠觀看重慶市上空的空戰。敵我雙方飛機追逐纏鬥。日機投彈後只見濃煙四起，炸彈爆炸聲，一陣陣地面高射砲聲，隱隱傳來。

在南溫泉旅館住了大約三星期。在這段時間，有人介紹一位營造商前來拜訪。他說，他在重慶山洞地區有一小塊地皮，建議我們投資建造房屋，要多少錢我已記不清楚了。建造房屋由他負責監工。房屋完工後，我們可住二十年，期滿他收回房子。在二十年期間內，我方可自由買賣。在建造期間，他廠房內可讓出二間房間給我們住。

那時山洞幾乎沒有像樣的房子可租住，這條件還算不錯，我們就決定依照他的辦法。何況，宇飛去陸軍大學入學，陸軍大學校址在山洞地區。住在山洞太方便了。

首先是搬到山洞地區去。營造老闆住處，沿公路旁邊，有一條二尺多寬大水溝，溝中是山上流下來的水，很清淨。他家門口踏腳是一大塊整塊的石板，進去四面有圍牆，當中空地，左邊有二三間平房，租給一家人，那人家有三個小孩。一間公用的大廚房。右邊是一幢全用木板釘成的木樓，離地面七八尺高處只見橫直枝柱棟樑全是大小木頭搭成，地面這層沒間隔，空洞洞四面通達，像似涼棚，他們擺了桌椅，泡茶，聊天休息，擺「龍門陣」。

靠西南邊角，十幾級木梯上去，是一處約三尺寬，三面通的小騎樓。木樓正面朝南，樓上四間大房間。前面二間是營造老闆和一位年輕黑市太太住著。朝南二間讓給我們住，門窗又開在朝南騎樓上，前面二間的門窗卻開在側面，這點很好，騎樓雖小，彼此出進不至於碰撞。

我們兩間，靠邊那間有東窗，光線較好，我選作臥室。中間那間又隔成前後二間，後間讓伯英和老韓二人住，前面一間作飯廳和起居室。

在騎樓上才看到，大門前橫著的道路是一條交通要道，往來人車熙熙攘攘。

那個時代，道地四川土著有兩點特色，別地方沒見過，可以記下來。

一是所有成年男女及老人，頭上都纏著白巾。據說是為孔明弔唁，紀念蜀漢時代劉備的軍師諸葛孔明云云。

另一點更奇，一般男女大多數都穿藍布大褂，再用一布條捆在腰間。有小孩的婦女，上衣全不扣上鈕子，整個胸部二隻大乳房全露在外面。約八九歲大的小孩，在前面不遠處玩耍，一會跑回頭找母親，那位母親便站著讓他吸奶，左邊吸右邊吸，吸完跑到前面去玩，不一會兒，又跑回頭來吸奶。又看到另一些婦女，用棉布兜帶把小孩緊緊捆在胸前，把奶頭塞到小孩口裡，任他吸吸嗆嗆；忽然前面跑回來一個約六七歲的大小孩，擠過來把小小孩口裡奶頭拉出來，自己吸了幾口又塞回小小孩口裡去，自己又吸另一邊，吸完又自行去玩耍。少見多怪，我看得好奇，便問她們：「這麼大的孩子還給他吃奶呀？」

她們說：「是呀，他吃奶吃到十二三歲時，自動就不吃了。」

患瘧疾打擺子

民國二十九年。

在重慶市郊的山洞住不足三月，我感染了瘧疾。瘧疾俗稱「打擺子」。那個時代一般人還不太清楚，瘧疾是經蚊子叮咬而傳染的。「打擺子」真準時，每天下午三點多就發作，先是全身發冷，冷完就發熱，大約三小時後症狀消失，和常人一樣沒事。有人說，到發作時不要在房裡，到外面去走動，可以把「打擺子」走掉。於是，有一天我預先估計好時間出門，沿著公路邊往前走，走了大約二百多步便感到不對：背上在發毛、寒毛鬆鬆的，手指頭開始冰冷，心想既然走不掉，那就回去吧！回頭走沒幾步，全身發抖了。一路走全身抖動越抖越厲害，一定是很怪相難看。後面不知什麼時候，有一輛卡車跟隨著我，車上有四五個看來像是工兵，在車上玩弄著鐵叉等工具。卡車開得很慢，緊緊貼著我身邊，嘻嘻哈哈的看著我。我不知他們在說什麼，突然卡車偏過來，顯然是故意的，向我右邊腰部一撞，我整個人飛起來，飛得高高，在十幾步遠處跌下來，他們鼓掌大笑。這時，後面又來了一輛吉普車，駕駛人是一位軍官，他按喇叭並大聲呼叫卡車停車，卡車反而開快車走了。

軍官下車扶我站起來，要我上他車送我回家，我不斷道謝並說瘧疾會傳染，堅持不上車。他便慢慢的駕駛著車子陪我走路，走到家門口，韓傳玉帶著平女迎出來，他才開快車走了。那時人病得糊糊塗塗，沒問他姓名，至今不知道這位好心的貴人是誰。

老韓看到我身上的藍色毛呢大衣全是泥漿，問我怎麼回事。我一面告訴他，一面快步走回房間脫掉大衣，往床上一倒，拉過來二床棉被蓋上，全身冷得抖個不停，發抖完畢就發熱。每天如此，吃晚飯時我都沒份，一直等到退熱後起床梳洗，再呼老韓做一份鹹肉蛋炒飯。平時我的飯量只吃一碗飯，那時我都能吃二碗。

「打擺子」不發作時，和平常人完全一樣，沒人說我有病。那時已懷有民兒在肚內，三個月是最易小產的時段，他命大死不了，卡車故意撞我居然沒有把他撞出來。

證實我患了瘧疾，開始時，便去陸軍大學醫務所拿了點奎寧片，服食了一星期感覺到無效，就沒有繼續服用。後來才知道懷孕時不能服用奎寧片。我已服藥一個星期了，似乎沒有影響。

在這段期間，前線戰事節節失利，我們心知萬一日軍攻佔香港，那麼回上海的交通中斷，行不得也。宇飛提議讓我回上海，他說不放心一家老小。當然這是大道理，其實他另有一番心事。自從二個多月前，報紙刊出大漢奸李恭臨在上海被刺死亡的消息，他就心神不平靜了。

李恭臨是浙江省寧波人，長袖善舞，在上海灘的十里洋場上交遊廣闊。早年，在南京時代，宇飛任軍械司司長，李恭臨是一名科員。軍械司向歐洲各國購買槍枝時，常由李恭臨去聯繫外商洋行，談判交易。後來李恭臨離開軍械司自己在上海做生意。日本發動侵略戰爭後，他又搭上了日本人的關係做些危害國家民族的事。終於被在地下活動的愛國份子列入了要消滅的漢奸名冊，依次序被不知名人士在租界裡馬路上，光天化日之下開槍擊斃。

宇飛與李恭臨之間另有一層關係，他瞞著我，我就裝不知道。他心神不寧靜，我看得出來當然也知道他為何故。只是我自己在病中，懶得開口。我病好了，傳來戰事不利消息。於是他提出大道理，要我回上海。我自己也想到離開上海將近一年，讓母親一人在家操心很不放心。再說生產以後行動更不方便，不如挺起大肚子回上海生產較好。宇飛便急急託人代訂重慶飛香港的飛機座位，那時要求一機位真有如登天之難。

民國三十年的二月初，消息來了，確定可有一個機位，算來正是農曆正月初一。老規矩那是守在家裡過年的日子，過年也得走，不然再要一個機位不知會等待至何時何日。

草菰麵的人情

民國三十年，農曆辛巳年正月初一，一大早吃完早餐便趕去沙坪壩機場。機場的候機室是臨時搭建的一個棚架而已，沙土地面，沒有坐椅，人群擠來擠去，到處是一堆堆雜亂無章的行李。亂烘烘的挨到中午才上飛機。平女坐在我腿上，一會便迷迷糊糊好似睡覺般癱倒在我身上，中間隔著大肚子我勉強伸長手臂摟著她，好不容易到達桂林。全飛機的人下機找東西吃。那時的飛機上既沒東西吃，也沒有水可喝。一大群人擠擠撞撞爭進食堂，這食堂也是臨時用竹篷搭建的，場地倒是不小，桌椅也很多。待我牽著平女擠進去已坐滿人了，有好些人和我一樣，站著等別人吃完才有座位。此時有一位軍人可能是看我挺著個大肚子又牽著一個小孩罷，他請坐長板凳的大家擠一擠坐，有人乾脆便端起飯碗到外面去吃，讓出兩張圓板凳，他就招呼我們過去坐下，我點了兩碗草菰麵。

草菰麵很快就送來，清淡很香，平女可能是餓了，她很快吃進一大口，不吃還好，這一吃反而引起嘔吐，吐了一大堆，吐了又吐，我才想起她是暈機。昆明飛去重慶時，她吐得我滿身。這次是吐在地上，身上只沾有一點點。替她收拾殘局之後，再吃我自己的麵，實在已沒有胃口了。勉強吃了一點，走去付錢，店家說：「妳的二碗草菰麵，麵錢已付過了！」

我問他是誰付的呢？他伸手向一群人中指著說：「那一位軍官不是妳朋友嗎？他吃完、付過錢、先出去了。」

吃飽的人先上飛機，待我上飛機時一看前後左右都坐滿了。尤其那時自己真好像泥菩薩過河一般，哪有辦法去每一個座位找人道謝。二碗麵的這份人情，擱在心頭幾十年了。

在香港迎接辛巳年

飛機到香港，天已黑了。與寧同鄉在九龍開藤器店的張志仁，來接我到預先訂好房間的彌敦酒店。因是大年初一夜，酒店餐廳休業，沒地方可吃飯。放下行李再回到張志仁藤器店裡，呼佣人煮飯弄菜給我們吃，平女只看看，搖頭不吃。

飯後張志仁又送我們回彌敦酒店，我問送茶水進來的夥計，明天開不開伙煮飯。他說：「大廚房要等初五接過財神爺之後才開伙。」

我問他：「你們自己到哪裡吃飯？」

他說：「我們三四人合夥，自己作煲仔飯。香港中環有兩家酒店不休假，專做旅客生意，妳可以過海去那裡吃。」

一日三餐要過海去香港中環吃飯，太麻煩了。我問他，能不能搭伙，請他們把煲仔飯分一份給我好不好。他說，要去請示事頭，問明某某先生。廣州話「事頭」者就是老闆。那位夥計不久回頭來說：「某先生見妳大個肚子又拖住細佬仔過海不方便，特別情形，作個人情給妳，吃飯時候送一份上來給妳。」我立即算了三天飯錢給他。吃飯問題解決，心裡較為踏實，安安靜靜的休息了二三天。兩腳比較消腫，終於能夠穿上鞋子，不像前幾天兩腳腫脹，布鞋只能當拖鞋穿，真是狼狽不堪。

初五早上，我挺著一個大肚子攜帶著平女過海去香港探問船期，大郵船都沒有行駛，後來看到招商局有一艘新船定後天（初七日）下午二點開船直航上海，很適合，訂了房艙，拿了船票。心裡安定，輕輕鬆鬆跑到「陸羽居」飲茶，舒舒服服吃了一頓，然後去探望三叔三嬸。

他們習慣長期租住旅館，住在大東酒店內，開了相連的兩間房，居然在房內騎樓上自己開伙弄吃，亂糟糟的。三叔留我吃晚飯。我辭謝了，我說要早點回去休息。

回到彌敦酒店，整理買回來的雜七雜八東西直到吃晚飯時間，才下去逛彌敦道，隨意走進一家餐廳，點了一客焗石雞飯、碧玉珊瑚（叉燒炒芥蘭也）和一道西洋菜湯，母女二人吃得津津有味。

第二天應三叔之邀，過海又到大東酒店。三叔三嬸已起床，一會兒一同下樓吃東西。三叔說，他近來身體不適，去中環一帶的大酒店飲茶，太遠走不動。於是，我們就在附近小餐廳吃炒麵，然後送二老回酒店。閒聊了一會，向三叔三嬸道別，說，明天上船返上海了，有機會再來探視他們。我牽著平女沿干諾道走到永安公司，進去逛逛，在寢具部買了一床英國貨純羊毛毯子，輕軟又暖和，那條毛毯至今仍在我身邊，用了快六十年了。

初七那天，吃完早餐，整頓好行李，其實只是一大一小二只手提箱，一個雜物袋而已，很簡單。正想提早一點下樓吃午飯，三嬸和承模弟趕來送行。稍坐一會兒，便一同下去彌敦道一家餐廳點了幾樣菜，我做東請他們吃飯。然後再回酒店退房提領行李，呼來「的士」，連人帶行李一車直接駛到碼頭。三嬸原意要等到開船時再走。我再三央請他們回去，就此告別。事實上，船上正忙著在載貨，可能會拖到傍晚才開船。

我領著平女走進甲板下面的房艙中休息，果然拖到四點多鐘才聽見敲鐘開船，房艙中頓時便感覺到隆隆振動。開船不久便有茶房送來晚餐（那個時代，尤其是上海一帶，服務生都稱為茶房），菜色倒是不錯，只是油膩很重，飯太硬，引不起食慾胃口。我問茶房能否另煮點稀飯。他說：「大廚房是不可以的，他們沒有空。不過我私人可以給你煮。每次送餐時附加一小鍋粥，配上鹹蛋和大頭菜好嗎？」我很高興，立刻拿出皮包，問他需要多少錢。他說：「沒有關係，待吃完以後一起算罷。」一從香港到上海，一連幾天風平浪靜，船上很平穩。這次平女沒有嘔吐，暈暈的她每餐仍能吃一點稀飯，吃完就倒下睡覺。在船上經過三夜或四夜，記不清楚了。

又回上海孤島

在香港上船，搖了幾天幾夜之後，一天上午到達上海，蔡慶山來接船，逕直回到蒲石路友華村。我是二十九年元宵後離開上海，三十年元宵前回來，差一星期剛好是一整年。見到雙親健康還好，兒女們都乖，心裡面輕鬆多了。當然母親有一肚子說不完的話，我只能斷斷續續的一點一點聆聽。母親告知我許多她的心事，唯有一事，我至今尚記在心上。

有一段時間，蔡慶山因事去了南京，仁淳二兒上學放學的接送，便由紅卿妹代勞。那段時間大伯母、紅卿妹等借住在友華村。母親說，讓她這樣一個年輕女孩早晚經過鐵絲網關卡，在日本兵面前走過，真是提心吊膽的很不安心，心裡好難過。只好早晚默默拜求觀音菩薩，保佑紅卿平安。阿紅妹妹這份人情從來沒有正式答謝過，也不知該如何答謝。默默記在心上幾十年了。

那時的上海所謂是孤島，在公共租界和法租界之外是日本人統治下的世界，四面用鐵絲網圍著租界，平時留一個出入口，說關閉就關閉。生活在租界裡面的上海居，表面看來很平靜，美國電影照樣有得看，跳舞廳門口車水馬龍。但是，吃飯才是真正的大問題。

英法租界當局要掌握糧食，安定市面，於是實施糧食配給。大米來源有限不能自由買賣，每天每人限定多少米，一大早得去排隊買配給米。買回來的東西其中大約三分之一是米，是一些洋秈米米碎，其餘就是玉米碎，有時則混有一些黃豆或是赤豆、高粱、粺子、沙粒等雜七雜八的東西。有時還有部分碾碎的玉米莖幹，甚至於還有發綠長毛的。總之比現時餵牲畜的飼料還不如。不過有辦法的人經由黑市，還是可以過很奢華的日子，享受最好的東西。黑市市場中不必說白米、杜米啦，什麼東西都能買得到。上海人唸大為杜，杜米有一點黏性；另一種米粒較長，不黏的是洋秈米。

寬民出生

民國三十年，農曆辛巳年四月初六，清晨二點多鐘在上海法租界蒲石路友華村十一號寓所，產下民兒，經過十分順利。

他運氣不錯，初五那天晚上，蔡慶山的伯母來說，她鄉間剛出來一位婦女想當奶媽，身體健壯，奶水不錯。問我要不要雇用。我說：「好，明天帶她來，我請醫生看看她。沒毛病就佣她當奶媽。」白天奶媽才來，晚上他就出生了，下地就有奶水吃，不是運氣很好嗎？不過好運氣也只有幾個月而已。初頭四五個月那位奶媽表現得很溫順，後來慢慢變樣，常常為些瑣瑣碎碎小事與人吵架不休。孩子五六個月左右，有一天，我弄了些東西給孩子吃，她翻臉生氣，當場把食物丟掉，她說她的奶水足夠餵飽孩子，不需要吃其他東西。囉囉唆唆的說了一大堆。說著說著的露出馬腳來了，她說：「聽人家說來上海工作是淘金，現在每個月這點錢，怎夠回去買田地？」

原來她是要增加每月工錢。

我把蔡慶山的伯母請來，讓她告訴她，這份工錢不會少。要比上海市一般規矩的話，我給她的只有多絕不會少。而且，合約期限內沒有加錢的規矩的。蔡慶山伯母告誡她好好的做。

本來我心想就加點錢給她罷，但，又想到說不定二三個月後又要吵加錢，那要加到多少才夠她回鄉下去買田地呀？此例不可開！採用拖延的辦法拖下去再說罷。

寬民將近九個月大了，我再次餵他吃一點東西，奶媽又爆發脾氣，一把抱走孩子，說：「我的奶水夠他吃，不許吃別的。過了這麼久還不加錢，我不幹了！」

我臉色一板，大聲說：「好，妳不幹？馬上走！」就這樣，我開除了奶媽。

這一著反而驚動了錢家許多長輩，包括父親在內，數說我太激動了。他們說，誰的氣都可不受，奶媽的氣卻不可不受；孩子沒奶吃怎辦？我請長輩們都放心，我說我自己會帶好，我家不需要一個像皇帝似的奶媽。

孩子換奶會吵鬧是難免，但是這是正常現象。其實這個奶媽的餵奶習慣很不好，餵奶沒時間性，尤其是晚上。整晚她自己呼呼大睡，把奶頭塞到孩子口裡，讓他隨時吸奶。孩子找不到奶頭就會哭鬧。現在可是整個晚上都沒有奶頭了。

另一方面更糟的是，日本人限制運入租界的物資。所以，買奶粉也要憑身分證配給，奶粉品牌不一，三五天後就買不到同一牌子的奶粉。嬰兒腸胃不習慣，拉肚子又發燒。醫生說：這樣吃大人都受不了，何況是小孩。

於是，我索性不餵他吃奶粉，改用稀飯、細麵線等配著吃。睡覺前再多餵一次，夜晚不餓，半夜吵鬧愈來愈輕微。醫生用藥止瀉，調整腸胃。腸胃恢復正常再打一些營養針，後來接著又注射一種什麼膠性鈣。一個多月後整個人健壯起來。

奶媽走後孩子吵鬧不休的那幾天，天氣奇寒，冰天雪地大雪紛紛，房裡雖有火爐，熊熊的燒著煤塊。但，每一夜晚要起床幾次，收拾孩子拉肚子殘局，安撫他睡覺，熱被窩不停翻開，房門出出進進，又冷又累，每晚睡眠不足弄得頭昏腦脹。偏偏母親又來個嚇死人的事，我幾乎也要倒下去了。但，我沒有倒，反而勇氣十足，振作起來了。

養育孩子的經驗

這一輩子，孩子生了六七個，我自承不是一個很稱職的母親，有關養育照顧孩子們的好些事自己躲懶沒管，全讓母親替我操勞。

不過，話說回來，有些事我仍是很小心注意的。幾次生產過程中，有一些印象特別深刻。生產寬仁是頭一胎，免不了事事謹慎。那時我們住在上海法國租界內馬浪路的新民村。我考慮去醫院裡生產。母親不同意。她說：「在家裡生產比較好。時候到了，請一位醫生回到家裡來接生就可以啦！」她說，這樣的話產婦嬰兒都在家，大小兩個她都可以親自照顧。

母親依照她自己的一套傳統規矩養育孩子。她照顧嬰兒大概是這樣的：當嬰兒出生擦拭洗乾淨後，大約已有一二小時了，首先餵食幾滴黃蓮水，所謂是要清除胎毒。黃蓮水很苦，剛出生的嬰兒會皺眉頭表示抗議。再過一二小時後便餵食幾滴蜂蜜水，嬰兒會吸吮，吃得嘖嘖出聲。嬰兒不定時會有糞便排出，開始時糞便是黑色，漸漸色澤變淺轉成黃色，這時才讓嬰兒開始吃母奶，這時大概已是出生後二十多小時了。

當年在潮汕，大伯母生產的那幾個堂妹堂弟都是請一位接生婆來家裡接生。然後大伯母坐月子要調養，嬰兒的照顧，產婦嬰兒不同的飲食等，這一切全是我母親一手包辦的。每一次過程都是順順當當、平平安安的。

母親一再根據她的經驗說明她的主張，我就順著她的意思啦！

新民村隔壁就有一間「惠生婦產科診所」，主持人是一位韓國籍的女醫生。那時代大家都稱韓國人為高麗人。我就去診所掛號，定期去做產前檢查。

這位高麗女醫生是去日本學醫，來到上海開一間私人診所。她的手術動作敏捷，乾淨俐落。接生過程可把母親嚇壞了。

依照傳統，小嬰兒出生臍帶剪斷以後，連著肚子的這一段立刻打一個結便包紮起來，而且是絕對不能碰到生水或冷水的。

這位高麗醫生卻是把臍帶剪斷打結以後，便把整個嬰兒泡進水裡，手指裹著紗布，清洗臍帶頭，甚至於挖開裡面洗，徹底的洗。母親嚇壞了，大叫：「臍帶頭怎麼可以用水洗呀！妳是不是在洗豬腸子呀？」高麗醫生說：「就是要這樣洗乾淨才好！」

嬰兒洗好，擦拭乾了。高麗醫生在臍帶頭裡撒上一些黃色藥粉，把嬰兒包紮好，然後交給母親抱。

嬰兒的第一夜，母親後來說，她一夜都擔心得睡不著，不斷爬起來看看嬰兒，摸摸嬰兒額頭，怕他發燒，生怕發生什麼事。

嬰兒很正常，沒事！

第二天，醫生來為嬰兒洗澡，同樣再把臍帶頭大洗特洗。母親對醫生說：「妳這樣洗臍帶頭，這個孩子我不敢帶！妳要每天來替他洗澡，洗到他臍帶掉落……」母親話還未說完，高麗醫生微笑對母親搖搖頭說：「不是洗到他臍帶脫掉！這第一個月裡，每天我都要來替寶寶洗澡。這第一個月我有保護嬰兒健康生長的責任！」她的中國話說得結結巴巴很不流利，一面說一面兩手比比劃劃的。

她說，嬰兒的骨骼極為柔軟脆弱，頸骨、背椎、手、腳等骨骼很容易被扭到。有時嬰兒在胎中也會被扭到。有些嬰兒被大人弄傷了都不知道。她強調：洗澡是讓嬰兒伸展手腳運動的時候，同時可以觀察他的四肢動作是否正常。

總之，我了解了嬰兒每天要洗澡是一件很重要的事。高麗女醫生為我示範如何洗嬰兒，並且說明得很清楚。

讓嬰兒的小屁股坐在水盆裡，大人張開左手掌托住嬰兒的頭和頸背，並用大拇指和中指分開按壓著兩邊耳孔，防止進水，這樣嬰兒的頭不會亂動。右手抓紗布沾水擦拭身體。最後用一點水沖淋胸口，給他一點點刺激有益於肺部發育。

後來幾個孩子生產後，產科醫生每天來替嬰兒洗澡，我都在旁仔細觀察，直到滿月後，我才接手自己洗。

幾個孩子我都是親自替他們洗澡，直到大概會走路或是會說話時才讓別人替他們洗。

老二寬淳是在南京四牌樓出生的，接生的醫生是從英國留學回來的。他的接生方式是第一天不用水洗。嬰兒出生後，醫生用一大塊棉花沾了一種油，用油擦拭嬰兒全身。第二天才用水洗。

說也奇怪，平女生下來才只有幾天大時，醫生替她洗澡，我在旁邊看著，發現平女的左手掌心經常向上，整隻左手臂好像有一點向外旋轉。我要醫生特別注意一下。醫生笑一笑，說我很細心，居然看出這一小點不正常的毛病。她說，她早已發現了。她說：「我已檢查過她的筋骨無礙，這一點沒有關係，是在胎裡壓的，自然會正常的。妳如不放心，就包紮一下罷！」說完便拿一卷紗布把平女左手臂包紮起來。每天洗澡完畢，便重新包紮一次。大概是包了五六天罷，左手臂扭轉回來正常位置就不再包紮了。

從此我更加重視嬰兒的洗澡，很不放心讓別人洗。

頭二個孩子我自已餵奶，平女出生後我奶水不足，餵她牛奶會引起嘔吐。結果是張瑞棠太太替我們找來一位蘇州奶媽。這位奶媽很負責任，跟著我們去香港、去韶關，後來我們搬回上海她才辭去。

民國二十七年，因抗戰全家逃難避往香港，住在灣仔軒尼詩道，生下薇女。每天我親自替她洗澡。薇女有一個保母，是個無知鄉婦。每天負責沖泡奶粉、洗尿布，晚上照顧薇女睡覺。

為寬薇接生的醫生推荐一種育嬰奶粉，商名是「牛力果大」。我們直接向經銷商訂貨。經銷商不僅僅是定期送奶粉來而已，每二三天便會有一位小姐、育嬰專家來家，指導我們沖泡奶粉的正確方法，檢視嬰兒，稱體重，檢視嬰兒糞便等等。寬薇滿月後，她就每週來一次。

無知識的保母常常會趁我不注意時，多用一點奶粉泡奶，以致薇女體重超過標準，長得胖胖的，大家叫她「肥女」。營養顧問來訪問，發現不正常，提出警告，她仍然我行我素。

寬薇大約六個多月大時，有一天，承庸弟來訪。我在客廳陪他聊天，忘了該定時為薇女洗澡。寬薇的保母看我與承庸弟聊得起勁，便自行帶薇女去洗澡。

我們在客廳坐著，突然聽見薇女慘叫大哭。我連忙衝進房間，只見那鄉婦抱著脫得光光的寬薇，寶薇滿頭滿臉都是血。我一把把薇女接過來，只見額頭正中央還在噴血，我立刻用手掌緊緊壓住止血。

原來那保母每天看我替薇女洗澡，好像很輕鬆。見我與客人談話，她一時技癢，便自行替她洗澡。不想嬰兒一下了水，她就抓不住她了。薇女倒下去正好額頭碰在搪瓷鐵盆的邊緣。

一連五個孩子都是我親自替他們洗澡，平安無事。就這麼一次疏忽便闖大禍，害得寶薇跌破了頭。額頭上留下來一個疤痕。

走筆至此，想起抗戰時代種種。日本是早就在算計我們了。民國二十五年，我懷孕後就有軍政部中眷屬所推荐的一位婦產科姓呂的女醫生來為我做產前檢查。這位自稱來自福建漳州的呂醫生態度非常和藹，待人殷勤客氣，手術不錯、乾淨俐落。平女是她接生。第二年生冷女也是請她來家接生。

不想「七七事變」不久，這位呂醫生便被拘捕，槍決伏法。原來她是個日本間諜，以婦產科醫生的職業身分作為掩飾，在我國政府各部門高級官員家中進出與官太太們接近打聽消息。

炭爐取暖母親中毒

農曆十一月十九是宇飛的生日，依例母親會準備三牲拜神，為宇飛祈福。晚餐會豐盛一點，我便邀請一些親友來吃飯。上午，寬仁寬淳兩兄弟便去了興業里，準備下午陪外祖父過來吃晚飯。

午飯後，母親呼人生起大煤爐燒熱水，她想要洗澡。我說，過二天天氣暖和點再洗嘛！因為浴室空間很小，沒有安裝煤爐，每人洗澡都要在浴室內另用木炭燒一個火盆，天氣太冷就嫌火盆小不夠取暖。母親說：「就是天冷，泡泡熱水才舒服！」她堅持要洗。

不一會兒，火盆、熱水都齊備，火盆中特別多加木炭，火燒的旺旺的放在浴室地上。母親關門洗澡，我回房裡哄民兒睡午覺，他不肯睡，在床上玩玩吵吵。

浴室和臥室都在二樓。

葉家大表姑來了。她在樓下一進門，我在二樓房間裡就聽見了。說起這位大表姑，用現代的說法，她可是一位女強人啊！結婚後大約十年，丈夫去世，她沒有生育。但是，她在社會上的工作能力很強，性情豪爽。曾在稅務機關服務。能說上海話，是個老上海。大表姑住得不遠，每隔三五天她都會來我們家消磨時間，吃完晚飯，十點多鐘才回去。

大表姑一面上樓梯一面就大聲呼叫，她稱呼母親為「二表嫂」。

我從房間出去迎接她，走過浴室門口敲敲門，對門裡說：「大表姑來了。」轉身過來對大表姑說，母親在洗澡。大表姑隨我進入房間，脫下大衣圍巾，一面逗孩子一面說：「洗澡？洗了多久啦？」

我感覺到洗澡這麼久，再跑去敲門，叫了好幾聲裡面沒回應，彎腰下來對著鑰匙孔看不見什麼卻聞到一些怪臭味，我立刻大聲呼叫老蔡，叫蔡慶山趕快上來撞開浴室房門。

浴室房門撞開，只見母親橫躺在門後邊昏迷不醒，衣服已穿好、鈕子沒扣完全。老蔡伸手進去把門後火盆推開，房門才能大開。他進去抱母親出來，送到房間床上。在這同時，樓下老媽子和一二個鄰居婦女們跟著上樓來，我就叫她們把二樓三樓所有對外窗戶全數打開。我急轉身，把手上抱著的民兒塞到他自己的欄椅裡坐定，把房門關上，不讓臭氣進去。

我那時真是非常的鎮定不亂，動作也快，我擠在老蔡前面，把大床拉近窗邊，打開全部四扇大窗，回身拿棉被墊好讓母親上半身斜靠著，呼叫老蔡趕緊去請醫生並通知父親。

房間內擠進來幾個婦女，有人放聲大哭，有人說抱到曬臺上去澆噴冷水，七嘴八舌。我大聲叫她們通通出去。

大表姑一屁股坐到床上，一手撈著母親，伸手一把，把母親的頭髮聚在一起，向上提起，拉得緊緊的。後來才知道這是一種救急方法，俗稱「吊氣」。

我翻出一個銅製的「湯婆子」和二三個橡膠熱水袋，立刻叫人去灌滿開水。二隻熱水袋緊貼在母親的腳底，一隻放在她肛門邊上，希望能幫助維持她的體溫。身上蓋上二床絲棉被，只露出頭部和臉部。這樣做法，那時根本就不知道對不對。我叫她、搖她，怎麼搖也搖不醒。突然想到用冷水刺激她，立即拿來一大漱口杯冷水，一條毛巾給大表姑，心裡好難過又害怕，潑冷水會不會更糟，但醫生還沒來，別無他法，只好試試。忍著心痛，用一支調羹舀一瓢冰冷的冷水潑到母親額頭眉心之間，大表姑很合作立即用毛巾吸掉流下來的水。我再潑一口，又一口的潑下去。

這時，此時父親、姑姑和彩明三人帶著寬仁、惠生等進房來，大家都沒說話，站在旁邊看我和大表姑實施急救。

寬仁擠過來說：「用人工呼吸法！」我說：「人工呼吸法！怎麼做呀？」一方面，我又端起一瓢水，看準部位，對著額頭潑上去，母親輕微的唔了一聲，有反應了！這時醫生來到，醫生急步到床邊，說：「讓她睡平。」

醫生把棉被拉開，在母親胸口按了幾下，母親唔的更大聲了，好似吐出口氣，醫生急急為她打了一針，然後又用兩種針藥和在一起再打一針。

我大聲呼叫她，母親慢慢睜開眼睛，好似知道我在叫她，輕輕說：「好痛。」醫生在聽診，聽診胸腹之後，翻起她身體要聽背部，才發現背上燒傷一處，約有手掌大小一塊，已紅腫鼓起水泡。原來是她迷糊中倒下時，倒在火盆邊上被炭火燒傷了。我問醫生怎麼辦。他說：「應該看外科。不過現在緊急情形，我來做。我能做，妳放心。」

他放下聽筒，拿出剪刀，剪破水泡，先用紅藥水擦洗乾淨創口，再用口服的消炎藥丸壓成粉末，撒到傷口上，然後又用一疊厚厚的紗布塗上一種藥膏，貼到傷口上封好，最後又打一針，說是消炎止痛的。他回過身來說：「病人雖已甦醒，但未完全恢復，體質過弱，預防晚上會休克，需人看守，你家這麼多人，輪流看護，不可大意。」

他又對我說：「妳們的救急法非常合理。我很佩服妳的鎮定。」

醫生姓許，是汕頭人，我們開始與他說汕頭話，他好高興，一下子就變得好似老朋友一般。約定改天再來便告辭了，老蔡跟他回去拿藥。

那天正好加菜，晚上約父親過來吃飯的。緊張事情已告一段落，我下樓去廚房，有一鍋洋芋排骨湯煮的稀飯已經煮好，那是專為民兒準備的，打開蓋子只見上面一層較稀的米湯，於是盛了大半碗上樓去餵母親吃。此時老蔡回來，丟下藥包，對父親等人說：「我下去炒個青菜就吃飯，老太爺、表姑太，你們先喝酒。我今天作了一個鹽焗雞，看起來很不錯啊！」

我讓母親吃了藥，要他們大家一起下樓去吃飯。我說，我一面餵民兒吃飯，一面在此陪著母親。民兒吃吃吵吵的，小碗稀飯吃下去，再吃點洋芋和湯。

父親一行人吃完上樓進房來，泡了一壺好茶與大表姑品茗聊天。我獨自下樓去吃飯，才感到喉頭乾硬吞不下去，泡點湯胡亂吃兩口算了。回進房去，見他們喝茶喝得高興，我也來一杯，熱熱濃茶喝下去，喉頭舒服多了。

閒聊一回，父親站起來告辭，帶領二姑姑、彩明和惠生走了。父親三人走後，大表姑對我說：「妳放心，我今晚在此陪妳。我雖不是醫生，多個人壯壯膽。」那天她陪著我，在母親床邊守了一晚。母親一夜安睡無事。第二天早晨，我特別讓老蔡送大表姑回去。大表姑臨危鎮靜、不慌不亂給我很大的鼓勵。在床榻邊陪我通宵，這點可貴人情，我永遠記得。

幾天後，母親神智完全恢復，但是，她說她全身酸痛，腿軟無力，站不住。請來一位張醫生每天來家替她注射滋補針藥。

後來有一天，蔡慶山說起他當時的慌張。他說，我讓他去打電話告訴老太爺，他跑到弄堂口的洗衣店借打電話，電話一直撥不通，洗衣店老闆看他忙忙亂亂的便問他撥幾號，他說是「三二零三五」，老闆說上海的電話沒有這種號碼。最後他是騎了腳踏車趕到興業里去報訊的。父親家裝有一支電話，號碼是「七五二三九」，老蔡當時一急，反而想不起來了。「三二零三五」是南京傅厚崗家裡的電話。

過了年，有一天顧家六表嬸來拜年，來探望，言談中她說起有一位按摩師，能治病，也治病後復健，效果很好等等。我問清楚了按摩師的地址，心想不妨試試。第二天我就帶著母親下樓，叫來一輛三輪車，坐上車才說出地址，那三輪車伕就連連說知道，他說那位按摩師是很有名氣的。三輪車載我們到了同孚路某巷某號，進去看看已有人在診治中，另有二個病患在等待就診，其中一位躺在木板床上，毫無知覺，有如死人。據他家人說，已經治療一個多月了，天天來，醫生說快要有反應了。

母親對我說：「人家看了這麼久都沒起色，我不要來！」

輪到母親就診，我在一旁看著，我覺得那位按摩師用心用力，手法純熟很有一套，並沒有江湖氣息。一套按摩做下來要三四十分鐘。於是，我堅持每天帶她來，請按摩師為她按摩。偶然我們會遇到那個躺在木板床上的病人。有一天，突然聽到那位無知覺病人好大一聲的「呀」接著哭泣起來。過了三四天又遇著了，他已不是躺在木板床了，他家人讓他坐在一張太師椅上，連人帶椅抬進來就診。看到別人痊癒進步，使得母親和我對按摩師更有信心，我們持續的每天去按摩。

這位按摩師為母親的治療法是按摩整個頭部和頸部，按摩完畢給喝一杯溫開水，並靜坐休息十分鐘後才讓我們回家。

經過四五星期的每天按摩一次，明顯的看到母親的健康漸漸進步，胃口恢復正常。她又開始有興趣帶領著小泠子去逛街。買東西會跟人家討價還價了。有一天，她出去逛街，一口氣逛遍了永安、先施和大新三家大百貨公司回來。於是，我就不再帶她去按摩了。

這是民國三十一年初春的事。

說到買東西討價還價，母親的原則是按開價的一半再打八折還價。換句話說，就是以四折還價。她很會與店家磨牙。後來，寬泠會還價買東西，她這項本領是從外婆學來的。寬泠能走路，因為自小便被外婆領著去行街。

民國三十年十二月七日，日本又掀起太平洋戰爭，向東進襲珍珠港正式向美國挑戰，華南方面則攻佔香港，向南洋用兵，一個多月攻佔馬來西亞、新加坡，英軍敗退至緬甸。在上海，日本勢力正式進入租界。

第十一篇 走向西南大後方（民國三十二～三十三年）

三十一年元旦，中美英蘇等二十六同盟國發佈宣言，聯合對抗德意日軸心國，我國終於列入四強之一。我國同時派出遠征軍進入緬甸協同英軍對日作戰。四月二十九日日軍攻陷臘戍，切斷滇緬公路。美國開始以飛機飛越駝峰空運物資援助我國。

薛岳在長沙第三次再大敗日軍阿南惟畿。

我們住在上海的日子愈來愈不好過。食米按人口配給，經常要全家出去排隊。米不僅是陳舊的碎米而已，裡面經常混合不同的豆類或是雜糧，紅豆或是玉米，還有砂石。

李秀英來迎接

民國三十二年（一九四三），秋。

有一天，汪先章的妻子李秀英突然出現上海，來到友華村。她帶來宇飛的一封親筆信，信中說是特派汪先章前來上海接取我們全家人，去貴州省的安順縣；詳細情形由汪面告云。可是汪先章本人並沒有來，而他的妻子李秀英來了，我以前並沒有見過她。

據李秀英說，汪先章自三十年請假，從重慶回到浙江奉化老家，在鄉下參加游擊隊打擊日本人。最近和老闆（宇飛幾個親近部屬談話都稱宇飛為老闆）聯繫上了。老闆要他來上海接太太等人去大後方，沿路照顧。

汪先章曾經是游擊隊裡的頭目，不便進入日本軍佔領的城市，例如，奉化和寧波等地，怕被人認出他是游擊隊就有麻煩了。於是，他便只在溫州等候，讓他妻子替他到上海來迎接我們。

李秀英的籍貫也是奉化，我們要去大後方必須經過寧波和奉化這一帶，她是當地人，路徑較熟，方言可通。總而言之，她是奉派的代表來接我們到溫州與汪會合，事情就是這樣，只好準備啟程。而且自從一九四一年底日本人偷襲珍珠港發動太平洋戰爭之後，已經公然進入租界實施佔領管理，上海的孤島形勢完全改變，我們是抗日「重慶份子」的家屬，非走不可。

那麼友華村的房子怎辦呢？總不能交給房客就走罷。一樓租給孫家，孫桐崗一家三口。孫桐崗是一位有名的飛行員，他是第一個把歐亞航空公司一架客運飛機，從柏林飛回國內的中國人。二樓全部我們自住，三樓一個房間租給一對姓葛的年輕夫婦住著。我們搬走，這情形必須有人看管才行。

母親說，我們母子幾人去後方，她留下來看管房子。我不答應，蔡慶山也不贊成。我想到大伯母一家人仍住在華界，於是便問子常弟，大伯母可樂意搬到友華村來住？住租界內比住華界的環境治安會好一點，租界內的日用食物可能會比華界昂貴一點，不過可省下每月一筆房租，收來一、三樓租金應付捐稅、水電足夠。房客或地方上如有瑣碎問題，就麻煩子常弟代表處理。大伯母和子常弟欣然同意接受代管房屋，房子問題既解決，就準備啟程。

個人隨身衣物、日常應用物品，所謂是一切細軟便於打包裝箱盡可能帶走，笨重行李當然仍留在友華村。辦理通行手續、購買船票等事宜，委請宇飛的一位老朋友鄒讓卿先生代辦妥當。

寬仁為這個旅程感到興奮無比，他準備了一個小日記本，第一頁貼上一張郵票，特地跑到馬斯南路口的郵局，讓郵局為他蓋了一個郵政日戳。日戳上的第一個日期是民國三十二年十月二十七日。

農曆十月初一日，母親準備了三牲謝神，祈求菩薩保佑我們全家一路平安。初二動身啟程，直往外灘太古碼頭上了輪船「新寧紹」號。鄒讓卿送我們上船。

翌日清早到達寧波上岸，沒覓住處，只是街上市場隨便瀏覽，吃飯。然後改搭小火輪，還有其他一些客人，大家擠在一起都在艙面上。臨要開船又上來幾個日本兵帶著槍械等武器，也擠在艙面上，聽他們嘰嘰咕咕講話，不知道他們會不會變臉，一路上提心吊膽，心裡實在不是滋味，幸虧沒事。

小火輪走了多久已記不清楚了，傍晚時分到達一處地名大橋，找到一家飯店兼客棧住宿一晚，其簡陋骯髒，不必多說。

尚田阪月黑風高

第二天，汪太太發揮她奉化鄉土語言的作用，經由飯店老闆找到地方上的保甲和地頭蛇接洽，雇來幾輛此地唯一的交通工具，人力拖拉的黃包車以及幾名挑伕。保甲就是今天的鄰里一般，每保有保長，每甲有甲長。

婦孺們坐上黃包車由車伕拉著走，行李箱籠分成幾擔，綑紮好交由挑伕挑。我們這一行列雖是十幾人，但多是小孩婦女，壯丁只有老蔡一人，他徒步在行列裡前後照顧。七八擔行李，大小箱籠比人多，七八輛黃包車在郊野田埂上，從頭到尾好幾十公尺長，十分惹眼。

中午走到一處村落，地名是尚田阪，吃飯稍事休息後，又再上路。在大橋附近尚可看見三五成群身穿土黃色軍服的日本兵，尚田阪附近則只見有打著「和平救國軍」旗幟的部隊，那是汪精衛南京偽政府的軍隊。和平救國軍在路邊設有檢查站，檢查站按規收取行李檢查費，不論大小每件收費「儲備券」（南京偽政府中央儲備銀行所發行的鈔票）一百元。我們共有行李二十一件，照付二千一百元。順利放行。

近傍晚時走到一處，車伕挑伕都停下不走了，嚕嚕囌囌的訴說了好半天才弄清楚他們的意思，他們說，他們不敢往上去了，要我們自己走上去。我在車上站起來，前後左右眺望一下，我明白了，我們來到了一般所說的三不管地帶。

那時是抗日戰爭時代，日軍進攻，我軍抵抗，兩軍之間的地帶所謂是火線。有戰事時火線上是槍彈橫飛不可能有人在其中通過的。日我兩軍沒有戰事時，當然就有人通行其間了。

日本軍隊攻佔一地之後，有時會把地方交給「和平救國軍」駐守。國軍反攻時，「和平救國軍」有時是不戰而退，有時也會助日本軍一臂之力。三方軍隊都撤退的地方就成了三不管的地帶，可是三不管的地帶仍然是有人在管的。誰管？自有一些有能力的山大王在管。山大王者可能自稱是所謂的抗日游擊隊也可能根本就是土匪。

想想既然來之，退回頭是不可能的事，要前進真得動動腦子才行。

我看前面，再前走五六十步是一處斜坡，坡上面十多級石階，到達一幢古老高大房子的大門口，相當寬大，又望見後面尚有幾間古老舊宅第房子。坡前是一大片菜園子，園中有一條蜿蜒小徑通往一處村落。我們沿著大路走去，勢必要由石階上去穿過那個大門側邊，才能繼續走上大路。大門前面和石階上正有十來個不三不四散兵一類的人物，穿得不倫不類，有國軍的服飾也有日軍的服飾，有幾人肩膀上還扛著一支步槍。

我一面在看，心裡也不斷盤算，他們會不會阻擋我們，會放我們通行麼？

就在這時，我看到石階邊斜坡上面插有一支白布旗，風吹旗布飄搖，看了幾次才看清，旗中的字是「中央某某保安隊」。我靈機一動如獲至寶，好，有題目就可寫文章了，既然是「中央……」那麼中央必有大軍在附近。「中央」對他們多少會有點壓力，再想起一句俗話，「賊也是人，人怕賊，賊也怕人」嘛！

我把蔡慶山叫到車旁，低低對他說，不要怕，也不可冒火否則就慘。他既是「中央……」那麼他們的頭子就應該是個官；我們就用中央為題目，不要與這班小嘍囉打交道，要他直接去找隊長說話，一方面用點威嚇、一方面要誇獎他。小心不要暴露我們的身分，讓他摸不著頭腦才好。不可亂了方向，給他看穿就慘了。我一再指點蔡慶山，最後，我問他：「你懂不懂我的意思？」老蔡點點頭。我說：「你先上去找隊長，把他請出來，

前面是游擊隊隊部。

我親自和他說話。」

老蔡上前踏上石階，有一個持槍衛兵攔住他和他說話，然後另有一漢子引著老蔡一同下來，老蔡回到我車邊。那漢子卻走向村裡去叫隊長。

很快田徑那邊出現一個莊稼粗漢，一身灰布衣服，腰上插著手槍。一路走來望著我們這一堆人。我心想，他可能認為肥羊到了。

他回身慢慢的走上石階，我下車和老蔡一同跟他上去，走到大門口他站住轉過身來，我立即先開口：「尊駕是隊長嗎？請問隊長，今天上午由後方臨海過來的一隊弟兄，應該已見過隊長了。請問隊長安頓他們在哪裡？」他好似愣了一下，說：「沒有人來呀！」他轉身問旁邊的人，大家都搖頭說沒有人來。

我說：「我們聯繫好的，臨海有人前來迎接我們。約定時日他們應該會比我們先到。既有隊長在此，照理他們應該先來見過隊長，報告到來的任務才好，怎麼會還沒有到呢？」這時老蔡又故意靠近我，低頭低聲，說了一大堆話，我啊啊連聲表示會意，又抬頭向遠處四面觀望。我們二人故意製造一點氣勢，讓那隊長摸不清楚。

我回過頭對那位隊長說：「你是中央派下來的保安隊隊長，我們是自己人，坦白對你說，事情是這樣的，我們是中央軍的眷屬要去大後方重慶，聽說這附近一帶不太平，不敢走，所以聯繫好了。臨海那裡派一隊武裝弟兄從這條路上來，到此迎接我們。早知道有你貴隊長在這裡維持，就無需這麼麻煩了。真是謠言不可信。現在我親自經過，這裡平平靜靜、治安良好。隊長你真是了不起，默默保衛地方，不慕虛名。你放心，到了大後方，我一定給你報上去。上級應該知道是你在這裡鎮守前線，維持治安。」

說話之間，黃包車裡的老老小小以及一擔擔行李都上來了。我說：「隊長，可以讓我們過去啦！」

隊長說：「你不要這樣說。現在天已黑了，前面小路實在不好走，而且要走好幾華里才有住宿處。你們不如在這裡住一晚，明天一早上路較安全，好嗎？」我心裡想：不好又能如何。於是回答他說：「既是隊長熱心招待，我們就不客氣打擾一晚啦！」他一方面和我談話，一方面用土話向他左右發號下令。回頭對我說，他是叫人立刻去煮飯。這時才讓我們跨進大門，進入一座大屋。有人協助挑伕把行李安放在大門內角落裡，用許多麻繩圍繞綑綁起來，老蔡趕快把晚上需用的被袋拉出來。我看在眼裡不知道該說什麼，心裡想是要把人與行李先行分開嗎？也許這是第一步。也許人家是好意，防範黑夜裡有人偷竊行李。綑在一起可以防止偷竊。

這時有人來吆喝吃飯啦。外面天黑得很快，屋子裡更是一片漆黑。有人帶路，曲曲折折、高高低低，我們扶老攜幼的經過一處天井，進入一個大廚房，嗅聞到一陣米飯香味。廚房中間安放一張很大的老舊方木板桌，旁邊架著一大鍋熱騰騰半乾半濕連著紅皮的糙米飯。

心裡雖然沉重，無奈肚餓飯香，坐下來吃了一碗，滋味的確不錯。生平第一次品嚐這種紅褐色米皮的糙米飯，以後的幾十年來也未再見過那種米飯。

吃完飯出來，隊長迎上來，邊走邊說，他已經為我們安排好住房。走到較像樣的那一進，他指著旁邊掛有布門簾的一房，說那是他自己房間，今晚特別讓出來給老太太住，寬仁賴著要跟外婆。隊長雙手攤開，好似讓客也好似趕鴨子，把母親和仁兒送進房裡去。回過身又帶領著我們幾人往前走到後面一進，指著旁邊一間房讓我和汪太太住。

房內有二張床，老蔡急急忙忙拿出我們自己的被褥鋪到床上。隊長伸手指向前面那一進屋子，就是剛剛進門那一進共有三四個房間，給老蔡一家人住一間，其餘的是他們自己人住。挑伕和車伕，一個都不見。

我心想他把我們人都分散開，這是第二步。如果真有問題發生，人質在他手上，他佔著優勢。不過真有中央軍來迎接的話，他自然不是對手。所以他有一點顧慮，不敢太過份罷。心想且看他第三步如何安排。

他把我和汪太太讓進房裡，趁老蔡鋪好床墊出去，他就站在門框上斜斜把身體貼到左邊門框，伸出右手撐到右邊門框上，阻住老蔡不得進來，老蔡便只好站在他背後。我看他擺這姿勢，可能要開談判或是盤查我們底細。我不等他開口，就先發問：「隊長，謝謝你，打擾了半天，飯也吃了，還未請教尊姓呢！」

他回答說，他姓竺。我立刻問他和竺鳴濤有關係嗎。他說：「竺鳴濤？他是我們族長。」傳統鄉村間的族長，就等於是一鄉一族的皇帝一般。他接著反問我：「妳認識他？」我回答他說：「何止是認識，是老朋友啦！他知道我們今天會經過這裡。」我又接著說：「這一帶應該屬於李默庵集團軍總司令的管轄地罷？現在他人在哪裡呀？我可以把你名字報給他！」我就這樣用大剌剌的口氣說話。隊長看著我沒有說話，汪太太接著說：「李總司令是我們老太太的乾兒子啦！」

汪太太是個口沒遮攔的人，要就不開口，一開口就是嘰哩瓜拉的東扯西扯。她問隊長見過八十八師的蕭師長沒有？又說蕭師長是個多好多好的好人，她上次經過這裡，蕭師長很客氣的招待她。要派武裝兄弟來接我們就是蕭師長派來的。說了一大堆。

我接口說，蕭師長蕭冀勉是我們的親戚，關係很密切，他為人很和氣等等。然後我口氣一轉對隊長說：「你這裡需要什麼補給，我替你轉達，他一定可以做到的。可惜沒時間，不然我可以介紹你們見面認識，尤其在這裡前線打日本鬼子可以互相照應。」

他看看汪太太又看我，望來望去。此時老蔡取下手腕上的手錶，送給他。他好似著火一樣跳起來，大聲說：「我不是受賄的人！」我怕他一翻臉就麻煩了，趕快說：「隊長開玩笑，說得這麼難聽。這一點點小東西算得了是什麼？隊長熱心招待，我們心領。留一點紀念品，紀念我們這次的認識。務必請你隊長收下。」他說：「好，是紀念品，我收了。你們早點休息罷！」說完欠身告退。

隊長走了一會兒。隔著一進房屋，聽到前面打人的聲音，是一名拉車的車伕被打得又哭又叫的。我們在房裡聽見用扁擔打人的聲響，斥罵的喝叫，挨揍的哀號。有幾個人在輪番的打，打了一陣又一陣。一會，終於平靜了。

第二天才知道是母親從房間跑出去勸阻。他們說是老太太講的人情才歇手不打那車伕了。打那車伕的原因，是那車伕傍晚說了一句不該說的話。我們一大夥進入大門時，他說了一句話：「進得去，出不來啊！」被人家聽見了。一直到了晚上，那位隊長才讓手下把那車伕綑綁起來，用扁擔抽打算帳。

那一晚，我提心吊膽，不敢睡著，豎起耳朵聽聽，偷偷往外面看，提防他們會有什麼行動。門外只見一片黑暗，沒有動靜。

迷濛中，天還沒亮，已有小嘍囉來到門外大叫：「好起床啦，早飯已做好啦！」大家起來急急忙忙收拾行李，到後面再吃一餐紅皮糙米稀飯。的確很香，好吃！

吃完出來，天已微亮，隊長正在指揮人手幫忙綑行李，並且叫車伕們先下去整理黃包車在路邊排好，然後才是行李一擔一擔挑下去。

小嘍囉們做事很認真很賣力。我拿出一點法幣鈔票，錢的數目是忘了，應該是不算多也不能說少罷，給他們補貼伙食。隊長說：「伙食不需要花錢。米是老百姓送來的，蔬菜是弟兄們自己栽種，不收錢。」我說：「那就請隊長賞給弟兄們買香煙抽罷，弟兄們辛苦了。務必請你收下！我到大後方一定把你報上去，中央不會虧待你的。」

隊長終於接下我的錢，一面道謝一面送我們到大門外石階口，一再鞠躬行禮。看情形好似驅瘟神一樣，巴不得我們快點離開更好。

隊長另派人引導我們到村口大路上才回去。

到大路上走著，走著，車伕問我：「妳們是什麼人物？妳們用的是什麼方法，人和行李都平安過來。還請妳們吃二餐飯。從來沒有妳們這一家運氣這麼好的。」那車伕就是昨夜挨揍的。我回答他：「你是不是昨天晚上挨打得不夠，還想挨打，是嗎？」他伸伸舌頭大步快跑，不再說話了。

中午經過一小村落，在簡陋的竹棚下打尖吃午飯，下午換了一條田埂小路前進，黃包車左右顛簸，當天下午黃昏前，到達了外寧海，那是寧海縣。因為會與臨海縣混淆，大家就把寧海稱為外寧海。黃包車的旅程到此為止。

住進一家客店，其髒陋不必說，只說床鋪罷，那是用橫七豎八的木柴條胡亂釘成一個架子，上面用竹片、蘆管、木條等鋪成床面，再上面鋪一層乾稻草，這就是客鋪了。我們在稻草上面再鋪上自己的被墊，躺睡下去，不但是高高低低的令人不舒服，整張床架吱吱聲不斷令人不敢挪動身體；還沒有睡著呢，不知道是臭蟲、虱子抑或是跳蚤來襲。整夜這裡癢癢的，那裡癢癢的。民兒也睡得很不安靜。

天亮起床，發現寬民被蟲咬得最嚴重，雙腿從上到下一堆大大小小紅包包，好似繡上一樹紅梅花。他抓著長褲管磨癢，我叫他不要磨，磨破皮就麻煩啦。半天下來，紅包包終於被他磨破皮，流出黃水，一路上沒有清水可洗，腿上爛肉散發出臭味，他不願給人家看見他的爛腿，每天起床後便拿條被單把雙腿包蓋起來，不讓人看見，可是越是包著，悶得越臭。

第二天，大家的精神都很好。汪太太出去接洽雇轎子供老弱婦孺，雇腳伕挑行李。挑伕轎伕都是這本地人，說話很難懂，常為些瑣碎事就刁難不走。

正在煩惱時，不知何時路上出現一位單身行路客人，與我們走的同一個方向，走近一看原來是同住上海友華村中某一家的廚師，他與蔡慶山極為熟稔。他家鄉就在前面某處，正要回家，於是就與我們結伴一起走。一路上不斷協助我們與腳伕們溝通，後來發現他是個虔誠的基督徒。

終於捆好行李，順利上路；轎子才抬上肩，轎夫又卸下竹槓來說，轎子裡大人又帶小孩，太重了，不好抬。他們不肯抬，指說寬薇和寬民兩個孩子太胖、太重，抬著上坡不好走。當地習慣是讓小孩坐進籮筐中，用扁擔挑著走。

我懷疑小孩坐籮筐妥當嗎？那位基督徒說：「這裡一般小孩都是坐在籮筐裡挑著走的。」既然是這樣，入鄉隨俗，我就安排薇女和民兒二人坐進籮筐。可是寬民緊緊拉著我不放手，大哭大叫又跳腳的不肯坐進去。那位基督徒說：「這樣哭哭鬧鬧的小孩的確不能坐籮筐。讓他坐轎吧！」轎伕卻要寬民自己一人坐一頂轎子。我說：「你們是瘋了，要一個二歲小孩自己坐一頂轎子。虧你們說得出口。」經那位基督徒調解，說來說去，最後轎伕說出來，寬民跟我坐一轎，要加一名轎伕，由三名轎伕輪流著抬，我立即答應，早說出來，何必耗磨時間呢。

寬薇一個人坐在一個籮筐中，她倒是很合作、睡得很安穩；只是一個籮筐不能挑，於是，本來是蔡嫂一直自己揹著的小宗便睡下在另一個竹籮筐裡，終於湊成一副扁擔可以讓人挑著走了。蔡繼宗那時大概二歲。

問題解決，大家上路，中午到村裡吃飯。這一路都是天亮而行，天黑而宿。有一天宿夜後，天亮起來發現四名轎伕和所抬的轎子半夜裡偷偷溜走了。那是汪太太和蔡嫂乘坐的二頂轎子。汪太太大哭起來，我問她：「妳在哭轎伕嗎？」她說她在上海買的一瓶面霜雪花膏，當寶貝似的一路上不捨得用，放在轎子裡給轎伕帶走了。說完又哭。我問她說，我新買的一條大床毛巾被給她墊著坐的，怎麼沒看見。毛巾被也放在轎子裡給帶走了。我數說她：「這些小東西，晚上不隨手帶回房間，放在轎子裡，妳以為轎伕是妳『老子』麼？這麼好相信！妳還哭什麼！這裡無法補充轎子、轎伕。妳們二人只好走路啦。到有轎子可雇的地方再雇罷！」

於是大家上路，走的是山路，上坡下坡，太陽又曬著，的確不好走。下午時全是下坡路，走到一段較平坦路面較寬大一些，蔡嫂突然坐到路邊石頭上，說很累，腳痛不能走，一定要休息。

老蔡勸她要加緊腳步走快點，天黑以前趕到宿店，天黑就更不好走，不要坐，快走。她死懶著不肯走，同行那位基督徒說：「好罷，妳累，應該休息。快天黑了我們得先走。山上老虎嗅到人氣味會提早下山來的。」蔡嫂聽說老虎二字，站起來就走，跑得比誰還快。

近天黑時到達一處旅店，大家洗手洗臉，吃完晚飯，那位基督徒對蔡嫂說，快去休息，我不說有老虎的話，妳現在可能還在半路上磨姑，哪有飯吃？蔡嫂一聽火爆跳起來，大叫：「原來你騙我。害我跑得好慘……。」大家哈哈大笑，這一笑消除了一天疲累。各人回房睡覺，又是天亮即起匆匆趕路。

未幾到達一處水岸邊上，淀泊著幾艘大型木船，有船家前來兜洽談生意，汪太太用鄉音與他們商議價錢，說好是我們包下一整船，不得另外搭帶其他客人。

於是大家上船。上得船來才覺得魚腥味好臭，原來這些船都是近海的捕魚船，最近此路旅客旺盛，於是紛紛改做客貨船，連艙面板都沒設置，我們只好把行李堆到艙底，人就坐在行李上，七歪八扭的。

船行至天黑後不久，消息傳來，說前面海面上有海盜行動，所有一同行進的船隻都把吊在船頭篷上一盞小油燈取下，全船陷入一片黑暗。汪太太嚇得哭起來了，我向她說：「大家要安靜躲開海盜，妳卻要用哭聲引他們過來，妳還要哭嗎?」她趕緊收聲不敢再哭。

不一會，又有消息傳來說，海盜船轉了方向，不往這邊來。於是，各船加快前進。走到深夜，遠遠看見一處碼頭燈火通明，船隻慢慢靠邊，有十幾級石階上岸。又是雇轎子找挑伕，吵吵鬧鬧一陣，繼續上路。

有一天走到一處叫什麼嶺的地方。轎伕又搗蛋，不知為何不肯走，要母親和我下轎來自己走上山，他們不抬了。七七八八一大堆話。老蔡冒火，幾乎揮出拳頭。我立刻制止他。轎伕、挑伕一群人圍上去要打老蔡，那位基督徒趕快拉開老蔡，他自己挺身而出，向腳夫們說話，說什麼我聽不懂，可能是允許他們，到目的地加錢多給小費酒錢等。轎伕、挑伕一一點頭，乖乖上路。雖是平靜，坐在轎子裡，心裡卻不平靜，碰到山大王還有道理講，面對這班披著人皮的野獸，真是可怕。幸得這位同行的基督徒見義勇為，幫忙不少，語言通順，好辦事。真是菩薩保祐，出外逢貴人。

蕭冀勉師長鎮守臨海

有一天，坐在搖擺不定的轎子裡遠遠看見臨海縣的城牆。牆壁上漆成一片白色，寫著斗大的標語：「國家至上，民族至上」，「軍事第一，勝利第一」。這是正規國軍駐守的地方，我們進入大後方了。心裡踏實多了。

我們這幾頂轎子來到接近城門時，城內跑出來幾乘快馬從轎子邊跑過去。後來才知道那就是蕭師長一行出巡。

我們進入臨海縣城找到一家旅店住下，把全部行李箱籠打開整理，正在清點時，手持一根粗粗藤手杖的蕭師長來到了旅店。

蕭師長回進縣城到司令部聽說我們來到，立刻來旅社見我。

蕭冀勉和宇飛是姨表兄弟，一晃就是十幾年彼此未曾見面，他顯然比以前胖了好多。宇飛在重慶安排汪先章夫婦來上海接取我們時，知道有這位表弟率領陸軍第八十八師，駐守這一帶，便為他們寫了介紹信。汪太太去上海之前經過這裡便先來見過蕭師長。她與蕭師長熟稔，於是言談間說起一路上轎伕搗蛋不馴等情事。蕭師長聽汪太太說完以後對我們說，不久前臨海縣政府有二名職員出差，半途中人財失蹤，懷疑是轎伕們幹的，問題是找不到證據無法抓人，現在有我們作證檢舉轎伕無禮，他們這班人都是互通消息的，正好可以追查前案。他向我們解釋以後，隨即對左右下令將有關的幾個轎伕扣押送辦。汪太太和蔡嫂等算是出了一口怨氣，大家歡呼稱快。

蕭師長對汪太太印象深刻，他悄悄的用客家話向我說：「她是隻狂嫣！」狂嫣者瘋婆子也。

原來汪太太上次拿著宇飛的介紹信來見他時，侍衛們通報後請她進去，她跑進去就伸手拍打他的肩膀，口中大聲叫「你就是蕭師長呀！你跟我們老闆很相似耶！」不但蕭師長被她嚇一大跳，旁邊的幾個侍衛一起都衝上來想要制止她。從此，我們在她背後都稱她為「狂媽」。

蕭師長還有公務待辦，先行辭去，他說稍晚一點再來接我們一同到外面吃晚飯。

我送蕭師長來到門口，看見房門外有人在伸頭張望，一看原來是四表叔葉楚才！哈哈！多少年來失去聯絡，想不到在這接近前線的臨海縣城裡遇著了。

四表叔在臨海縣的稅捐處上班，恰好在街上看到一大批人和行李進來，便過來看看是什麼人，沒想到就是我們這一大家人。

我把四表叔請進來坐定與母親見面，彼此感慨無已。一聊就是多少年來的家常，然後他說明天中午他來帶路，請我們到他家吃中飯，並說他知道這一路來是沒得洗澡的，吃過飯就在他家洗澡。

第二天午前，四表叔來帶我們全體到他家去，四表嬸出迎，此時此地大家見面好高興，說不出來一陣親切感。她說，熱水已備好，先洗澡再吃飯較舒服嘛！我們人多，輪流去洗澡，從飯前洗到飯後。洗一個熱水澡好似脫了層皮，全身舒暢痛快。從離開上海以來，真是最舒適的一天。

四表嬸親自下廚，一個名叫秋香的婢女一旁幫忙，做了滿桌佳餚，大家吃得津津有味。言談間才知道四表叔的媳婦在醫院，剛產一男孫，所以子媳都沒來參加餐聚。母親和我都趕緊向他們道喜道賀，抱歉沒帶禮物來，只好臨時借紅紙包了一疊鈔票，奉上三個厚厚的紅包權作賀儀。

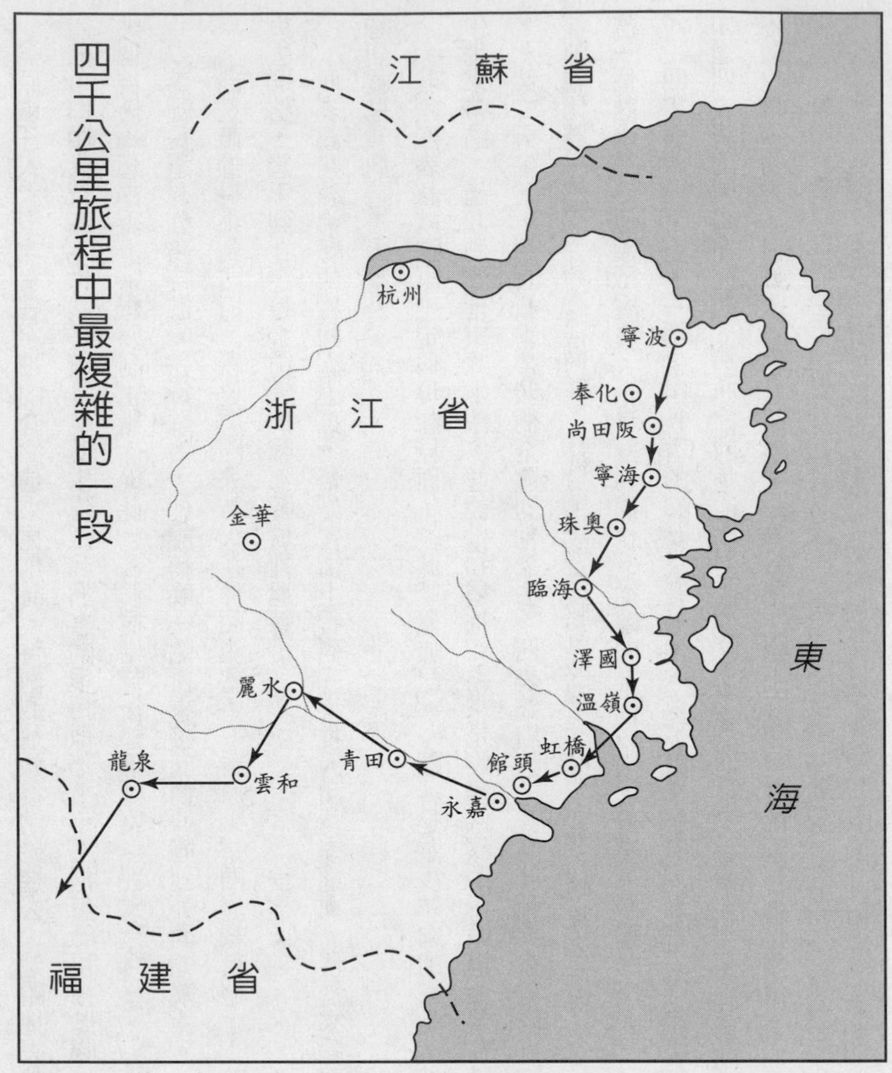

所謂最複雜的意思，是說從上海坐船到達寧波後穿越浙江省的這一段：從日軍佔領的淪陷區穿過南京偽政府的和平救國軍的地盤，再通過游擊隊的活動區才進入國軍轄區。一路上除了徒步行走之外，交通工具有人力車、轎子、小孩坐在籮筐中讓挑伕用扁擔挑著走，小舢舨、帆船、小火輪，最後一段是從麗水坐上一輛燃燒木炭的汽車進入福建。

大虞小虞二位副官

在臨海住了二天，略事休息，下一個目的地是溫州。蕭師長說，這一段路很不好走，他自己也要去溫州，他騎馬從陸路走較快。但是，我們這一幫行李多孩子多，必須坐船。蕭師長指派二名副官，護送我們經水路去溫州。溫州又名永嘉。

這一段水路走了多少天，忘了；不過卻是我們整個旅途之中最複雜的。所謂複雜的意思不止只是交通工具的多變而已：除了在四望一片黑暗的田野裡一腳高一腳低的步行，被人家揹負著涉水而過，有搖櫓前進的小舢舨、有撐竹竿而行的木船、有穿越海灣的三桅帆船、還有燒木柴的小火輪；經歷的有蘆葦叢生叉道分歧的小河流、有怪石嶙峋的湍急河灘、有澎湃洶湧的濤濤海浪，有山邊的小徑、有田埂上的土路、有骯髒破敗的村落。

蕭師長派來的這二位副官姓虞，是叔姪關係，是本地人士，語言通順，照顧我們較為方便。說話木訥而且矮胖一點的是叔叔，高瘦而且伶俐活躍的是姪子，年齡卻差不多，都是年輕人。腰皮帶上掛著手槍。

虞副官找人接洽雇船。船不大，我們只好雇用三條船，一船專載大件行李，一船供我們一家老少用，另一船是汪太太和老蔡的一家。大多數時間汪太太都待在我們船裡陪我和母親說話，碰到要吃飯或有什麼事要停船，她才回到自己那條船上去。

大虞副官說，他會暈船，在船上搖搖晃晃不舒服，寧願上岸去在河邊上跟著船走。好在那實在是一條很狹窄的小河，從岸上高處跳到船上來應該不難，只是岸邊上蘆葦雜草叢生，長得比人還高。我們在船上大聲說話，他都聽得見，只是我們看不見他，不知道他在哪裡。夜晚，我們停泊，他也就睡在岸上野草堆裡。

連夜行船，當天晚上或第二天晚上記不清楚了，天黑後，船伕說此時退潮，有流沙不好走，待半夜漲潮時再走，一面說，一面把船撐到岸邊靠著。三船並排，船頭都朝岸停泊，我船在中間，右邊是行李船、左邊是蔡船。天色已黑，四下靜悄悄的沒一點聲息。大家睡覺。

唯我沒一點睡意，覺得坐不是靠著也不對，好煩躁，說不出心裡有一種難過，自己問自己為何這樣坐立不安呢，是不是船艙裡空氣不好。於是，伸手把夜晚掛起來擋蚊子的竹簾拉開一點點，往外望望，吸到新鮮空氣，精神一爽。索性爬出艙去，站定了抬頭四面看看，看到頭上深厚似黑的蔚藍天空，不見月亮蹤影，習習涼風吹動山坡地上草影搖搖，好美的景色，東看西看，望到右邊。咦！我們的行李船怎麼不見了？我站到船頭更高一點的地方向水面上定神看去，看到行李船正緩緩退後，船頭向著那邊河汊流去，再過去一點船身就會沒入黑暗，河流中有些地方雜草亂生隔開視線，就會看不見了。

哈！哈！想是這幫船家不是好人。他們把行李船移到我們看不見的地方，便可翻箱倒櫃的竊取貴重值錢的東西；然後在天亮之前，神不知鬼不覺的再把船移回來。偏偏被我無意中撞破。好險呵！

他們有計謀選這個特殊地點停泊船，真是菩薩保祐指使我出來及時發現。心裡一面想一走到船邊，大聲叫喊：「蔡慶山，蔡慶山！行李船不見了！」

小虞、老蔡二人同時從船艙裡跳出來，我指給他們看，說：「行李船到那邊去了！」於是，他二人同聲大叫，要行李船快撐回來。在岸上那邊休息的大虞副官也大聲呼應，問有什麼事。在我船尾睡覺的船伕也出來大聲問發生什麼事。小虞副官問他為何行李船撐開走了，他說沒這種事，是夜間船沒扣緊，人打盹沒注意，江水漲潮又有風吹，船就漂過去了。一面比手劃腳的，又在船舷上跑前跑後，伸頭望望那邊又望望水裡，大聲叫喚。嘰哩咕嚕說了一大堆我們聽不懂的話。大虞副官回到船上來了，手中握著手槍，他對我說沒事，要我放心。

我心裡早已有一點感覺：我船上的這個船伕就是這幫船伕的頭頭老大。這時行李船已靠回來。船老大像模像樣的大聲發號施令，他說漲潮可以開船了。於是，行李船先行，船尾拖一條麻纜扣到我船頭的木柱上，我船的船尾再用一條纜繩扣到蔡船。各船相離一丈左右，既不會碰撞也不會走散。小虞副官坐到行李船上去押運。大虞副官則和老蔡在一艘船上。

從此，每當我們全體分乘幾艘船，前後船隔離遠或是沒入稠密的蘆葦叢中時，孩子們便大聲叫喚：

「大虞副官，你在哪裡呀？」

「小虞副官，你在哪裡呀？」

出門逢貴人

有一天的傍晚，到達溫嶺縣境內一處水鄉。

我們老小都在船中打瞌睡，迷迷糊糊的，孩子有的倒母親身上，有的靠在我身上。此時，一個個呼醒上岸，都瞇著眼睛跌跌衝衝的，哀哀怨怨。老蔡忙著清點行李，一件件搬上岸安放一堆，由汪太太看守。一會，便有挑伕們前來與汪太太接洽要挑行李，有吃食攤主人過來拉食客，我東問西問，附近哪裡有客店，想找個地方休息。亂糟糟正不知如何是好。這時忽然有一個衛士型的軍人，走到老蔡身邊低低說話。老蔡回頭對我說：「大家不要走開，我去去就來。」老蔡與那衛士一同走了。

不一會二人回來，老蔡手中拿著一張名片，對我說，有一位先生在前面一家茶館裡坐著看見我們這一大家人，便讓隨從過來把他叫去問明白，他聽說是軍政部陳參事的家眷，便說他認識陳參事，他應該幫忙。他說這裡向前要走好幾華里黑暗路進村裡才有宿店。他拿出一張名片寫了幾字給老蔡，要我們到鄉公所去借住一晚，明天再走。

那位衛士帶頭，我們跟著走，老蔡二虞押著幾擔行李在後。

那位衛士敲開鄉公所大門，請鄉長出來談了幾句，鄉長接過老蔡手中的名片，很客氣的招呼我們進去，立即空出二三間房給我們住宿。我當時沒有仔細看名片，等到進入房間後想到該問問清楚，從房裡出來時那位衛士已走了，鄉長也不見了，只好作罷，回房睡覺。這一路來，防山賊、防海盜，提心吊膽，每晚哪敢放心睡覺，來到鄉公所裡睡覺真好似過個平安夜。想想這位善心人士是何方神聖，謝都沒有機會謝他一聲，白受他一份大人情，至今不清楚是誰，問老蔡，他只能說好像是個姓王的。後來到了貴陽，敘述一路經歷，宇飛也想不出當時軍政部中有哪一位王先生去到那一帶前線出差辦事。

又有一天，天已黑了，乘轎子到達一處海岸村落。虞副官找到鄉公所，敲開門要驚愕不止的職員把臥室讓出來給我們休息，臥室中一共只有二張小木床而已。然後一位虞副官到廚房去張羅食物，一位虞副官到岸邊上去找船。

大約是天亮前的三點鐘，熟睡的大人小孩全都被叫醒起來。

「快，快，快上船！漲潮啦！」

一行人在篾片火把微弱的照亮下，強睜著惺忪的睡眼，跌跌撞撞神志不清的來到岸邊。黑暗裡只覺得寒風呼嘯夾雜著一陣陣澎湃的浪濤。方向不辨，船隻在哪裡也不知道。黑暗中一腳高一腳低。淳兒不知何時弄痛了腳在哭。他一向是天黑就睡，天亮即起。現在是一整晚沒好睡，叫醒起來趕夜路，腳又痛，怎能不哭呢！母親牽著他說：「不要哭啦！辛苦一點，你保護我，我保護你，慢慢走嘛！」後來，母親說，那時候她自己都想哭呢！

原來海岸到船隻所在中間是一大片沙灘，如今潮水高漲淹沒了沙灘。於是，老弱婦孺便由船伕們背負著一個個涉水而過，把我們送上一艘大帆船。沙灘上的海水深及船伕們腰際，所以背負的人雙腳都被海水浸濕。

上了船，我們立刻被趕下到底艙，我們的行李等雜物不知什麼時候已經先在那裡了，我們便各自在行李箱籠上找個適當的地方坐下。黑暗的船艙裡充滿魚腥臭味，想來這個船艙原是裝載魚貨的，如今權且改為客艙，黑暗中也不知道這船艙有多大。只聽見艙面上人聲嘈雜和砰砰碰撞聲。

上船沒一會就開船了，我們感覺到前後起伏和左右搖晃。船似乎走得很快，有時向一側傾斜得很利害，會讓我們從行李堆上滾跌下來，行李也會翻覆。

帆船在黎明前的高潮中帶我們跨越溫嶺縣境內一處海灣，中午時分，旋轉暈眩的世界終於平靜下來，但是立刻又換乘二艘木船，一先一後的搖入一條小河。

船伕在船尾搖著一支木櫓讓船前進，小木船隨著木櫓的節奏、左右晃動。不久，小木船搖進了一個小鎮虹橋。

虹橋鎮裡小河縱橫如街道，河上石頭拱橋處處，小河沿岸是居民住宅，憑河的人家門口都有幾級青石階級，也有繫著一二艘小舟的。我們食宿都在小木船裡，好像是過了二個夜晚罷。

終於靠岸了，上岸又在鄉間路上乘坐上人力車。拉車的車伕們提起車把就放開腳步快跑，原來這是一段不太遠的路程，不像以前的幾次乘人力車是日夜不停的路程，車伕是扶著車把子慢慢的行走。

人力車把我們拖進另一個海邊上的市鎮、館頭。逕行穿越市街又來到一處碼頭，我們匆匆忙忙趕上一艘正昇火待發的小火輪。小火輪鳴響汽笛，好像是提醒我們仍然是在現代化的時代中。

小火輪急劇抖動著在水面上向前衝去，穿越過甌江。溫州在甌江口的西岸。

遠遠望見溫州了，岸上有許多房屋。溫州是我們離開寧波以後的另一個大城市。

到達溫州，汪先章已在碼頭上迎接。他身軀高大，站在碼頭人叢中足足高出別人一個頭還多一點。船還沒有靠岸，我們就都看見他了。上岸後，大家都很高興。他說，他每天都到碼頭上來等候。

我們住進溫州最好的旅社、公園招待所，身心完全放鬆。蕭冀勉師長在臨海分別後，已從陸路繞過海灣來到溫州，又再見面。傍晚，蕭師長在一家名叫「華大利」的餐館正式為我們洗塵，席中請我們嘗試了有名的「芥菜飯」。

原來溫州物產豐富，盛產又大顆又甜嫩的芥菜，溫州人把芥菜切成小丁再加上豬肉丁和火腿丁，炒勻和在白飯裡做成「芥菜飯」。芥菜飯清香可口，在別處沒有吃過。

蕭師長為我們介紹了當地的興寧同鄉會會長、陳海源先生。陳會長不但破費招待我們，還引導我們瀏覽市街，建議我們在進入大後方之前應該在溫州添購的物品。那時，溫州可能是整個華南海岸線上仍可與外洋維持通商的唯一口岸罷。我買了一些布料以及縫紉機上需用的針線另件等等。我有一架美國貨勝家牌子的縫紉機，腳踏基架笨重不能帶，便丟在上海，縫紉機改成手搖的便帶著走，固然是很沉重的一件行李，但是在物資缺乏的大後方，縫紉機可是有錢買不到的寶貝啊！

溫州耽擱了幾天，謝別了蕭師長和陳會長，二位得力的虞副官辭別回去，我們的行列中加入了汪先章，準備繼續上路，走向大後方。

悠悠甌江遊

離開溫州下一個目的地是內陸的麗水。

我們又雇了二艘木船。船體較寬大，行李堆放到艙底下。艙面有完整的木板蓋板，在蓋艙板上面鋪開自己的被墊，舒舒服服的可躺可坐，不必再如過去一路來乘船的那麼狼狽不堪。我們溯甌江上行，逆水而行，兩岸山水景色如畫，沿途經過好多大村小鎮，我們抱著旅遊的心態，如果真正安排旅行絕對不會來到這些地方的罷！所以我們遇到好玩的地方便停個一二天再開船，沒什麼玩頭的地方，上岸走動幾步就回船開航。

一路來受苦受難，母親都是逆來順受，親自帶領著寬泠，更不時的鼓勵寬淳走路。現在在甌江上蕩漾行舟，她的心情不但完全放輕鬆，而且是活躍起來了。老蔡看得出她的心情，便會找機會問她：

「老太太，前面有一個村子好像很熱鬧啊，要不要上碼頭去走走？」

「老太太，前面山坡上有一座廟宇，要不要上去燒燒香？」

「老太太，前面山邊有一個大山洞，風景好像不錯。要不要上去看看？」

老蔡的這一類問題，母親的答案一律都是：「好，叫船家停船靠岸。」然後就是興致勃勃的叫齊孩子們，要大家跟隨她上岸去。有些地方上岸只是吃東西，買些當地土產、小零食等。

甌江是一條寧靜美麗的河流，船在河中央漂行可以看到東西兩岸，河水深淺不一，有時只見碧水漾漾深不可測，有時卻是清澈見底卵石累累可數。船家們行船：順風時張帆，水深時用槳，水淺時他們便捲起褲管下水去，踏石推舟。

有一次我們拜訪一個大山洞，地名是石門。令人慚愧，我們居然不知道那裡原來就是劉伯溫當年隱居的地方，進入山洞，真箇是山明水秀的神仙世界一般。洞後面另有天地，遠遠山上掛著一溜瀑布，我們只在一處佛廟中進香，喝了和尚準備的茶便回到船上。

劉伯溫就是劉基，是明朝開國皇帝朱元璋的智囊，相傳玄奧無比的「燒餅歌」和「推背圖」就是他寫下的歷史預言。

又有一天上岸是一小鎮，鎮裡河流與街道縱橫交叉，不停的是大橋小橋。爬上走下，走到一處好似城門又不是城門，只是厚厚的一個石條門框，旁邊一排魚攤，我一眼看到攤子上有多年來未見的一種魚，廣州人叫豆腐魚，潮汕一帶叫「第魚」（潮音）。

那種魚全身軟棉棉的肉好似去了殼的大草蝦一般，身長最大六七寸長，全身圓圓鼓鼓，有腳沒爪，最粗大處直徑有一寸多，尾部較細小。我們買了幾條帶回船上，讓船家為我們烹煮。此魚煮熟後肉色變白如熟蛋白，入嘴不須咀嚼，吸吸就可以了，魚身沒有小刺只在中間有一支圓圓軟骨，可說是比嫩豆腐還要嫩滑，十分鮮美。汪先章夫婦倆都是寧波人習慣吃魚的，只是沒見過這種魚，不敢吃。從那次以後幾十年再沒見過這種魚了。

行行又行行，一天，到達青田。這是著名出產圖章印石的地方。沿著江岸是一處緩緩上昇的斜坡，斜坡上有階級，斜坡頂上橫亙著一帶青灰色城牆。從船上望去見有一處城門洞，階級斜坡上有很多人，岸邊淀泊不少大小船隻。城中大街小巷許多小店，每家店都是狹小黑暗，未經加工大大小小的石塊堆放在地上，旁邊有一二座工作臺。工作的人埋頭不歇的切磨石頭，做成一般的大小印章原材料。

青田石古今馳名，是上等印材，其上者所謂是凍石，意思是晶瑩潤澤有點透明，色澤變化很多，有白、有綠、有黃等等。以前在父親的收藏品中雖然見過，只是未曾深入了解，可說仍然不懂。每家石頭店都跑進去看看，只覺得有些石頭色澤很漂亮罷了！仁淳二兒可能是受到外祖父影響，聽過青田石的名稱，來到青田便格外興奮，兩小兄弟都買了自己喜歡的石頭。

麗水就是清麗的水流

在甌江中就這樣行行停停，終於有一天到達麗水。在溫州與我們同時出發的船隻，早在好幾天前就到了。

麗水，河水清麗一如其名。麗水縣有古老的青磚城牆圍著，市面相當繁榮。日寇佔領華南一帶之後，來自外洋或香港的商業貨物經過溫州再來到麗水，在此集中整理再運至內地各處銷售，所謂是一處水陸碼頭的交通要道，有公路可通汽車進入內地。來往車輛雖多，但求一車位卻是大不易。

公路上行走的絕大部分是貨運卡車，貨車尚可帶上二三位旅客。旅客想上車，要求司機的允諾。貨車司機大權在握，路程遠近之外，通常他們會先看看是普通旅客或是走單幫的客人，價碼不同，一人至少需要付一條「小黃魚」的代價。當時社會上把一兩重的小金條，稱為小黃魚。如果還帶有些貨物者則需二三條小黃魚不等。那個時代所謂是「馬達一響黃金萬兩」，貨運車司機是天之驕子，十分蹺楚，架子十足，他們有的是錢，所到之處吃最好的，住最好的，人人奉承，沒人敢得罪他們。貨車上所帶來的旅客，社會上也就稱之為「黃魚」了。

麗水縣城裡幾家小館子的菜餚做得非常好，尤其有一家的紅燒獅子頭，一斤肉做成四個，令人百吃不厭，遠近馳名。可是城裡的旅社老舊狹小，而且會有日本飛機前來轟炸掃射，常常要逃警報。乾脆我們便住到城外車站附近去。

所謂車站，那是一種戰時文化所產生的名稱。

抗戰時代，在內地各城市只要有汽車可通行的公路，自然而然會在郊外公路某處形成一個市集，臨時搭建出現一些生意：修理卡車的、修補輪胎的、鐵匠店、木匠店、大小飯店、旅館等等。其中並沒有一幢正式的車站建築物，總而言之，這種地方就叫車站。

我們住的旅店在離車站不遠的一處小坡上，隔著一條小河，遠遠可以看見較低處的麗水城。旅社本來是一幢舊式大平房，屋主人將上蓋全部打掉改建為旅社，定名為「樂群大旅社」。進門是一個很大的飯廳，中間一條走廊貫通前後，兩邊是客房，後面有大廚房。屋主人又在大飯廳上面加造一層木樓，樓上房間每房都有二張床舖，算是大房間。房間全用簇新的木板隔間釘成，還透著一點木頭香味，顯得很乾淨。我們要了一連的三間房間。住得還可以。

汪先章天天出去接洽車子，天天都說明天有車，天天都有明天。

我們希望從麗水找一輛車直接去廣東的韶關。因韶關路遠，很少商車願意跑。雖然我們人多，行李多，仍然只佔大半輛車的容量，不能滿載，更難找到車子。只好等機會碰運氣。

汪先章終於結識了一位商車老闆，車老闆名叫陸士英，他答應只要再延攬到一點去韶關的貨物能把車載滿，馬上開車。

待車這十多天，其實並不煩悶。離旅社不遠有一溪流，溪水清澈見底，溪床全是大小蛋石。每天飯後，帶孩子們去玩水摸石頭，水深只及小腿，水流又不太急，非常安全，孩子們玩得好高興。

沿溪流涉水上行數十步，旁邊有人用古老的腳踏水車把溪水掃進去灌溉田地。那座水車很大，應是用木頭材料做成，遠看好似一隻大蜘蛛，圓圈直徑有一丈多，整個圓圈豎立在水面上，沿著圓圈邊上隔三五寸距離，就有一片木片軟軟的掛著，看它掃水進去時好似軟軟的，讓水出去的那面又像很硬的樣子。離圓圈幾尺遠處另有一座木架，木架上面有一支橫柱供人扶手，下面一支橫棍是一支軸，橫軸中伸出幾塊木頭供人踏腳。這木架和大圓圈又是連動的。二個人扒在木架上，不斷的踩動踏腳木塊，好似上樓梯一樣，二腳快速踩踏，不停的踩，帶動了大圓圈旋轉。大圓圈轉動好快，圓圈邊上的木片，一片片接著快速轉動，把溪水掃過一道土堤灌進田裡去。這種古老的運水方法真要命，以前人工粗賤不值錢，工作多辛苦。現在誰願幹這種生活呢！馬達一響立刻自動抽水多省事呀！孩子們生活在都市中，從沒見過鄉間的農作物工具，看得很新奇。大圓圈不斷轉動濺灑得高高而散開來的水花的確好看。

溪流那邊岸上有小樹林，很優雅，汪先章自稱是「娃娃頭孩子王」，他領著孩子們在樹林裡追逐，在一處沙地上搭建房子、堆堡壘、蓋水壩。

孩子們每天在河灘裡玩水玩沙，玩得不亦樂乎。

燃燒木炭的貨運卡車

在麗水縣城郊外樂群大旅社住了十幾天後的一天，汪先章不停的拜訪，車老闆陸士英終於答應要開車去韶關了。

那是一輛貨運卡車，車老闆帶貨親自押車。我們與他談妥價錢，說好只許帶貨，不得另帶「黃魚」

陸士英的木炭汽車
駕駛艙後面的大鐵圓筒是個木炭爐子，行駛途中常常要停下來打開上蓋加木炭，一個小工不停的搖鼓風機，木炭氣燒足了，車子才能行駛。陸士英的木炭汽車把我們從浙江省的麗水送到廣東省的韶關。

客。我們絕大半都是婦女小孩，車上有陌生人不方便。

所謂「黃魚」的意思，就是額外的乘客。說歸說，結果車老闆還是帶上車來一位黃魚。不過，這位黃魚是湖南人，不但沒有為我們增加麻煩，反而常常在車中為大家講笑話，很受孩子們歡迎。老蔡當面就叫他「湖南騾子」。沒到韶關的半途，湖南騾子與車老闆陸士英各自先後下車去了。

那時是「一滴汽油一滴血」的日子，民間沒有燒汽油的車了。商用車大多改用酒精作燃料，我們這車是改裝了燒木炭的汽車。駕駛艙後面安裝了一個高大的圓形鐵筒，那是個木炭爐。一路上三不五時，鐵筒上蓋要打開加進去大量木炭，然後，一個名叫「金三」的司機助手便蹲下來搖轉鼓風機製造煤氣，煤氣灌足了，汽車才能行動。

卡車後面車廂用竹篾片做成一個圓拱形的

車頂，蔡慶山把行李靠前面堆放平坦，再在行李上面拆開兩個舖蓋卷，用棉被毛毯等鋪開讓大家坐。車上要運載的貨箱就堆在後面，堆得高高的頂到竹篷，只在外側留出一點空間，恰好一個人可以爬行通過。陸士英和湖南騾子便擠坐在車尾貨物箱後面，有時汪蔡二人嫌爬進車廂來麻煩也擠坐在那裡。

木炭汽車需要人力較多，司機之外，金三是極重要的下手，另外還有一個協助金三做事的小廝。小廝的工作是聽金三的指揮，例如：打開爐蓋、加木炭、與金三輪流搖煤氣。不過搖引擎發動車子則只有金三會搖。

一路上不時聽到司機叫著：金三加炭啦！金三快搖風箱！金三什麼……的。有時上坡路段較長，木炭車力量不足，引擎突然熄火，車子會倒退滑下來。這時又是金三和他的徒弟表演絕技的時候了，他兩人會趕快從駕駛艙兩邊跳下車去，各自提起一段三角形的木頭柱子朝車底下一塞，剛好頂住車後輪，讓車子停下。兩個輪子要同時抵住。然後便去搖煤氣，煤氣搖足了，便跑到車前面另用一支彎曲的鐵枴杖搖引擎，幫助司機發動。煤氣車重新發動，再向上坡路段衝去。

有時上坡路段實在太長，木炭汽車連衝幾次都無能為力。司機便要我們全數下車步行，先去坡頂上等候，等車子辛辛苦苦上到山坡頂，再讓我們上車。

有時，木炭燒出來的煤氣實在是沒有力量推動車子，司機就會珍惜萬分的拿出一桶酒精來，讓汽車引擎換一點口味吃點補藥。燒酒精的卡車比燒木炭的跑得快多了。金三也不必那麼辛苦。

卡車順利前進的時候，金三和那小廝就一邊一個站在駕駛艙的外面，單手伸進駕駛艙裡抓著，迎風吹乾一身的臭汗。

這位司機先生很年輕，名叫阿覺，受過一點教育，通明事理，待人客氣，駕駛習慣也很好，很愛惜車子，與一般老油條架子十足的公路卡車司機顯然不同。

母親、我抱著民兒，坐在駕駛座艙擠在司機旁邊，其他男女大小都在後面車廂裡，擠坐在貨物和行李上面老蔡所佈置的特別車廂中。

就這樣道路崎嶇、車子搖擺，一站過一站，上車趕路，下車吃飯、住夜。好幾處都忘了地名。記得離開浙江省的最後一個縣份，叫龍泉，然後進入福建省。

離開福建省的最後一處是建陽。據說福建省的名稱就是取自福州和建陽這二個地名。建陽的確是一個大城市，房屋擁擠，古老的街道很狹窄，店舖很多，人來人往的相當繁榮熱鬧，地攤上都點著馬燈在賣紅薯乾，馬燈是一種比較小型要打氣的煤油燈。福建名產上品的皮絲煙，建陽正是產銷盛地。母親抽水煙袋，正需要皮絲煙，我們不免多買了幾包。

不愉快的建陽之夜

我們在建陽住了二夜，結果並不愉快，尤其是第二夜。

我們大概是下午到達建陽郊外，木炭車有許多保養工作要做，車在車站附近停妥。我們步行進城，先找到旅社放下細軟，留下蔡嫂看守，然後在母親率領下大家去逛街。蔡嫂不喜歡走路、不喜歡逛街，她擔任留守幾乎變成公式了。

第二天，早餐後旅社退房，我們扶老攜幼回到車站。準備上車繼續趕路，卻只見司機阿覺和助手們忙來忙去。汪先章前去問清楚了，說是車子有一點毛病要修理一下。

我們就在車子附近呆呆的等候。

等一下、等一下，結果汪先章跟阿覺說，我們乾脆提前先去吃午飯罷！

午飯後回來上車，車子才開出沒走幾步路又犯毛病不動了。大家下車又準備再等一下。只見前面十幾步有一家大門口屋廊下可以避太陽，等待修車。據說車子犯的是老毛病，很簡單，馬上可修好。我們一大堆人馬站在人家門口，這家屋內有人出來說，他們屋裡房間很多，要我們進去開個房間休息，明天再走。呵哈！原來這家是個旅社客棧。我說，我們不需休息，車馬上修好就走。可是等一下、等一下，等得好累人；站在那裡左腳換右腳，右腳換左腳，看著太陽已西下。屋裡人又出來說，天快黑了，現在車子修好，也不能走夜路。請我們進去用餐、休息，明天再上路。

實在是站累了，無奈只好進去。胡亂用了晚餐，分配大家住宿房間。

前面是個很大的大廳，廳後壁旁邊一門，進門是一道深長的露天走道，沿著走道一連好幾間房間，頭一間較大、好似是二小間拆通的，我要了這大間的與母親同住，汪、蔡他們是連過去的二三間。

我這房裡，進房門四五步正對面有一床，橫過去十幾步處有一床，後者應是正床位。床前靠牆有一小桌子，牆上面有一扇小窗通向露天走道。我讓母親用那張正床。安頓民兒睡到我那床上，然後走到母親床前跟她聊了幾句，問她要不要喝茶，她搖搖頭說不要。

我回到睡床，脫去外衣睡下，才睡下發覺民兒有熱度發燒了。剛才睡下時還好好的呀，怎麼突然發熱呢？可能下午冒風又曬太陽。那時大家已睡靜，不便吵醒人，明天再說吧！

不一會兒，迷濛中我還沒睡著。民兒叫起來，他叫說，有人提壺水過來澆他。我向他說，沒有。他安靜了一下，又大聲叫：「他又來啦，他又來澆水啦！……。」我躺在床上看來看去，看到床頭那邊有一衣架掛著衣物，外面走廊上燈籠燭火的光照形成的影子，剛好落在我床上的蚊帳頂上，是不是這影子使他錯覺，看成是什麼東西。我爬起來去把衣架上的東西拿走，可是沒用，他連續著吵，閉著眼睛在叫：「不要澆下來！不要澆下來！」手摸他額頭，有一點熱度。我心想真的有病嗎？是有鬼嗎？

聽人說，走夜路見鬼，撒尿可以驅鬼；現在床上怎能撒尿？靈機一動，把脫下來的外褲抓著，向四面空中亂舞亂掃一陣，心裡唸著「走開，走開！」不一會，民兒平靜下來，眉頭舒開睡著了。奇怪！褲子可以驅鬼！真有效嗎？

鬧了半天，我也累了，倒下去一覺醒來，天已微亮。外面已有人走動，摸摸民兒額頭，熱度全退了，很安祥的睡著。

我自己先起床，收拾整理衣物。走到母親床前，她已坐在床上穿衣服，問我昨晚為什麼睡不安靜。我說，阿民昨晚有點熱度，現在已退燒了，沒事。回頭叫民兒起床，他醒來，精神臉色都正常，不似剛發熱的人。

打開門走出房間，站到露天走道上，前後左右看清楚，發現這房子所有房間朝向同一方向，每間房間三面是牆，沿著長走廊這邊全是活動的板門。哈哈！原來，這是一個專門供人停放棺柩的厝莊。現在社會繁榮發展到郊外來了，粉刷一番，改為旅棧，不再厝放棺木了，難免有鬼啊！昨晚是累得糊裡糊塗住進來的。我心裡默默唸道：「鬼啊，鬼啊，我們是過路客，花錢租房間住一晚。有什麼麻煩事，找老闆去！與我們無關！」唸畢自己覺得好笑。

大家收拾好東西又上路，經過些地方地名忘了。反正是該吃就吃，該宿店就宿店。

真實的悲慘世界

離開福建省進入江西省，兩省交接的附近幾個縣，是個真正的悲慘世界。到達那裡之前是根本不知道；經過那裡以後，再也沒有聽到任何有關那裡的消息。我把一些見聞告訴別人，聽者大都不相信。

什麼悲慘事呢？鼠疫橫行！

有幾處城鎮，遠遠就看見用有刺鐵絲網重重圍起來，有持槍部隊看守，不許裡面的人出來，同時也沒人敢冒險進去。那裡面是疫區，只有一些戴著手套和面具的衛生人員可以進出。

聽說有全家人死了幾天，臭味出來，衛生人員才會去處理等等。真是慘不忍聽！我曾問一些本地人：「鐵絲網裡面的人怎麼辦呢？」回答的答案都差不多，他們說：「他們一樣的生活呀！」

「是不是都患上鼠疫呢？」

「不一定。一條街裡有人染上鼠疫，前後幾條街就圍起來。一個村子裡有人死於鼠疫，整個村子就封鎖。」

聽聽這些話已經使得我們毛骨聳然。車子在路上走著，真是看見有告示牌寫著，前面是疫區，要改道繞外圍公路走。

有一天走到黎川，城裡也正在鬧鼠疫，鐵絲刺網圍著疫區。只是此地為我們必經之地，只好硬著頭皮，在鐵絲網以外，所謂是安全區的地方找旅社進住。沒想到，第二天司機阿覺發熱病倒了，不得不停下讓他休息一天，大家緊張得不得了，擔心他會不會受到傳染。幸好第二天熱度稍微退一點，阿覺本人也急著要離開這危險區，抱病開車，趕快離開這個可怕的地方，當晚趕到南城。

江西省境內，公路情況比福建較好，平坦不像福建多山，木炭車居然可以快跑一段路不必加木炭。

江西南豐小橘子

離開南城，前面有個地方是南豐，南豐出產一種小橘子。成人的手掌把拇指和食指尖接觸形成一個小圓圈，南豐小橘子大概就是這麼大，果皮是一種很鮮艷的紅色，很甜，無子。一口一個很好吃。我們買了很多帶上車。

我和母親坐在駕駛艙裡，後面車廂裡鬧出什麼笑話，要等到停車才會知道。那天正走得好好的，忽然後面大叫停車。木炭車靠路邊停下，卻發現後面車廂中一個個都笑得直叫肚子痛。原來，蔡嫂和汪太太在車中打賭。蔡嫂說，她一口氣能吃下十五斤小橘子。汪太太說，蔡嫂如能吃下十五斤，她願意付這十五斤橘子的錢。蔡嫂開始吃小橘子，吃不到一半就宣佈放棄。不但認輸，而且臉上變色，下車找地方大吐特吐。

後來，她鬧了二三天上吐下瀉，再也不吃小橘子了。車上帶的小橘子，我們一直吃到在韶關臨上火車前才吃完。

令人振奮的新贛南

我們到達江西南部的重要城市贛州。

贛州是江西南下通往福建、廣東二省的交通樞紐，是行政督察專員公署所在地。那時的行政督察專員是蔣經國，他正在那裡要建設「新贛南」。

接近贛州，公路上行車的感覺就不一樣，公路平坦寬敞，行車不顛。路邊樹立一座很大的廣告牌子，上面寫著「歡迎蒞臨參觀」，反面寫的是「再會一路平安」。

城外有規劃好的停車場，停車場邊上專有一個地方提供來往司機們吃喝玩樂。那一段地帶很熱鬧，街道也很整潔，也有很像樣的旅館，我們就在那裡選了一家旅館住進去。

進城、出城都要檢查隨身行李，我嫌麻煩，不想進城，本來預備只住一晚，後來看到天氣很好，住處也舒適，決定多休息一天。

第二天起來，大家收拾堆積多日的骯髒衣物，洗的洗，曬的曬。正忙著時，忽然，婉珍和阿德二個姪女前來拜望。

婉珍是宇飛堂兄漢星大哥的女兒，阿德是老二房的女兒，她們倆是堂姐妹，同在贛州求學。不知她們怎麼知道我們來到贛州而且住在這裡，特地跑來探望，談了一會，趕回去上課走了。

不久，有一位興寧同鄉陳先生來拜訪，他是兄弟二人在贛州城裡經營一家旅館，已有十多年了。他說，他大哥陳漢祥去了外地不在家，大嫂要他代表來接我們進城到他們家的旅館去住。

我說，行李多，進出城要檢查，好麻煩，仍住城外較方便。並說等會去拜訪他大嫂。他堅持說，車子備好在門口等待，一定要我們去，否則他無法向他大嫂交代。討論之後，決定留下老蔡一家和笨重行李在城外旅社，我們一家老少和汪先章夫婦跟著陳先生進城去。汪與他們較熟，以前他跟宇飛幾次出差來到贛州，都住他家旅館。

我們行經一座長橋進入贛州城。待接近城門時，只見門頂上兩個大字「歡迎」，城上垛堞都髹成白色，令人耳目一新。

進入城裡，果然整潔有序，氣氛顯然與別地方不同。路上又巧遇到一幕活劇：幾個男女頭頂一個白色錐形高帽子，上面寫著「賭棍」二字，一人手捧一副麻將牌，一人敲鑼，後面跟著幾名警察。原來這是違規聚賭被抓到的人犯，遊街示眾。

到達旅館，老闆娘已在門口迎接。先參觀各處，到預留給我們住的房間坐坐，然後到後進樓上，那是他們住家，坐一會兒，開飯。老闆娘說，中午隨便吃便飯，晚上已定好酒席正式請我們。午飯後聊了一下，送我們到房間休息。

下午，才三點鐘，有人來請我們到樓上大廳喝茶。老闆娘已先到，讓我們入坐，喝茶吃點心。老闆娘很健談，說了好些家鄉故事給我聽，也說贛州市面行情。晚餐是很正式的酒席，招待我們十分客氣。開席前，又叫人去請她小叔來入席陪汪先章，足見這位老闆娘之能幹，禮數周到。

我本來預備只住一晚，老闆娘不斷勸說，一定要我們多住幾天。說來說去只好多住一天。第二天，在城中到處逛逛，沒什麼東西好買。晚飯後，我特別向老闆娘再三道謝、道別。我說，明天一早我們就走，太早不便驚動她，也請她務必不要提早起床來「送客」，就這樣說定了，大家回房休息。

一覺醒來，天微亮，我們悄悄下樓，汪先章到後面叫醒一人起來開大門，讓我們出去，站在門外又聽到他把門鎖好，我們才離開大門口。路邊就有排班黃包車，坐上車直往城外，到達城外旅館蔡慶山已備好早餐，大家吃完，整理東西，又上了木炭車，搖搖擺擺離開贛州。

公路邊一片大牌子寫著「再會一路平安」。

大庾鎢砂南安板鴨

一路上我們的行車計畫都由汪先章和司機阿覺商討決定。離開贛州，汽車進入廣東省之前還要經過二個縣，南康和大庾。阿覺根據路程和路況判斷至少還要三天才能到達韶關，第一晚到南康投宿。結果我們在南康住了二晚。

原來，大概二年前，在上海友華村寓所，蔡慶山的二哥寫信為他介紹一位朋友。這位朋友是在江西大庾開採鎢礦的工程師，因公事去上海，人生路不熟。母親同意老蔡讓這位工程師住進我們家中，老蔡請他看戲，請他上澡堂洗澡。那個時代上澡堂子去洗澡是很高的禮遇。總之，老蔡與這位工程師結下這段交情。

鎢砂是非常重要的稀少礦產。抗戰時代我國能夠外銷美國的只有二樣值錢的東西可以換購軍火，一是四川出產的桐油，另一項就是江西的鎢砂礦。

鎢砂礦主要的礦區就在南康和大庾縣境內。既然來到南康，老蔡便出去打聽這位朋友。不想這位朋友就在南康，他高興得不得了的隨老蔡到旅社來看我們，一再向母親問好。在這位採礦工程師堅持之下，我們在南康多住一晚。他請我們吃飯，請我們品嚐鮮美的「南安板鴨」。

原來，從前這一帶是南安府所管，南安府治就是現在的大庾縣。府屬各縣盛產鴨子，做成板鴨行銷全國各地便以南安為名。據說已有一百幾十年的歷史，在這裡經營「南安板鴨」是相當大的生意。哈、哈，以鎢砂聞名全世界的大庾，原來也以南安板鴨行銷全國。

木炭卡車進入廣東

崎嶇不平的公路在山間蜿蜒向西南方向延伸，木炭卡車辛苦的跨越大庾嶺進入廣東省，所謂是嶺南之地，穿過南雄和始興二個縣境。好不容易一天下午到達韶關，韶關又名曲江。這裡是粵北重鎮，有粵漢鐵路通過。二年前曾在這裡住過，舊地重遊，心裡踏實多了。找了一家寬大乾淨旅館，要了三四間房間。韶關的旅館仍是傳統舊式客棧，幾乎沒有什麼新的設備。

向木炭車道別，向阿覺司機道謝，大小行李全搬進旅館去。正在整理東西時，忽然有一位江先生來訪，他是宇飛在陸軍大學的後期同學。當年我已經從重慶山洞回上海，他才進入陸大。宇飛信上曾提過此人，腦裡有點印象，如今來訪是第一次見面。

年紀輕、個子小、很靈活的廣東人，他是江無畏，同學們都叫他「江仔」不叫正名。江無畏代表喻英奇太太邀請我明天到喻家去吃飯。喻英奇也是宇飛在陸軍大學的同學，他自己人在重慶，家眷留在韶關。

喻家住在河西。河西就是我們以前住韶關時，雇船過河逃警報、躲日本飛機轟炸的地方。那裡原來一片樹林和空地，已經地方政府開闢整理，建造了幾列平房，供作韶關附近駐軍部隊軍官的眷舍。

第二天，江仔來帶路，不需利用渡船過河，已有一座木橋可以通行。步行不遠到達喻家，屋外前後有庭院花圃，進到屋裡，客廳、飯廳、二臥房、廚廁等設備齊全，光線明亮，四面油漆粉刷顯得很漂亮，但是一拳就可以打穿牆壁。因為那是適應戰時的簡易建築，竹木建成再敷上石灰泥土而已。

坐定後，第一次見面的喻嫂哈哈大笑起來，她說前些時接到喻英奇自重慶來信說：「陳大嫂由上海要去貴州安順，必定經過韶關，屆時務必見見面，招待一下。」她好擔心她自己只能說廣州話，完全不懂上海話，我住上海必說上海話，如何溝通呢？笑完以後，她說：「原來陳大嫂，妳會講白話，太好了！我們講話方便多了！」白話就是廣州話。

喻太太介紹座中一位第一次見面的張百川太太。心裡想這是另一位張太太嘛！我只好不動聲色，客套寒暄一番。張百川是宇飛同鄉又是雲南講武堂同學。以前在南京，那位張百川太太跟我們很熟，幾乎每天會帶她那個與寬仁差不多大年紀的兒子來我們家玩，她那孩子的小名叫梅仔。後來才知道，那一位去過南京的太太已被打落冷宮，回興寧鄉下去了。這位新寵張太太也是只會說廣州話而已。

韶關住了幾天，並無特別好玩樂的去處，只是三餐飲食方面較順口味而已。每天天還未大亮，睡得正好時，旅館伙計們就來叫門，此起彼落的大叫：「起身啦！疏散啦！」原來，只要天氣好，日本飛機必來騷擾。於是，政府規定：要人民白晝出城疏散、傍晚歸家，以免敵機來襲造成傷害。韶關人民因此便養成一種習慣，天濛濛亮時，大家扶老攜幼，帶著大包小包疏散出城，躲去郊外；等到日落西山便回到城裡。然後點起燈火沿著大街擺攤子做生意，夜市熱鬧得很。

那個時代是沒有電的。夜間照明用的是油燈、蠟燭燈籠、火把等。最豪華的是一種打氣的煤油燈，那種氣燈的燈光很亮。

有時空襲警報響過後，敵機並不一定來到韶關。我們在的那幾天，有二三次日本飛機真的來到韶關上空，向市區火車站等地投彈轟炸。

有一次我們一家正躲到一片樹林前面的壕溝裡，頭頂上是藍天白雲，遠遠傳來一陣陣轟炸聲，地面高射砲聲隆隆，機關槍聲咯咯，二歲多的民兒聽出興趣來，引起他的歌興，自動打開喉嚨大唱那首他唯一會唱的歌：「叮噹，叮噹，叮噹。什麼東西響……。」他在土溝裡反覆的唱著，越唱越大聲，把汪太太嚇得發抖，大聲叫：「阿民不要唱啦，飛機上日本鬼子聽見啦！」她看來看去，在壕溝裡已沒有妥當地方可躲，蹲下來把頭鑽到汪先章跨下，雙手捂著耳朵，緊緊靠著汪的大腿。

不一會，飛機走了，警報解除。大家從壕溝裡出來。母親問汪太太說：「妳叫阿民不要唱，妳自己的聲音比阿民唱的還響。妳捂著耳朵，是妳聽不見飛機、還是飛機聽不見妳的聲音？」母親這一問，大家哈哈大笑。

粵湘桂黔火車之旅

由韶關再前行，我們搭乘粵漢鐵路的火車北上進入湖南省，到達衡陽車站由聯運轉接湘桂鐵路西行，沿線經過桂林、柳州，最後來到鐵路的終點，廣西省接近貴州省的一處村落、金城江。

在韶關我們自己去火車站要買聯運車票直達金城江，那簡直是不可能的。不得不設法動用關係請託人情。登記了好幾天之後，終於買到聯運車票，其中有二張臥舖票。旅館中其他客人為我們起身歡呼，恭喜我們買到車票啦。

我一看車票，一家人不在同一車廂中。我說不好，孩子們分開在不同車廂裡，我不放心。我問他們能不能加一點錢更換二張臥舖票的位置，讓孩子們和我在一個車廂裡。旁邊那些人說：「妳們能買到一家人同一班車次，又有二張臥舖票，妳還不滿意？

我們看到有些人家排隊買車票，一家人分開幾天走；能排到一張票，就讓一人先走。」又有人訴說，有人等不到票，乾脆就爬上火車車廂頂上或坐或臥等待開車。幾乎每列車車頂都擠滿人，車站人員無法說服他們下來，只好開車。半路上碰到軌道不平或是換軌道搖擺震動而掉下車去，或是瞌睡中自己不留意掉下車去，不少人就死得不明不白，如此狀況還是有人爬上去。爬上車頂上的都說寧願冒生命危險，也得逃到大後方去，總比日本鬼子來了會死得更慘。

足見那個時代日本鬼子對我國人民惡毒殘殺行為可怕，令人痛恨無奈。

汪、蔡二人一再向我保證，他們會在各個不同車廂走動照應婦孺孩子，要我放心。要更換車票實在太難啦！

自己冷靜想想，的確比一般人幸運多了，只好收拾行李，大家到火車站上車，果然看到好些人擠在車頂上。車頂上是滑溜溜的，無欄無阻，的確很容易掉下來。旅館中大眾說的沒錯，真是有這種事實，真是個悲慘世界！看了心裡很難過，又能怎樣呢？

月臺上有憲兵和警察維持秩序，驗票上車。

車廂內也是人滿為患，我們有床位有座位，另有許多人是只有車票卻是沒有座位的。我們自己安頓好，沒多久就開車了。心想到站停車可以過去到別的車廂看看孩子們，事實並不如理想。一路似乎有許多車站都過站不停。好像是有二三次，可能車上人員與站上有事交代或是換班什麼的，車雖停下，但是車廂兩端的門卻都鎖著，車內旅客不能下車。主要的作用是防止車頂上的或是月臺上的流浪人進入車廂。車廂內那些有車票無座位的旅客，都席坐在車內地板上，停車而不能下車便開始叫罵，他們極需要下去伸伸腿。人多複雜，難於管理，難怪鐵路當局他們這樣做。記得好像有二三次停車，旅客有人下去在月臺上走動一下，只不過幾分鐘而已，也許是衡陽和桂林罷，什麼站名想不起來了。

母親和我只在臥舖車間裡向窗外看看，沒下車。聽別人在說，普通車廂裡，有人寧願屈腿坐著，不願下車伸腿，因為一走開，別人佔坐了位子，回頭來吵架也沒用。車票上面根本就沒有座位號碼。

一路上火車行駛很慢，有些路段曾經被日本鬼子飛機轟炸破壞，臨時搶修，路基不穩不能開快車，列車便以極低速度通過，我們都不禁提心吊膽。有時有敵機空襲附近某處的情報，列車也停駛不進。曾經有夜間碰到空襲，停車全車熄滅燈火，黑漆漆一片。偶然也有一小段路會跑得真正像是火車。

糊糊塗塗在車內待了幾夜幾天，實在弄不清楚。好不容易一天下午到達終點站金城江。金城江原來只是廣西省南丹縣境內一處無名之地。

下車走出車站一看，全是木板新近搭建的房屋，有旅館，有餐廳，燒臘店，雜物小店等。地方很空曠，也沒有一條正規的道路，除了一幢幢木板房子之外，全是空地，眾人隨便行走便形成出來一條道路。

我們選了一家規模較大，門口寬闊乾淨的旅店住進去。汪蔡二人回頭再去火車站辦手續，雇了人伕去行李車搬運行李。不知怎麼的起了衝突，一群腳伕圍打汪先章，打得不能開交。蔡慶山跑去找站長，站長帶同二位警察過來解圍呼停，制止了打架。

許多人打一人，汪先章傷了腰背，汪太太扶他回房，內服跌打藥酒、外敷跌打藥膏，治療休息了幾天才出房門。汪太太對我們說，見到老汪，不要提打架的事，怕他難為情。她說，老汪認為從來沒有這樣丟臉，居然會被人家打傷。

此事發生的原因不難想像：汪先章是青幫一份子，在江湖上有一點點小名氣。當年在南京下關火車站，幾百個搬運腳伕，他是一呼百諾，全體對他尊敬無比。可是金城江這地方原來是山野荒郊，所謂是山高皇帝遠沒人管轄的原野地帶，湘桂黔鐵路興建至此，正好是一大片空曠平坦，便修建作為列車調車場車站，附近堆放鐵軌、枕木等鐵道材料。這裡既是湘桂鐵路的終點站，也是桂黔鐵路的起點站。車站前面也就因應時機自然形成為一個小市集，最高的治安當局只是一個小型的警察分駐所而已，再無其他管轄機關。火車站上的腳伕是臨時湊合在一起的流民野漢，既沒有任何幫派的約束教訓，也不懂什麼江湖規矩，憑著有一點蠻力氣便橫行霸道，隨便勒索，欺負外來旅客，完全沒有一點江湖義氣。汪先章當然看不順眼，受不了。再加上言語不通，彼此誤會，推來擠去的就這樣打起來了。

休息幾天，買到桂黔鐵路去貴州省獨山的車票，大家又再上車，大方向是往北行。可是火車卻是忽東忽西的行進。忽然又是倒著走。原來火車要爬山了，長長一列火車怎麼爬山呢？

原來鐵路在山坡斜坡地上鋪成「之」字形，一段段來回，坐在車裡人會忽前忽後的傾倒，很明顯的可以感覺到列車前後各有一個車頭。二個車頭，前面拉、後頭的推；後面拉、前頭的就推。車窗外可以看見山坡地上像階梯一般橫亙的鐵軌。列車向前走著一會便反後為前的後退，拉鋸一樣進進退退，同時聽到鐵輪磨擦鐵軌的尖嘯聲，令人好害怕。

火車終於爬上山坡來到高原上，恢復正常行車。據說這就進入貴州省了。不記得坐了多少小時的火車，來到了貴州的獨山，桂黔鐵路只鋪設到這裡而已，這裡是真正的鐵路終點站。

貴州獨山過新年

火車停靠在獨山車站，已有一位軍官率同隨員在月臺上迎接。他是謝雪痕中校，軍政部派駐獨山的特務營營長。

謝雪痕是宇飛在南京任特務團團長時屬下一位連長，後來昇任營長，率部隊駐紮在此。談話間可以感覺到謝營長對宇飛仍是十分尊敬。汪先章是他老同事、老朋友，他們之間經常有聯繫，不過消息並不是很靈活。他說，最近這段時間，他天天都到車站來看看，果然今天接到了。汪先章問他旅館訂好了嗎？他說：「老長官的寶眷來到這裡，何必住旅館！我負責！有比旅館好的地方住！」於是大家跟著他走，步行不遠便到達他的營部。

那是一座很寬很高的古老屋子，很可能是一間祠堂，不過內部已經改建，正殿上方加蓋了一層，樓上全是木板釘造，有一間大房間原來是謝營長自已住的房間，寬大乾淨，房內已經預先另外準備好架設了二張大床，謝營長指給我們看，讓母親和我住這間。前面二三間房分給汪蔡他們二家，另外又有堆放行李的地方。

我怕我們這一大幫婦孺老百姓住進他的營部會影響到他的公務，方便嗎？謝營長說：「這裡是我自已住，營本部二三位同事住在樓下，前面有數名弟兄在照應，環境很單純，不複雜，您儘管放心住。我的營隊部在另一地方，那裡有部隊、人多，早晚要出操很吵鬧的。」

不一會，謝太太帶著二歲大的兒子來見。謝太太年輕、靈活、整潔，南京人。兒子長得白白淨淨。母子同樣可愛，一見面令人好感。

再過二天就是民國三十三年元旦，從獨山去貴陽有西南公路局的客運汽車可通。平時就一票難求，年關前後卻是沒車往來，我們不得不在獨山住下。謝營長好高興，一再說今年特別好機會，平時可是請都請不到的，老長官的太太合全家來到營部過年。可惜在此非常時期，大家都要維持上班、不放假，不然可陪我到處去玩玩。謝營長說：「老汪你沒事，你就陪太太到哪裡玩玩罷！」汪先章說：「算了吧！獨山又沒有什麼名勝古蹟可逛，你是暗示我在你這營部裡不可以打麻將，要我陪老長官太太到別處去打麻將，是嗎？不過，太太不玩這個，這一套免了，你上你的班去吧！」大家哈哈大笑。

既是公家規定不放假，怎麼西南公路局沒有客車來往呢？謝營長解釋說，司機們才不管規定放假不放假，過年嘛，他們自己放假。不開車、大吃大喝，快快樂樂休息幾天，誰能管到他們這班司機大爺呀。最快要元旦後四五天才會有客車通行。

汪先章已向公路車站登記好要買頭班車車票，通車我們就走。

接下來二天就過新年了。特務營裡弟兄們興高采烈，忙著殺豬、宰雞宰鴨，處理乾淨後，送一部分到營部來，請我們吃。

用大汽油桶改造的爐灶端到大廳天井邊上。爐上面架一口巨型的大鐵鍋，大半鍋水，把洗淨的雞、鴨、豬肉全放進去用大火煮得爛熟。大家圍著吃，雖然說是大冬天，圍爐取暖，其實一點不冷。記得我只穿了薄呢夾旗袍。後來，母親和我都覺得太熱，受不了，便遠離火爐坐下，用熱湯泡點飯隨便吃一點。謝營長夫婦來作陪，還有一位他的親屬，路過此地也是客人，大家吃得津津有味。謝營長率領部隊要以身作則。他說，非常時期，有命令嚴格禁止弟兄們喝酒，今天過年開放，但仍有限量，每人只可喝一杯，是以吃飯用的大碗作為酒杯。他自己不能破例多喝，他只能奉陪汪先章喝一杯而已。一再要老汪諒解。足見他這營長嚴守軍紀，做得公正。

過一個年，不知道他們殺了多少豬雞鴨。只見一大塊、一大塊的豬肉丟進鍋裡，有時連豬肝、豬心、全雞、全鴨煮一大鍋。撈出來吃剩的便丟給桌子下面的狗吃。到了下一餐，可能是換上整條豬腿丟進鍋裡煮。

一連幾天都是這樣吃法，雖然每餐的雞、鴨、肉都很新鮮，只是同一煮法、同一味道，一二三餐下來，看到那口大鍋就倒盡胃口了。我不客氣的問謝營長，有沒有蔬菜之類的東西。他連聲應有，叫人拿來大白菜、白蘿蔔等立即叫他們洗淨切開，一齊放到大鍋裡煮。濃濃肉湯煮出來的大白菜實在好吃。母親和我不再辭讓各自連菜連湯吃了一大碗。

民國三十二年的大除夕就這樣過去了。

泥濘的城市貴陽

民國三十三年元月四日早上，謝別了謝營長，搭上貴州省公路局的客運汽車，離開獨山北上。客運班車擠得滿滿的，到達一處名叫都勻的地方停車，打尖，休息，飯店內人家說：「你們好運氣啊！前二天這裡遭土匪搶劫。你們這麼多行李，正是目標！早到二天就慘啦！」據說，土匪好似有一個原則，總是隔一段時間才會出來搶劫，所以搶後的幾天特別太平云云。我們到得正是最平靜的好日子，我們的確很幸運。

晚上到達馬場坪。

第二天又是很長一段的上坡路段，經過貴定。黃昏前，到達貴陽市，進入市區。貴陽，抗戰時代西南大後方與重慶、昆明齊名的三大重鎮之一，恰如鼎之三足。

下車時，腳腿伸下去剛接觸到地面趕快又縮上來，不敢踩下去，全是軟軟濕濕的黃土泥漿，從來沒有走過這種路。看看市面、馬路都很寬大，路面全都是濕爛泥漿，想起一句形容貴州的俗話，「天無三日晴」，想是雨水太多的關係罷！但是當天沒見下雨。大家都是這樣兩腳黃泥，不踩下去又能怎樣，無奈從黃泥路上走進一家旅館。

這個旅店是興寧同鄉人開的「四海大酒店」，兼有餐廳，頗具規模，在貴陽有點小名氣，而且是貴陽全市唯一能夠焙製長條土司麵包的。店裡製成的土司麵包，一個上午就賣光了。有人特地拿來一些給孩子們吃，仁淳二兒吃了一口都敬謝不敏，二人都說是酸酸的有怪味。其實那是發麵所用的不同酵母影響罷！

有人告訴我說，宇飛本人現在在重慶，大約這二三天就會來到貴陽。

花溪小憩

在四海大酒店裡住著很無聊，想出去逛逛，看到滿街黃土泥漿，應該說是泥膏才對，沒興趣。我問汪先章附近有什麼地方可以去玩玩。汪說，花溪的風景不錯。我說好，著他立即備車，大家去花溪。花溪有一處很別緻的休假旅館，名稱也很有詩意，是「花溪小憩」。算是一座新式的設計建築，相當整潔乾淨，比一路來所投宿的旅館像樣太多了，這才是一個渡假旅館呀！旅館建築沿著花溪水流有長長的走廊，孩子們奔跑得好高興。

不一會有一位常住花溪的興寧同鄉來拜訪，晚上請吃飯。席上吃到花溪的名產，娃娃魚。他又請我們品嚐刺栗酒。刺栗是貴州特有的一種果子，長在樹上，約與桂圓大小，扁扁的有點像栗子，所以名為栗，表面有許多軟刺，咬一口奇酸無比。家家戶戶都拿來泡酒，本地人認為刺栗酒是大補品。現代化的解釋，應該是含豐富維他命C罷！泡成的刺栗酒，進口甜甜的略帶點酸很可口。

刺栗酒甜二歲寬民醉倒

沒想到這甜甜略帶酸味的刺栗酒適合民兒的胃口，他淺嚐之後一把抓起酒杯大口大口的喝，告訴他不可喝太多、會酒醉。大家聊天說話沒人注意他喝了多少，他卻當場醉了，還好他不吵不鬧也沒嘔吐，倒下在椅子上呼呼大睡。

大家吃完正在向主人道謝時，有人來告說，宇飛已從貴陽來到花溪，正在「花溪小憩」等候。汪先章立即抱起民兒，大家趕回到旅館。

孩子們見到了幾年來未見的父親！大都是呆若木雞，我們沒有洋人的那種擁抱習慣，口頭上稱呼一聲爸爸而已。只有民兒酒醉熟睡了，汪先章把他直接放到床上去。

半夜，我拿半杯溫開水，把民兒頭扶起，水杯端到他嘴邊，他在睡眠中居然咕嚕咕嚕把半杯水喝掉。第二天，睡到大家起床，他也醒了，問他幹嘛喝這麼多酒，醉成這樣，他好似不知道怎麼回事。

早餐後全家一同去逛花溪公園，沿著溪流有山有水，樹林花草，風景的確不錯，看到溪水中有娃娃魚游來游去，那雙小手十足十的活像娃娃的小手划水活動，想到昨晚吃牠同類，真有點噁心。

後來，有人由花溪帶活娃娃魚到安順送給我們，我沒有再吃。

在花溪玩了二天，返回貴陽，又住入四海大酒店。

一天後，坐上搖搖擺擺的一輛老爺卡車，據說那是最好的酒精車，駛往安順。

第十二篇 大後方平安順當的生活（民國三十三年）

安順太和街寓所

下午到達安順。安順距離貴陽九十六公里，是貴陽去昆明的必經之地。

來到安順以前，一路來汪太太一直說：老闆租下了安順城中最好最新的一處洋房等我們去住。那天終於來到太和街所謂是洋房的附近下車，太和街是一條石塊鋪砌的小巷子，車輛是進不去的。洋房沿街有圍牆，進門是一個扁長方型的天井，上一步臺階踏入屋內大廳，廳左右各有一間大房間，有鑲嵌著玻璃的大窗，光線很好，房門上裝有圓圓的把手供開門和關門，把手下面有鑰匙孔，憑這個門鎖這就是所謂的新式洋房啦！傳統古老的房門是要用另一把鎖，套上門上的鐵環鎖門的。這樓下，租給我們用。中間大廳後壁有樓梯通二樓，樓上房東田先生自住。樓下再進去後面則是後天井、廚、廁、佣人住的小房間等。

樓上住人出進必經大廳，佣人出入也經這裡，大廳其實是大眾過路之處。我們在此吃飯之外，只有孩子們在玩耍，根本不可能當作客廳使用。

我回想起當年蘇州十全街、嚴家的花園洋房，格局大同小異。安順這裡，房間較寬大，比較好佈置。我的房間在中間大廳右邊，房中間我用四片大屏風隔開，後段為臥室，前面一段作為內客廳，任何大官無論是誰來訪或是有人來討論公事的，都在這亦房亦廳中接待。

左邊大房間地面鋪的是地板，我讓母親帶同孩子們住。進門有一張很正式的六人座西餐長桌，正好拿來供孩子們做功課用，桌子後面靠牆是仁淳二兒的一張雙層木床。

我問他們怎麼租不到獨門獨院的房子呢？我覺得住這個新式洋房其實是住在馬路旁邊，外面正好是路口，有攤販賣東西，尤其早晨許多賣菜的，雖然隔著一道圍牆，仍然是很吵鬧。副官們說，曾經看過幾處房子，都是黑黑暗暗，潮濕有臭味。私人好的高級房子，屋主又不願出租；這裡也是經某某人介紹，屋主田先生才同意。普通一般人是租不到的。原來如此，算了，得過且過，住下罷！

陸軍獸醫學校

宇飛是一個雲南講武堂畢業，留學日本士官學校回來的傳統陸軍軍官，完全不懂獸醫，怎麼會被派為陸軍獸醫學校的主管呢？獸醫學校其實歷史悠久，雖然是一所大學程度的軍事院校，但是組織渙散，任務不明。原來學校在華北某地。抗戰軍興，學校向大後方遷移，搬來安順。正式更名為「陸軍獸醫學校」，重新調整組織，肯定教育目標，賦予明確軍事任務。校中以獸醫系為主，其他另有畜牧、食品加工系等。我記得有食品加工系的緣故，是系裡常常送些試驗製作的軍用食品到家裡來，請我們試吃。主要是些臘肉乾、香腸等可以儲存的乾糧之類。

學校來到安順就利用前清時代的安順府衙門作為校本部，校本部中只有教育處、總務處、會計處等單位。宇飛每天上班全靠步行，從住家太和街走到府前街校本部，十幾二十分鐘罷。

學校大部分在城外，除了教學單位另外附屬有一個獸醫診所。診所也為民間的騾馬、豬、犬看病。當時在安順還有一個規模較大的軍事學校，陸軍軍醫學校。教育長是梅縣人張建。抗戰勝利後陸軍軍醫學校復員到上海江灣，名稱更改為國防醫學院，然後又遷來臺北。陸軍獸醫學校則不知道搬遷到哪裡去了。

張建他自己本來是醫生，退休後來到臺灣，在新竹開設一間張建診所，口碑不錯。

所謂「教育長」這個頭銜不知道是什麼時候、什麼人發明的。當年所謂維持黃埔革命精神的陸軍軍官學校，校本部校長是蔣中正兼任。但是蔣中正貴為軍事委員會委員長不可能到學校來管行政，於是學校組織中設立一個「教育長」負責學校行政，各地的陸軍軍官學校分校，另設分校主任。所以，教育長其實就是校長。

各個軍事學校的教育長都是中將。宇飛奉派為陸軍獸醫學校教育長時，傳聞一段佳話：貴州省境內三所軍事學校的教育長都是廣東嘉應州的客家人：陸軍獸醫學校的陳隱黃，陸軍軍醫學校的張建，還有空軍防空學校的黃鎮球。

當時防空學校的校址在花溪。黃鎮球來到臺灣後晉級為上將，曾經擔任聯勤總司令。

不朽的傳統遺風

來到安順，住入太和街不久就是農曆新年了。當地人仍把農曆過新年看得很隆重。家家戶戶都忙著做粢巴。粢巴就是年糕一般的東西，用糯米飯槌成，不須放糖，糯米本身有一點點甜香味。粢巴做成一個個像包子、蒸熟，隔天變得堅硬無比。本地人怎麼吃法我始終不知道，人家送我們的，我就切片了放在炭火盆上烤，烤至起泡、軟了就可以吃了。孩子們烤來當零食。

正月初，大家互請吃春酒。本地的地方官和鄉紳們要宴請中央派下來的客官。這種規矩太古老了。

古今一樣，同日同時邀請一對夫婦，但男女不同席，男客的酒席安排在酒樓飯館，女主人則必定是在家裡宴請女客。這種情形：記得小時候，在汀州鹽館，父母親同時邀請來的一對對夫婦得分開二處入席，父親請的男客在一樓大廳用餐喝酒，母親則在樓上請女客。這是滿清朝代的官場規矩，革命已幾十年了，居然這裡還保守著這種傳統。

正月初的一天，我應約赴地方大老田紳士家田太太的邀請。田姓是安順大族。從古老大房子一進一進的走進去，走到第三進，那是主人正屋，田太太穿戴整齊，一身新衣，恭恭敬敬站在廳門口迎接。進入客廳讓到上座，安坐，另有婦女把茶先送給她，她接過了再親自向客人敬茶。喝一口茶，放下茶碗。然後，再請進左邊正房，房中已有三四位女客在座。中間靠牆一張紅木大炕床，一眼望到床舖上放置全套擦得雪亮的抽鴉片煙的煙具，左右橫躺二人，一人在打煙做成煙泡準備伺候，一人吞雲吐霧。心裡在想：這二人又不老，煙癮這麼大，做客一時都離不開大煙嗎？

坐下一會兒才明白，這是地方上款待客人的最尊重的禮節。

抽完煙的太太站起來稱謝。主人便口稱「老祖太」另請一位女客，可能是族中輩份較高的老人上床抽煙，老祖太邊走邊說，這是她過癮的時候，要多抽幾筒。果然她一連抽了好幾筒煙，滿房烏煙瘴氣，鴉片煙香。

我心想在這種場合上應該入鄉隨俗，不然弄得場面尷尬，主人下不了臺。終於，輪到主人過來請我了，我當然客氣的推推讓讓，一面大大方方跟著走上去。倒下去居然爽爽氣氣抽了一筒煙，我連連稱讚好煙，好煙，是真正道地的雲南正庄煙土，當年慈禧太后御用的福壽膏大概不過如此。我一知半解的對主人說些雲土的特徵，吹吹捧捧說她的煙好，她開心得要命，接連說：「真正是昆明來的上等雲土耶！妳懂得貨色！又肯賞光，今天請得到妳這位太太來，好樂，好樂。」貴州人說好樂，是表示歡喜快樂之意。所有客人都抽過大煙了，才入席喝酒、吃飯。席上都喝茅臺。

又過了幾天，房東請客，就在本宅樓上，也是在入席之前有大煙招待。後來才知道：當地社會上有地位的大戶人家，必須用鴉片煙待客，體面十足；沒用鴉片煙待客，那是普通人家。

安順尚有一件古老傳統，值得記下。

安順城裡地方上有一種基層組織：相當於今日的鄰里，那時稱為保甲。一保有若干甲。保有保長，甲有甲長。保甲之外有巡夜的，有打更的，有守鐘鼓樓的。這個組織也管傳遞消息。城中各家有婚喪喜慶等大事，他們就在大街小巷大聲宣告，一邊走一邊叫喊，像是唱歌一般。我們都聽不懂。

大戶人家請客也請他們傳信各個賓客。我們剛到安順不久，就被他們嚇一大跳。

有一天，突然外面有人使勁的大力拍打大門，我們先就一嚇。大門才開開，一個全身穿得臃臃腫腫的老人手持一根長枴杖衝進來，衝過院子來到大廳門口。他站住了。他兩手展開一捲紅紙，好像宣讀聖旨一般，對著廳門，拉長了嗓音大聲唱著：「明天，西街上谷三太爺家，請陳教育長過去吃過午！」吃過午就是吃晚飯。他唱完了，我們接過紅紙。那是一張「知單」。知單上一列寫著被邀請的主客和陪客的姓名。願意接受邀請的就在自己姓名下面寫上「敬陪」，不願意去的就寫「敬謝」。寫好，把知單還給他，附帶要給他一點酒錢，謝他跑腿。

送知單的要跑遍受邀的各家客人，最後把知單送回給要請客的人家。這辦法其實很不錯：受邀者事先可知道有那些人一起吃飯，知道自己是主客或是陪客，該穿什麼衣服。主人也可知道確實的出席人數。一般來說，主客是主人在事先就約定的。主客同意之後，主人再煞費苦心的去選擇適當的陪客。

「趕場」是大事

住在安順，趕場是一件大事。安順本地稱趕場，別處有稱趕集的。

一般住家所謂開門七件事，柴鹽油米醬醋茶。住在安順，不可能上街找一家小商店買到這些東西。要買東西要等趕場。

據說，趕場是一個古老的苗族傳統。幾乎是每天都有，但是地點不同。農曆的丑牛日和午馬日便來到安順。所謂是趕牛場或是趕馬場，好像是一次在東門外，一次在西門外。趕場的時候，平時空無一人的野地，這時擠滿人群，大多數是苗族。苗族男子的服裝穿得很雜亂，難得見到穿得正式的。苗族婦女則多穿傳統服裝，有些更是盛裝而來，全身上下都是色彩鮮艷的刺繡，頭上累累銀飾。

他們要出賣的東西有布、米、雜糧、牲畜、鹽和茶等。豬、羊、雞、鴨等也有在現場宰殺出賣。豬羊等一買至少是四分之一以上。所以，每次去趕場要出動很多人，買肉回來母親要忙亂個大半天。她會教導廚房怎麼分割，什麼切、什麼炒，怎麼醃、怎麼滷。否則平日到市上肉攤上去買肉，都是不新鮮的。

安順附近山裡出產岩鹽。青灰色的岩鹽就如石塊一般堅硬。公路上常看到一小隊騾馬，騾馬背上馱著二個大竹簍，裡面一塊一塊就是岩鹽。本地人是把岩鹽敲碎，像半塊肥皂那麼大小，用一根細繩子拴了掛在廚房爐灶上，做湯做菜的時候把岩鹽放進鍋裡泡一下就可。然後把岩鹽再掛起來。

我記得小時候看過人家煮鹽，於是，我讓勤務兵幫忙先把岩鹽打碎加水煮了一大鍋，濾掉泥水，再用小火熬成白色的細鹽。我還用瓶子裝了當禮品送人，收到的人都稱奇不已。離開安順時，我也帶了一些小塊岩鹽回到上海。看到的人也都稱奇不已。

說到安順，還有一事不記不可。

那個時代、那個地方，熱水很不方便得到。所以，沒有人是每天洗澡的，衣服也沒有每天換。我們家孩子們可是每星期，一定要徹底洗換一次的。即令如此，三個女孩的長頭髮裡面就躲藏有蝨子。每天放學回家，第一件事就是替她們清除頭上的蝨子。有時我們站在木炭火盆邊上刷頭髮，蝨子掉落在火盆裡，只聽見哔剝作響。蝨子比白芝麻略長一點。如果是去了趕場回來的話，那簡直是不用找，滿身滿頭都是。苗族婦女聚在一起聊天時，常見她們互相在對方身上找蝨子，找到了就用兩手大拇指的指甲一擠，哔的一聲，把蝨子夾死。

可是，我該怎麼辦呢？經人指點：在頭髮中澆灌一些高粱酒，立刻用毛巾或一片布把頭包起來，幾十分鐘之後用梳篦刷頭髮，只見白蝨子掉得滿地。

豪邁的詹龍光

安順當地大家族之中，唯獨詹龍光家請客吃飯不用大煙待客。

詹家可不是小戶，詹家歷代官紳是有地位的大戶人家。詹龍光當時是安順師管區的少將司令官。他常說，他有責任帶頭為地方掃掉許多不合法、不合理的老規矩。

詹龍光此人有魄力、有擔當，嫉惡如仇。他在青少年時，做了一件常人絕對做不到的驚人事情。

他少年時遠離貴州，出外求學，離家二三年。在外面聽到消息，說他的二位妹妹在家鄉是安順紅人、是交際花、與軍閥大官顯要交往；又有傳說他二位妹妹如酒女一般，生活糜爛，應召陪酒等等。二位妹妹則是父母親的掌上明珠，在家十分縱容，一切都瞞著兩老。

二位妹妹自幼也是他這哥哥寵愛的寶貝。他聽到這些消息，是真是假都受不了。悄悄跑回安順，不回家，不露面，暗中調查。果然，晚上看見妹妹二人，打扮得花枝招展出門，有車有轎來接。他暗中跟蹤，到某些地方，果然深夜回家。他跟蹤調查了幾天，證實她二人真是應召女郎，不只陪酒也陪宿。

他採取了行動。一天，他估算準了時間，在妹妹回來以前，黎明時分，他先一步回家，他進門腳步聲驚動了老管家，出來看到多年不見的少主人回來，又驚又喜。他把老管家推進門房裡去，要他繼續去睡覺，不許出聲。他自己坐在天井臺階黑暗處，對著大門入口。不久二位妹妹回來，離他十幾步遠，他大喝一聲站住，同時舉起手槍連開二發，二人應聲倒地。老管家在旁嚇得發抖。他對管家說：「天亮以後有人會送二口棺木來，把她二人收拾好埋掉！有人來調查，就說是我幹的，與別人無關。」說完立即逃離貴州。

安順官府曾經通緝他歸案，只是貴州省內軍閥政權不絕更迭。最後，案子是不了了之。詹龍光離開貴州，初時不知混在什麼地方部隊裡從軍，後來去了南京。宇飛任軍械司司長後，有人介紹他來見，宇飛錄用他在軍械司當科員。這是民國二十一二年的事。

民國三十三年，我們來在安順，他已經當上師管區的少將司令官啦！為人的確很豪邁，風度不錯。

要吸大煙的小煙蟲

在安順還有一件生平從來沒經驗過的事。

汪先章夫婦沒生孩子，極想要個小孩，於是經人介紹收養一個男孩。有天早上，他們買賣成功後，抱孩子來見我。六個多月大，會叫會笑，吃米糊吃得很好，乖乖的，看來還可以，只是營養不良，臉色略為帶黃，環境改變慢慢應會養好。

將近中午時，那孩子忽然大鬧大哭，臉色發青，全身在抖，手腳抽筋。汪太太嚇急了，抱著搖來搖去、摸頭摸面，是不是肚子痛，是不是……。這樣嚇死人，我讓她趕快抱去看醫生。剛好這時進來一位中年婦人經過大廳要上樓去，看到這一幕，她站定說：「不用看醫生，他是煙癮發啦！」

我說：「什麼？這麼小的孩子發什麼煙癮？他是亂奶嗎？剛才吃米糊，吃得乖乖的呀！」

她說：「啊呀！是大煙癮啦，不是亂奶啦！抱去大煙館吸二口煙就好了。」

我嚇了一跳，小嬰孩發大煙癮？汪太太跨開大步，急忙抱小孩出去。

不一會，汪太太笑嘻嘻抱著小孩回來，不鬧了，很乖。我看呆了，問是怎麼回事。汪太太說，一抱進到煙館，他們就知道。有人抽一大口煙，對著小孩臉上口鼻慢慢吹去，小孩就不哭了。那人說一口不夠，再吹一口。三四筒煙吹後，小孩就完全平靜下來，不哭了。汪先章下班後過來，知道了說：「這種習慣一定要替他戒掉，家裡養個小煙蟲怎麼可以？」

宇飛的另一面

寫到這裡，筆頭且回到前幾年的事。

三十三年一月中旬，我們從獨山到達貴陽，隨即轉去郊外的一處名勝花溪休息。住入一家很精緻的小型旅社，名字是「花溪小憩」。不一日，宇飛來到。孩子們多年未見父親，平日都很興奮的說要見到爸爸啦，見了面反而是怯怯無情。

夜闌人靜，宇飛讓我和母親二人坐下，他開口說話。他說，他要請我原諒，並且央求我母親也向我要求原諒他。他說，他幾次三番提筆寫信想寫，寫不下來。結結巴巴一陣之後，他終於說出來，有一個女人，她叫李文翠，生了一個女兒，孩子現在有十個月大了。

我說：「你自己終於不得不說出來。其實這件事，我老早就知道了！」

簡單的說明前事。

當年在南京，宇飛任軍政部軍械司司長時代，軍械司中有一位科員，寧波人，名叫李恭臨。這人能說善道，長袖善舞非常能幹。軍械司向上海禮和洋行買德國槍械幾乎都是李恭臨經手辦理。

李文翠說是李恭臨的妹妹，婚姻失敗，離婚後便一直跟著李恭臨生活。李恭臨趁機把她介紹給宇飛，說她無依無靠的要宇飛正式接納她回家來。也許是時局變化的關係，抗戰爆發，宇飛隨政府遷都去了重慶。

李恭臨離開軍械司之後自己在上海做生意，卻沾上日本人的關係變成一個大漢奸。後來終於被所謂是重慶份子的地下工作者在法租界當街槍殺。李文翠變得真正是無依無靠，於是跑去重慶找到宇飛。民國三十二年間生下一個女兒。

宇飛一再說，李文翠是個鄉下人，沒有受過多少教育，只求有個歸宿，有一碗飯吃而已。要求我器量大一點，收容她，准許她入門。那個時代的社會風氣，老爺先生們在外面所謂是應酬、玩女人是半公開的事。家裡養幾個姨太太有如家常便飯，根本就不希奇。抗戰時代，許多家庭因逃難而拆散、消息不明，先生隨政府跑到大後方也有明媒正娶的所謂「抗戰夫人」。黑市夫人就更不必說啦！在這種社會情形下，宇飛的行為有何不可呢？

我自己父親就曾經有過二三個姨太太。也因為這些事，母親才一直跟著我生活。她說，她懶得去管那些囉囉嗦嗦的事，眼不見為淨。有些家庭為這一類事爭吵。吵鬧無非是否認事實，反對到底。常言道得好：壓力愈大，反彈愈大。不准許他們在一起，他們反而會更接近。我認為這種事爭吵不出什麼名目，徒傷一家人的和氣。

不過有些人很會吵吵又和和。可是我知道自己脾氣：一經吵架翻臉，就難以回頭再裝笑臉。因為我早已聽聞這事，所以思考的時間很長。我一再思考，我要替我母親著想，母親必須跟著我住，我要為一群孩子們著想。一輩子這幾十年來，這個家是我一手創立起來的，全家老小和氣快樂。宇飛有多少時間放在家裡？我的這個家不容破壞！我不能放棄！宇飛在外面的事，我可以不聞不問、假裝不知。我的器量很大！

幾年下來，我一直是自己心裡盤算。從來沒有告訴母親。省得她又要煩心。我一直等機會讓宇飛能自己開口。

宇飛終於自己開口了。我心裡想：幾年來都是忍氣吞聲的過了，現在當面大吵大鬧豈不是失掉自己氣度？他說話告一段落。見我板著臉不說話。他就央求我母親，要母親勸我。我冷冷的說：「這事與我母親無關，你不要去煩她！」

我接著說：「這是你自己的事。你要怎麼樣做人？怎樣去負擔起責任對人對事？大官要納妾不是什麼了不起的事。尤其孩子是無辜的。所以，我成全你們，我同意她們母女回來。」

我想到孩子已有十個月大了。她的母親、一個年輕婦女應有一個歸宿，情有可原。得容人處且容人，答應她進門罷！且看她爾後行為。

我對宇飛說得很簡單、很明白。我說：「回來，就要遵守家裡的規矩！」最後，我問道：「那麼，她們母女現在在哪裡？」

宇飛說，她們已在安順，住在預先租下的房子裡。我認為：宇飛租下那房屋是準備讓我們去住的，李文翠名份未定，不能先行入住。所以，她必須先搬出去。等待我們全家到安順，住定了，再選日子正式讓她們進門。

宇飛點頭同意。問題解決。他出房間到櫃臺上打長途電話去安順，交代陳伯英辦理一切。

幾天後，我們到達安順。在太和街口所謂的新式洋房住定了。

一天，母親對我說，我既然答應人家進門，那就趁過年之前選一個好日子讓她們母女回來，了卻這件事罷！那時已是臘月中旬。我的生日是臘月二十二。母親會看黃曆選吉日。她一翻曆書，說，我生日前二天，二十是大好吉日，不犯沖煞，就是這一天罷！於是，我就通知汪先章夫婦，請他倆來辦這件事。

汪先章夫婦與李文翠同是浙江省那一帶的人，李文翠的一些事，其實他夫婦倆早就在照顧著她。

汪先章一本正經的說，依老規矩：一般娶媳婦時，新娘子進門，大家都到前面來看，很熱鬧的；可是姨太太進門是不一樣的。姨太太進門是沒有人看的，不可以熱鬧，人要悄悄來到正廳，先朝上磕一個頭，磕這第一個頭是沒有人受禮的，算是進門。然後，才請太太出來受禮，見面。

汪先章比手劃腳說完這一套，笑嘻嘻的問我們道：「老太太、太太，是不是這樣？到時候我們去陪她來，就這樣辦。」

母親大大稱讚汪先章一番，說他怎麼會懂得這一套古老規矩。我說：「既然你懂得規矩，該怎麼做？就由你指揮安排罷！」汪先章是最喜歡別人當面稱讚他能幹的。

汪太太回頭悄悄的對我母親說：「老太太，我先去把孩子抱來看看，可以嗎？」母親呵呵一笑，說，當然可以啦！

臘月二十。宇飛依然是一早就去了府前街陸軍獸醫學校的校本部上班。

汪先章夫婦先來看我們準備一切就緒，就辭去了。我們把大門虛掩，大家退入房間。不一會，聽見外面有人推開大門進來，走過天井。然後只聽見汪先章的聲音，他在客廳大聲吼著：「李文翠朝上磕頭！」

他們來到我房間門口布簾外，汪先章說：「請太太到客廳受禮！」我從房間裡出來，在原先放置好的椅子上坐下，李文翠過來行禮，跪下磕頭。

於是，母親出來，孩子們出來，大家見面行禮。她首先向我母親鞠躬行禮。然後孩子們，自仁兒開始逐一過來，用客家話稱呼她一聲：「細娘。」宇飛說，這是客家人的稱呼方式。

這時已近中午。

前幾天，我就交代陳伯英代表我去邀請幾位客人，把與陳家有點親戚關係的幾家人都請來。陳家親人來到安順的不多。與宇飛平輩的只有一位遠房的陳少鹿，在顧府街上開一爿百貨店；在伍家關軍械庫當庫長的陳衍蔭是遠房姪輩；還有一位曾姓的姑爺也是晚輩。

三對夫婦陸續來到。我老早準備好一桌酒菜，就在客廳裡撐開一張大圓桌。大家依序坐下。李文翠也入座了。

宇飛匆匆從獸醫學校回來，換了衣服出來到席間坐下，訕訕無語。少鹿妻子對我說：「我們一直在擔心，這件事等妳從上海來了怎麼辦？沒想到妳的器量真大，處理得那麼圓滿！」

少鹿也說：「七嫂，真拜服妳。這事做得很漂亮！」

我端起酒杯，敬他倆。我說：「很抱歉，你們在安順的都在等著看把戲。現在沒有戲可看！今天就請你們陳姓宗親吃飯罷！我沒有做對不起你們陳家的事！」

生活恢復平靜正常。一切相安無事。李文翠就帶著孩子住在我房間後面的一間。平常，她幾乎不對任何人說話。我和母親說話閒聊，她也從來不會過來打岔。

孩子抱回來啦，既然是宇飛的骨肉，便按寬字排行，稱寬容。後來又有人說她命中缺金如何如何，便改名為寬鎔。

有一天，我撿出宇飛的一些內衣褲等物。我對李文翠說：「老闆換洗的衣服集中在一起，他以後洗澡換下來的，妳都替他整理，由妳照應！」

哈、哈。她怎麼回答的？她說：「我又不是老媽子，我才不管他洗澡換衣服！」

我突然警覺，咦！她是別有用心嗎？

不久，她常常在宇飛上班，前腳才出門，她就帶著孩子跟著出去，從不知會任何人。一直到中午，而且是在宇飛進門之前回來。終於，有一天，全家坐落下來吃午飯了，不見她母女。宇飛問道：「文翠呢？」沒有人答覆。宇飛回頭問我：「妳知道她去了哪裡嗎？」

我說，我既不知道她是什麼時候出去的，也不知她去了哪裡。宇飛起立到後面，叫勤務兵徐文祺出去找她回來。顯然的，宇飛就知道她去了哪裡，徐文祺也知道。很快，我們都還圍著飯桌時，她抱著孩子回來了。宇飛還大聲說：「飯都不回來吃？跑到哪裡去啦？」她只顧低頭吃飯，不出一聲。

後來，吃飯遲到的情形又出現幾次。宇飛也沒有什麼話說。

有一天，她突然對我說：「我不是嫁給人家做小的。我要嫁的是個寧波人。」我一時會不過意來，聽不懂她的意思。她又一連說了幾遍。我奇怪的說：「妳不知道宇飛不是寧波人嗎？宇飛原來就有一大家人，妳不知道嗎？」她說，她知道，她看過照片，每一個人的名字她都叫得出來。我說：「妳既然都知道宇飛不是寧波人，妳不願意做小，妳為什麼要嫁過來？妳自己做事自相矛盾。現在，妳對我說這些話是什麼意思？」

她說，沒有什麼意思。我一再問她，她只是說，沒有什麼意思。我換一個話題，我問她：「做小的，每天就有該做什麼事的規矩。寧波人也是這樣的規矩，妳知道嗎？」

她連聲說，她知道，她知道。然後，她冒出一句話：「我很自由。妳很好。他們大家都稱讚妳，說妳好。」

我始終不知道她所謂的「他們大家」是些誰？

其實，李文翠根本就不是李恭臨的什麼妹妹。只是同鄉同姓而已。我把陸續知道的片斷拼湊起來便知道了。

宇飛離開安順去了昆明，謁見何應欽上將。

有一天，汪先章假借房屋整修一新為名，邀請我與母親同去他家吃飯。陳伯英也在座。汪先章與李恭臨同是青幫中的兄弟，又是軍械司中的同事，又是同鄉（李是寧波，汪是奉化，隔壁縣）。汪先章說，李恭臨玩的把戲，他通通知道。他開始敘述李文翠的生平。

李文翠原是寧波鄉下大橋附近的貧窮人家，與她丈夫一起做些臨時小工，賺錢過日子。晚上，她丈夫替她拉皮條、逼她接客。也許她真與李恭臨有一點遠親關係罷，李恭臨付了她丈夫一點錢，把她買下來，冒充是他妹妹帶到上海。李恭臨的算盤，是準備在上海商場裡利用她，想施展美人計套上一些有錢的大亨。不想有錢的大亨們一向領教過李恭臨的手段，都不中他計。只有軍械司的這位糊塗司長卻被套上了。結果當然是被李恭臨勒索了一大筆錢。李恭臨也就此離開了軍械司。

問題是宇飛賠了一大筆錢之外，還撿了這麼一個貨色。

她的確是個鄉下人，文筆不通之外，說話也常常是上句不接下句。根本就沒有受過教育。個子矮小，皮膚白淨，看起來很斯文。

宇飛在重慶奉命出掌獸醫學校，攜同李文翠來到安順。不知道是什麼關係，李文翠在安順認識了一位寧波籍的婦女。那位同鄉婦女待她非常親熱。而且遊說她，說，嫁給廣東人，不好，將來抗戰勝利，回去廣東人生路不熟會被人欺侮；還是要嫁給寧波人比較好，抗戰勝利回去寧波老家，多好。而且，她那裡現成就有一位非常誠實可靠的寧波男士，那位男士的太太在日本人佔領的淪陷區裡出不來，只要李文翠點頭，她就能替她介紹，辦理正式結婚。

李文翠經常從家裡出來，就是到那位同鄉婦女家去。去了就是討論這些事情。

等到宇飛去了昆明，機會來到。有一天，她就對我說，她要去昆明。她說：「老闆有人帶口信來，說，在昆明沒有人照顧，要我去。阿鎔則留下來請太太您照顧。」我愈聽愈奇怪，宇飛從昆明經常有信、有電報寄回家來，從來沒有提過這麼一件事。我說：「他在昆明每天白天出去開會，晚上是借住在一個朋友家裡，妳去了，方便嗎？孩子，妳自己照顧。我不會替妳帶孩子。」

汪先章向我解釋，說，她外面已經有人了，決心要走，嘴巴上說是去昆明只是個藉口罷了。汪先章勸我說：「太太，妳讓她走罷！」我板著臉，哼了一聲，冷冷的說：「我根本就沒有要留她！要進來是她自己，要走也是她自己。她自由得很！你是老闆老部下，你常說你跟隨老闆多久多久，你就讓老闆做些糊塗荒唐的事，還想一直瞞著我，以為我不知道！」一番話說得汪先章垂頭喪氣、臉上無光。

又過了幾天。那是個晚上。我已經上床。後門打開，李文翠跑到我床邊，說：「我明天一早去昆明。」我還沒有回應，她從後門出去，關上了門。

第二天早晨，天才亮一會，只聽見後面房間騷動的聲音，有挑伕的吆喝，有器物碰撞聲音。等到我起床起來，推開後門進入後面房間一看，只剩下光禿禿的一些木器傢俱仍在，其他能帶走的全搬清了。有二個小衣櫃也搬走了。

後房間的後門直通後天井。徐文祺正在低頭掃地。後門口一張木凳子上堆放著一些阿鎔的衣服。我問徐文祺：「她把小孩也帶去了嗎？」徐文祺一口山東腔，回答說：「沒有，她把小孩送給汪太太了。前些日子，汪太太不是領養了一個兒子嗎？她說她這個女兒就送給汪太太做童養小媳婦。」

她搬走了，我不覺得奇怪。把親生的才滿一週歲的女兒送給人家做童養媳婦！這是什麼女人呀！徐文祺才說完，我真是嚇一跳，我大聲說：「什麼呀！」

這回是徐文祺被我嚇了一跳，他呆呆的放下掃帚，立正站著。我正經八百的說：「你馬上到汪主任家去，請汪太太把阿鎔抱回來！」

實用英語會話

三十三年冬天，湘桂前線軍事節節失利，日軍沿湘桂鐵路進入廣西省境。桂林、柳州一帶軍民大眾往大後方撤退，部分來到安順。安順一時反而變得繁榮起來。安順城內大十字和西街一帶好幾家商店裡出現了電燈，甚至於又出現了一家電影院。仁兒就讀的省立安順中學也多了幾位新來的老師。

我國對日抗戰的前幾年，歐美各國袖手旁觀日本侵略我國，直到一九四一年十二月七日、日本鬼子轟炸珍珠港，他們緊張了，美國才決定援助我國抗日。在印度，緬甸替我國訓練新軍。後來打通滇緬公路，美國大量軍用物資得以運入。正式軍隊也陸續來華助戰。

這時在安順的陸軍獸醫學校居然也來了二位美軍顧問，是養馬的專家。美軍顧問住在青龍山上一座教會的小洋房裡。有一位翻譯官陪著。有一天，這二位美軍顧問和翻譯官一起來到我們家拜訪，正好我們都不在。冬青帶著一群孩子們在前面院子裡玩耍。聽見有人敲門，冬青開門一看是洋人，直覺的就說：「哈囉！」

他們也回答哈囉。翻譯官就說明來意，冬青向他說教育長和太太都不在家。他們自己討論一會，然後拿出一包禮物，是糖果之類的東西，交給冬青。冬青接過禮物，便說：「Thank you!」洋人回身走開，冬青說：「拜拜！」洋人也說：「拜拜！」

從此，冬青的名氣就大了。外面都說，陳教育長家裡應門的小孩都能夠向洋人說英語。

冬青就只會這三句英語，三句都用上，恰到好處。真正是程咬金的三斧頭！

冬青的身世

冬青是我們家庭中一份子，與我們共渡許多艱苦的日子。

冬青大約五歲時生身父母雙亡，於是，來到我們家。父親念她身世可憐，為祝福她耐霜耐雪堅忍求生，為她命名冬青。冬青雖然是長不高大的一種灌木，但是在冰雪季節中仍然常綠。

她生父姓沈，是浙江省紹興縣某鄉村人士，早年來到上海，開設一處書館教書。那個時代恰當革命成功，社會風氣開放，私塾書館已很普遍。沈家是一幢所謂是一樓一底的房屋。那時代上海的衖堂房子大概都是這樣：沿大街有一個巷口，順著巷子進來一片長牆，一個門戶就是一家。進門是一處天井，闊綽人家的房屋可能是二開間、三開間甚至於四開間。沈家是最起碼的單開間而已。樓下是一個大廳，廳後面有樓梯上二樓，樓梯後面有廁所，最後面就是廚房，廚房有一個後門，後門外也是一條巷子。那個時代的上海人習慣上都喜歡從後門進出，有比較重大事情才使用大廳前面的正門。

據說，沈家在門口正式掛著招牌招收學生讀書。樓下大廳就是教室，經常有十幾二十個男女孩童來讀書。生活得以溫飽。

沈家夫婦二人住家在樓上，生下一個女兒，捧如掌上明珠。一家三口日子過得平靜安逸。人生在世運氣好的會遇到貴人；運氣不好的便會遇到霉星。

有一天，沈家來了一位多年未見的朋友。朋友說他，像這樣靠學生的束脩生活下去，吃不胖，餓不死，等到什麼時候才會發達。勸他去買賣股票，而且帶領他去參觀證券交易所，讓他開開眼界。

沈先生果然對買賣股票發生興趣，嘗試性的買了一些，居然賺了一票。沒想到賺錢這麼容易，乾脆書不教了，每天跑證券交易所認真的靠買賣股票賺錢。二三年來賺的多賠的少，一家人的生活得以改善。原來簡陋的教室也變成漂亮的客廳。他的買賣也愈做愈大。

突然，有一天景氣大變動，他遭遇失敗虧了大本。他不甘心，仍然沉湎其中，不料一虧再虧，一敗塗地，弄得債臺高築不得不把房屋賣掉抵償。

沈家在上海變得無立錐之地，只好回去紹興老家。他在老家名義上還有二間屋子一點點田地。以前在上海住著，這些房地產就託由親人代為管理，一向相安無事。偶然回鄉，大家都很歡迎他。可是這次狼狽不堪的回去，鄉人的眼光就完全不同了。大家對他們夫婦不理不睬，對他們說話也是冷嘲熱諷、指桑罵槐。

沈先生受盡委曲，忍氣吞聲的說盡好話，終於要到一間房間，聊可棲身。田地雖然在眼前，卻無法讓田地長出白米來。求東鄰，求西鄰，到頭來仍然是怪自己拿不動鋤頭，受盡恥笑。在內怨外勞情況下病倒，拖了一年多死了，丟下妻女二人。

這母女二人生活更慘，受盡鄉人欺侮，不久這母親也死了。留下這一個五歲的小孤女，鄉人爭著要賣掉她。

在那個時代，賣兒賣女的行為，社會上是可以接受的，法律也沒有禁止。甚至於有一種說法：生了女兒遲早是要嫁出去的，家裡窮養不起，趁早賣給大戶人家可以吃得飽，穿得好。但是，要賣仍然是要由血緣最近的人才能賣。

冬青無父無母，無人願養她，但是鄉人中自然就會出現什麼伯叔姑媽之類的人出面要賣她換錢。

民國二十二年，我和母親從南京出來上海玩耍，住在大東大酒店。酒店中服務人員有來自紹興的，彼此在講述沈家的事情，母親也聽見了，又聽說了要賣小女孩。母親便說：「好可憐的孩子，我們把她買下來罷！」就招呼服務人員請她們去把孩子帶來。

過了二天，孩子來了。我不記得我們付了幾塊大洋，還簽了一紙契約。收了錢的人揚長而去。衣衫破破爛爛，全身髒兮兮的孩子站在牆邊上一直發抖，無神的眼睛含著眼淚。矮小瘦弱，兩手兩腳乾癟得像雞爪子一般。真不知道能不能把她養活下去呢？希望她能耐霜耐雪，於是，父親特別為她命名冬青。

既已買來，就要照顧她啦！她自己什麼都不會！讓她洗臉，她不會，她說是她媽替她洗臉的。於是，母親捲起袖子，替她從裡到外全部換掉，把她打扮一新。

我們帶她回到南京四牌樓寓所，我們雇用的一位管家長工叫楊媽，我讓楊媽照顧她的生活起居，為此每月另加二個大洋給楊媽。楊媽也很高興，特別為她量腳大小、替她捺鞋底做棉鞋。

那個時代一般老百姓大都穿布鞋，冬天穿棉鞋。鞋子都是自己做的。一般鞋面用藍布或黑布，考究的就用綢緞繡花；另外做一個鞋底，再請專門的鞋匠把二者縫合在一起變成一隻鞋。鞋底的做法：是先用厚紙依腳大小剪成鞋底樣子，再拿一種堅實的粗布依這紙樣剪很多個，剪成的布樣疊在一起至少要有半公分厚，疊合整齊，便用大針穿針引麻線縫合，一針一針密密的拉緊，最後做成一隻鞋底。這個過程就叫做「捺鞋底」。左右鞋底做好了，配上鞋面，拿出去請鞋匠將鞋面與鞋底縫合，完成一雙鞋子。一般婦女在家沒有事做，就一面聊天一面捺鞋底，一個鞋底可以捺上十天八天。

冬青整天沒有事，既不能做事也不會玩樂，動輒就哭，哭了就要吃餅乾。未幾，淳兒出生。搬到傅厚崗新房子後平女、泠女陸續出生。冬青就隨著孩子們一起玩耍，一起生活。

冬青自幼動作遲緩，反應較慢，但是她稟性忠實。我們從來沒有要求她要怎樣怎樣。她默默的追隨著母親學習，聽母親的教訓。她的家務本領幾乎全是母親的那一套。

即使是對日抗戰或是戡亂時期，我們家裡大概都有男女佣人代勞一些家務，一日三餐也都有專人料理。一直到了民國三十九年來到澳門，然後是來到臺灣之後，家裡一個佣人也沒有了，我自己不得不下廚動手，才開始要冬青幫助。

轉眼之間，冬青也到了及笄之年。紅鸞星動了。

宇飛有一位老朋友姓王名俊字達天，海南島人。王達天大概比宇飛略早一二年也是留學去日本學軍事的。回國後都在黃埔軍校擔任教官。東征、北伐時二人也常在一起。抗戰前在南京時，他夫婦倆是我們傅厚崗寓所中的常客，她太太雖然說的是一口海南腔調的廣州話，我們聊天卻很投緣。我母親也很喜歡跟她話家常。抗戰時代我們分道揚鑣，逃難時到澳門又遇在一起。

來到臺灣，我們在中和鄉又遇著了，兩家寓所之間步行不需十分鐘。王達天那時是立法委員，體弱行走不便，他極喜歡下圍棋，於是三五天就讓王太太過來請宇飛去他們家下棋。王太太來了之後她自己就在我們家坐下陪我閒話家常，話匣子一打開至少一二小時。

一天，王太太像是有備而來。她說，達天有一個親姪兒，名叫仍宗，自幼父母去世之後就跟著他們。她養育仍宗就如同自己骨肉一般。仍宗曾經結婚生有一個兒子，那個兒子照算應該有十歲了，只是那孩子出生後不久便隨他母親回去香港，不知下落也有十年了。多年來仍宗食無定所，想要再娶，遇過二三家人家的小姐都是高不成低不就。王太太最後回到談話主題，她要我把冬青許配給她姪子。

我聽完她說的故事，向她提出第一個問題：「王仍宗本人知道這回事嗎？」她說，他還不知道。她說的只是她自己的想法。我說：「現在這個時代，婚姻大事不是長輩能夠決定的啦！妳既有這個意思，讓她們雙方見見面，再說罷！」

王太太點頭稱是，坐了一會告辭回去。

我把王太太當天來的意向為母親說了，冬青在旁聽著。最後母親說：「王家是有名有聲的大戶人家，這門親事是可以做！總之，要看王仍宗本人的意思，要不要來？要來，兩人先見見面嘛！」冬青默默坐著，沒有說話。

過了幾天，王家有人來通知：「王太太明天帶他們姪子過來拜會陳太太，並且請陳小姐準備一下，大家見見面。」

第二天早晨我們等候貴賓，等候等到壁上掛鐘過了十點鐘。冬青說：「不管他們來不來，我要去買菜啦！去晚了，菜攤子都收了，買不到菜大家吃什麼？」她提起菜籃子出門去了。

又等了一會，王太太帶著王仍宗來了。我說，冬青去買菜，馬上就會回來，我請他們先坐下。正好冬青不在，我一本正經的對王仍宗說：「來提親是你嬸娘的意思，同意不同意在於你自己，婚姻大事，你不要勉強。冬青的身世你大概知道了。她本人既不漂亮也不很聰明，是一個很古板的老實人。你現在是要再娶，那麼你是想要娶一個什麼樣的人呢？如果是想要一個能在社會上活動、幫助你發展事業的，那麼冬青不是這塊料，根本免談！你不必因為你嬸娘與我的交情而為難。絕對不要勉強！所以，我說讓你們彼此先見見面，提不提親以後再說。」我的主要意思說完，冬青買菜回來。

冬青足穿一雙塗滿了泥巴的高統橡膠雨靴踏進屋來，我讓她快進去放下菜籃出來坐一坐。她進去只換了兩靴穿一雙拖鞋就出來了，頭髮都沒有梳一下。我說話告一段落。輪到王仍宗訴說他的過去。

他說，他從小就沒有父母，他是靠叔父嬸娘養大的，高中畢業後考進陸軍官校十三期，軍校畢業後分發在部隊中服務。抗戰末期他已昇任為連長，部隊駐紮在廣東省北邊接近湖南省的一個小鎮坪石。恰巧原在廣州市郊石牌的中山大學為了躲避日本攻佔，全校師生也搬遷到坪石。坪石沒有足夠的教室，大學生就坐在小板凳子上露天上課，小黑板掛在樹幹上，教授站在大樹下講課。

中山大學的男女學生住在臨時搭建的宿舍裡，靠教育部所發一點公費供應伙食，生活條件很差。王仍宗的連部離學校很近，自然就認識很多學生。那時軍人待遇雖然是低，但是部隊裡可以用自己辦法，從事一點生產，謀取一點福利，利用廚餘養豬、養雞、種菜等，生活條件比起學生來說是好太多了。有一位女學生特別對王仍宗示好，常常到連部來，交往一段時間後便談到婚嫁，突然勝利來臨，日本天皇宣佈投降。王仍宗與那位女學生宣佈訂婚，全連歡呼，慶祝國慶家慶、雙喜臨門。

抗戰勝利了，中山大學遷回廣州市北郊石牌，王仍宗的部隊也進駐廣州市。於是，他們在廣州市舉行結婚。婚禮十分熱鬧。

三四年很快過去。戡亂內戰局勢急轉直下，王仍宗隨部隊撤退來到臺灣，部隊奉令解散整編，王仍宗轉業進入警察界，擔任一個組長，駐地是基隆警察局。雖然有警察人員的眷舍可住，但是，時當大陸全面撤退，公私機構人員蜂擁而至，基隆小小彈丸之地不斷有大批的過客，到處亂七八糟，嚴重影響生活。這時王仍宗的這位大學生太太開始不耐煩了，嘮嘮叨叨的要回去香港，只是已有了身孕，行動不便。尤其是要乘船。那時臺灣與香港之間的交通，唯一只有太古洋行的客運輪船。每週有一班，一個航程至少二天二夜。

王太太生下一個男孩，孩子約有五六個月大時，她又開始嘮叨要回香港，這次有更好的理由，孩子該去見見外公外婆。於是，母子二人去了香港。開始時有信函來往，漸漸的就沒有了消息。王仍宗曾經在香港報紙上登過尋人廣告，依然杳無音訊。這已是十多年前的事了。王仍宗最後說，他現在想要的只是一個家，下班之後有家可回，有一口熱飯可吃。他不可能再去交結時髦的小姐。

大家寒暄一陣後，他們辭去。

第二天下午，王太太又來了，同來的一位是吉太太。王太太為我們介紹，並且說，二家聯姻必須要有一個中間人，吉太太是她的老朋友，所以就請吉太太來當媒人。王太太又說，昨天他們回去之後，王仍宗對我大加讚賞。他說我很誠實、很有自尊，坦白表示冬青的本色，沒有讓她先去美容院打扮得虛虛假假，實在令人可敬云云。

然後，王太太又說道，王仍宗對她說，人漂亮沒有用，家教好才重要，昨天見面之後，他已決定要娶冬青為妻，希望我同意。王仍宗只提出一個要求：要我正式認冬青為養女。

王太太委委婉婉才說完，我一口就答應說：「認冬青為養女，當然沒有問題！」本來冬青就跟孩子們一同玩樂，平起平坐，我從來沒有把她當成下女看待，有養女之實、無養女之名罷了！

王太太和吉太太一起走了。第二天，吉太太單獨一人上門，正式做媒人代表王家來提親。

客套一番坐下。吉太太問我要多少聘金？我正色的回答吉太太的問題：「吉太太，妳聽清楚啦！我是嫁女，不是賣女！我絕對不會討價還價的商量要多少聘金。禮尚往來，一般都有一個規矩嘛！名義上，聘金是要的，隨王家的意思。總之，手續上我們要合情合理合法。」最後，我也特別向吉太太說明，彼此都是逃難來到臺灣的老朋友，所以，我也不可能為冬青準備很豐碩的嫁妝。吉太太回去了。

又過了幾天，王太太自己一人來。一進門就對我千謝萬謝，說我沒有出難題，他們全家都表示感激，王達天還稱讚我清高可敬云云。王太太拿出一紙紅帖，帖上寫的是訂婚日子。那是二個星期後的一天。我接過紅帖子，轉交給冬青。冬青點頭同意。

王太太又說道，因為我說過婚禮可以簡單但是禮節要隆重周到。於是她也想到：不要使用一般的飯店禮堂行禮，直接去法院請法官公證結婚。公證之後回家祭祖，晚上在家請客，不必驚動太多朋友。我說：「依古禮是在家裡行婚禮的，現代化當然是去法院公證更合規矩。」

王太太又堅持要我們全家當天晚上都到他家吃飯，她說是，一湊二便，也算是會親罷！因為王仍宗第二天就要帶冬青回去臺南，仍宗那時在臺南警察局上班。最後議定當天晚上我和宇飛二人接受他們邀請去他家吃飯。

又過了幾天，王家送來聘禮：黃金項鍊一條、禮金四千元、禮餅四十個（永和最有名的和美餅店訂做的，比一般中秋月餅略大一點）、舅爺褲一條（這是老規矩：家有長子未娶，嫁女時男方要送一條舅爺褲）。一切很簡單，禮節周到。

收下聘禮，我按照傳統的規矩回盒。禮金四千元以一成回盒，四百元包一個紅包放在盒中，以一百元敬使，十個禮餅回盒。

雖然說是沒有嫁妝，這些事都是面子問題，我不能太寒酸，而且冬青嫁過去也會被人家指指點點看不起的。於是，一連幾天帶著泠女上街買東西為冬青配一套嫁妝。

首先我就看中一種木箱，比傳統的樟木箱略小，製作得很精緻，打開來也有一陣木香，亮晶晶的銅皮包著四角，看起來很漂亮，我買了二個。然後買了四件旗袍料子，有二件我準備讓冬青行婚禮那天穿的，我自已剪裁替她做好旗袍，做新娘的那天穿起來的確很出色漂亮。我又買了各種日用品、茶具、熱水瓶、被單、枕頭套等，一個小家庭足夠用啦！

我又考慮到新娘子進門要為全家長輩、平輩、小輩們上上下下贈送一份禮物，意思意思嘛！我都替她準備好了。

收他們三千五百元聘金，我花掉四千多。全套嫁妝之中另外又加了一個金戒指，那是家裡原有的未計在內呢！

那時也有人說風涼話，說我會利用機會，狠狠敲詐王家一筆。聽了也只是笑笑罷了！

那天婚宴席上，王達天特意舉杯向我敬酒，再三向我道謝，婚事辦得圓滿周到。他盛讚冬青的教養好，他王家娶到這個媳婦，他很滿意。他興高采烈把他自己最小一對兒女，阿豬、阿牛叫過來，指著冬青要他們叫二嫂，又要他們拿起酒杯來向二哥二嫂敬酒。王達天此舉是當我的面尊重冬青之意。

人生原都是許多緣份，養育冬青二十多年，衣食無缺待如自已兒女一般，她終於有一個歸宿。

幾十年來，如今她也是白髮蒼蒼了，眼看她為人妻為人母，開始是靠一份微薄的公務人員薪水在臺南過日子，無親無靠過得很辛苦，吃苦耐勞，這一輩子可說是熬過來了。她的一女二兒順利長成，在家孝順，在社會上的表現也很出色，尤其難得的是得有一位能幹有禮的東床快婿，一家人和睦愉快。

真為她高興。

寫到此，不免記下一筆，後來自己親生女兒寬平、寬泠二人結婚，我就沒有專門上街替她們準備過什麼嫁妝哩！

談喝酒

講古再回到崧鶴樓來罷。

住在老人公寓裡的確是很愉快，偶然幾個年老朋友邀合了便去外面餐館小酌一番。大家嘻嘻哈哈。我們都喝威士忌或是白蘭地。我很能節制，每次我只喝半杯。年紀大了，不要對自己開玩笑。每次出去吃飯幾乎每一個人都會問我：「妳年輕時能喝嗎？」哈、哈，真是好漢不提當年勇。吃飯當時熱熱鬧鬧，嘻嘻哈哈，不可能有人來聽我講古，只是隨便回答：「可以喝一點！」

我的父母親都能喝，尤其是父親官場上的應酬頻繁，喝酒機會很多。回家來也喝。不過，他們兩人的酒品都很好。他們都喝醉過，但是從來沒有因酒醉而失態的情事。

我在幼年時，不大記得是在什麼地方的鹽館中，曾經醉倒一次。我自己多喝了一些桂花酒之類的甜酒，後來在外面大客廳的紅木椅子上睡著了。害得全家人到處找不到我。從前，官衙裡外有外客廳、內有內客廳。

古時人們喝酒常伴有許多佳話。喝酒吟詩，喝酒舞劍。我不會吟詩也不會舞劍。不過，一生之中能遇到痛快大喝特喝的機會，真是可遇不可求的。

張發奎原是粵軍中一位傑出將領。曾經率領粵軍參加國民革命軍的北伐，表現出色，名氣開始響亮。以前來到南京，夫婦倆常到我們家來作客，是老朋友啦！後來兩廣要鬧獨立，結果廣東航空學校的飛機全部飛往南京，張發奎率軍隨後響應，廣東省省長陳濟棠不得不通電表示服從南京中央政府，放棄兩廣獨立的主張。

二十六年七七事變，抗日戰爭開始。八一三上海會戰，張發奎率領廣東部隊在吳淞口對抗日本軍隊，「淞滬之戰」打出「鐵軍」的名號，是抗日戰爭中一位名將。

後來國軍轉進，張發奎就負責華南一帶的戰區指揮抗日。

三十三年，日本侵略部隊從湖南西進，攻佔廣西桂林。那時正當美國正式對我軍援，預備對日軍發動攻擊，改守為攻。陸軍總司令部在昆明成立，參謀總長何應欽上將兼任陸軍總司令，張發奎奉令要去昆明參加軍事會議，他攜同全家經過安順，住了幾天。

他們到達安順，張發奎發現老朋友陳宇飛在此，大喜過望。一天，他專誠邀我們夫婦二人去喝酒。那天，就我們四個人從下午一直喝到子夜，當然免不了借酒裝瘋，以古諷今，天南地北，彼此大發一陣牢騷。他搬出一整箱斧頭牌三星白蘭地，結果喝掉他十瓶，第十一瓶喝了一半。

侍衛人員提著燈籠、手電筒，扶著我們步行回家。宇飛一路上大唱京戲，唱著唱著便自言自語大聲說：「誰不知道，我陳宇飛廣東人會唱京戲！」他在大門上踢了一個腳印。第二天卻罵人，是誰踢的腳印？

我自己知道我的確也醉了，我不唱不叫，平靜的走回到太和街寓所，倒上床就睡著了。

那一晚，張發奎夫婦二人也都喝醉了。

陸軍總司令部在昆明成立

民國三十四年初，軍政部部長何應欽先生奉命擔任陸軍總司令，為了就近配合美國的軍事援助物資從緬甸進入，於是在雲南省會昆明成立陸軍總司令部。

宇飛奉命擔任陸軍獸醫學校教育長已二年多，整頓校務、確立教育目標的工作已告一段落，自己感到又不是學獸醫的，長期待在安順對抗戰也沒有貢獻，於是申請去昆明面見何先生，請求調整職務。

宇飛去了昆明陸軍總司令部，沒料到才踏進房門還未見到何先生，辦公室中的副官、秘書們都起立歡迎，鼓掌連呼：「高參公來了！」原來，何先生已經預留總部中一個中將高級參謀的職位給宇飛。

宇飛見過何先生後正式接任陸軍總司令部高級參謀一職，留在昆明上班。發電報回來說，暫時不能回安順，因為職務可能還會調動。果然，大約一個月多又來一封電報，新職務發表是第二方面軍的兵站司令。

那個時代，滇緬公路已經打通，美國開始積極以大量物資軍援我國，準備向日本軍隊全面反攻，陸軍總司令部整編軍隊成立四個方面軍。攤開地圖，以昆明為中心依反時鐘方向的順序來看：第一方面軍在雲南，第二方面軍在廣西，第三方面軍在湖南，第四方面軍好像是在湖北省那邊的戰區罷。

第二方面軍的司令長官是張發奎上將。宇飛和張發奎是老朋友，不久前在安順見過，在昆明又再見面。各方面軍成立後，張發奎向陸軍總部要人，總部順理成章便派宇飛去廣西為第二方面軍成立兵站司令部。那個時代所謂的兵站，就是今天所謂的後勤。

第二方面軍是作戰部隊，張發奎率軍自廣西西北部向東南方向進攻，第一目標是南寧，然後是廣州。兵站司令部設在廣西省西部山區的百色。宇飛發來電報，說即安排車輛來安順接取我們去百色。

大約三星期後，有一位劉班長駕駛一輛十輪軍用大卡車來到安順。要搭乘這輛車去廣西百色的除了我們全家，當然連帶汪先章和蔡慶山二家，還有某機關的二位太太來講人情搭便車。

頭一天，蔡慶山領著勤務兵徐文祺等人先搬運行李上車，把箱籠擺好鋪平，上面鋪上毯子被單等供大家坐臥，他為每一個人準備了一個位子。老蔡為旅行而整理行李積有經驗，也很周到小心，他另在車上左邊剛好在駕駛座的正後方，用被服等物做成一處可靠背、可以打盹的座位專給我用。母親則坐在前面駕駛座司機旁邊。

我們還有一隻名叫小磯的小狼狗則由徐文祺照顧著坐在車尾處。

汪先章和蔡慶山二人雖然在車廂中有位子可坐。一方面是爬進爬出很不方便，一方面常常有些事要他們照顧；再來，行車速度很慢，顯得不很危險；所以，一路上他兩人便常常迎風站立在駕駛室外面，一邊一個。

小記三隻狗

在安順，我們曾陸續飼養過幾隻狗，主要是作為孩子們的玩伴。那時的風尚，都用日本的領袖人物為狗兒命名。

第一隻黃色的混血大狼狗叫東條，因為那時的日本首相是東條英機。東條很頑皮、喜歡追逐汽車，終於不幸被汽車撞死。

一隻毛色亮麗短腳的義大利種黑色獵狗叫昭和。小母狗昭和是因難產而死。平常牠喜歡睡在母親床下，臨死那天牠搖搖晃晃的走到每個人面前轉一二圈，搖擺著尾巴好像道別一般，最後走到母親床邊。母親很可憐牠，了解牠的意思，對牠說：「昭和，你要死了？是不是？你不可以死在我床下啊！」昭和站起來搖搖擺擺走出房間，在院子裡轉了幾圈，倒地死了。大家都很傷感。

然後又收養了小磯。小磯斷奶不久，我們就從狗母處把牠抱回來，也是一隻狼狗，剛好日本首相是小磯國昭上任，順理成章，孩子們就為小狼狗命名小磯。小磯毛色很漂亮卻是個懦弱無能的小狗，毫無特色，教牠什麼把戲都學不會。徐文祺也只會照顧牠，一人一狗變成寶一對。

離別安順

三十三年一月中到達貴州的安順，三十四年六月中離開安順。我們在安順待了整整一年半。在抗戰時代中，算是平安順利的一段日子罷。

安順是東西方向較長的一個古老縣城，有完整的城牆，四座城門，東西南北四條大街交會處的縣城中央有一座鐘鼓樓，這一帶就叫做大十字，是商業最繁榮的地方。另外東街和西街各有一處小十字。東門外有黔江中學、豫章中學、貴州大學的工學院、陸軍軍醫學校、陸軍獸醫學校以及軍醫學校的附屬醫院等學術機構；然後是一條通往省會貴陽市的黃土碎石汽車公路。

東門外沿著公路步行約一個小時有一個地方名叫伍家關。從外面看：兩座山之間只容一車可以進入，真是山窮水盡疑無路的樣子；走進去之後豁然開朗，中間是一處至少也有好幾個足球場大的狹長平地壩子，四面有山頭圍住。四面的山腳下樹蔭裡有一排排房屋，那些房屋都是庫房，庫房後面連著山洞。那裡原來是一座軍械庫。

正好那時的軍械庫庫長是陳衍蔭，他是宇飛的遠房姪子。以前幾乎沒有來往過，在安順遇上這麼一個親戚，當然特別親切。他太太是個典型的舊式婦女，待人熱情誠懇，治家能力很強。養豬、養雞，醃肉、醃菜，對她來說是雕蟲小技。尤其是她性格爽朗，跟我很談得來。於是，伍家關變成我們常去渡過星期日的所在。

我們的住宅在縣城裡東街小十字向南、順著顧府街走到底、左轉的太和街上。隔著不遠一處名叫青龍山的小山坡，山坡後面就是南門。

南門外有幾處風景區，有一處岩洞名叫華嚴洞，洞口由一座寺廟圍住，廟裡有軍隊駐守，原來，山洞裡藏著一大箱一大箱故宮博物院的許多珍貴文物。

安順城外其他天然美景則有天生井、龍王洞等地，我們曾經到那裡去野餐。

仁兒在北面城牆下的省立安順中學插班唸初一。其他幾個孩子就在青龍山邊一所教會辦的三一小學就讀。從三一小學步行到我們太和街寓所也許不要十分鐘罷！

西門是通往昆明的必經之路，城外是一處大型的車站區。在安順這二年，我從來沒有出過西門。

第十三篇　廣西百色迎接勝利（民國三十四年）

三十六拐到晴隆

劉班長駕駛十輪卡車從安順西門出城，踏上這條所謂是才重新整修建造好的碎石公路，其實仍然是黃土泥濘，崎嶇不堪，車輛搖擺不好走。卡車幾乎都是使用最低速度前進。因為這是貴陽通往昆明的唯一道路，交通頻繁，表面上鋪一層碎石，經來往車輛一壓，碎石都壓到泥裡去了，依舊泥濘不堪。頭一天傍晚進入鎮寧縣境內，馳名遐邇的黃果樹大瀑布就在這裡。在車中遠遠就聽見隆隆水聲，但不知道瀑布在哪裡？

劉班長把車一直開到中國旅行社招待所的門口。進入招待所分配好房間之後，打開房間後窗才發現瀑布就在窗外。暮色之中，樹葉茂密，除了充耳不斷的水聲轟轟隆隆之外，實在沒有什麼可以欣賞。

第二天，一早就上車，坐回各人的座位，在昏暗的車廂中繼續搖動前進。

中國旅行社的招待所卻是我們此行中，唯一的正式旅館。

行車不久經過關索嶺，雖說是一處歷史名勝，無心憑弔，驅車而過；又經過一處「大鐵索橋」，依稀曾在孩子們的地理教科書中翻閱過。在車中搖搖晃晃，迷迷糊糊，午後不久到達晴隆。

晴隆是一處古老的縣城，比安順小多了。不過晴隆地扼貴陽與昆明之間轉向廣西省的三岔路口上，從滇緬公路運進來的大量軍用物資，這裡是一個集散地。因此市面上也顯得相當繁榮蓬勃。

第二天剛好是汪先章的生日，藉機大家打一頓牙祭。打牙祭的意思就是大吃一頓。於是我們在晴隆住下了二天，另一方面是要為前途的旅程再作一點準備。

離開晴隆西門外不遠便是馳名西南大後方公路上的「三十六拐」。公路似乎來到一處高原的盡頭邊緣，汽車陡急下降，向前向下望去，公路像一條帶子曲折不斷的從車前伸出去，直到遠遠的山谷中去變成一條細線。汽車向前俯傾、不停的向左向右急劇轉彎。有幾處一次轉不過彎去，汽車必須作一二次倒車才能轉過去。據說，經過這「三十六拐」沒有一個司機能夠不打幾個倒車的。我們的十輪大卡車順利的通過了險惡的「三十六拐」來到山下平地路上，劉班長正換上排檔準備好要重重的踩下油門，想要快馬加鞭，引擎突然發生怪異聲音，有故障。劉班長立刻停車、熄火。卡車發動機前面拖動風扇的三角橡皮圈斷掉了。橡皮圈斷掉，是不幸；可是來到平地上才斷，應該算是幸運啦！

劉班長搭乘攔下的便車回晴隆去買風扇橡皮圈，我們在荒野的公路邊上小嚐汽車拋錨的滋味。

進入煙瘴山區

汽車換上新的橡皮圈重新上路。不久來到一處三岔路口，劉班長向南撥轉車頭，朝向廣西。十輪卡車載著我們全家向煙瘴迷漫的山區駛去。這一帶是個令人不愉快的地方。一路上天氣沒有晴朗過，也沒有遇到大雨只像是細雨濛濛，到處是一片陰霾晦暗，空氣潮濕，道路泥濘不堪。

沿路不見人煙，旅社當然是想都不必想的。天黑了便找一處適當路段緊靠山邊停下，大家窩在車上過夜。

第二天入夜之前，我們到達了安龍。安龍是一個比晴隆更古老的縣城，比晴隆沒落多了。

到達安龍，我們在城外向一處鎮公所借宿。在二大間空房間裡堆放了盈尺高的乾稻草，在稻草堆上展開行李捲，大家列隊而睡。徐文祺帶著小磯陪劉班長在車上睡。

晚上，劉班長說，他去打聽過了，前面公路路基崩塌，車輛不能通過。就這樣，我們在安龍莫名其妙的住了七八天。

鎮公所隔壁是一家很大的榨油坊。有一座巨大的全是木頭造成的榨油機器。一個工人推動一支水平吊著的大木頭撞擊榨油機，把花生仁榨油。那工人跑來跑去的推大木頭榨油，孩子們看得入迷，每天都去那裡蹲著看把花生榨出油來。

鎮公所和榨油坊後面是一大片空地，黃泥如膏。有時有些軍用卡車貪走近路想從空地經過，車子陷入黃泥，掙扎的結果弄得十個輪子在泥淖裡飛轉，車身卻在泥淖裡愈陷愈深。於是就有其他的車子來救濟。十輪卡車用車前面的絞盤轉動鋼索拖拉另一輛車。有時要二三輛車拖拉一輛，有時來救別人的車子自己也陷入泥淖。這種情形，一拉就是好幾個小時，孩子們是看得興高采烈。

安龍雖然是個偏處荒野的骯髒小城，但是，在歷史上還是個有名的悲劇舞臺呢！原來滿清入關南下爭奪中原，明朝節節敗退，最後一位皇帝，永曆帝在廣東的肇慶登基後，仍然不敵清兵、無法抵抗，一直逃到安龍。最後仍然被俘遭難，遺留在安龍的皇親宮眷等自殺殉國，因此留下幾處古塚名蹟。我們聽說後，很想去看看，只是一連幾天霪雨不停，到處泥濘，未能前去。

翻車記

在安龍住了幾天，仍然是一個細雨霏霏的早晨，我們開車繼續南下。車上帶備了許多美國軍用乾糧和罐頭食物。五磅裝的大罐頭，有牛肉、羊肉和蕃茄等。所有能用上的容器全部灌滿開水。一路上，在車廂裡餓了，各人自己找罐頭，吃肉吃蕃茄吃硬餅乾。

汽車路是依著地形山勢開闢出來，沒有路基，車輛經過隨時會崩塌，加上雨水不斷，路上全是泥漿，其實應該稱為泥膏才對。那種黃土泥膏稠黏無比。劉班長為十個輪胎都套上一圈鐵鍊條，防止車輪在泥膏中打滑空轉。不過，行走一段路後整個車輪上緊緊的裹上一層黃土，鐵鍊失去防滑作用。於是停車，劉班長、蔡慶山和徐文祺等便下車去費盡力氣把輪胎上鐵鍊條之間的厚厚粘土刮掉，工作非常辛苦。

好幾次，車子在泥濘中幾乎是自行滑溜，方向盤毫無作用。真是險象環生，坐在車裡心驚膽戰。有幾次是陷在泥中，車輪飛轉、車身不動，劉班長把油門踩到底也沒用。車輪飛轉的結果反而讓車身更陷得深入。最後是讓車上所有人都下來，到路邊去撿樹枝和石塊填塞在車輪前面。實際上，站在泥淖中，兩隻腳陷在黃泥中被泥土緊緊黏住，根本是寸步難移，婦孺們只好不動。汪先章在泥地裡奔前奔後，吆喝指揮。最後車子從泥淖中鬆脫出來，向前衝了幾十公尺停下。我們再扶老攜幼在泥膏中步行過去、上車。

有一次，沿山勢左轉下坡，轉下來後車輛繼續向左邊滑去，左側車輪滑入路邊低處，車身抵到山壁不動了。這時已近黃昏，人人疲憊不堪，大家就在車上仍然是整天坐車的姿勢胡亂睡去。半夜，黑漆漆的車廂裡，蔡家的小宗、小安或是寬鎔不時夢囈一般的嗚咽哭著，叫著：「口乾！口乾！我要開水！我要開水！」

第二天清晨，大家又是一陣塞樹枝填石塊的讓車子回到路上，繼續開行。

車沿著黃土路走，在山間盤旋忽左忽右，四面一片白茫茫不知是雲還是霧，偶然兩邊出現一些若隱若現的樹影峰巒。明明知道是在山上，但是不知道這山有多高，去山腳下又有多遠。汽車引擎怒吼，空中有時有轟轟隆隆的回音，有時只有引擎寂寞的哼哼。總之，騰雲駕霧一般一切聽天由命，心中默唸佛號，祈求觀音菩薩保祐！

車在山間沿著黃土路走，沿路不見村落，不見人家，也沒有遇到任何一輛車輛。在這山間好像只有我們這一輛卡車，緩慢的移動，發動機卻是力竭聲嘶般的大聲吼叫。

有一次在一處地勢較高的一處地方停車休息。發現三五間稻草屋頂泥土牆的房屋前，村婦有一大籃子雞蛋，她的雞蛋原來不是要賣的。我們一再向她情商買下，請她為我們煮熟。我們吃了雞蛋又喝了熱水熱茶。劉班長卻在屋後一堆乾草上睡著了。汪先章認為當天應該可以進入廣西省境，堅決把劉班長叫醒，繼續開車。劉班長顯得有點不高興的樣子。

休息後所走的路與休息前一樣，繞著山、跟著黃泥公路走。繞過來又繞過去。

不久終於又出現一小塊平地，貴州人稱山間平地為壩子。壩子上有一道大半已經頹圮倒塌的泥夯圍牆，我們沿路從圍牆一處缺口駛進去。路邊有幾家破舊房屋，有一家有個烏黑的門洞，門旁邊歪歪斜斜掛著一塊木板，斗大的字寫著「冊亨縣政府」，我們的車子並不停留，逕直駛過，在屋簷下驚動了一群雞隻振翅而奔，在縣政府前四面亂闖。蔡慶山說：「這是什麼縣呀？縣城這麼小！在東門放屁，西門都聽得見！」

劉班長希望停車休息，站立在駕駛室外的汪先章堅持繼續開車，劉班長敢怒不敢言，顯得更不高興了。穿過小壩子，又進入山區，車在泥濘黃土中蜿蜒前進。將近中午時，遠遠看到左側前面一處山邊有一塊人工推平的平地，有些人在走動。車來近才知那是一處美軍的臨時營地，有鐵皮搭建的活動房屋，有好幾座帆布帳篷，室外還有些輕便桌椅。我們車子在美軍營地前面右轉繞過，道路開始急遽環狀下坡，卡車左轉貼著山邊繞了一大圈，大概就在美軍營地後面的正下方十幾公尺處，翻車了。

路上厚厚一層全是黃泥膏，我們車子下坡左轉過來後便一直向左邊滑過去；若是右邊，那是深不見底的雲霧之鄉，翻下去的話，什麼都完了。幸好車子是翻在左邊，靠著山壁的這邊。山邊是一小片新月形的低窪地，距路面大概只有一層樓左右高度，是一個斜坡，我們的車子從月牙尖端滑進去，好在是慢慢的翻覆過來的，還好不是一百八十度的大翻身，是先從斜面上滑下來再翻覆，幾乎四輪朝天時車頭部分有一處抵住了山壁，車身因此沒有把我們蓋住。

劉班長駕駛座在左邊，左側車門剛好貼著地；母親坐在劉班長的右手邊，右邊車門正好朝天，母親個子小，她從車窗裡自己爬出來。全車中她是第一個先站出來的，真是奇怪。

汪先章原來站在駕駛室外，蔡慶山是盤腿坐在駕駛室頂上，二人看著車子滑向山溝便跳下車去跌在泥濘裡，狼狽不堪的爬起來，卻看見母親閒情逸致般的站在駕駛室門上面，二人覺得不可思議，這麼高怎麼爬出來的，大聲叫：「老太太，老太太，妳沒事罷！」

母親好似夢中醒過來，夢囈一般的說，車子翻倒以後手中好像有一個毛毛的東西，毛毛的東西給她抓手，就把她拉上來了。她莫名其妙不知道怎麼回事，出來站在車門外面看看才知道翻車了。這段情形是後來蔡汪二人說給我知的，奇事一件。

當時場面好混亂，汪太太在翻覆的行李堆中大聲叫救命，她也沒有忘記教訓別人：「你們大家一起叫救命呀！救命呀！救命呀！」二位搭便車的太太也是大聲又哭又叫。頭頂上不遠處就是美軍營地，有幾個上身赤膊的美軍從山坡上直接就地從草叢中衝滑下來，用短刀把車上帆布篷頂割開，救人出來。第一個先把汪太太拉出去。

美軍救我們，把人和行李一件件拉出車外。我的座位在最前面，卡車翻覆後我被壓在最下面，最後一個被拖救出來。原來在車篷裡，寬民靠著我坐，過去是寬鎔睡處。一路上寬鎔最煩人，開車就吵，又哭又叫的，一會要喝水，一會要尿尿，翻車之時反而睡著了。我看到一個書櫥斜斜的從下面翻上來，倒下去正好壓在寬鎔身上，那一壓不死也會重傷，我即時伸出左手臂橫跨過寬鎔身上，支起頭，用肩部頂著書櫥，書櫥裡全是書，很重。美軍救護人員先移開書櫥，拉出寬鎔，她居然完全沒有受傷。寬民爬出去了。最後我才出來。

沒一會，頭頂上美軍營地裡的救護車來到，一會又來了一輛起重救濟車，美軍拉出鐵鍊準備拖拉我們的車子。

我和寬民才爬出來，美軍救護人員要我上救護車去，我說我沒事，無需上去。他硬拉我過去說，流血還沒事？我摸摸他手指之處，原來耳後在流血，幸好只是皮肉擦割傷，塗抹一點止血藥劑便不管我了。離開救護車看到母親坐在那邊山坡草地上，走過去問她，受驚了，可有哪裡碰傷、碰痛？她把她自己爬出來的經過告訴我，又不斷的說：「菩薩保祐，大家平安！」

令人嚇一跳的是寬淳。車子翻覆時，有一個吃剩一半的蕃茄罐頭向他迎頭倒去，他一頭一腦的蕃茄醬爬出來後，人人吃驚以為他頭破血流，他自己莫名其妙，摸來摸去發現完全沒有受傷，嘴巴嘗到甜味才知道全是蕃茄醬。

全車幾乎可說是沒有人受傷。當場流血最多的是寬民，只是鼻頭上有一點割破。後來才發現：受傷最嚴重的是寬泠。她的左肩膀不是被重物壓到就是被人家施救時大力拉傷，有一點扭傷，動作不便。好幾天之後才恢復正常。

同車一位太太的小嬰兒跌在二個衣箱之間，毫髮未傷。卡車翻覆之時，徐文祺從車尾摔出去，定神以後第一件事是去把拴著小磯的鐵鍊解開。蔡慶山氣得大罵他，他說，不急，不急。

大家坐在山坡泥地上或是行李上，饑渴隨即來襲。狼狽情形可想而知。幾個大男人正與美軍在設法對付翻覆的卡車。

忽然，眼見山嶺上飄過來一大團深灰色雲團，說聲不好了要下雨，雨點已落在身上，無處可躲，只好原地坐在行李上淋雨。還好那是一陣過雲陣雨，奇怪的是多久不見的太陽居然露臉了。陽光直射之下也是無處可躲避。

雨過天青，那邊山路上有二個苗族服裝的婦女走來，頭頂斗笠挑一副空的扁擔，手提個竹籃子，籃子裡有幾個梨子。母親頻頻招手叫二人過來，二人一方面是走近來看熱鬧，母親對她們說要買她們的梨子，她們聽不懂，語言不通。母親用手比劃，比來比去，後來拿出鈔票，比著要換她的梨子。初時她不肯賣，經母親再三比劃，付出高價買了幾個寶貝梨子，可惜太少，無法每人分一個。我手中拿著一個梨子，讓孩子們這人咬一口、那人咬一口、我自己咬一口。那一口梨子進嘴真如甘露。有句俗話說「人在福中不知福」，平時吃個梨子，有什麼希罕，在那困苦時只這一口，就如神仙所賜的甘露。

美軍動用機械，很快把卡車翻正拖回路上。劉班長檢查車子，引擎正常，傳動軸無誤；只是後車廂有幾處支架折斷，帆布篷頂被美軍割破幾處而已。蔡慶山率領徐文祺重新佈置行李。最後發現只有收存雜物的一隻木板箱摔得粉碎。這是這次翻車過程中最大的損失。更大的損失是五個多小時的時間。

比起沿途所見其他的翻車殘骸來說，我們是太幸運了。真是菩薩保祐！

這是三十四年八月十二日。後來我們說這一天是全家的復活節。

再上車開行，各人坐回原來的位子。我心裡比翻車時更害怕。不敢望右邊，右邊是深深的山崖。心想，剛才若掉下右邊，現時一家人變成鬼了。越想越怕，又自責不准胡思亂想。每逢車子有劇烈搖擺，我的心肝幾乎都跳出來。倦困無比，但是不敢閉目。一路來不斷的左轉下坡，右轉下坡，劉班長兢兢業業抓緊方向盤催車前進。好幾處山凹處的彎路邊發現有車輪仰天的卡車遺骸，那些都是無人去施救的。看得我膽戰心驚。

不久公路來到山下平地，只見前面路邊停著一長列車輛，絕大多數是軍用的十輪大卡車。劉班長慢慢的超越幾輛車後，便插入路邊車隊中停下。汪先章向我嘀咕幾聲便率同劉班長步行往前面去打探消息。

南盤江之渡

過了一會，汪劉二人帶回來的消息：車子要排隊等候擺渡，人員可以先行過江去。

原來這個地方名叫八渡，是一處渡口，前面橫亙著的一條大水就是南盤江。南盤江正好是貴州和廣西的省界。

於是，喚醒睡著的孩子們，收拾一些隨身細軟，大家下車步行。辛辛苦苦一直來到八渡，南盤江岸邊上，只見滾滾洶湧的江水與岸上黃土一般顏色。江面很寬，沒有橋樑也不見船隻。渡口附近聚集著許多人，有軍隊，也有美軍。

走近才看見：橫越江面之上有幾條鋼索從此岸伸向對岸。本來有一隻木板釘成的平臺，平臺上可以停放一輛十輪卡車，平臺套住一根鋼索，平臺上的幾個伕力就用手拉鋼索，平臺便橫過江面飄往前去一直到對岸。汽車就用這種辦法擺渡過去。只是前幾日江水陡漲，狂流沖激，索斷船翻，兩岸擺渡中斷。所以路邊上才有許多車子等著過江。美軍正設法重新牽引鋼索，車輛擺渡的設施尚未完成，汽車暫時不能過江。我們到達那裡的前二日，美軍另為行人先架設了一座便橋，人員可以先行過去。

我們來到江邊橋頭，看到美軍架設的那座便橋，我倒抽一口冷氣，心想大家都那麼疲倦怎能過這座橋呢？

所謂便橋，大致是用許多扁平的鐵箱用鋼索串連結成一長串，鋪張在水面上。每一隻鐵箱大概和普通衣箱大小，然後空中左右另有二條鋼索可供扶手。整條橋像一座鞦韆般的晃動，遠遠只見中央部分是浸在江水中，再前面是灰濛濛一片，看不見對岸。我們這一幫，老弱婦孺疲憊不堪，怎能過去？

我決定今晚在這邊休息，明天再過江。

沿著江岸上有些應景而生的臨時小飯店，店屋全用竹子搭建，我們選擇了一間比較清潔的，點菜吃飯之後，商得店主人同意，搬開桌椅，在潮濕的泥土地上鋪排一些木板和乾稻草，趕開一些雞犬，然後打開自己行李，大家就地睡覺。半夜裡，我好怕哪個孩子翻身亂滾，滾出疏鬆的竹籬圍牆就會跌進下面江裡去。

一覺睡醒，大家都有精神了，準備過江。

臨時搭建的吊橋，橋頭上有守衛部隊，有一個軍官模樣的在指揮，他要我們分批，三五個人一批的上橋。

江面上迷漫著濃密的晨霧未散，一片白茫茫，昨天還可以看見的吊橋，今天只能看到三五步遠而已。根本不知對岸在哪裡？橋寬只容一人，前面一段幾個鐵箱在地面上很穩，很好走，離開岸邊的就會搖晃，愈向前走，兩邊搖晃擺動愈是利害。我們扶老攜幼一手抓緊鋼索一步一步在鐵皮浮橋上走過去，前面的人只有朦朧的影子。走不到一半時，鐵箱已是貼在水面上了，江水洶湧有時就衝上鐵箱面上來，我們鞋襪盡濕。

我們一批一批，每一批是一個緊緊跟著一個，戰戰兢兢的走過橋來。汪先章一馬當先背負著寬民先過去了。汪太太卻是個過任何橋樑都會怕的，看見這種浮橋更是恐慌，等到大家都上橋過去了，她才咬緊牙關，乾脆兩手兩腳的爬過橋來，混身濕透，臉上慘無人色。

汪先章先上岸，找到一輛軍用十輪卡車願意接受我們這一幫黃魚，載運我們去百色。蔡慶山和徐文祺二人再回頭過橋去八渡，回去看守劉班長卡車上的行李、還有小磯。

比較起來，廣西省境內的公路平坦多了，卡車也跑得很快。路上，司機停車說休息，我們就下車伸伸腿腳；司機說吃飯啦！我們就下車找地方吃飯。

最後，從黑暗的車篷裡鑽出來發現原來外面也是黑暗一片，已經是深夜啦！我們到達了目的地，廣西省的百色。

日本鬼子投降了

我們的十輪卡車從貴州省蜿蜒在崇山峻嶺的黃泥路上盤旋而行，快要到達廣西省界的最後一天，車輛翻覆。我們坐在路邊泥地上先經一陣暴雨沖刷，再經烈日曝曬一會。坐回原車，繼續前進，困乏疲倦可是不敢閉上眼睛。那真是無法形容的一種特別感覺。

有驚有險，我們過了黃浪洶湧的南盤江進入廣西省。又再搭上一輛軍用卡車向南行駛。漸漸，路邊出現一點平地；漸漸，路邊出現一些農作田地；開始有村落人家。

我們的目的地是廣西省西部山區裡的一個古老城市，百色。黑夜中，我們到達目的地。我們先在郊外公園邊一家旅館住下，休息一晚，預備第二天再搬進市區。

第二天，聽到外面一陣嗶嗶拍拍聲，初時誤認為機關槍聲。定神一聽，不對，是放鞭炮，此起彼落，四面都有鞭炮聲。汪先章跨開大步到街上看看什麼事，一會兒極高興的跑回來，大聲說：「日本鬼子投降了！日本鬼子投降了！無條件投降，抗戰結束，我們勝利了！」一連好多天，街上鞭炮不斷，民眾打鑼打鼓、舞獅舞龍、滿街滿巷都是歡笑聲，入夜不歇。

我們住的這所房屋，是宇飛在百色時租下的住處。我們到達時，宇飛已經去了他的南寧總部。兵站司令部在百色設有一個辦事處，由一位李主任管理。

我們住的這房子，單開間二層樓，每層是一個大統間。樓下是陳伯英帶著幾名副官和勤務兵等住著。旁邊另有一扇門，開門才能上樓，樓梯上到梯口後轉，屋子前段，房東自住。梯口向前直走，後段才是我們租下的一廳一房。廳前面有一個露天大平臺。平臺的一小角是廚房和洗澡的地方。

夏季，百色的氣溫很熱，我的印象裡百色是比南京更熱得多。那時沒有溫度錶不知道多少度。總之，屋裡如烤箱，坐下如鐵板燒會自然跳起來不敢坐下。廳前有大陽臺比較通氣，便在廳邊固定擺一張小床給母親睡。

每天晚餐後，便把飯桌推到另一邊靠牆，在母親小床前地上鋪二張大蓆子，孩子們都睡在這裡。

寬仁、寬淳二人似乎是到樓下和伯英等人混在一起。我進到臥房裡是熱上加熱。這臥房是在廳的後段隔出來的，後壁和右邊靠牆，正面和左邊用木板隔成，正面有一個小窗開在廳上，既無光線，空氣也不流通，所以特別熱。房裡只有一張大木床，床前窗下一張小條桌，走動的空間也沒有。大床三面有木板畫屏，隔著木欄干，鑲有亮亮的貝殼。應該是很考究的上流人家的床，可惜我沒福氣享用，睡下去，全身似著火般的燙死人，一夜無法入睡，只好爬起來走出陽臺去坐著。傍晚時用幾大桶冷水倒在陽臺地上，沖走陽臺的熱氣，坐在那裡會比較舒適一點。第二天叫人上街買來一張木框藤绷，幾條長板凳。晚飯後便在陽臺上臨時搭架床舖。我就面對滿天星星而睡。

到百色三天後，母親病了。初起像是感冒，也許是一路來太勞累、太緊張，然後又好似打擺子一般的忽冷忽熱，病情顯得很嚴重。每天便由伯英去找軍醫官來診治，打針服藥二個多星期，漸漸痊癒。

宇飛由南寧來到百色，住了幾天。

勝利了，戰事結束。可是兵站司令部的工作反而比作戰時更為繁忙，宇飛匆匆要趕回南寧去，順便接同我等人一起去南寧。一家人擠上一輛「鎮實」部隊的大型吉普車，沿著一條水流湍急不知其名的江水，經過田東等地，到達南寧。行李則交由蔡慶山和徐文祺等人請李主任另行安排車輛隨後運送。

南寧的經驗

南寧舊稱邕寧。大概是我們離開貴陽以後所來到的一個大城市罷。市中心一帶有幾條整齊的街道，兩側是有騎樓的商店房屋。只是全市房屋都經戰爭的殘酷洗禮，沒有一幢是完整的。街道邊的斷垣殘壁中雜草叢生，有些地方野草長得比人還高，衛生部隊不斷搜索這些地方，經常找到腐爛多日的日軍屍體。

日本軍隊曾經從越南的海防一帶登陸入侵，駐守越南的法國軍隊不戰而退，日軍便越過中越邊界的鎮南關來到南寧。我軍反攻光復南寧，日軍退回越南，撤軍時大肆破壞。南寧曾經是廣西省的省會，省政府大廈原來是一幢白色大理石的大型仿西洋古典建築物，被日軍炸毀，屋頂全沒了。第二方面軍收復南寧後，兵站司令部便在這個斷垣殘壁中，利用原來的房間，上面拉張起帆布當屋頂，下面就是辦公室。

那時，軍中各個單位都有一個公開對外的名稱代字，所謂是「番號」。「番號」印在一片如名片大小的白布上，稱為「符號」。各單位中的每一個人都必須把這符號縫在軍服的左胸口袋上方。張發奎統率第二方面軍司令部的符號代字是「鎮南」，宇飛則為兵站司令部命名為「鎮實」。

早上從百色上車出發，傍晚前到達南寧。宇飛租住的房子在市郊的南環路上，也是二樓。一廳二房，前房我住。後房光線不太好、暗暗的，冬青帶著幾個小女孩睡。母親仍然是在客廳左側靠牆另架一張床睡。晚上，母親床前便佈滿了帆布行軍床，各人一頂蚊帳，蚊帳四角用一根繩子拉緊牆上的釘子，弄得整個客廳像是個蜘蛛網。

客廳前有騎樓，空氣流通。後面有一間大廚房。「鎮實」部隊不知從哪裡找來一名廚師，很會做菜。另外又調來二名年輕勤務兵，一個叫張佩瑞，另一個福建人叫李仁和。張佩瑞比較呆板，有點被動。李仁和脾氣和順，有時回答人家叫他時會說出一二句很幽默的話。母親很喜歡他，有事都叫他做。孩子們也喜歡找他做玩伴。後來李仁和便一直跟隨我們到上海。

房子右側，前面一道樓梯下樓，後面一道樓梯上去是好寬大的一個向天陽臺，本地人稱之為天臺，晚飯後大家都上到天臺乘涼。南寧的氣溫比百色好多了，不那麼酷熱。

宇飛特別怕熱，在家的話每晚都在天臺張開帆布行軍床睡覺。有幾次，寬仁跑上去陪他父親睡。深夜父子倆面對滿天星星，宇飛教他兒子認識了幾個星座。那幾顆星星，寬仁說他至今還記得。他們父子倆睡在一起看星星，一輩子那是唯一的一次。

樓下住的是兵站司令部糧秣組組長張光祿上校一家。

圓木地網為防賊

天臺上與左右鄰居只有一道可以輕易跨過的矮牆而已，天臺下樓處只是一片極簡陋的木板門；二樓下去到院子裡的門也是個聊勝於無的板門。未幾傳來附近人家頻頻遭竊的消息。怎麼辦呢？難道晚上要輪班守夜不成！

廚房大灶是燒木柴的，平日院子裡就堆放著許多木柴。兵站司令部也管著這些燃料，於是便為司令公館送來一些上好的松木。松木的油份高、易燃、火頭旺。那些松木都是鋸成一段一段，大概一尺長，圓圓的一段，比大飯碗口徑再略大一點罷。好，圓木正好利用！

我們為了防範黑夜中宵小進入，於是實施戒嚴。每天晚上，各人的臨時睡鋪搭建好，洗澡沖涼完畢，上床睡覺。張佩瑞和李仁和二人就開始工作，他們在上下二座樓梯的每一階放置一段圓木，並且在梯口走道從前到後，距離地面數寸處用繩索繞成「絆馬索」，又把一些空罐頭、臉盆、鐵桶等放置在繩網之上。然後二人才去睡覺。

在南寧居住的這幾個月中，夜夜如此佈置。不過我們這個機關並沒有真正發生作用。有一次也許是風大，天臺門扇被吹開觸動樓梯上的圓木，第一個圓木滾下引發連鎖反應，十幾個圓木滾下來，一時石破天驚，造成一場虛驚。樓下張家是真正被嚇倒。

幾個月中，幾乎所有認識的每一家都曾遭受到樑上君子的照顧。

楊賢治

從陸軍獸醫學校開始，宇飛身邊又增多一名隨員。他是楊賢治，安徽省巢縣人，原來在湖南某大學唸書。長沙、衡陽陸續棄守後，不知是什麼關係，他隻身逃到安順在獸醫學校找到一份工作。宇飛來到獸醫學校之後把陳伯英、汪先章、蔡慶山和韓傳玉等都安插在總務處供職。蔡韓二人也是安徽人，自然就與楊賢治熟悉了。

後來，蔡慶山向我說及此人如何聰明等等。有一天，我就讓蔡慶山帶他來見我。見面之後，我覺得他談吐不錯，到底是唸過一點書的人。於是，我就要他下班後到公館來，督導孩子們自修做功課。那時仁兒在貴州省立安順中學讀初一，淳兒和平、泠、薇等三女在青龍山上的一所私立三一小學和幼稚園上學。後來，變成楊賢治每天去三一小學等候放學，帶領他們回家。晚飯後就陪孩子們做功課，教教算術等。

宇飛公餘的消遣是下圍棋，平時都找陳伯英陪他下。偶然發現楊賢治也會下棋，而且棋力比陳伯英高多了。從此下圍棋都找楊賢治來下。陳伯英因此有點不喜歡楊賢治。

陳伯英那時任職獸醫學校的印刷所所長。印刷所獨立在校外，設在青龍山上一座舊廟中，其中主要幹部幾乎全是興寧人。印刷所有一點像是安順的興寧同鄉會一般，從家鄉興寧出來的年輕人也以此為歇腳站，準備投考軍醫學校或是獸醫學校。

蔡慶山是老粗出身，平時老闆說話他只有立正站在旁邊不斷應有說是的份，這會見他的這位同鄉居然與老闆平起平坐，還敢贏老闆的棋！不知道是恭敬呢、還是忌妒？他稱呼楊賢治為「楊公」。不料，就此大家都叫他是楊公了！

後來，宇飛交代他辦理一些重要公事，處理得不錯。等到宇飛調職廣西，我們要離開安順了。楊賢治對我說，願意跟隨我們。我們搭乘劉班長的十輪卡車匆匆離開安順，剩下不少應該與各方聯繫的瑣碎事情待辦結束，正好就集中交由楊賢治去處理。然後，他再一路追趕來會合我們。一直到了百色，他才歸隊。孩子們都很高興。

來到南寧，晚上他就張開行軍床睡在走廊上。在每一階樓梯上放置一段圓木、地上拉開絆馬索防賊，大家可以安心睡覺，就是他出的主意。

寬薇得怪病

廣西的桂林三花酒是代表地方的白酒。另外還有一種用米釀成、浸泡過桂花的「珍珠紅」，歷來很有名，甜甜很可口。

有一次大家熱熱鬧鬧吃吃喝喝，喝的就是「珍珠紅」。吃到半席，薇女說她已吃飽了，離桌不吃。走開去。待大家吃完，只見薇女早在窗邊的榻椅上睡著了。抱她進房去睡才發現她是喝醉了，酒臭味好濃。她昏昏迷迷睡著。過了一會兒我進去看看，發現她體溫很高，發燒了。臨時家裡只有保濟丸，餵她吃了小半瓶。第二天一早，發現熱度未退，體溫似乎更高了。立刻邀請一位軍醫官來診治，打針吃藥，二三天依然是體溫很高。然後寬薇訴說腿上肌肉痛。

那時南寧有一家私人醫院很有名氣，小樂園醫院。小樂園醫院的醫生認為寬薇要住院治療。剛好汪太太不知患什麼病，住在小樂園醫院裡。於是寬薇與汪太太住同一病房，有伴了；而且冬青也在醫院裡陪著。我和宇飛每天都去看她，詢問她吃藥的情形。我問她腿腳還痛不痛？每次她都說很痛。一連七八天一直痛，看她痛得很難過，沒有減輕的樣子；我去請教醫生，醫生說，有病不能急，繼續用藥會慢慢康復。可是我發現薇女連站立都站不穩了，膝蓋處僵硬不能伸直，顯然是病情更加嚴重了。

我決定要更換醫生。首先是辦理出院。宇飛反對我的意見，他說，南寧最好最大的醫院，不在這裡醫，去哪裡醫？

他一說這話，我猛然想起：當年在南京時，寬仁患肺炎的往事，他堅持要找有名的鼓樓醫院醫生來看病的那一幕。我更加堅定了，立刻辦理出院手續帶薇女回家。平日我去看病的一位中醫師，我覺得他的醫術不錯，我立刻把寬薇送去請他診斷。他打脈以後認為看病已經遲了一點，皺起眉頭說：「風濕好重格啦！」

醫生接著說，還好腿筋骨尚未變硬，還能治，否則就難說啦。他開的方子，有煎煮了吃的湯藥，另有一大包藥材是薰蒸雙腿的。那一大包藥材煮成一大鍋，趁沸騰冒汽，便讓寬薇把雙腿架在上面。連腿帶藥湯用一床軍毯包圍住，薰蒸到藥水不再冒汽，大概三十多分鐘。每天晚上薰蒸一次。薰蒸過程可能很不舒服，寬薇哭鬧著不肯薰蒸。蔡慶山和冬青等人一起過來幫忙，抓手的抓手，抓腳的抓腳。

我只好連哄帶嚇的逼著她，要她薰蒸膝蓋。她哭得似殺豬般的怪叫，哭得聲音發抖，令人聽得很難過。我想起寬仁小時為了痲疹，在蘇州用藥汽薰蒸肛門的往事。於是硬起心腸，非要她薰。

那個時代的小朋友最怕的是傷兵。許多作戰受傷的士兵住在軍醫院裡，平時可以外出。一般傷兵的形象是斷手斷腿，穿得破破爛爛，在街上常常自恃是抗日受傷的，不守紀律，恣意鬧事。人見人怕。我要薇女乖乖的薰腿，不乖乖聽話薰腿，腿壞了，只好送她去傷兵醫院，跟傷兵們在一起。薇女不得不接受薰蒸。每天薰蒸三四十分鐘，幾天之後可以發現果然治療有效。於是，我堅持一定要繼續薰。看她哭得那麼厲害，心軟如不讓她薰，腿腳壞了豈不害她一輩子。薰蒸了一個多月，腿腳可以輕鬆彎曲伸直，走路沒有問題了，才停止。

後來回到上海，與一些醫生朋友聊起來，才知道當年寬薇感染到的就是所謂的「小兒痲痺」。許多人治癒以後，下半身殘廢不能運動。例如美國羅斯福總統一直要坐在輪椅上。醫生朋友對於用藥草薰蒸可治小兒痲痺感到非常有意思。現在回想起來，當時應該忍心讓薇女多薰蒸幾次。因為，後來幾十年中，她偶然仍會鬧腳痛；而且兩隻腳有一點大小差異，不注意看不出來。

龍鳳湯

所謂煙瘴之地的貴州，我們住了二年很少生病。進入廣西之後反而得到些怪病。

寬薇住在小樂園醫院時，我自己開始感到不舒服。頭上無緣無故的腫起一些包包來，腫腫消消，小的像花生米大小，大的像雞蛋大，軟軟的不痛，可是發作時奇癢無比；晚上更為嚴重，簡直無法睡覺。請教街口中藥舖裡的醫生。醫生說：「濕熱啊！」其實在廣州話裡，濕熱是極稀鬆平常的事。平日如隨時注意去濕去熱，身體中就不致於累積太多濕熱。現在醫生說濕熱，就表示是很嚴重的濕熱了。

醫生處方煎藥湯內服之外，特別建議我吃蛇，多飲「龍鳳湯」。

「龍鳳湯」者就是一條蛇和一隻雞一起燉湯。考究的話，要用三條不同種的蛇一起燉。一般人家每次用一條蛇已經是不得了的事啦！

南寧的土產中有的是蛇，還有一種東西是蛤蚧。蛤蚧大概是蜥蜴的一類罷，從頭到尾大約二十多公分，可說是像微小型的鱷魚或是巨型的壁虎罷。生長在草叢裡，夜間會「咯蓋、咯蓋」的叫，因此得名蛤蚧。

當時不知是誰引進的一位本地老者。這位老先生會抓蛇，會抓蛤蚧。過不了幾天，他就揹負一個麻布袋上門來了。他一直就上樓直接到天臺，伸手從麻布袋裡抓一條蛇出來。據他說那是毒蛇，一般多是一公尺多長、不到二公尺。他把蛇頭用一支鐵釘釘在木柱上，然後一手抓緊蛇尾用力把蛇身拉直，一手拿一把小刀朝蛇肚皮上刺開一個小口，用手一擠，花生米般大小、青黑色的一顆蛇膽就跑出來了。蛇膽泡進一小杯三花酒中，孩子們就爭先搶到酒杯跑下樓來找外祖母。

當時不知哪裡傳來的偏方，母親接過酒杯，一口就把半杯酒和那粒完整的、新鮮的蛇膽吞下肚去。據說是有益於眼睛云云。天臺上，老先生已經把蛇皮剝去，蛇頭斬掉，雪白的蛇身盤成圓餅，放進一隻瓦鍋，廚師伸手接過去，回到廚房再殺一隻雞，晚餐就有「龍鳳湯」上桌啦！老先生說，煲蛇湯時放幾粒黃豆進去，黃豆如變成黑色，則蛇湯不可吃。（據說，煮蛇不可使用金屬鍋子云云。）

也許蛇湯真的有去濕熱的療效，我頭上腫起來的無名包包逐漸消退。

孩子們的記憶說：在南寧那段時間，我們一共吃了六十八條蛇。姑妄聽之就姑妄寫下罷！

蛤蚧酒

有時老先生帶來的是蛤蚧。蛤蚧只能用來泡酒。我們先準備好一小罈一小罈的上好桂林三花酒。老先生伸手進麻布袋裡抓一隻蛤蚧出來。他的手法很熟練，他用左手掐住蛤蚧的頸部，蛤蚧張開大嘴咬不到他。他以右手拿一把長鋒的大剪刀，張開剪刀，把剪刀下刃放進蛤蚧嘴裡讓牠咬。喀嚓一聲，他就用鋒利的剪刀把蛤蚧的上半個頭剪掉了。蛤蚧的整個軀體還在他手中扭動，他一伸手便把牠丟進酒罈裡去。一罈酒中泡進去好幾隻蛤蚧便封起口來。

幾個月後，蛤蚧泡成的酒略微有一點青綠色，聞起來有一點腥味。據說，蛤蚧酒是大補酒之一云云。後來大半是當禮物送人了，有一些還帶回到上海。

名義上，蛇湯是為我而準備的。實際情形：晚餐時我和母親都是只喝一碗湯而已。一大鍋的蛇肉雞肉每天被吃得精光。陳伯英、汪先章、蔡慶山、蔡文、楊賢治等是家中固定的食客，招呼都不必打，坐下就吃。廚師看不過去，打抱不平，對蔡慶山說，人家太太要吃補、要加菜，都是自己一個人吃的，哪有像我這樣大方，大鍋龍鳳湯讓大家吃的。廚師訴說他們，說他們太幸運，會折壽的。

蔡慶山卻把這些話都告訴了母親。他們這班人常常都會擠在母親床前，老太太長、老太太短的說話。尤其是晚飯後。母親有時也借機會教訓開導他們。

汪先章就當著大眾大聲說過，他待個好幾家公館，哪裡有這麼好的地方。我會照顧他們，老太太也照顧他們，來到公館開玩笑、說笑話輕輕鬆鬆，吃吃喝喝完全沒有拘束；偶然公事沒有辦妥當，老闆最多罵幾句教訓一頓罷了。有些長官的公館呀……待人刻薄小氣，……不必提啦！

在南寧時，寬仁利用機會跟隨汪先章去了越南的河內一次，沿途驚險讓他自己敘述罷！

勝利後河內之行

陳寬仁

民國三十四年八月十四日，日本天皇宣佈無條件投降，抗日戰爭結束。

我們全家已從廣西的百色來到南寧。那時父親的職位是後勤總司令部第二區兵站司令部司令，第二區兵站配屬第二方面軍。第二方面軍司令長官是張發奎將軍。

抗日戰爭結束，越南境內在北緯十八度以北的地區的日軍由我國的第一方面軍代表接受投降。第一方面軍司令長官是盧漢將軍。司令部在越南的河內。

有一次，第二兵站司令部有事要與第一方面軍司令部協調，派糧秣組組長張光祿上校率隊前往。汪先章那時的官階是中校，他要隨同前去。而且他們有一輛專車前去，一輛當時稱為「四分之三」道奇廠牌的軍用小型卡車。

我得到母親的許可，穿上一套不合身的軍服，佩上少尉領章，胸襟上縫好「鎮實」符號。「符號」是一小片白布印著部隊名稱，「鎮實」是第二兵站司令部的代字；腰皮帶上掛著父親的左輪手槍，冒充軍官隨隊前去。母親一再叮囑汪先章要小心照顧我。

從南寧到中越邊界大約是二百公里。從南寧南下原來有鐵路，迭經戰爭破壞，路軌和枕木都已不見影蹤，依稀尚存的路基也是支離破碎、崎嶇不平。汽車就循著舊有的鐵路路基緩慢向南行駛。

雖然是那麼艱苦的道路，路不成路，居然仍然有貨運商車通行，沿途一日中可能遇上二三輛。對面來車時，是很驚險的大事。路面雖然不夠寬可是尚夠堅實，不過路基高出兩旁地面，兩旁地面野草叢生，土地鬆軟。車輛陷入鬆軟的土地，有時只見輪子飛轉，車身是動彈不得的。

遇到河流的時候，水深的地方有人利用大木船為汽車擺渡，收一點錢；水淺的小溪流，就要自己相度兩岸情形，汽車涉水而過。

出發之前，便有人告誡我們，這條路上有土匪出沒，山路上只要遇著徒步的人群，大半就是土匪，立即舉槍瞄準，車輛過去，直到看不見人了才可把槍放下。我們問說，既然是土匪，為什麼不把他們抓起來呢？一來是沒有證據可證明他們是土匪；再則他們都是地方上有關係的人物，鄉長的弟弟啦，保長的小舅子啦，……，反正都是好人！

於是，我們一車連司機七人身上全都帶著實彈手槍，外加二支湯姆生式衝鋒槍。

我們一車是軍人，槍械犀利，一般土匪不敢動手。不過，我們的槍械卻是他們最有興趣的目標。果然，我們車子來到一處四面環山的荒野中行駛時，前面出現了五六個人影。我們如臨大敵般人人拔槍在手，汪先章和另一人舉起衝鋒槍，喀拉一陣、子彈上膛。

汽車緩緩的從他們身邊通過。只見他們都是空著雙手，頭上纏一圈布，身穿長袍，腰部也用布條圍著。車上的槍口都對他們瞄準。他們走在路邊根本不理會我們，看都不看一眼。我們汽車駛過來了，他們也不回頭。倒是我們自己緊張了一陣。

我們的司機以前沒有開過這種軍車，沿途我們便覺得他不但駕駛技術欠佳，精神上似乎也不穩定，離開南寧不久便出現幾次驚險。中午到達一處被戰爭摧毀殆盡的縣城綏淥。找到一家破爛小飯店，解決午餐，休息片刻，繼續上路。估計我們應可在日落之前，到達以肥雞馳名的明江縣城享用晚餐。不料就在明江城廓在望的地方卻發生一件令人難以相信的事故。

汽車跨上了一支大圓木。

路前出現一條小河流橫亙，有些車輪痕跡是沿河岸而行，也許前面有較平坦可以涉水而過的地方。我們仗著這輛「道奇」四分之三軍車的馬力強大，而且有加力檔可以變成四輪傳動，於是，大家先下車各自涉水過去。司機便駕駛著車輛從陡坡上衝下河流，汽車引擎發出怒吼，車身顛顛倒倒的從水流中過來，來到這邊河岸下面，司機便加足油，駕車向河岸上衝上去。

一方面是司機根本看不見河岸上面的情形，再是引擎怒吼蓋住了人的叫喊聲。

河岸上的土路是與河流平行的，也就是說，司機把車衝上河岸之後要立刻向右作九十度急轉彎。可是司機在衝上河岸時，腳下猛踏油門，眼睛所見只是一片天空。車子衝上了岸，跳躍過路肩，橫越道路，衝出路外。路邊正好橫七豎八躺著許多木料，可能是準備建造橋樑用的。車子一衝，前輪居然爬過一支粗大的圓木。圓木的直徑幾乎與輪胎同大，車輛爬過圓木剛好把車肚子架在上面，車子變成四輪不著地。司機根本不知道發生什麼事，車子不再前進，他還猛然加油。我們四散站在河岸上的看得目瞪口呆。最後，眾人大叫。司機才讓車子熄火。司機下車來一看也嚇呆了。

怎麼辦呢？憑我們車上幾個人絕對沒有辦法解開這道難題，把車子弄下來！

幸好前面不遠就有村落，有人家。找到一個人，他一吆喝就聚集了二三十個人，分別帶了棍棒、鋤頭、繩索前來救援。七手八腳忙亂了好一陣，終於把汽車弄下了樹幹。

司機檢查車子，沒有受傷。

付一點錢，酬謝了鄉人，我們繼續趕路，終於在燭光燈火照耀的迷茫夜色中進入明江。找到一家小飯店，說明了要吃雞。店主人全家忙碌起來，為我們做了一頓滿桌都是雞的晚餐。飯後，我們就在飯店中的長條木凳子上和衣而睡。

第二天，出了明江之後經過二次木船擺渡，一切順利。通過寧明縣城後又進入崇山之間。汽車在山腰盤旋行駛，這裡已經接近中越邊境，據說也是土匪活躍的地方。我們互相叮囑謹慎，在車上放眼四望，步步為營。

車子通過形同廢墟的憑祥縣城，不做停留。環繞幾座山頭之後來到了赫赫有名的鎮南關。

嘩！鎮南關！這座歷史上有名的關隘！無論有沒有讀過書的，都知道它！我們的司機也覺得能開車到此關前是特別緣份。關中間一個城門洞，關牆兩翼倚靠著陡峻的山壁，真正是一夫當關的氣概，城磚烏黑，長滿青苔。關前有鄉人搭蓋的簡陋小屋，門前在賣熟雞蛋、茶水、乾餅之類。遠處幾座山頭上有堡壘，四望不見有兵卒警衛，車輛出入有如無人之境。

我們大略向關上四處做一番瞻仰，隨即上車從關洞中出去。一出關口，道路急遽向下。回頭再看

關隘，城門洞上三個字是「拱極門」。汽車循山路下來，來到比較平坦的地方。很明顯的感覺，車子行駛的狀態不同了，原來是走一步跳三跳令人坐立不安，現在車前居然出現了柏油路面，車子平穩下來，司機加快車輛速度，我們也可以全身放鬆的坐下來。我們已經進入越南境內。

下坡路段走完，我們來到同登，進入越南境內的第一座城市。一到同登立刻有到了外國的感覺。近市郊有幾列整齊的白色房屋，原來那是以前的法軍營房。嘩！兵營有這麼漂亮的呀！

同登市內所見都是「洋房」。所謂「洋房」的意思是說，這裡所見的建築物與國內所見完全不同。國內，尤其是從南寧出來直到鎮南關前，各地所見，無論是否敗垣殘屋大都是灰磚黑瓦，房屋低矮，黑漆漆一片。而同登市區雖然很小，但是，道路整齊，兩旁房屋方方正正，明明亮亮，外牆或白或黃，紅瓦屋頂，色彩顯著，令人耳目一新。

我們在同登用餐。居然有多年未見的啤酒，每人都嘗試一點。

從南寧到河內的距離大約四百公里，鎮南關大約在中間，不過後面這半段路，沒有山，道路平坦，車輛可以提高速度。當晚到河內吃晚飯應該沒有問題。誰知道又會遭遇一件也是令人難以相信的事故呢！同登開車後，道路平坦，車子輕捷疾進，我們在車上開始有說有笑，各人敘述聽聞得來的有關越南種種。

不久，來到一條寧靜的大河邊。河的對岸就是諒山。遼闊的河面沒有橋樑，汽車和行人要靠木船擺渡。這裡的駁船較長，一次可以載運二輛卡車。與每次過河的情形一樣，我們都下車步行上船，只讓司機一人駕駛車子上船、下船。車子謹慎的從岸上開上木船，船伕們指揮車子停下。他們用木塊塞住車輪，又用粗麻繩將車子固定。解開繫纜，幾個人用長竹竿便把木船撐離開河岸。

我們那次擺渡只有我們這一輛汽車。船伕順利的把木船撐到對岸。我們各自先跨上岸去，叉手站著等司機把車子開上岸。

船伕們解開繩索，司機發動引擎，車子緩慢的向前進，車從船中心來到船邊，木船隨著向前傾斜。本來船頭比河岸稍高，汽車來到船頭處，船頭下沉到比河岸低一點。船頭上下移動時，船伕們原來放置的二塊跳板的位置也改變了。跳板就是一塊長長的木板，船靠岸時，架設在船岸之間讓人們可以行走上下船隻。現在是汽車要上岸，船伕就在車前準備二塊跳板對準車輪。司機依船伕手勢，緩慢開動車子讓前輪爬上跳板，船伕又手忙腳亂、大聲叫嚷的指揮司機要讓後輪也能對準跳板。

因為船隻與河岸的角度關係，河岸又不是規則平坦，左邊顯得較高一點，一個船伕又拖了一塊跳板放置在左前輪的前面。車子順利的下了船，司機又變成臉孔向天的駕車上岸。左邊輪子壓在跳板上滾進。

沒想到船伕放置這片跳板時，跳板這端並沒有接觸到地面，而是離板端約一尺的地方擱在一塊凸出的石塊上，而這片跳板又很短；如果跳板夠長，左側前後輪都能爬上跳板。這片短跳板恰似翹翹板一般，中間下面有石頭頂住，車子慢慢前進，前輪滾過了石頭頂住的地方，跳板後端便翹起來了，而後輪還沒有到。車子繼續前進，後輪便跑到跳板的下面去了。木板卡在兩個車輪之間，車子猛然停止，引擎自行熄火。司機在駕駛座上莫名其妙。我們在岸上看著整個事故的發生，看得又是目瞪口呆。

一塊大木板，三四十公分寬罷，厚度相當一個拳頭，前端壓在前輪下面，後端卡在後輪的上面。整塊木頭就這樣斜斜的崁在車子左側，擠在兩個輪子之間。大家吼叫聲中，司機以為自己又做錯了什麼事，滿臉狐疑的爬下車來。一看，他也呆了。整輛車向右傾斜，好在右邊前後輪都在堅實的土地上。

怎麼辦呢？船伕們爭論吵鬧，我們根本聽不懂。我們也無法與他們溝通。我們想把木板從中間鋸斷，但是沒有任何工具。吵吵鬧鬧，最後還是從附近找來一群幫手。一部分人把汽車抬起半邊，另一批人就用繩索套住木板，把它硬拖出去。

因此，我們也就不得不在諒山住宿一夜。

休息一夜之後，第二天大家都顯得興高采烈。順利開車，道路平坦。上午開車不久，又遇到一條大河，河面廣闊看不見對岸。河面上架設著一座偉大的鐵橋，橋頭有碑寫著「嘉陵大橋」。據說是遠東著名建築物之一。橋中央行駛火車，兩側是汽車道路，再外側供牛車和行人使用。記得當時我們汽車通過這橋花了八分鐘。

跨過橋來就是河內市區了。找到一家旅館住下，旅館的名字是「美南隆支店」。河內市上許多店舖的招牌、廟宇門口的對聯等都是漢字，但是他們的唸法不同，很難和他們溝通。

「美南隆支店」佔地很大，客房要穿越過一處花園。我們住在二樓。進門是一間大廳，佈置典雅。大廳四面都有門，我們要幾間房間，他們就把隔間的房門打開，讓我們聯成一氣。大廳朝花園的一面是玻璃落地長窗，可以俯瞰下面花園。店主人是華僑，為了歡迎祖國軍官們來投宿，每天讓服務生用小車推一箱啤酒進來請我們喝。

「美南隆支店」店外是一條柏油路，路上很幽靜，行道樹後只見一些西式別墅房屋，大多數是白色的。沿著柏油路邊鋪設有電車軌道，偶然見有電車通過，車上都是擠滿著人，連車頂上也有乘客。

投降後的日本軍隊解除了武裝，但是仍然可以活動。河內街頭上偶然可見三五成群的日本兵昂首闊步結隊而行，服裝整齊，步伐整齊。有一天，我坐在人力車中，迎面遇著一小隊日本士兵走來，我穿著國軍制服、佩帶少尉領章。日軍領隊一聲大喊，全隊舉手向我行禮。我驕傲的舉手帽沿，答禮。心頭一陣激動，日軍過去很久才平服下來。日本鬼子向我敬禮啦！

河內市面上、商店裡商品大多以二種貨幣標價，一是他們自己的越幣，另一種則是我們的「關金券」。我們的另一種鈔票法幣則無人接受。抗戰末期，法幣不斷貶值。於是，中央銀行又發行「關金券」，據說是以海關稅收作為準備金，故名「關金券」；一般鈔票多是橫式印刷，「關金券」則採直式印刷。很容易辨認。

河內有一家「西南大酒家」其飲食完全是廣州風味。我們偶然在旅館中用餐之外，大多數是去「西南大酒家」吃。走出旅館門口，人力車伕拉車過來招攬，我們坐上車只說一聲「西南」就可以了。來到「西南」幾乎每次必點魚翅。這倒不是我們偏好吃魚翅，實際上是我們都不會點其他的菜。魚翅不但是極廉宜，而且我們還有一點心理因素：我們侷處在西南大後方與海洋絕緣太久了，來到河內雖然還看不見海洋，看見魚翅、龍蝦、各式各樣的海鮮便已感覺到海洋的氣息了。

同行的各有任務出去辦公事，不過每天總有一二人無事留在旅館陪著我，或是出去散步。河內市中有幾個湖，湖畔是最美麗的地方。湖畔散步實在是最美麗的享受。

像魚翅一般便宜的東西是黃金。我的記憶：那時帶黃金回國的利潤是四成。所以，從越南回國的幾乎沒有人不帶黃金。黃金澆鑄成十兩一條，差不多與成人的中指般大小。所有金子店幾乎全是華僑經營，金條上的字號保證信用。我記得評價最高的，是正面鑄著「蕭質如足赤黃金」字樣的金條。

回國帶黃金要設法夾帶。夾帶的原因倒不是想走私欺瞞海關，實際上廣西與越南之間自由往來，根本沒有盤查的機關。夾帶的原因主要是逃避土匪的眼線。有人在越南買大量黃金時，不小心被人看見，回國路上就有人跟蹤釘梢，然後引來土匪，實行搶劫。

我們那時用的夾帶方法，是把各人買的金條集中在一起，用鐵絲把金條綁緊在一片大約一尺見方的三夾板上，再用另一片同樣大小的木板覆蓋夾緊。然後整個一片裝置在汽車前座的座墊下面。做這些事，金子店都會幫助施工而且保守秘密。回國時，汪先章就提著衝鋒槍坐在那上面。晚上也會有二三人藉口小旅店不好睡，而寧願和衣睡在車上。而有關這一切，當時我都不知道。我是在回國後，拆下夾板大家分黃金時才知道的。

有人則是把金條沉沒在油箱中。又有人把金條裝入小鐵箱，再把小鐵箱焊接在汽車底下大樑的某處。

有一次，旅館主人邀請我們去觀賞越南戲。戲文內容當然是從頭到尾看不懂；不過舞臺上表演廝殺，用的是真刀。看得我們心驚肉跳，印象深刻，回程車上大家一直在討論。

我們在河內耽擱了十多天。剛好是國父誕辰前一週住到誕辰後一週。回國一路上都很順利。在河內，大家公開購買的土產是：整匹的布料、象牙印材、海產乾貨、魷魚、魚翅等，還有是片狀的白芝麻糖。

我在河內買了一方象牙印材。後來在廣州，我請人刻成圖章，邊款刻著「三十四年　國父誕辰於河內」。至今我仍保留著那個印章。

五十一年於貴子坑營舍重寫

西江上的花尾渡船

在南寧，我們住到三十四年的年底。搭乘汽車從南寧出發，經賓陽到達貴縣，在貴縣渡過三十五年的元旦。然後捨陸從舟，循西江順流而下，數次換船，愈換愈大，經過蒼梧，進入廣東省，過肇慶而到達廣州。

沿途我們並不急著趕路，輕輕鬆鬆猶如遊山玩水，有好吃好玩的地方就多停留一會；在西江上搭乘的是客船，只要是靠岸的碼頭，我們都會上岸去逛逛，買下一點土產。廣西省有名的荔浦芋頭和沙田的白柚子，不能久存不便遠帶；經過桂平，發現那裡的臘肉臘腸特別香，試吃之下腸衣極薄，爽脆不硬，不膩不頂牙，真是風味絕佳，我們買了幾十斤用五加侖的空煤油桶裝滿了兩桶，再灌滿花生油，鐵桶蓋子封死。臘腸帶回到廣州和上海贈送親友，自己留下來的吃了二年。從此以後再沒有吃過那麼好吃的臘腸。

桂平是廣西南部一個大縣，以臘腸有名，沿著西江岸邊的碼頭是一大片石階梯。

西江江面廣闊水流平靜，傳統特有的一種客運交通工具值得記下一筆，所謂是「花尾渡船」。「花尾渡船」花者是豪華的意思。這是很特別的一種船隻，幾乎全用木材造成，本身沒有動力，沒有帆沒有槳，在水面上是個龐然大物，大到不可能用人力撐。船尾樓特別高，舵房在最上面，裡面有四五個人在掌管船舵，航行的時候是靠一個小火輪在前面拖著走。渡船上有貨艙和客艙，載客數百。客艙分成很多等級，有：統艙、大艙、尾樓、細間等，票價不一所得到的服務也完全不同。統艙裡的旅客是席地連袂而臥，用自己的寢具。最高等級是細間，細間就是小房間，地上鋪著厚厚地毯，單人床上有潔白的床單和毛毯，房間裡還有一個擦得雪亮的白銅痰盂。

統艙與大艙之間有一塊公共活動的大廳，入夜之後這裡掛起打氣的煤油燈，當地人稱為大光燈，把大廳照得澈亮。於是賣吃賣喝賣唱賣藝的輪流上場，賣藝的多半是表演力大無窮或是舞刀舞劍，最後變成賣藥。大廳裡敲鑼敲鼓，人聲鼎沸熱鬧非常。黑暗的船頭甲板上則只有些人湊合在一起演奏樂曲。樂器中有揚琴、小提琴、二胡、琵琶、簫笛等，齊聲合奏。奏的是傳統的粵曲「小桃紅」、「孔雀開屏」和當時流行的「胡不歸」等。

晚上，總要到十二點，全船才安靜下來。

許多人都沒有注意，舵樓的最高處架著一門機關槍，俗稱「十三米」，據說是從飛機上拆卸下來的。舵樓裡的人都背負著一支駁殼槍，有趣的是駁殼槍的槍把都有一個鮮艷醒目的紅纓穗子。那時抗戰勝利不久，社會秩序尚未完全恢復，地方上偶爾還會有小股土匪出沒。所以，航行西江的客貨船上都備有武器。

廣州市六和新街

從南寧到廣州，我們乘船隨西江順流而下走了十幾天。到達廣州住入長堤的華南大酒店。

當然，我們是準備回到上海去的。那時的狀況：一方面我們一家人多，船票不好買，而更令人擔心的是海面不安全。報紙上經常報導：輪船觸發水雷爆炸沉沒和軍方正在積極掃除各處海面水雷等的消息。

在廣州暫住一陣也不錯嘛！錢家還有幾家年老親戚在此。於是決定租屋住下。華南大酒店大概住了十天左右，我們就搬往六和新街。六和新街的房子在二樓。有一大廳，二個臥室，後面另有佣人房、廚、廁、浴等，勉強夠住。

宇飛必須趕回到南京去報到。寬仁已經是初中二年級，考慮到他的學業問題也該先回上海去。於是，就在我們搬家的第二天，宇飛率寬仁和蔡慶山三人，經由第二方面軍辦事處代辦，買了中央航空公司康維爾「空中行宮」的飛機票直飛上海。這是寬仁生平第一次乘坐飛機。

然後，在上海，寬仁就住在外祖父霞飛路家裡，子常替他安排去法大馬路大自鳴鐘附近青年會中學插班唸初二。宇飛率蔡慶山就去了南京。

我們暫時在廣州六和新街寓所住下。

有一天晚上大概十點多鐘，我已經上床準備睡覺，突然感覺到不舒服，下身血如泉湧，頭暈有如坐船一般，有搖搖擺擺的感覺，頭腦卻很清醒，月信已經過去二三天了怎麼會這樣呢？一面大叫母親，一面叫蔡文快去請醫生。母親急忙跑過房裡來，一看，嚇一大跳。正好附近就有一個私人婦產科醫院，院長是個女醫生。院長很快來到，立刻先打一針止住流血。病情穩住了。醫生說：「我看妳身體還好，流血也止住了。要不然便要去住醫院急救啦！」醫生叮囑要我在床上躺著靜養幾天。第二天來又為我打針。她說：「婦女們的這種毛病很麻煩的。再發作流血就很危險啦！」

莫名其妙的得了這場病，性命幾乎送掉。從南京、從上海，宇飛他父子倆的來信，都說有許多事要等我回去處理，要我趕快設法回上海。我無法寫信也懶得回信。

又回到上海

三十五年（一九四六）初夏，決定從廣州搬回上海。全家又再行動。笨重行李由蔡文和楊賢治二人負責隨後押運直接去上海，我們來到香港住了二天。自從日本發動太平洋戰爭之後，一向在香港上海之間航行的歐美豪華郵輪都停頓了，我們搭乘的是一艘較小的客貨輪，荷蘭輪船「芝巴德」。

回到上海，我們逕直回到友華村寓所。二年多前，我們離開上海時邀請大伯母一家來住。我們回來了，不得不把她們全都擠到三樓去，好在她們已經計畫要搬回汕頭去。最後這幾個月，在上海大家相聚融融樂樂。

農曆新年前，大伯母等離開上海，彼此都有依依不捨之感，不知何日再見。友華村寓所三樓空出一間房間就讓子常夫婦搬進來住。不數月，他們第一個孩子家麒出生。母親特別高興，每天二樓三樓之間跑上跑下，忙著幫忙照顧嬰兒、替嬰兒洗澡、餵食。家裡新添一個小娃娃，全家喜氣洋洋，大家都高興。

第十四篇 沒有目標的旅程（民國三十八年）

時局急遽蛻變

三十六年。宇飛在南京待命，沒有職務。

三十七年。宇飛在南京待命，沒有職務。

八年抗戰，大家辛辛苦苦、忍辱負重；熬到勝利了，除了家破人亡的之外，逃難在外無論能不能夠回到家鄉團聚，這時都很興奮，家家戶戶都很快樂。

勝利了，日子好過了！是嗎？表面如此，實際上許多人都沒有工作了。宇飛在南京，向國防部要工作，國防部叫他在家待命。

首都南京更演出一幕劃時代的悲劇新聞，五百多位奉命退職的將官齊集在中山陵前哭靈。政府的資源用到哪裡去了呢？

八年抗戰，我國可說是到了民窮財盡的地步。勝利了，卻來了一個「以德報怨」政策要送日本鬼子兵回家去。這是極高的代價。因為，所有的交通工具全被佔用。我國老百姓要回鄉的、要經商的都是無車無船，行不得也。弄得民怨四起。共產黨利用民怨進入農村，大做宣傳。宣傳做得十分到家，十分成功。

民窮財盡、經濟又不能穩定。抗戰期中使用紙鈔法幣，法幣貶值。抗戰末期使用關金券，關金券貶值。勝利後改用金圓券。蔣經國擔任經濟督察專員來到上海「打老虎」失敗，金圓券跟著巨幅貶值。金融幾乎全面崩潰。社會上自動恢復以物換物，一般則是把古老的銀圓現大洋，什麼「袁大頭」「孫小頭」等又再拿出來流通。

共產黨軍隊正式向國軍進攻，美國卻要來調停。就好像國共二個人打架，勸架的人過來勸，實際上每次是抓住國軍的手。造成所謂是打打談談，談談打打的局面。談到最後，全國民心盡失；打到後來，整個大陸丟光。

亂世中出現了不少所謂是奸商者靠屯積物資大發其勝利財，抗戰勝利發接收財的也大有人在。各種民生物品不但一日數價，有時是有行無市根本買不到東西，市面經濟比當年日本軍隊進佔租界時更為混亂糟糕。

上海市在從前公共租界裡的跑馬場邊，一座二十四層的大樓頂上懸掛著四個大字「禮義廉恥」。禮義廉恥四個大字下面的上海市仍然是日夜繁華、紙醉金迷的世界。

再見上海

三十八年，宇飛一直是在南京待命，沒有職務。

他平日多半住在南京傅厚崗，極少到上海來。孩子們都在上海入學，我們住友華村。暑假都到南京去。南京氣溫雖然比上海更炎熱，但是房屋大、院子大、樹木多。友華村只是上海所謂的「弄堂房子」，而且傅厚崗離玄武湖不遠。

自從蔣經國擔任特派員，到上海整頓經濟，打老虎失敗後，金融崩潰，前方戰事失利。國內時局急轉直下，變化很快。上海居，已是一夕數驚。

宇飛卻毫無動靜。我偶然問他有什麼打算嗎。他都搪塞了事。

農曆四月間，老朋友鄒讓卿很正式的問我們說，許多朋友都離開上海了，我們為什麼還不走？他勸我們走。他說，黃浦江岸外灘碼頭區已經沒有輪船了，他的朋友有一艘「華孚」輪船，預定航經基隆再去廣州，過幾天就開。如果我們願意搭這艘船的話，他可以安排。

宇飛這才來和我商量。本來老早就該決定離開上海的。母親說，八年抗戰的逃難她逃怕了；國內的內戰，從軍閥時代算起來打了幾十年了，她一個老太婆沒有什麼好怕的，她願意留下。她說：「友華村這個房子總得有人看罷？我留下來替你們看房子好啦！」於是，我積極準備行李，力求精簡。這次出門沒有人可用，原來幾個隨從副官都早已各自回鄉去了。

宇飛心目中的目的地是回廣東老家興寧。我曾經問他：「孩子們都正在讀書階段，帶他們回老家去。去放牛嗎？」他說，回老家再說。我決定三個男孩全都帶走。上次去重慶帶著平女，這次便帶泠女同行。尤其是平女會暈船，泠女卻不會。平女較大較懂事留下她陪伴外婆，必要時也可以代筆寫信。其他小的全都不帶，統統交給母親管理。

「華孚」輪船上的貴賓

一家六口搭上「華孚」輪船。船主水先生隨船同行。水先生腿腳有毛病，走路一拐一拐的。我們背後就稱他為「水阿拐」。水先生親自出來招呼，他說，鄒讓卿彼此都是極要好的老朋友。所以，上船後全部免費。我們反而變成卻之不恭了。

只是這艘「華孚」是一艘船齡很老的散裝貨輪，據說是三千多噸。船上原來就沒有旅客房艙。水先生安排在船尾甲板下的船員艙騰空一間給我們使用。我們把行李堆疊在中間，房艙擠得滿滿的。房中L形排著兩個雙層床，一共四個床位。房間上下左右全是鋼鐵。靠邊的上鋪有一個圓圓的小窗子是唯一的光線來源。宇飛怕熱於是佔用那個床位，可是他手上一把摺扇是搖動不停的，於是整個房間裡也是忽明忽暗。真正是飽嚐鐵窗風味。

甲板上擠滿了各式各樣的旅客。船上三餐定時開飯，服務生小寧波便把我們的幾份一直送到房間裡來。第一頓是晚餐，菜餚不錯。船還在黃浦江中，很平穩，我們都吃下一點。

船機隆隆一陣又告停下，一直到入夜了，我們仍然在黃浦江中。隱隱約約聽到有些炮聲。

黎明時分，船才正式開動。海上二三日，風浪還算平穩。服務生輾轉告知，船上與上海聯絡中斷，上海可能已經失守。聽了消息，徒然焦急，卻是無可奈何。

第一次到臺北

船到基隆。靠上碼頭。碼頭上有持槍衛兵看管，盤查很嚴，沒有臺灣入境證件的一律不得上岸。我們只能窩在後艙小房間裡。

一二日間，船上不斷卸貨。原來露宿在甲板上的許多旅客也都在基隆上岸了。船上變得很清靜，只是繼續開往廣州的消息未定。港口管理當局通知改變停泊碼頭。改變停泊碼頭之後，離基隆市區較遠，梯口管制也放鬆了，我們獲准可以上岸，但是不得全體一起上岸，每次要留下一二人在船上。

宇飛身後就是載運我們去臺北的公路局班車。

又過了一二天，梯口沒有衛兵了。我們可以自由上岸。我們原來只在基隆市區裡逛逛。終於有一天，搭乘公路汽車到了臺北。

到了臺北，在新公園博物館前下車，步行穿越過衡陽街，轉彎一直走到植物園，只見有牧童在園中放牛，又再走到中華路一帶，找到一家客家小館吃飯。然後再乘公路班車到基隆，回到「華孚」輪。

我們憑一張簡陋的地圖，就這樣逛了一天臺北。印象深刻的是植物園中高大的椰子樹，那是在上海長大的孩子們以前所沒有見過的。我曾經要宇飛在臺北打聽一下，找找朋友，隨便哪個單位暫時謀一個職位，先行安頓下來，甚至於就在臺灣住下嘛！他那時是一心一意要回興寧老家，什麼話都聽不進去。我也就不再多說，走一步算一步，所謂是船到橋頭自然直罷！

基隆港海水浴場

我們免費住在「華孚」輪上，船上管吃管住。沒有再去臺北。有一天，發現我們泊船處隔著港面對岸遠遠是一片沙灘，有人在戲水。

於是，我們就雇了一隻兩頭尖尖的舢舨，請船伕搖過港面，逕到沙灘前的淺水處。宇飛能浮泳，孩子們穿著內衣褲只在舢舨附近淺水處玩水。我在小船上撐一把傘遮太陽看守衣服。船伕蹲在船頭，語言不能溝通。水裡有一群脫得光光的孩子們在追逐嘻鬧，一個個都曬得黑黑的，有時他們故意來到我的舢舨附近把水花濺到船上來，我便大聲吼斥把他們趕開。

一連幾天，天天如此，一個個都曬黑了。

有時下午會下一陣大雨。基隆港口那處海水浴場大概就是現在的造船公司一帶罷？

寬冷坐在小舢舨上。

大風大浪去廣州

在基隆這樣莫名其妙的待了十幾天，終於開船了，從基隆航向廣州。十幾天住在船上好像已經慣，其實不然，船一出基隆港就感覺到臺灣海峽的施虐性情了。整艘船左右搖擺起伏劇烈，我們在船艙中都躺下來。

在基隆十幾天的天氣很好，開船第二天，遇到海上的暴風雨。大風大雨，海面上排山倒海的巨浪濤天。「華孚」輪像個在空中拋來拋去的小球一般，躺臥在床舖上要想辦法撐緊，要不然就會滾下床來。整艘船上靜悄悄不見一個人影，連服務生都睡倒了。

船上是定時搖鈴開飯。我不敢起床，可是肚子餓。只有冷女不暈船，她一個人出去吃飯。我要她帶半碗飯泡點開水回來給我，我自己帶著有一點雲南大頭菜，鹹鹹的可以下飯。他們父子四人，全都

「華孚」輪駛出基隆港口不久，天氣變壞，大雨如注，狂風怒號，船在驚濤駭浪中破浪前進。

躺著不敢動。

有一陣，整個房艙猛然向上飛昇，突然又向下跌落，一連幾次。只見宇飛坐起來又立刻躺下，臉色難看極了。我正想要問他，是不是想要嘔吐？話未出口，泠女機警，動作也快，雙手捧起一個搪瓷臉盆，送到她父親面前。宇飛張口哇哇大吐特吐。我連忙轉過身去不敢看。多虧泠女機伶過人，她把那一盆嘔吐穢物端出去倒掉，把臉盆洗淨回來。如果宇飛嘔吐在床上或是房間地上，那簡直不敢想像。

宇飛嘔吐之後，本來空氣就不好的房艙裡，變成更令人難受。

船在暴風雨中依然破浪前進，我們的苦難大概是一天一夜。第二天暴風雨過去了，船隻不再暴昇暴跌。艙面上可以聽見有人活動，有人在打掃。事務長來到我們房艙門口，伸頭進來探問我們。他對我說：「不得了呀！你們家這位小妹妹，風浪那麼大，我們都躺下啦！只見她一個人跑來跑去的。四桌飯菜就她一個人在吃！大家都佩服她！」

一路無話。不一日，華孚輪進入珠江，船速減緩，不久來到黃埔碼頭前的江面，拋錨碇泊。一時許多小木船圍攏過來想要接駁旅客，他們不知道這船上已經沒有旅客了。我們當時也不著急，只在房艙裡收拾。忽然，有船員跑來說：「有一艘小艇來了，說是來迎接陳司令全家！」

原來，船隻進入珠江時，宇飛去船橋上請託代發一個電報，告知在廣州的陳伯英安排車船來接船。這艘小艇就是來接我們的。小艇中上來幾人，七手八腳，替我們把行李全部搬上小艇。小艇靠岸，我們在冷清清的黃埔碼頭上岸。

最後是留下仁兒在小艇上守著行李，我們搭乘便車進入廣州市，逕到長堤又再住入華南大酒店。

在小艇上看守行李的一夜，寬仁得到一番歷練，增長見聞。第二天，伯英找了車子去黃埔把寬仁和行李接回來。

在黃埔碼頭，我們把寬仁留下在小艇上看守行李，那一夜他遭遇一次不平凡的事情。他自己很早就寫有一篇記錄。

「運金」和「海杭」

陳寬仁

六月十一日午前，「華孚」輪船四周的水色從蔚藍變成淡綠，漸漸變黃，不久又變成混濁的泥黃。我們進入珠江。無論如何，我們可以到廣州吃晚飯啦！

可是為了等候領港人，我們拋錨在江中等著。等候了一個下午，又等候了一個夜晚。

十二日清晨七點多鐘，領港人來了。船桅上昇起一面紅白旗開船。船在泥漿般的濁水中，傍著兩岸彎彎曲曲緩慢前進，把我們帶向廣州。經過了珠江的咽喉、虎門要塞，我們回到船艙房間整理行李。

十二點，「華孚」輪來到黃埔江面，停船拋錨。

不久，有一艘木殼柴油小輪船靠船過來，「華孚」輪上放下舷梯。小輪上一個船員爬上來詢問。原來是來迎接我們的。

這條小輪隸屬於港務局的交通隊。伯英哥在廣州接到父親請船上電務發出的電報，他便請託交通隊利用便船接駁我們上岸，他另外再去找汽車到碼頭上接我們。

我們再三向船東水先生稱謝，道別一群好心的船員，免不了要拿出幾塊銀圓酬謝一路上提供殷勤服務的服務生小寧波。離開了生活二十多天的「華孚」輪，乘小輪靠上黃埔碼頭。

整個碼頭區靜悄悄的，沿岸空空蕩蕩，遠處有幾艘小船。江岸上有幾幢像是倉庫的鐵皮建築，不知道是要拆掉或是蓋了一半就停工了。碼頭上只有幾個工人模樣的人以陌生的眼光投向我們。

不見伯英哥，附近也不見一輛汽車。

「馬上就會來！」

「今天剛好是星期日，也許不容易借到汽車罷！」

我們自我安慰，一面也是向小輪上的船員解釋。

這艘小柴油輪的名字是「運金」，我們的行李就堆放在船頭的甲板中央。

艇長接到通知有任務要開船。艇長說，只是兜一圈很快就會回來。他認為，汽車尚未來到，行李仍然留置在船上比較好。

我們又恐怕正好這段時間裡，伯英哥來了找不到我們。於是，我一個人留下在岸上。全家隨著行李、隨著「運金」去遊車河。廣州話，遊車河者無目標的閒逛一周也。

烈日當頭，才走動幾步，汗水已濕透了襯衫。我在碼頭區走了一圈，所得到的印象是：紛亂、無秩序和破損。

偌長的江岸一列四座空蕩蕩的碼頭，有告示說，已撥供軍用。但附近不見兵卒，也看不到有任何軍用的設施。與江岸平行的一條鐵路，軌道生銹，枕木腐爛。

遠看過去，有一座亮晶晶的房屋。走近一看才知是鋁片搭建的。門口招牌上斗大的字寫著「黃埔港興業公司」，門上有鎖，玻璃窗上積滿塵土，裡面漆黑。

殘破頹廢的黃埔港，可悲哀的黃埔港！才開始要建設的年輕港口，未經蓬勃就衰敗了。

路邊居然還有一兩家門前設攤的小店在賣香煙，有瓶裝的汽水。我要了一瓶。付錢的時候才發現，身上所有的金圓券已經變成毫無價值的廢紙。買汽水要使用香港錢、港幣；要不然就是用銀圓現洋。

小店主的找零錢抽屜打開更令人大開眼界，找零錢所使用的輔幣有銀幣、鎳幣、銅幣和銅錢等，銅錢中間有一個方孔那是前清帝國時代鑄造的，其他則是民國早年流通的以及香港現在正在使用中的，還有是一些本地較大型商店所發行的代價券。

「運金」號又回到碼頭邊，船上的無線電無法協助我們向廣州送發消息。父親上岸去找地方借打電話。他匆匆趕回來，說，找不到電話可打，卻找到一輛某機關的交通車要開往廣州，車上也對外賣客票。於是，臨時決定讓我留下照顧行李。他們五人攜帶一些細軟趕去搭便車先去廣州。

這時是下午六點鐘，離開「華孚」輪船剛好五個小時。

在岸上目送全家人走了。我回到小輪上把十五件行李還有二輛脚踏車，重行堆放整齊。脫去襯衣，向船員借來一隻小桶，打起一桶江水，用手掌舀水洗臉、洗手臂。在船頭坐下，這時夕陽西沉，江風徐來。真有一份舒服的感覺。

「運金」輪上有十個人。一天的工作到現在應是告一段落了。疲勞已被江上清風輕輕吹散。船員們沖洗甲板之後，翻開艙板，從下面搬出一座蝴蝶琴（有人稱之為揚琴）和一把小提琴。很熟練的略微調弦，便在船尾部開始演奏起來。演奏的都是所謂「廣東音樂」的西江曲調。偶而有人和聲吟唱。曲調中有不少是我熟悉的：「小桃紅」、「孔雀開屏」、「平湖秋月」、「楊翠喜」等。

我一人獨坐船頭，夜幕已垂，江風徐送，四面包圍著濃郁鄉土氣息的音樂，此時此地聽來分外感動，令我無限感慨。

我正陶醉在那環境中時，演奏忽然中止，艇長親自走過來邀我參加他們的晚餐。

雖然是很簡單的一頓：糙米飯，一鍋冬瓜湯，一塊油煎鹹魚。微弱的桅桿燈光照耀下，大家在傾斜的甲板上蹲著，圍成一個圈圈的吃。那時情景雋味，永懷心頭。

飯後，有幾個船員脫去上衣爬上船篷，陸續跳下水去。然後又爬上來再跳。據說，有一位船員是去年橫渡珠江的游泳冠軍。

忽然，黑暗的岸邊出現一輛汽車，三個蓬頭垢面衣服襤褸的軍官，用手電筒照著我們，用北方話喊叫：「運金號嗎？哪一位是何艇長？」

「我就是。有什麼事？」艇長蹲在我旁邊，應聲站起來用普通話回答。

一個軍官遞過一張紙給何艇長。是一紙立刻運米上船的通知單。何艇長回應說：「啊！是要裝運五千斤米到『海杭』輪船上去！」

「海杭」輪原是招商局的一艘貨輪，軍方徵用從青島裝運撤退的部隊。船上估計連婦孺眷屬和一些流亡學生有三千五百多人。海上航行已經十四天了。從青島南下，每到一處口岸都接到命令：不得靠岸，繼續南行，輾轉來到珠江口，廣州方面的通知也是：不得靠岸，繼續航向湛江。

可是，船上已經斷炊好幾天了。船上與廣州方面電報往返協調，船上部隊派出三位軍官上岸去港口司令部借米。現在是白米已借到了，來在岸邊，要利用「運金」號把米轉運到繫泊在江中的「海杭」輪船上去。

五千斤米分由幾十個大麻包裝著，陸續有腳伕抬下船來。有船員協助我把我們的行李更移往船頭，讓出較大的甲板載米。人多手快，不一會，幾十包米在甲板上堆放整齊。「運金」號發動引擎，船長撥轉舵輪，一個船員上岸解開繫纜翻身跳上船來。「運金」號向黑暗的江面駛去。

來到江中深水處，才從黑暗裡隱約看見有好幾艘大輪船成一長條排列著。船上有燈光。太遠三位軍官也認不出哪一艘是「海杭」輪。

「運金」駛向一艘，來近了可以聽見船上人聲鼎沸。「運金」繞著大船兜一個圈子，發現那不是「海杭」輪便調頭駛向黑暗，駛向另一艘大船。終於，找到「海杭」輪船了。「運金」減低速度，貼近「海杭」輪繞了一圈，何艇長要找尋適合吊運米包的位置。「海杭」輪上開亮了強光燈照著船舷。

我們看清了。「海杭」輪船沿著舷邊都是人，我們從下面看上去只見密密排列著的一張張人臉，都在叫喊。

何艇長慢慢的把「運金」靠向舷梯。停熄引擎。嘩！這才看見整座舷梯從上到下站滿了人，可能二船之間還有一公尺遠罷，有人便從舷梯上朝「運金」船上跳來，接連著又有幾個人陸續跳下，甚至於有人從大船上直接跳向「運金」船上的米包上。

突然的這一陣亂跳，不知道究竟上來了幾十人，弄得「運金」東倒西歪的劇烈搖晃。三位軍官對著大船揮手大叫：「不要跳！不要跳！」何艇長趕緊發動船機，撥轉舵輪讓「運金」離開「海杭」輪遠一點。大船上的人抓住機會便往下跳。有人把包袱先丟下來，自己再隨著跳。有丈夫跳下來、妻子隨後把小孩丟下來，最後自己不敢跳而叫喊。有人把行李丟下水裡去了。

哭叫、喊叫、嘶叫，人聲鼎沸，亂成一團。

「幾天都沒有飯吃！餓死也不要死在船上！」

「在船上等死，寧可上岸當叫花子！」

「他奶奶的，青島出來要十幾天？這不是要人命？是人還是畜生？」

幾十張嘴都在講話，各人好像都在敘述自己跳下來的理由，一方面也說明了大船上全船人的遭遇。

「運金」這艘日本造的柴油小輪，艙面上堆著五千斤米還有我們的行李，再突然的加上幾十個憑空而來的不速之客，船身左右搖擺得很利害。何艇長從駕駛艙伸出頭來大喊：「你們要不要命？不要動！都坐下！」撥轉船頭朝岸邊駛去。

「運金」輪又靠攏在碼頭邊，跳下來的臨時客人一窩蜂的上岸，投身在黑夜的黑幕裡去了。有幾個人回頭問船員，廣州在哪裡呀？一個船員伸手一指說：「這個方向！廣州市嘛！四十公里！」

三位軍官圍在駕駛艙門口，與何艇長討論。無論如何要把白米送上「海杭」輪去。

「運金」又回到「海杭」輪旁。這次，何艇長沒有停熄引擎。讓「運金」在江面上來回走動與「海杭」保持著一段距離。大船上有人與「運金」上的三位軍官大聲叫喊，商討怎麼把米搬上去。「海杭」輪上原有起重設備，卻因甲板上人太多，不能使用。最後決定用救生艇的滑車放繩索下來用人力硬拉上去，每一包米重二百多斤。要吊拉米上去，「運金」號必須停下來靠近「海杭」輪，可是兩船稍一接近就有人跳過來。最後有船員想出辦法：在船頭和船尾各由一二名船員用一枝長竹竿頂住「海杭」輪，讓二船之間保持竿長的距離，人跳不過來的距離。

「海杭」輪上的船員設法把「運金」船頭船尾的兩條麻纜在「海杭」輪上繫緊。何艇長並不停熄引擎。他伸出頭來通知三位軍官，就這樣開始吊米。一方面用廣州話對撐住竹竿的船員大叫：「用力撐緊哦！不能讓他們跳過來啊！」

我在船頭，站起來幫助船員撐著大竹竿，二船之間靠人力撐著竹竿保持一段空間。

大船上面有人大叫：「靠過來！靠過來！這麼遠，米怎麼吊呀？」

「不能靠過去！一靠過去，他們往下一跳，這小艇非沉不可。這米也不用吊啦！」

大船強光燈照耀下，這才看見「海杭」輪船殼外面，從上到下糊滿了人類的排泄物。原來這是一艘貨輪，船上本來就沒有給旅客方便的設施。現在，船上有三千五百多人，在海上已經十幾天了。那種狀況，真是令人不堪想像啊！

大船上拋下繩索，「運金」上船員用鉤子把繩索勾過來，協助三位軍官細綁米包。一次吊一包。細綁妥當便齊聲叫：「好啦！拉！」

大船上利用救生艇吊架上的滑車把米包吊上去。米包慢慢上昇，脫離「運金」的時候，「運金」略略晃動，米包像盪鞦韆一般在空中搖擺，盪到大船邊，再上昇一段米包就擦著舷邊而上，把舷邊上的糞便塗抹一遍。然後米包越過一群人頭，進入到大船上去了。「海杭」輪上傳來一陣歡呼。

「米來了！有飯吃啦！」

米包一包一包的吊上去。這時大船上的人們情緒改變了，開始有人叫好，然後是許多人齊聲叫，為出力拉繩索吊米的人們叫：「拉啊！加油！拉啊！加油！」

吊米過程有二次驚險。一次是一包米在半空中破裂，至少有一半灑落進江水。一次是剛剛細綁好，下面的人尚未走開，上面就開始拉，米包受到上拉力量便先橫轉過來，轉過來時一位軍官來不及讓開，輕輕一碰而已只見他一個跟斗從米包堆上滾翻下來，差一點跌進江裡。

大家興高采烈哈哈歡笑歡叫的中間，用力撐竹竿的船員略為分神而鬆懈，二船之間距離縮短，冷不防從舷梯上又有幾人向「運金」上跳下來。船員嚇得趕緊用力再把小船撐開，撐遠一點。

最後米包終於吊完，「海杭」船上也許有人在照料，原來擠在舷梯上的人回到大船上去，何艇長把「運金」靠向舷梯讓三位達成任務的軍官爬上舷梯去，同時「運金」船頭上的船員招呼「海杭」上的船員把繫緊在「海杭」上的纜繩解開。

船頭上的這條纜繩解開了，丟下水中，船員快捷收回。

最後一位軍官的後腳才離開「運金」，何艇長立刻加油，撥轉「運金」船頭，駛離「海杭」。「海杭」船尾上面正準備把後面這條纜繩解開時，大船上有人大叫：「喂！喂！他媽的！你們為什麼不載人！」立刻就有幾十個聲音在叫：「回來！回來！小船回來！」

有人發現船員在解纜，便叫道：「不准他解纜！」準備要解纜的船員被人們趕走。「運金」的尾纜仍繫緊在「海杭」船上。

「不准它走！」

「回來載人呀！」

「我們要上岸去！」

「……」

黑夜中「運金」小輪掙扎逃生，只是有一條纜繩仍然繫緊在大海輪「海杭」上面，動彈不得，徒呼何何。何艇長在駕駛艙中扶著舵輪不讓「運金」靠向「海杭」。

有人說，把纜繩斬斷。有人說，唔得！一條纜值好多錢的。那條麻纜的直徑約有二三公分罷！是船上最大的一條，據說還是新的。

大船上開始有人大笑：「哈哈！跑不掉啦！」「跑不掉啦！靠過來啦！」

「……」

這回，變成小船上的船員破口向大船叫罵。大船上跳下來的幾個人，蹲坐在甲板上袖手旁觀。我坐在我們自己的行李堆上也只能與他們一樣袖手旁觀。

暮色中「運金」小輪掙扎逃生，只是船尾一條纜繩仍然繫緊在大海輪「海杭」上面。

得過游泳冠軍的那位年輕船員忽然在船尾出現，他把上衣脫掉，只穿一條短褲，一伸雙臂向黑暗的江水縱身跳出去，水面只見一串水花直直指向大船。很快的他已游到舷梯下面，舷梯上每一階都有人，我們遠遠只見他手足敏捷的緣梯而上，好像是攀著舷梯的扶手纜繩往上爬。大家都驚嘆。

小船上亮起幾支手電筒向他照去，江面上好像開始起霧，大船上的強光燈從高處照下來，舷梯正好在黑影中，手電筒的光太弱根本沒有作用。

大船上有人叫：「不准他上來！不要讓他上來！」

小船上又有二個船員，脫去上衣，扠手站立在船邊上，似乎隨時要下水。黑暗中隱約看見那年輕船員已經爬到大船上去了。不一會，只見纜繩頭飛出來掉下來濺起水花。大家歡呼，眼光仍然向大船掃瞄。一會，那年輕船員又在舷梯口出現了。我們這邊大家鼓掌。大船上人聲嘈雜，只見那年輕船員身體跌跌撞撞的，顯然是他們對他動手了。只見他出現在梯口，只見他身在擠滿人的舷梯上，只見他是攀爬在許多人頭之上。忽然只見他矯健的一翻身卻跑到舷梯下面去了，他以雙手向上抓住舷梯階級，全身懸掛在舷梯下面，他雙手輪流向下抓，身體搖搖擺擺的像猿猴一般盪下來。大船上有人叫：「踩他的手！踩他的手！」

不知道他有沒有被踩，反正已差不多過了一半。只見他脫離舷梯，整個人掉落江中濺起一叢水花。

小船上向江水中伸出二枝竹竿，一個赤膊船員彎腰向水中探視，另一個跳下水去在船邊浮游。只見那年輕船員鑽出水面，快捷的向我們游來。我們都大聲鼓掌，大叫：「好耶！」

年輕船員來到船邊，扶著協助他的竹竿在水裡休息喘氣。一翻身就上了船，站立在船邊伸手指著大船，向著大船大力啐了一口，罵了幾句。

何艇長撥轉船頭，加大馬力，遠離了這可憐又可恨的「海杭」。

何艇長把大船上跳下來的又都送上岸，然後把「運金」停泊在另外一處碼頭。

船員又開始沖洗甲板，然後寧靜下來，陸續又熄滅了幾盞燈。只有船頭桅桿頂上的燈還亮著。

我在我們行李堆中拖出帆布行軍床，把行軍床在船頭甲板上張開。和衣躺下，腕上手錶短針剛剛掃過二字。

三十九年六月三十日　寫於澳門

廣州飛往汕頭

我再回來講古。

在廣州長堤的華南大酒店住了幾天，盤算一下，發現租房屋住要節省多了。於是，四出找屋。陳伯英在瑞南路上找到一處，可以居住。搬進去頭一夜，就有樑上君子前來照顧，還好門窗沒有被弄開。小偷從窗外用鉤子鉤去幾件衣服而已。我曾分開一些金飾銀圓等讓寬仁藏在褲子口袋裡的，睡覺時寬仁把褲子掛在牆上。第二天一早，只見褲子掉落在地上，這才發現有小偷光臨。

其實我們都知道：搬家的第一晚是要特別防範小偷的，那一陣實在是忙亂得疏忽了。

宇飛整天坐立不安，一心要回興寧，不斷打聽車船消息。長住廣州的六表叔顧葉生說，要回興寧應從汕頭去較方便。他建議：我們全家六人從廣州搭乘飛機直接去汕頭，他能設法找人替我們把行李經由小輪船水運，運到汕頭去。我留下一個大皮箱暫存六表叔家，另外二個大皮箱和四個舖蓋捲一共六大件便託人替我們運送。六表叔推荐來的那人看來很誠實，他估算一下以後要求港幣一百元。我覺得很合理，決定另外送他港幣二十元，請他「飲茶」。他說，他目的不在賺錢，他希望我們能在汕頭替他介紹一個工作。

於是，我們六人輕輕鬆鬆的上了飛機，二個小時便到達汕頭機場。地面上，喻英奇率領著一些隨員已在等候。

喻英奇是宇飛在陸軍大學入學時的同學，私交也不錯。他是湖南人卻說得一口流利的廣州白話。我在重慶時也跟他很熟稔，他本人對我是非常尊敬，開口必稱大嫂。他一向在廣東服務，長期追隨余漢謀將軍。

當時余漢謀任廣東綏靖主任，便派他擔任閩粵邊區勦匪總指揮部的少將總指揮。這個總指揮部就設在潮安。

邊總車輛把我們送進汕頭市區，來到一處馬路邊的四層樓，臨街牆頭上有「公記」二字，不知道是什麼意思？我們逕直上樓梯，二三樓像是臨時堆棧，大統間雜亂無章的有著許多貨簍、竹籠。四樓是為我們準備的。有二廳六房。桌椅傢俱等齊備，床上簇新被單、蚊帳俱全。暫時住下當然是沒有問題。問題是沒有廚房、沒有廁所、沒有洗澡的地方。樓下有一處可以沖涼的廁所，進去是伸手不見五指，我們不敢使用。

「公記」距離大伯父家所在的廣州街不遠。

不久，我們的每日生活形態幾乎固定了。早餐：各人自已沖泡奶粉加可可粉、吃餅乾或麵包。然後各忙各的。接近中午，一起出去吃小館子。下午便在廣州街度過。洗澡、吃了晚飯才回來「公記」睡覺。

有時，一大早，喻英奇便親自來把宇飛接走。

這樣子的生活實在不方便。

伯父伯母一再要我們乾脆搬到他們家去住，廣州街寓所裡房間很多。我說，如果我們是自己悄悄的來到汕頭，當然可以去他們家住下。但是，現在是身不由己的變成了閩粵邊區總部的貴賓，平日交往進出的又都是軍方人物。把這些人帶進廣州街來，對他們是很不方便的。

又過了幾天，閩粵邊區總部的後方留守辦事處處長梁式鴻來通知我們搬家，搬到利安街口一處的二樓。臨街的大廳有大片玻璃窗，傢俱齊全自不必說，最重要的是廚房、廁所、洗澡間都有了。

終於可以放鬆心情的在汕頭住下。

孩子學業　宇飛事業

寬仁在上海沒唸完高三，汕頭沒有適當學校，於是安排他個人去廣州，去六表叔顧葉生家借住，設法進入中山大學的先修班就讀。寬淳則在汕頭市立中學插班，插什麼班就不記得了。寬泠、寬民二人還小嘛！暫時不考慮。

他自己煩惱又令別人煩惱的是宇飛。

他本來是一心一意的要回老家興寧。來到汕頭，興寧可說是近在咫尺。可是消息傳來，那一帶戰事不息，而且二地之間的留隍地區已經是共產黨的天下了。他不敢貿然行動。

喻英奇極不同意他回鄉，甚至於可說是根本就不准許他回去興寧。

那時廣東省東北部梅縣、興寧、五華一帶的行政專員李潔之已經很明顯的有投向共產黨的趨勢。

李潔之是當地客家人，與宇飛是相識幾十年的老朋友。喻英奇問宇飛：「你回興寧去，李潔之會讓你閒著嗎？」喻英奇的另一個如意算盤的打算，是要宇飛助他一臂之力。

邊區總部的編制中沒有顧問的職位，可是卻有一個「副總指揮」的職位一直空著。宇飛無論是年齡、資歷、軍中階級都比喻英奇高得多。宇飛一心想要回鄉，就是不想再做官了。這時只見喻英奇左右的確是沒有適當幫手，情誼難卻。而自己卻正是進退無路。

主要是為喻英奇幫忙，無所謂屈就不屈就啦！宇飛便同意就任這個「副總指揮」職。

宇飛本來在官場上使用的名字是「隱冀」，但是，幾乎所有的老朋友們一向都稱他「宇飛」。邊區總部匆匆報請廣州綏靖公署，請求核示「陳宇飛中將任副總指揮」的公文並未經過宇飛本人看過就發出去了。綏靖公署主任余漢謀老早就認識陳宇飛，正在愁時局緊張邊區總部人手不夠之時，人事命令公文來到面前，看見陳宇飛的名字立刻就批准。於是，邊區總部出現了總指揮是少將，而副總指揮是陳宇飛中將的狀況。

多年之後，來到臺北，宇飛待命要去行政院國軍官兵退除役就業輔導委員會報到之前，國防部審核宇飛服務年資時，為了這個「更改名字」要「徹查原因」弄得宇飛真是焦頭爛額，最後是不得不煩擾余漢謀長官出面說明，解決困擾。這是後話。

閩粵邊區總部

宇飛就任閩粵邊區勦匪總指揮部副總指揮職。伯英、宇雄、冠中都分派了適當職務。

喻英奇以前來到南京住在我們家時，都是伯英接待他，在汕頭又見面，比較熟悉。於是，他就要伯英去擔任他的隨從副官。冠中補了副總指揮的隨從副官缺，實際上是跟在我身邊。宇雄一直是帶兵官，所以就派他到部隊中去擔任一個連長。

喻英奇手下大概有五六千人左右的兵力，他要掌握部隊不得不親自統率。閩粵邊區總部設在潮安，汕頭市內設有一個後方留守辦事處。

宇飛很快就發現：所謂邊區總部的司令部裡幾乎是個空殼，沒有該有的幕僚。汕頭的留守辦事處可說也只有一個處長而已。總部與廣州方面的聯絡通訊甚至於接受作戰指導等都必須在汕頭辦理。於是，他這個副總指揮不得不在潮安汕頭兩地之間跑來跑去，兩頭照應。回到家來就搖頭嘆氣。

副總指揮來來去去，身邊有四名佩槍的衛士跟隨。那是官式擺場面的。我覺得自己身邊極需要一個真正能出力氣、動手做事的勤務士兵。我想宇雄是帶兵官嘛！他接觸的人較多，我便請宇雄替我物色一個適當人選。

宇雄說，馬上就有。他說，有一個追隨他很久的勤務兵非常能幹又誠實可靠，推荐給我用。沒幾天，他就把周柏森帶來。

我看周柏森，個子並不高大，臉面嚴肅，兩眼炯炯有神，是個湖南人。好罷！就留下罷！於是，家中一些跑腿的粗笨事情都讓他去做。後來發現：他的廚房工作也很有經驗，本來每日三餐都是冠中指揮一個本地雇用的廚娘在做，這時多了一個周柏森，廚房變得更熱鬧了。

那段時間過的是太平日子，還不覺得周柏森的能幹和重要。後來，在逃難過程中，我們每天居然仍是有吃有喝的三餐不斷，行李沒有丟失一件，這就顯出周柏森他的能耐本領來了。

米票的故事

到達汕頭，住進「公記」的時候，留守辦事處梁式鴻處長送來一紙面額是二百斤的「糙米票」，我很好奇的接過來，從來都沒有見過這種東西。一直都沒有去兌現使用。搬到利安街，自己要開伙啦！才把米票拿出去兌現，換成白米要打八折，領了一百六十斤白米回來，供日常食用。

宇飛就任副總指揮才幾天，留守辦事處派人送來一千斤的「糙米票」，我看了嚇一跳，要這麼多米幹什麼？我讓他拿回去。來人說，這是應該領的。收起來可以慢慢用，每次只用一點都可以。要不然也可以賣掉換現錢。來人說完匆匆走了。

米票可以賣掉換現錢？當兵吃糧原來是這樣吃法的！宇飛才上任幾天，我就出去賣米票？像話嗎？開什麼玩笑？於是，我就把「糙米票」收起來。幾乎忘記這回事。

一連一個多月，前方不斷傳來戰事不利的消息。謠傳：潮汕即將棄守，邊區總部有轉進改編的可能。宇飛回來汕頭，每天召集地方上機關以及部隊主管開會。

我在廣州街伯父家中，突然想起還藏有一張一千斤的「糙米票」。心想：邊區總部撤銷，部隊轉進，眷屬勢必隨同行動；這一千斤米送給伯父家罷！我把「糙米票」放在伯母手中，向她說明種種。我說，一千斤米，送一百斤給老朋友黃維，九百斤糙米換成七折白米要他們自己留著用，時局可能會很亂，關起大門，家裡至少還有米嘛！伯父答應著說，哪有那麼考究吃七折白米，換八折米就可以了。說罷就讓經常在他們家幫忙的阿全去辦理領米。阿全其實是大伯母的遠房姪子。

下午，我又去了廣州街。阿全正好運米回來，十幾個大麻包裝著。伯父在指揮搬運，搬運上樓堆放在一間不使用的浴室裡，從地面堆到天花板。最後，我看還有二包，我說，送一包給阿全罷！伯父母同意稱是。

許多事情宇飛不能說出口，其實他也說不出一個究竟。看他們整天亂哄哄的忙，憑我的感覺：驛馬星快動了，終點是哪裡，不知道！

走著瞧罷！

於是，我自行把全部行李整頓一番，不急用的裝了兩個大皮箱。我把這兩個大皮箱寄放到伯父家裡。一會想到什麼該隨身帶的，便跑去廣州街開箱；一會想到什麼太累贅不該隨身，便送去廣州街放入箱中。我一連幾天就這樣，兩頭跑來跑去。

終於那一天到來了。後方留守辦事處傳來命令：全部撤退！立刻上船，離開汕頭！

離開汕頭

記得那是中秋節後的第二天。

臨行，我並不慌張，因為，心裡早知會有這麼一件事，已經準備了好幾天了。接到通知後，我就讓冠中率同周柏森先把行李送上船去。我們全家逕去廣州街，在伯父家吃了午飯後才正式向他們道別。從伯父家裡出來，沿著廣州街一直走到底，走過一些人家就是海邊的沙灘。伯父帶著惠卿妹以及她的三個女兒，一直陪著我們走到沙灘邊已沒有路了。我堅持要伯父回頭不必再送了。他不肯回去，仍站在沙灘邊路上向我們揮手。我們在鬆軟的沙灘上走向水邊，跨上一隻小船，隨即開動。小船與岸邊距離愈來愈遠。

伯父這一家，從此，生離死別，天各一方。

小船來到深海處大船邊上，我們一個個循船邊階梯爬上大船。梯口邊已有一群軍官在迎候，有團長、營長等等。有人引導我們走進一間船艙，很整潔，有六個床位，房間中央一張圓桌配著四張圓凳，房門外就是甲板，所以房間裡空氣流通情況很好。

團長向宇飛報告，該上船的都到齊了。他說：「副座，您請休息。我去點名。只等梁處長回來，馬上就開船了！」那位團長姓列。

宇飛特別叮囑他點名時，即將弟兄們的槍械集中保管，暫時鎖起來，等下船時再發回。宇飛將自己腰帶上所佩手槍解下，掛在床架上，便與他們一同出去。

房間裡終於清靜下來。

不一會，周柏森進來請示，什麼時候開飯？開船後才吃還是馬上就吃？我看手錶，已是五點。我說，好罷。讓他開飯。

前幾天，我曾經對冠中和周柏森二人說，準備一下隨時應變。逃難還是要吃飯的呀！我要他們購買一些臘肉、臘腸、蘿蔔乾、醬菜、豆腐乳等路上可以方便吃的東西，有些可以事先做好裝在瓶罐中，隨時帶走。上船時要考慮一些可以帶的廚房用具，甚至於買備一個風爐，準備些木炭。我只是說給他們參考，看看能辦到什麼程度。等到上了船之後才發現他們不但完全照我所說的辦了，甚至於還超出許多。周柏森常常會讓我們意外的小小驚喜一下。

周柏森在小桌上擠放下四個大盤，有魚、有肉、有新鮮蔬菜，根本就不像是船上的伙食；冠中笑盈盈的捧一個大碗進來，說：「船上不方便做湯，吃蒸雞蛋代湯罷！」

宇飛邀了梁處長和陳營長一同回來吃飯。

大家吃得津津有味，也吃得嘖嘖稱奇，讚不絕口。冠中解釋說明上船之前買菜的經過，他說：「這樣吃個三四天，沒有問題！再來就只好吃蘿蔔乾下飯啦！」後來幾天，我們開飯都把那幾位高級主管找來一起吃。

輪船開航之後，只是離岸不遠的慢慢移動。第二天中午，船上與汕頭的通訊中斷。大家相信：共產黨軍隊已經進佔汕頭市了。

虎門要塞船回頭

又一天，輪船進入珠江。

船殼外所見本來是靛藍的海水變成了土黃的江水。船行速度更慢。然後在江中暫停下來，機器隆隆聲停頓，整個世界變得好安靜。

宇飛到船橋上去開會。我們枯坐房間裡沒有消息。船機又再隆隆開動，船身微微抖動。宇飛回來了，他說：「這裡就是虎門，前面就是有名的虎門要塞，有砲臺。從前，林則徐在這裡開大砲抗拒英國軍艦、燒鴉片，就是這裡。」介紹名勝之後，他語氣一轉，接著說：「前面廣州的情況不明，船上一再發電報過去，船公司和港務局都沒有回應！另外接到一封電報說，綏靖公署余漢謀長官已經離開廣州，命令我們不要去廣州，改去水東。」

果然我們感覺到輪船正在調頭，轉彎時船會有一點傾斜。

寬淳呆呆的望著我，喃喃自語般的說：「水東？水東在哪裡呀？水東是什麼地方？」

走筆至此，翻閱報紙看見報上刊有一張照片。照片是從空中拍攝地中海中一艘貨輪載有一千多難民困處甲板上的情景。其實民國三十八年五月間，從青島、連雲、上海等港口開出來的許多貨輪，每一艘船上的情況遠比照片上這艘悲慘得多好幾倍：甲板上是密密的鋪滿一層全是人，幾天幾夜在大風大浪裡露宿，雨淋曝曬，沒有吃，沒有喝；整艘船的船體外殼糊滿了人的排泄物。所有船隻來到基隆港外都不准許入港，要冒著颱風再熬十幾天到廣州去、到湛江去、或是到海南島的海口去。

第十五篇　南海飄泊

為喝茶動手槍

船在海洋裡飄航，我們在船艙裡昏睡。

大部分時間，宇飛和幾個主管都在船橋頂樓裡聚會討論。經由斷斷續續的電報打聽消息。宇飛偶然回房間裡來一下，說話大致一樣：「廣州情況不明，船上電報發過去沒有回應！」或者是「無法聯絡到阿拐！據說在水東，不知道他本人帶領部隊跑到那裡去了！」阿拐用廣州話說就是跛腳的意思。喻英奇率領部隊參加抗日戰爭，在長沙保衛戰之中掛彩，一隻腳中彈受傷。後來在香港住醫院治療，痊癒後一隻腳不能完全伸直，走路是一拐一拐的。朋友間因此都稱他為「阿拐」。

一天下午，宇飛不在房中，我靠在床邊翻閱舊報紙。忽然聽見外面一陣人聲嘈雜由遠而近，突然一個人衝進房間來，後面一群人追到房門口，大聲叫罵。衝進房間來的是劉炎，是閩粵邊區總部指派給宇飛的四名衛士中最年輕的一個，四人之中也數他平日口舌最多。

劉炎衝進房間，來到宇飛床位，伸手便把宇飛掛在床頭的左輪手槍抓在手中。

寫書人常用的一句話，是「說時遲那時快」；我那時根本就是直接反應，想都沒有想，事後自己再想：當時如果「想」了一會，時機稍縱即逝，真不知會有什麼後果呢！幾乎就是劉炎剛抓到手槍的同時，我站起來一大步跨過去，左手一掌把他手中手槍搶奪下來，伸開右手，一個巴掌就打到劉炎臉上。那一巴掌打得清脆響亮，啪的一聲把擠在房門口的幾人鎮壓住了，不再叫罵。

我手中握著手槍，轉過身來，大聲對著門口一群人說：「你們要幹什麼？追到我房間裡來？你們還有沒有軍紀呀？」貼著門口的幾人溜走，後面幾人還在那裡伸長頸張望，跟著要走。我隨意拿著手槍，指著他們，叫他們站住。我對著其中一個，說：「你說，你們為什麼這麼多人追打他一個人？」

他們先向我道歉，不該冒犯到我。他們要追打劉炎：是因為每次劉炎出去泡茶，聲稱是替太太泡的，但是他偷取我的茶葉為自己偷泡一杯。他們要喝他偷泡的茶，劉炎不但不答應反而諷刺他們、罵人，這一來激怒了他們，一鬨而起便要打他。

劉炎逃，他們追；劉炎逃進房間，他們追到門口。

一把搶下左輪手槍。

「原來如此。那麼現在你們還要什麼？你們都看見了，我剛才打了他了！為了喝一口茶打架！有意思嗎？你們要喝茶，為什麼不來找我要茶葉？劉炎偷茶葉，是小偷；你們喝他的茶，豈不都變成小偷了嗎？荒唐不荒唐？」為頭幾個欠身鞠躬而退。其他的也就一哄而散。

我回過身來，劉炎低頭站著。我說：「劉炎，我不是你的長官，我不該打你。我為什麼打你？你知道嗎？你可以隨便就自己動用長官的手槍嗎？你說可以嗎？」話還未說完，劉炎肅然立正。我說完了，他回答說：「太太，感謝妳救了我一命！妳打我是救了我。他們這一大群人真會打死我的。我不敢偷太太的茶葉。每次太太喝過的茶，茶葉還有味，我不捨得倒掉，就用來再泡一下。他們這些人在汕頭是天天要泡茶的，在船上沒有茶可喝，看我喝茶他們眼紅，……」

我說：「你就故意作弄他們！你也不是什麼好東西！」劉炎一直口稱太太，要我救他。他說，他一出去一定會被他們打死。

我想打架為喝茶而起，廣東人好飲茶、廣東兵也都好飲茶，那麼就用茶和解嘛！於是，我讓他抓了一大把茶葉，教他去用一個大壺泡了，去到每一個人面前道歉，請大家飲茶。

一件幾乎喋血相見的事，大家飲茶之後，煙消雲散。

自己想想：過去二十多年身為正式的官太太，對於無論是家裡佣人或是勤務兵、衛士、隨從副官等從來沒有說過一句重話；不想來到這裡當這種跑龍套官太太居然出手打衛士一巴掌，還面對一群幾乎失去紀律的部隊士兵訓話一番。真是的！

航向水東

船隻慢速前進，有時幾乎好像停住不前。七八天後，終於停泊在一處小港灣的外面。到達水東了。水東港裡水淺，大輪船不能進去。

一會，水面上來了幾隻小木船。我們沿著船邊活動的吊梯下到小船上，船伕撐開雙槳撥轉船頭朝茫茫的岸邊划去。不一會，發現小木船也擱淺不能動了。仔細一看，原來真是一片淺水，船身已坐在水下的沙灘上。離開陸地好像還有很遠的一段。水上另有一批伕力站立在水中，水深到膝蓋處。他們每人背負一個特殊的木架，木架是用來背負旅客涉水的。這是一種別處未見過的交通工具。

他們逐個涉水走到小船邊，轉過身去。我們在小船上的也就逐一爬上船邊，伸手扒在木架上，讓他們背負著涉水走向岸邊去，鞋襪盡濕。涉水轉運又花了不少時間，在岸上等候全部到齊，開始步行。不太遠就進入街市，我們找到一家旅社，一連開了幾個房間，暫事休息。

從汕頭率領部隊，另路出發的喻英奇已經來在水東，匆匆打一個照面，他就忙著集合部隊去了。第二天清晨，喻英奇率全軍開拔離開水東。宇飛、宇雄、伯英等都隨部隊出發。閩粵邊區總部後方留守處的梁處長仍然留下負責後方勤務以及照顧眷屬。宇飛讓冠中和周柏森二人留下來照顧我們母子女四人。

一天午飯後，命令來到，上船，離開水東。開往廣州灣。於是，又跟著一大夥眷屬等人員上了一艘大輪船。沒想到，上了大船才發現我們分配到的房間居然是一間頭等房。房中有彈簧床，有全套大小沙發，閃閃發亮的洗臉臺和鏡子。這都是離開上海之後沒有再見過的傢俱，不想船上都有。很舒服的航海，駛向廣州灣。

水東是小地方，可是卻有一樣土產物品令人印象深刻。那是一種青皮甜橙。顆粒很大、皮薄、無核、汁多，而且有蜜香，很甜。比廣東新會的甜橙或是臺灣的柳丁都要好吃多了。我只說了一句，可以帶一點在船上吃。結果周柏森居然弄了好幾籮筐上船。

湛江一瞥

湛江舊名廣州灣，地處雷州半島東側與大陸接壤的轉角處，有大小島嶼屏障著的一處海港，地勢險要。前清時代法國強行進佔，圈為法國租界。抗戰勝利後我國政府收回各地外國租界，廣州灣更名為湛江市。

我們到達湛江外海，也許是戰事影響，港務當局沒有派出領港人前來，大船不能貿然進入，於是拋錨下碇。不久便有一批木船圍攏過來。我們換上一條木船，船伕划槳送我們靠岸。一上了碼頭，有耳目一新之感，尤其是在船上困了幾天之後。

廣州灣市內街道整齊，馬路平直，沿路仍是有騎樓的商店房屋，雖然沒有上海法租界裡那種所謂的法國情調，但是幾條大馬路上夾道高聳的椰子樹，樹影漂亮，令人印象深刻。可是，廣州灣市內旅館的外形多少有一點建築特色，房屋是專為旅館而設計建造，不像其他各處所見的旅館大概都是住宅房屋改造的。尤其是這裡每一間客房裡都有浴室，牆壁上鑲砌有磁磚的浴室中有大型的西式浴盆，而且有可以盡情使用的大量熱水。大家都先洗一個痛快的熱水澡，不但把身上污垢洗去，船上憋了好久的鬱悶也洗掉了。人人精神煥發。

梁處長引領一位李先生來見。他是閩粵邊區總部派駐廣州灣的聯絡站主任。他是當地人士，人也顯得很熱心，不像梁處長那樣一向是只動口從來不動手的。李主任說：「有什麼要幫忙，隨時找我。不必客氣！」果然，他一天之中跑到旅館來好幾次。於是，我就對李主任說，既然來到這裡，不管是住多久，住在旅館裡開二個房間，三餐上館子吃飯，這開銷很大，如果有適當房屋，不如租屋居住經濟得多。李主任同意我的說法，他說，最短時間內會給我消息。

第二天，他果然來帶我去看房屋。那是一家本地士紳人家，房屋很大，大廳旁邊一間特大廂房。廂房前面一門通大廳，後面一門通達後面的走廊。傢俱齊全，另外還有一個供我們自己使用的小廚房。我覺得很滿意。決定租下。隨即付了第一個月的租金。不記得那是幾個銀圓啦！

回到旅館用過午餐，隨即搬家。那間特大廂房很長，我把它一切三，改成三間。我用一張大木床豎立起來堵住前門，前門關閉不用。再利用房東的一些大型傢俱以及自己的行李等堆成隔牆，這就變成我自己的臥室，泠女、民兒兩個跟我睡；中間這間，靠牆處張開一張行軍床給淳兒睡，通道中央放置一張大方桌是我們的餐桌。中間也堆放一些木櫃木箱等。最外面一間，靠牆處是一張雙層床，冠中和周柏森兩人睡，床前也用木櫃擋住，木櫃後面變成走廊。走廊上進出的人看不到雙層床。

逃難期中有這樣的安排，算是很不錯了。事實上，吃、住都很舒暢；只是沒有宇飛的消息，問李主任或是梁處長都不得要領。

在廣州灣住了十一天。然後有一天，梁處長匆匆跑來通知：趕緊上船。撤退去海口，海南島的海口市。印象中，海南島舊稱瓊州，瓊州府治設在海口。從前，是個貶職或是有罪充軍去的地方。

逃難船上有吃有喝

這是最近第三次搭乘大海輪船。汕頭出來經虎門到水東是第一次，水東到廣州灣是第二次，現在又要上船。地圖上看：這次是南向航行大約一百多公里的海南島北端的海口市。數千噸級的大輪船走這一百多公里，即令是湼罷！該花多少時間呢？

逃難的過程中，一切都不能以常理解釋；許多不可能發生的事，也會變成無巧不成書的奇遇。

我們來到碼頭。碼頭上萬頭攢動，比熱鍋上的一群螞蟻還亂。大家要先上一艘小船，由小船把我們轉駁到海灣外的大船上去。周伯森聽說小船上並未區分各單位的地盤，立刻動手搬行李上船，而且用行李圍出一塊地盤。地盤中我們每人都有一個位子。我的座位還特別高一點。雖然如此，兩隻腳卻不能同時踏實，有一隻腳懸空。心想：這是過渡的駁船嘛！馬上就要上大船去了，忍耐一下罷！

泠女、民兒二人緊靠著我坐著。不一會，四面八方都擠滿了人、堆滿了東西。

駁船裝滿了，該開船啦！一等，不開，二等，不開，奇怪呀！等著等著，天黑了！天黑了，潮水也退下，駁船擱淺在淺水沙灘上，根本不能動彈。

白天，大家出力氣爭地盤，彼此抵得緊緊的。天黑了，人也都疲乏了，許多人就地入睡。本來抵得緊緊的行李有一點鬆動，我的座位變成有點傾斜，兩腳依然懸空；泠女、民兒一邊一個都睡倒在我身上。腳底下又不知道是個什麼樣子，生怕他們兩個溜滑下去，弄得我自己全身緊張，勞累無比。

泠女一向機警，睡得不熟。不一會就撐起身子來，還未坐正又趴倒在我身上。淳兒是半蹲半跪的趴在一堆行李上睡著了。冠中蹲著，雙手抱著膝蓋，腦袋也放在膝蓋上，一副愁眉苦臉。我問他：「胃痛又發作啦？」他點點頭。他患胃病蓋有年矣。

黑暗中，耳邊不斷一陣陣蚊子來襲的嗡嗡聲，只好伸出手掌在空中亂撥亂趕。

捱到天亮，開始有人聲。開始有人走動。我想該開船了罷？有人傳話，說，還要等候些什麼人來才能開。等罷！

近午時分，終於開船了！駁船向外海駛去。不一會，駁船靠上了一艘大輪船。駁船上喧嘩亂嚷，大呼小叫的有一大幫人：男男女女、官兵小孩、行李箱籠，爭先恐後的爬上吊梯上大船去。一個多小時之後，梁處長出現在我面前，他說：「現在是輪到我們閩粵邊區總部上船。陳太太，妳們一家先上去罷！」梁處長接著向我解釋。他說，前面那一批是前方作戰部隊六十三軍高級長官的眷屬。然後又說，他們人多勢大，佔了船上所有的房間，他與他們談判幾次終於要到二間不相鄰的艙房。後來，他一想這樣更不方便，於是又去商討，拿這二間房間交換一片頭頂上有篷的甲板上地盤。這樣的話，我們全家可以在一起。我聽了，大大稱讚他一番，說他辦事有力。

事實上，那個地方的確很好。在甲板上，空氣流動；頭頂上有一大片帆布篷蓋，又遮陽光又擋雨；幾乎是在船中央部分，上下顛簸程度較小。

周柏森又利用行李箱籠圍起一半供我們使用。另一半歸梁處長的後方留守處使用。後來的一群群人馬各在甲板上佔據地盤。不一會，甲板上已佈滿人群。

我們的地盤幾乎呈方型，三面是行李堆，中間平坦鋪一個大大的地舖，上面有棉墊。每人的睡覺位置還算寬裕。寬民睡在最裡面貼著行李堆，其次是我，隔鄰是寬泠再來是寬淳，冠中睡在寬淳外面，冠中睡處已靠近船邊。船邊上白天這裡是廚房，晚上就是周柏森睡處。

我們雖然睡在甲板上，下有棉墊上有帆布篷，比其他人好得多。不料，位置正在煙囪後面不遠，而帆布篷太高，每逢下面機艙加煤，煙囪噴出黑煙時便有一批細細黑煤灰向我們撒下來。正在吃飯的話，馬上可以看見黑灰撒在白米飯上。怎麼辦呢？我忽然想起行李中有兩大張油布。立刻教周柏森把油布找出來。冠中的胃不痛了，他帶領著周柏森用繩索把油布張掛起來，遮攔住一部分海風也擋住了黑灰。梁處長等人看呆了，他們說：「嘩，妳們連這些東西也帶有？」

我笑笑的對他們說：「出門逃難耶！為了帶這些東西和廚房用具，我留下二個箱子在汕頭，那都是值錢的皮毛衣服。我們帶的東西馬上就會發生作用的。你們還不明白，過二天就會知道啦！」

前幾天，在廣州灣時，我們就聽見梁處長的勤務兵向他請示：上船後要準備些什麼吃的東西？梁處長指示說：「買隻雞啦！買點鮑魚罐頭啦！」梁處長想在船上好好享受，吃點鮑魚燉雞，滋補一番。果然上船後，我們發現船尾欄杆拴著一隻母雞。母雞不習慣吹海風。不停的拍打雙翅，咯咯的叫著。第一天吵得人人不耐，不知情的人開口大罵：「哪一個缺德的，把母雞拴在這裡！」

第二天，小母雞掙扎慘叫一天之後終於死去。

天黑了。幾乎是平日的作息時間一般，周柏森在地舖邊上攤開鍋碗，說：「開飯啦！」我讓周柏森盛一碗飯，飯上面放一段臘腸、一點醬菜，送去給梁處長。

每天中午和晚上的二頓，我都讓周柏森送一碗飯去給梁處長。有一天，他拒絕了。他說，已經吃過了。後來，我們發現他在啃餅乾，不好意思吃我送過去的現煮白米飯。

木炭火煮的飯，飯鍋底會有一層鍋粑。我教周柏森在鍋粑四周滴下一些油，用小火慢慢的將鍋粑烤酥。烤透後可以整片刮下來。趁熱掰開就吃，可口極了！

梁處長的後方留守處中有一個潮州人李先生，常常來我們的地舖處聊天。我請他吃烤鍋粑。他說：「在汕頭吃大魚大肉的酒席一點都不希罕，在這裡吃這塊鍋粑真正可比龍肝鳳髓，我吃得幾乎要把自己舌頭吞下去。陳太太，我真正是拜服妳啦！帶著金條的話，肚子餓了不能吃金條呀！」我讓他早晚過來吃飯，他不好意思接受，搖搖頭笑笑走了。

上船以後一天一夜，船才開動。走走停停。第四天，船上宣佈嚴格限制淡水的供應。

船上多出一種現象，是大家排隊領水，每人一杯。船上有些地方有熱水滴出，也有人在那裡排隊接水。許多人沒有足夠的飲用水。我們可是三餐照開，茶水不斷。有一次，李先生正在我們這裡時，只見周柏森雙手各提一桶清水回來。李先生立刻去把留守處裡一個勤務兵叫來，李先生訓斥他說：「你看，你看他一提二桶水！你們二個飯桶從早到晚弄不到半桶水！」

周柏森的確能幹，他不但精力過人，不知疲倦；而且另有一套本領：他能直接下到機艙裡去與船員們攀交情，去淡水艙取水，去廚房裡用火。這一路走來，多虧得有他。不然，逃難的日子不可能過得那麼舒服！

海口港外的苦難

從湛江出來，在小駁船上捱了一晚，餓了三餐沒吃沒喝。上面已經說過。上到大船上，船頭所有比較好的房間全被六十三軍佔用，我們一行住在船後半部的甲板上，反而是地盤寬鬆空氣好，可以過得去。大家相安無事。由湛江到海口是多少海里，航行要多少小時？我不清楚，只知道一般人所說的是「今天下午上船，明天上午到達海口」。可是我們這次在船上卻是四日四夜才來到海口港外，還看不見海口的陸地啦！

到達海口外海，輪船停下拋錨。照例，大船不能自行進港，必須要由港務局派領港人上船來領航入港、靠碼頭。

「到海口啦！」全船上的人都在歡呼。

「到了！」

「領港人來了就可以上岸啦！」

全船上的人都從幾天的昏沉中清醒過來，嚷嚷跳跳的，有人開始收拾行李捲舖蓋。終於，有人說：「今天已經晚了，明天才可能有領港的人上船來。」大家冷靜下來。大多數回到地舖上躺下。

輪船已經拋錨停機不動。我坐下後覺得船隻顛簸得比在航行時更甚，忽左忽右搖擺幅度更大，甚至於還會突然昇高隨即直直的跌落下來，又再高高拋起。令人很不舒服，不知道是怎麼回事？我坐在甲板地上，船邊有鐵板圍住上面又張掛著帆布，看不見海面。

我站起來走到船邊把帆布掀開一角，發現四面仍然是汪洋大海，根本不知道陸地在哪裡。迎面只見一排排濤天巨浪向我們船身撲來，大浪之後又有小浪，浪頭撲過來之後化作一大片白色泡沫，有如自高處倒下啤酒變成泡沫一般。大浪撲來，船身就向後傾倒；大浪消除，船身就自動向前恢復，搖擺未已，又有一排大浪撲來。

身置其中這艘數千噸大輪船，船上滿載，大船在海面上拋上拋下猶如玩具一般。那時天色已暮，灰濛濛的一片。海闊天空，眼睛所見是無休無止的如高山般的巨浪，二耳聽見是浪濤澎湃，自己隨著船身運動，雙手不免抓緊船邊，突然一陣孤單感覺襲上心頭，大自然的震懾覺得有點害怕。心裡自動唸佛，祈求菩薩保祐。

一會兒，定過神來，怕！怕又能怎樣！放開帆布回到地鋪位子。等待吃飯，等待睡覺罷！

周柏森為我們弄好了晚餐，勉強吃了。睡覺就不能勉強了。船隻搖擺不定，驚濤駭浪的聲勢在黑夜中更令人心驚。提心吊膽捱到天明。天明以後，人聲開始嘈雜，又有人在收拾行李了。

有人說，領港來了就可以上岸了。我聽了，心裡想：「這些人怎麼那麼天真！他怎不想想自己是老幾。要上岸，輪得到他先上去嗎？」

周柏森走過來問：「早餐吃乾飯好嗎？吃過飯就收拾東西！」

我對他說，吃乾飯、吃稀飯都可以。不必急著收拾東西。我說：「中飯可能仍然要在船上吃。」

我向大家說：「即使今天有駁船出來，船頭上那幫人一定搶先上，他們的行動會很快嗎？我們下午能上岸就不錯啦！」我回頭過來找到李辦事員。我問他：「梁處長呢？」

他支支吾吾說，他也是剛才不久之前，有人傳話給他告訴他的。他說，昨天傍晚，梁處長去到船橋上與船長商量，說是不能在這裡等領港來，必須要有人去催，他要求放下一艘小救生艇送他上岸去辦交涉，催領港人快來。船長同意了，派了一個船員陪梁處長乘坐一艘救生艇上岸。

我聽完，點點頭。心想：這梁處長如果真正是為了交涉領港和駁船而先行上岸去，這是他任務本分內該做的事；但是，毋須連夜冒著大風浪上岸去呀？到達海口已是晚上，找誰去辦交涉？主要還是為他自己罷！先上岸找個酒店開房間，睡一個幾天在船上睡不好的覺，吃一頓在船上未能如願進補的鮑魚燉雞罷！

這是我自己心裡的猜測，一直到今天寫下這段記憶之前沒有對任何人說過，否則人家會說我是小人度君子。只是後來我們上岸了，我們找到了他住宿的酒店，把他從美夢中驚醒。他還對我們居然也上岸來到海口感到很詫異呢！

我們在大船上，糊裡糊塗的又住了一晚。

大船在航行中時，家家縮在自己地盤中，大人個個強自忍耐同時也會約束孩子。現在到達目的地了，大家都急著要上岸，不願再忍耐。男男女女三三兩兩聚在一起議論紛紛，各家孩子們也沒有了約束，突然像是解除了枷鎖一般，成群結隊在船上到處追逐打鬧。那些低階軍官的太太們幾乎都是教育程度不很高的婦女，在船上呼子喚女，高聲叫罵。整天吵鬧無比，直到天黑才安靜下來。

船上整個船後半一大部分劃歸閩粵邊區總部撤退眷屬使用，絕大多數是基層幹部如排長連長等的眷屬。我們一家也在其中。總計大約一百多人。這批人就歸留守處梁處長照顧，留守處另有幾個辦事員以及十幾個沒有武器的士兵。這就是閩粵邊總的全部，統歸梁處長指揮。這時忽然發現梁處長不見了，說是梁處長自行先上岸去了，一時之間有點人心惶惶的情勢。虧得李辦事員等幾人分頭安撫，向大家解釋說，梁處長上岸是去辦交涉的。

我們一家人所佔據的位置是靠著船邊，其他地方一攤一攤的全是閩粵邊區總部眷屬。

我記得是在船上的第八天上午，大家在船邊望著大海天邊。忽然，有人大叫：「有船來了！那邊！」果然，浪濤起伏中遠遠有一個黑點。來近了，看得出是一艘機動駁船。駁船在海浪起伏中直接向我們駛來。大家都歡呼不已。回頭收拾行李。船上騷動起來。人聲嘈雜聲中，遠遠只聽見前面有人叫道：「六十三軍……」

「六十三軍的，集合啦！」

「六十三軍的先下船……」

「……」

李辦事員用廣州話遠遠啐了他們一口，自言自語說：「從湛江出來一直是都是他們霸王，佔盡便宜！來到海口還是由他們先上？」小船來近了，只見打著海關旗號，是一艘巡邏船，準備接駁人員上岸。海浪起伏很大，巡邏船減緩速度繞著我們大船轉了二三圈，試圖找一處可泊靠上大船的地方。最後，大船上先拋下粗大纜繩套住巡邏船船頭的鐵碇，然後又帶一條纜繩拖住船尾。說來很簡單，在現場才能看出那些有經驗的水手，與大海鬥智玩弄那條纜繩的技巧。

纜繩套住了。這樣，巡邏船算是靠在大船邊上了，只是海浪有起有伏，巡邏船自己忽起忽落與大船之間也是忽遠忽近。近時兩船碰撞，遠時大概約有一丈多罷，兩船中間海浪洶湧。

巡邏船靠近時兩船碰撞把一大片海水擠噴出來，附近的人全被淋濕。巡邏船靠上大船時，有時高有時低，有時好像暫時不動了，突然又直直的跌落下去。海水澎湃壓抑了所有的聲音，不時仍然有巡邏船的馬達聲和船上人員的叫喊。

大船上，我們在船尾部分的各自收拾行李，急切盼望佔著船頭部分的趕緊先下去。那時仍是上午，我們想：下午總該輪到我們上岸了罷！

大船上各機關，人數最多的是六十三軍，他們佔據了船上大半部地盤。其次是我們所屬的閩粵邊區總部，一百多人擠在船尾一帶。另外還有一些其他單位的文職人員以及眷屬，男女老幼，則住在甲板下面的船艙裡。怎麼住法?我不知道。在船上這幾日，只見所有艙口都有六十三軍的士兵持槍守住不讓他們上來。直到巡邏船與大船聯繫上了。六十三軍的人馬準備要上岸了，才將各處艙口衛兵撤走。底下船艙中的人出來艙面，甲板上突然變得更擁擠了。

六十三軍在與巡邏船交通的梯口處部署衛兵，士兵持著上了刺刀的步槍守住通道。

吵吵鬧鬧，一天很快就過去了。

一覺睡醒那是停船後的第四天了。船尾這邊只見男男女女三五成群的議論紛紛，有說廣州話的，有說潮州話的，也有說客家話的。我都聽得懂，大多數是指責前面的六十三軍。說他們霸著要先下船，不讓人家別單位下船，可是拖拖拉拉的卻又說是浪太大下不去。我沒有參加意見，默默聽了也覺得怪怪的，不知道究竟是怎麼一回事。

周柏森依舊按時供應早餐，按時供應午餐。

午餐後我也是依舊倒下在地舖上小寐。突然我從睡眠中驚醒過來，全船靜悄悄的只有海浪聲，是寂靜把我驚醒的。全船大小都在睡午覺。一看手錶，將近三點。我走到船邊，前面通道有衛兵守著。我扶著鐵欄杆看海。前面下方不遠處就是那隻巡邏船。遠遠海天迷濛一片，腳下海浪洶湧。大船隨著海浪的節奏搖晃。我站立的甲板距離海面也許相當二三層樓高，可是海面浪濤起伏很大有時也許比三層樓還高。

巡邏船在海面上拋上拋下。浪來時巡邏船昇高靠向大船，與大船碰撞之後又隨海浪下降，然後離開大船。巡邏船頭尾都有纜繩拴緊在大船上，兩船最遠相隔一丈多。只是兩船中間的海浪特別洶湧，藍色的海水在這裡都變成白色的泡沫，像是沸騰一般。加上澎湃似裂帛震耳，令人膽戰心驚。巡邏船隨海浪靠過來，隨海浪飄過去。我看了一會，忽然有了一點靈感。於是，我定神仔細的看著巡邏船的運動。靠過來，飄過去。似乎有一點規律可循。

靠過來，飄過去。巡邏船靠上大船位置最高時好像有幾秒鐘船是靜止的。靠過來，飄過去。我一面看一面心中默默唸著：「過來，停住，走！」

「過來，停住，走！」對了，就是這幾秒鐘可以利用！

我扶著欄杆，上半身伸出去向前頭看自己的大船。大船甲板中間欄杆有一處開口，開口處朝下掛了一具軟梯。所謂軟梯者是利用二根粗麻繩做成的梯子。二根麻繩之間大約一個跨步之遠橫亙一段一尺多長的竹竿。軟梯大概有二層樓高的長度罷。軟梯掛在大船邊上，大船隨著海浪搖擺不定，海面上不時也有一陣陣大風吹襲，軟梯根本就是在空中飛舞，飄來飄去的飄個不停。

巡邏船靠上大船位置最高時則剛好在軟梯的正下方。當然船上水手繫住二船時是按規矩做事的，只不過是浪太大，軟梯飛舞不停，沒有人敢利用這軟梯下去罷！

我回過身來朝通道口大步走去，心不在焉的衛兵在我走過去之後才舉起槍來，我舉手擋住。有五六個低級軍官用客家話在聊天，我走過去用客家話問他們，哪一位是主管？他們被我嚇一跳。另外又有幾個軍官走過來，我逕行大聲問道：「你們說要先下船。為什麼你們不下去？」其中有人回答說，不是不要下去，是他們長官的夫人們說海浪太大，不好下；等海浪小一點、平靜一點才下去。他們大夥則要等貴夫人們先下去了，才能下去。

我哈哈二聲之後才說：「原來你們要等到風平浪靜才下船？好，你們等罷！可是你們沒有理由不讓別的單位眷屬先上岸呀。憑什麼你們派衛兵看著我們？我們又不是你們的俘虜。現在，我們大家都是在逃難呀！你們不敢下去，就讓給敢下去的先下去！」

他們一群嘰哩咕嚕一陣，有一個人對我說：「好罷，妳先下去好了！」

我大聲說：「當然我要先下去。我要帶領閩粵邊區總部全部眷屬下去！」我回到自己地盤，把全部行李交付給周柏森，請他照顧，給他一點錢。我自行揹起隨時準備好的帆布行囊，招呼冠中、淳兒、泠女、民兒各人拿起自己東西跟我走。我們一串來到梯口，我在最前面，只見巡邏船在腳下眼前隨海浪忽起忽落，忽近忽遠。我觀察了一會，就在巡邏船將要靠上大船之前，我把沉重的行囊望船艙中間拋擲下去。大船上梯口兩邊圍觀的都大聲驚嘆怪叫。

菩薩保祐，我的行囊果然跌落在巡邏船艙裡，我嘆了一口氣，心情放鬆了。那個髒兮兮的布囊袋呀！全家能有飯吃的家當全在裡面喔！掉進海裡去的話，全家人只能喝西北風當乞丐去也！

現在空出二手準備下小船去，看那軟梯飄忽不定，我回過身來倒著下去。第一步先踏實了，等軟梯靠攏到大船邊時立刻向下伸出腳第二步踏實了，兩手抓緊兩邊繩索等著，讓軟梯飄起，軟梯落下靠在船邊不飄了，我就立刻再下一步。我讓民兒緊接著我從軟梯下來，泠女緊接著民兒，倒著下來。我在下面向上伸出雙臂從民兒脅下一直伸到泠女脅下再抓緊繩索。我們三人一起下來。軟梯上有了人的重量，飄動的幅度也小了。

我護著二小，一面配合軟梯的擺動發著口令：「兩手抓緊，不要動！」「快、快、快下一步！踏緊！一次只下一步！」

就這樣，我們下到了軟梯的最後一節，落在巡邏船的船艙裡，一位船員接住我們，一面說：「偉大，了不起！我們等在這裡二天了，妳是第一個下來的！」

淳兒和冠中也下來了。

巡邏船上一位高級船員引我們進入駕駛艙後面的船長官廳。原來他是一位大副。負責管這艘船。官廳房間裡居然有一張彈簧床和幾張沙發。他讓我們都坐下休息。他還準備親自泡茶，冠中向前搶下茶具，要他坐下。我聽那位大副說話腔調，便問他是不是上海人。

說及上海，那位大副可就樂了。話匣子也打開了。原來他是自幼在上海長大。上海交通大學畢業後考進海關工作，派在這條船上服務，當了二年的二副，昇任大副還不到一年，最近因為船長請假，於是他就代理船長云云。

這時閩粵邊區總部許多人員和眷屬陸續從大船上下來，船頭艙面上已經人滿為患了。代理船長對我說，失陪，外面有事他要出去照顧。

代理船長才出去，閩粵邊區總部湛江辦事處的李主任，在他背後我們稱他為「肥李」的，進入艙房，對我不斷稱讚。我少不了敷衍他幾句，並問他總部其他眷屬如何？請他照顧。

不斷有人從大船上下到小船上來，整個過程進行得很慢。驚險狀況百出。

小船則隨著海浪忽高忽低、離大船忽遠忽近。就在小船被海浪舉高而且靠近大船的霎那間，有人直接便從上面跳下到小船上來，有人先丟下行李再跳，有人把行李丟進海裡去了。有人大哭大叫，小船上的船員也用鐵勾想把飄浮在海面上的行李勾起來。勾到的，大家歡呼；勾掉了，大家都嘆息。亂哄哄的一直鬧到入夜九點鐘，小船甲板上都已經擠滿了。小船終於擺脫大船的拘束向黑暗的海面駛去。半夜的十一點，小船來到陸地岸邊上一處名叫秀英碼頭的地方。

醜陋的秀英碼頭

名字很美麗的秀英碼頭既不秀美也不英俊，實際上那是一座年久失修破爛不堪的棧橋式碼頭。碼頭是一座長長的木造建築物，從陸地一直伸入海中。

碼頭應已不堪船舶使用，黑夜中靠著稀稀落落的路燈微光照著，兩旁偶然還有幾根欄杆柱子，腳底下只見地面上或是木板或是水泥，木板地是斷裂處處，水泥地也是破洞連連。走在其上真是提心吊膽，只怕一腳踏空便會跌進下面海水裡。

那時已是午夜。李主任說，海口市區還在十多公里以外呢！怎麼辦呢？我們個個是又餓又累。半夜三更，到處黑濛濛，依稀可見眼前是一條泥土道路，微弱的路燈燈光在黑暗的天空中劃出一條紅色的虛線倒是可以指出方向。遠遠海口市有一片濛濛光亮。

同船上岸來的人陸續都走散了。有人說，就地打個盹休息，等天亮再走。

我決定走！連夜趕到海口市內去。我問冠中：「怎麼樣，能不能走？你的胃，痛不痛？」冠中回答說：「一點都不痛！很好嘛！可以走。」

「好，我們走！走到海口去！」說走就走，大家精神抖擻起來反而不感覺到疲乏了。一路上走得有說有笑。冠中的胃痛居然不發作了，他走出興頭來，邁開大步，索性把我背負的布袋拿過去替我揹著。走出碼頭區便是一條汽車公路，我們沿路走去。

一路走近市郊只見路邊都睡滿了人，愈進入市區路邊睡的愈多。不知不覺我們走完了這一段十多公里。李主任帶領我們一直走到梁處長老早告訴我們的那家旅館。

旅館門口路邊上睡的是人，進門過道邊睡的是人，大廳裡睡的是人，樓梯轉角處也睡的是人。梁處長早幾日就上岸先來到海口市，他在旅館裡開有一間房間。

清晨三點鐘，梁處長正睡得香甜的時候，我們來到把他驚醒，他匆匆爬起來把房間讓我們住。我也不跟他客套啦！梁李二人辭別，說明天再商量怎麼辦。

房間裡這張大床，梁處長剛才睡過，床上還有他的毛巾被。於是，我就利用那毛巾被在床上四處空間揮舞一陣，換換空氣。我們母子四人擠在一床上打橫睡，冠中則睡在房門口地上。

第二天才知道梁處長和李主任二人，昨夜是在路邊的一輛卡車上找到空位睡覺，結果是與大群蚊子混戰到天亮。梁處長邀請我們出去用早餐。路上真是人頭洶湧，偶然也遇到一些同船上的難友。半路上經過二家百貨公司都還沒有開門。

早點之後，梁李二人要去辦事，我們散步回到旅館，無所事事。

中午，梁李二人回來帶領我們出去用午餐。午餐後回到旅館仍然是無所事事。不久卻見周柏森押著伕力挑著幾擔行李找到旅館裡來了。梁處長正好在場，不斷的搖頭嘆氣，回頭對我用廣州白話說：「你這個勤務兵實在能幹！我那幾個都是蠢才。幾個加起來都抵不上他一個！」他又回頭問周柏森有沒有看到他的那幾個勤務兵。周柏森說：「有，他們幾個還在船上圍在一起不斷的爭論！不知道在吵什麼。我雇了一隻小民船，自己把行李搬運上岸，再找二個挑伕就把行李挑來啦！」

我們在海口的這家旅館大概是住了三天罷！

海口市的印象

海南島在前清時的名稱是瓊州，府治所在就是今天的海口市。海口市位於島的北部，是全島上最大的城市。

梁處長說，張志岳全家已先來到海口，他們租下一處房屋，房間很大，應該可以分租一半給我們住。我說：「既然如此，那麼就過去看看嘛！張志岳是自己人，他太太我們都很熟，好講話！」張志岳，客家人，也是宇飛在陸軍大學入學時的同學，論交情和關係與喻英奇的一般上下。最近聽說昇任軍長。他本人在部隊中，太太也跟隨去了前方慰勞，留下兒女和佣人在海口家中。

那是一幢古老的房屋。張家租下的是中間的一進，有一廳二房和後面一間佣人房。房間很大，梁處長與張志岳的隨從討論之後，讓出一房給我們住。

我回到旅館立即招呼周柏森搬家。

那幢古老的房屋應是從前滿清時代官紳之家，門前是整大片的青石板砌成幾級臺階，正門的一道門檻很高，高達寛民的胸部，寛泠和寛民二人要手腳並用才爬得過來，整座建築全是精緻的木材造成，室內淨空很高可以看見瓦背。第一進，已有一家人租了；我們住的是中間這一進，後面一進更大而且有樓，乃是房東自己一家住著。再往後走便是一座花園，佈置不俗。

花園一角是一間廁所。歷來所經各地，都是聞到味道便知來到廁所附近。這個廁所卻是毫無臭味。

廁所地面是一大片平坦水泥地，中間開通一個長圓形的洞，這就是方便之處。這一點都不希罕！希罕的是長圓形洞口下面是一個魚池。上面有人如廁，下面便有魚群前來爭食，看起來很有趣。這是效率最高的化糞池，連一點氣味都沒有。這種廁所確是我生平所僅見！至於，那是一種什麼魚？那種魚能不能上餐桌？我就不知道了！

我們只有一間房，房內一張古老大木床，床上罩著一頂布帳子已呈黃褐色，可能從裝上去之後就沒有拆下來洗濯過，我帶著泠女民兒一起睡。房中間一張大理石嵌面的圓桌，幾把椅子，旁邊一張木造的長沙發。窗子是古老的木條窗像柵欄一般，房間內光線不好。一邊窗外是一處不透天的大走廊，白天那裡就是廚房，晚上變成冠中和周柏森的睡處。寬淳則張開帆布行軍床睡在房門邊。

第二天起床，我拿起掛在衣架上的毛呢織花的旗袍正要穿上，突然發現衣背部有一個破洞，大約有一個銅板大小。仔細一看，原來是老鼠咬破的。怪不得昨天一來到這房間內便覺得有一種腥臭怪味，這樣一來肯定了是老鼠。

也許是古老房屋罷！屋內真是老鼠橫行！白天牠們在樑上跳來跳去，天一黑就下來在地上竄進竄出，幾乎是不大怕人。牠們亂闖時會撞到人腳上來，牠自己會嚇得跳起來，人們可真是嚇得一大跳！海南島上的陳舊習俗，倒果為因，人們認為老鼠會為家裡帶來富貴。觀念錯誤，所以鼠輩橫行。

街上居然有做織補的小店。織補旗袍上那個洞索價三個銀圓。老闆還說，只要三塊錢，很值得做的。他說：「咁靚件衫！可惜呀！我要花心機替妳做，放心啦！」意思說旗袍的料子很好，他會用心去織補。幾天後取回來一看，果然織補的成果不錯，不仔細看，還看不出破綻。這也是我生平第一次花這麼一大筆錢修補衣服，三個白花花的銀圓耶！

搬家後住了三天罷！張志岳夫婦倆回來。匆匆忙忙打了招呼就收拾東西，全家都走了。據說是隨著部隊調動到別處去了。接替張志岳家住進我們對面廂房的也是一位客家人，我見過他幾面，不熟悉，不知道他在哪個單位工作，太太不是客家人，還有一個勤務兵。經常吃晚飯時，他們家的客人很多，只見客廳裡坐得滿滿的。他們搬來時，行李之外還有一個籮筐，籮筐裡是隻小狗，另外一隻母狗跟著籮筐。籮筐放置在走廊頭，也就是說在我們的廚房旁邊罷！

二三天無事。

有一天，午飯後很安靜，我們都準備休息時，突然好大一聲怪吼，我們都嚇一跳。冠中跑到房門口一看回來說：「是母狗叫！他們要殺小狗，母狗知道了。牠在叫。」

我從門裡看出去，二三人圍著地上一個木盆，木盆裡有一隻小狗，旁邊放著一桶冒汽的熱水，地上有一把菜刀。那隻母狗顯然了解人們要殺牠的小狗，不斷的衝向木盆去，旁邊人就趕走牠，母狗的叫聲與所有的狗吠聲都不一樣，又哭又嚎的不斷衝撞，結果有一個人用繩子套住牠頸項，繩子另一頭拴在柱子上，母狗拉著繩子亂蹦亂跳，吠聲淒厲；而且常常變換聲音，一會咕嚕咕嚕的像似訴苦罵人，一會高亢嚎叫得令人驚心動魄。我聽得心裡直發毛，寬淳、寬泠、寬民都嚇呆了。我招呼他們說：「我受不了！我們上街去走走！」

海口市上有兩家小型百貨公司，規模大約是今天臺灣各地的小超商差不多，百貨公司裡全是香港轉運過來的貨物，日用品、餅乾、糖果等高級舶來品應有盡有。

二家小公司逛完，一看時間還早，便去拜訪一位興寧人，大家稱她為「滿姑」的女士。

客家話裡稱呼最年幼的姑姑為「滿姑」。這位「滿姑」是一位很早就來到海口作生意的女士，年紀不大，談笑風生，長袖善舞。同鄉人來到海口，人地生疏，只要找到她，她一定熱心幫忙。不知道從誰開始叫她是「滿姑」，然後無論老少大家都跟著這樣叫，我就不知道她的本名是什麼。

來到海口後，有人介紹，認識了她。她也表現得跟我們非常親熱。

那天我們逛街之後就去到她家，她高興極了。在她家閒聊一陣，她又帶我們去認識一位年輕的蕭先生。言談間發現他原來還是宇飛的表親呢。

白斬文昌雞

這位蕭先生竟然是蕭冀勉的堂姪，蕭冀勉是宇飛的表弟，蕭冀勉的母親是宇飛的親阿姨，說起來這層關係並不遙遠。

蕭先生不是軍人，不知是哪一個單位好幾個月前就派來海口的。他說：「有什麼事要幫忙，不必客氣，儘管交代。這裡一些機關我都有熟人，很好通融。」我聽他這樣說，就拜託他替我們看看有沒有適當的住屋，當時住的只有一間房，太小了！蕭先生一口答應，說沒問題。

蕭先生堅持要我們留下吃晚飯。他說：「自己人不必客氣，留妳們吃飯臨時也不方便加菜。有一句話：來到海南島沒有嚐到文昌雞，等於白來。妳們大概不知道。我買了一隻文昌雞，請妳們嚐嚐。」

果然端上桌一大盤斬切好的雞，未吃已先聞到雞肉香味。那隻雞的做法像是廣州的吃法，是燙熟的，所謂是「白斬雞」。只是這隻文昌雞特大，香味也比較濃；每一塊肉呈象牙般色澤，一層油亮的黃皮，皮肉黏貼一起不容易撕下來。進口嫩嫩滑滑，十分可口。原來這種雞是島上文昌縣的一項特產，猜想是與北方人養填鴨用的方法類似，飼養過程中只讓牠吃、不讓牠運動罷！

飯後又泡了幾輪茶，告辭回家。

一踏進門又聽見狗哭的聲音，那隻母狗嚎叫了一天已經力竭聲嘶，不像上午那樣激動壯烈的跳躍大叫；雖然已是筋疲力竭，牠仍然在抗議，喑喑啞啞的不斷哭吠，發出一陣陣怪聲音。混身亂七八糟，可能是被人家潑了一身水。我們走過牠旁邊，看牠的狼狽像，不禁鼻酸。

客廳圍坐著一桌的仍然在大聲喧嘩，拼酒、鬧酒，爭著吃小狗的肉。母狗在旁哀號抗議，他們居然都無動於衷。

我們快步回進房裡，緊閉房門，可是關不斷那一陣陣母狗的哭訴。

後來周柏森說，他們那幫人最後吃完散了，有人把拴母狗的繩索解開，母狗跑到後面，找到那個處理小狗的木盆，環繞著木盆亂抓，不停哭泣。周柏森說完也不斷的搖頭嘆息。

本來吃狗肉，古今南北都有，並不希奇。只是這樣在養得很熟悉的母狗面前屠殺牠的子女，當牠的面吃掉。在母狗這樣哀號聲中，居然無動於衷的吃得興高采烈！所謂是一樣米養百樣人，這種人應該很少罷！

明火燒烤乳豬仔

海南島的特產食物除文昌雞之外，還有一項也是別處沒有見過的。

有一天，我們母子四人逛街。望見前面小販以手推車，車上排著一列五六隻小豬。小豬呈深棕色油光亮亮的，小豬背朝向我們，只見圓圓的小豬屁股。整個豬從頭到尾大概七八寸長罷。我想：這玩具做得真像，是給小朋友存錢的嗎？走近幾步就聞到燒烤豬肉的香味了。原來車上排列的不是玩具，是真正的烤乳豬。以前在廣州餐館中所見過的所謂烤乳豬，大概都是斷奶以後的小豬，整隻都有一二尺多長，全身壓扁了烤，烤成金黃酥脆。這裡所見的這麼小，應該是尚未斷奶才只有幾天大的小豬仔。小豬的內臟已經去除，整隻烤得有點焦黃，仍然讓牠四腳站住，這所謂是海口本地的「特產品」。

路邊有顧客圍著小販推車買烤乳豬，我也擠進去買了一隻。成交後再請小販用刀切開。他的切法有一個原則：切下的每一片、肉一定附有脆脆的皮。烤乳豬仔吃進口裡可說是酥香輕脆、鬆軟嫩滑，十分可口。

宇飛回來

一天清晨大早，聽見外面人聲嘈雜由遠而近，冠中在門外叫開房門。開門一看，是宇飛回來了。有梁處長和幾個衛士簇擁著。一陣忙亂，宇飛只喝了一口冷茶，整理一下衣服帶著梁處長匆匆又走了。他趕著去謁見余漢謀長官。

蕭先生派來一人帶領我去看房子。

到達目的地，蕭先生和滿姑都已先到。那也是一幢古老的房屋，格局比我們住處更大，而且經過整修，看起來比較整潔像樣。那屋子也是三進，前後二進都有人家住著，中間一進空著。中間這一進在原來建造時沒有砌牆隔間，是一間只見許多大圓柱的空曠大廳。顯然是最近海口市上人來多了房屋可以出租，房東才用三夾板等木材隔成房間應付需求。木板隔成一廳二房，客廳正面居然是四片玻璃屏門。室內空氣、光線都還不錯。木板外留一條公用走道一直可以通到後面一處公用的大廚房和廁所。

我走完一圈覺得很滿意，蕭先生伸手把一串鑰匙交給我，說：「妳如覺得滿意，隨時可以搬過來。」

我有點遲疑。心想：租金條件都未談，怎麼就搬過來呢？我問蕭先生：「這房屋是你的嗎？」蕭先生連說不是。他看我一臉狐疑，便解釋了一大篇。他說：「這房屋是我們機關在二個多月租下的，作為職員宿舍，預付了半年租金。原來住的幾個人有的調去別地，有的搬出去了，現在房子正好空著。妳們可以住下，租金也不必付，妳要付也找不到人收。反正是公家的房屋，大家都是公務人員嘛！住下再說罷！」免費的房屋，欠了蕭先生的一份人情。

當天下午就搬過去。

梁處長一來就說，怎麼可能找到這麼好的房子呀?!

局勢急轉直下

宇飛每天去余漢謀長官處議事。

有一天匆匆忙忙率領一批部隊，帶了大批軍需補給到前方去了。

然後，十二月初的一天，突然宇飛獨自一個人垂頭喪氣進入房間，搖頭嘆氣的說：「完了！阿拐完了！」我們聽了猶如晴天霹靂，大家都呆了。戰況究竟如何宇飛也說不清楚，只說喻英奇率部在廉江附近作戰失利，全軍覆沒。

大概過了二天，伯英回來了，穿著一身破舊便衣。神色尚稱正常。他說，戰事失利，他自己是在黑夜間脫了軍服落荒而逃。宇雄則被共產黨軍隊俘獲去了。大家聽了都很傷感。

接下來的幾天，宇飛早出晚歸。每天去綏靖公署議事。

然後，一天，宇飛率領伯英和邊區總部幾人前往廣州灣收容作戰後的散兵游勇，回到海口有些部予遣散，一部分編入其他部隊。

最後，綏靖公署余漢謀長官下達命令：閩粵邊區勦匪總指揮部撤銷，人員解散。

卸任下來的後方留守處梁處長首先做的一件事，是為他自己買了一張飛機票，一溜煙就飛到香港去享受寓公生活了。原來他老早就把家眷安置在香港。

我們一家，人多行李多，無法買到飛機票，要離開海口只能乘船。於是四出打探船隻消息。

在等待上船的這段時日，海口市上可說是風吹草動一夕數驚，謠言滿天飛。有一艘輪船據說準備開往香港，有人說船票已經售罄，有人說買船票要用金條去換。總之，一切狀況可說是亂七八糟。

宇飛嘆口氣，說：「不得不去騷擾人家啦！」於是，他寫了一張名片讓伯英去謁見港口司令，說明了要船票。伯英終於帶好消息回來。他說，那艘輪船已經港口司令部徵用為軍用差船，準備用來撤退各機關、部隊的後方留守人員以及眷屬等，其中仍然有閩粵邊區總部的名額，我們全家都在內。

這的確是好消息。既然如此，由於以前乘船的記憶猶新。我就決定：要伯英和冠中二人立刻到港口上船去，名義上是去拜會船長，實際上是去看看船上的位置。

他二人回來說，船長很客氣接待他們，知道他們的來意後親自引導他們去看房艙。船長說，最好的房間都被港口司令部為某某人預定了，只剩下幾個小房間。他帶他二人下到船艙裡去看房間。

冠中說：「那些小房間是東一間西一間，相隔得很遠，又黑暗，空氣也不好。後來我們回到甲板上看到一處，上面有頂篷，不透天，邊上張有帆布可以擋一下風雨。比下面好。我們選左邊，右邊靠上下的梯口近不好。於是，我們跟船長說定了，那一塊地方為我們保留。」

船位有了，去掉心上一塊大石頭。

海口市面上風聲鶴唳，人心慌張。謠言滿天飛，有說海南島中央、五指山上潛伏多時的土共下山騷擾，企圖攻佔一處海岸接應來自雷州半島的共軍登陸；有說共產黨軍隊已在某處登陸等等。誰也不知道真實狀況到底如何。本地老百姓無處可去，不知道他們怎麼想；可憐的是一大批隨著政府機構或是部隊來到海南島的基層幹部和他們的眷屬，既沒有權威要到船位，又沒有金條去買船票。處此亂世，徒有惻隱之心，沒有協助人家的能力，只好默禱：請觀音菩薩保祐眾生。

巧遇美顏承棟

筆頭且回到幾天前。

初到海口沒幾天，有一天正在街上行走，後面有人連聲叫：「大姐，大姐！」回頭一看，咦，是承棟弟一家三口。「怎麼會來到海口呀？」

彼此都問同樣的問題。承棟一家是一個多月前跟隨行政院資源委員會廣東省辦事處撤退而來的。承棟說，他的四姐一家也在這裡。承棟家住處不遠，他們把我們帶到他家，他讓他妻子照顧我們，他匆匆出門去找四姐。他四姐是美顏，他二人是親姐弟，是晴峰三叔父的孩子。三叔膝下共有六男二女。早年我們都住在汕頭，我們這一輩我是第一個出世，所以我是大姐。後來三家的女孩就依出生次序編號，三叔家有一個美容是二姐，這個美顏排第四。承棟稱她為四姐而不稱二姐。

我們在承棟家坐，閒聊、喝茶。他們的兒子家杰那時四歲，長得很可愛，教養得很好。大家稱他是「靚仔」。

一會，美顏隨著承棟來到，逃難到此，相見言歡，不免有點唏噓。

原來就聽說美顏結婚，未見過她的夫婿，這次在海口終於見面。她夫婿叫黃天錫，也是興寧人，甚至於他一開口人家就可猜到他是興寧人。他說話時鄉音特重，我心裡想：三嬸與她的這位東床說話時，如何能溝通呀？

黃天錫體型壯碩，據說也是軍人，但是我幾次見他，都見他穿一件藍黑色的唐裝，搞不清楚他到底是什麼職業、什麼身分。美顏含糊其詞，我也懶得再問。反正是公務人員罷！

海口市面很小，彼此落難在此，因此美顏便常來我們家聊天。三叔家幾個孩子，美容妹是我孩童時代的玩伴。成年以後，承庸弟曾在我們上海家裡住過一段時間。我們住在香港軒尼詩道時，美顏曾來我們家作客很久。彼此感情都很好，很熟稔。

時局日漸緊張，美顏說，他們夫婦二人走不掉啦，留下來等待共產黨折磨罷！我問她為什麼走不掉呢？她先說是船票太貴買不起，然後又說不貴，說了一大堆理由，我是愈聽愈糊塗。我打斷她的嘮嘮叨叨，我說：「我們後天上船。你們如果決定要走，你們買不到船票的啦！合在我們一起，我帶你們上船去。後天早上過來吃早餐，然後一同上船。」

二天之後，早餐時一等再等，不見他們人影。

時候到了，我們一家大小來到碼頭區，卻見他們二個。他們說等候我們等得好久。

我上了船，只見冠中和周柏森二人已把場地佈置好。有了上次從廣州灣乘船來海口的經驗，他二人這次的佈置是得心應手，圍住的地盤相當大。周柏森特地還在一角落處要佈置成廚房。我覺得那一小塊地盤正好讓給美顏夫婦二人。我們一家橫排睡，情形如上次乘船差不多。

不到半天，全船甲板上已是人滿為患。開船之前，船上服務生走遍各處，問道：「航行三天，要不要包飯?中午和晚上,每天二頓。」

三天的飯錢若干,我已忘記,當時幾乎可說是嚇壞人的天價。許多人非花高價預定這六頓飯不可,交了錢之後,背地裡都在罵:「黑良心!貴得簡直是離譜。」不包飯,肚子會餓呀!除非自己帶備了三天的乾糧!

船隻被軍方徵用,也許會有一點補貼,不過那份補貼是船公司收取。船員並沒有好處,既然有這麼多免費乘船的旅客,他們不趁火打劫勒索一點嗎?尤其那些小人物只認識錢,什麼事都做得出來。

我們沒有向他們包飯。我拿出一些錢讓冠中直接去見船長,那些錢要悄悄的送給船長,說明是謝謝他為我們保留位置,請他飲茶。並且說明我們不包飯,我們自己做。請他准許周柏森下去艙底提淡水、去廚房用火做飯。

船長卻之不恭的收下外快,顯得很高興,對待我們很客氣。周柏森下艙去要淡水,使用廚房,船員們對他很友好。周柏森每天下去提一桶淡水回來。定時下去在大廚房裡不知道他運用什麼方法煮飯做菜,反正是準時開飯,我們三餐不缺。美顏夫婦當然也沾光,免費有飯吃。

船行三天,風浪不大,全船上的旅客雖然已告擁擠,但是大家情緒很好,和睦相處。一天的作息大概都是吃飯、聊天、吹海風、睡覺。日子過得輕鬆愉快。

第三天晚上,許多人互相道晚安時,都會充滿希望的附加一句:「好啦!明朝睡醒就到香港啦!」

澳門海外叫救命

半夜,船就停航了。哈哈,到香港啦!

天亮之後，發現船停泊在海中間，遠處的陸地不像是香港嘛！大家都醒起來，漸漸的，情緒開始高張。此起彼落，有人大聲叫嚷：「這是什麼地方？」

「為什麼停船不走啦？」

然後有人說：「尼都毋係香港耶！」

「這是澳門外海呀！」

船上的人都激動起來。互相叫嚷。

住頭等房艙的有二位大學教授，據說都是留學國外回來的博士，攘臂高呼請大家鎮靜，他們願作代表去找船長理論。

過了一會，發現船上群情激憤又有人大聲叫罵。有人傳話過來說，二位代表上船橋去找不到船長，只有一個二副等級的船員。據那個二副說，香港港口不准進入，這裡是澳門外海，天亮時船長和大副乘小艇進入澳門去要求准許進入靠岸。現在只好在此外海拋錨等候。至於要等候多久。沒有人知道。等候似乎可以忍耐，饑餓卻是很難以忍耐。停船拋錨這是開船後的第四天了，開船時大家以高價訂購的三天伙食已經吃完了。現在不能上岸，吃飯時間到了，船上服務生招呼有蛋炒飯可賣，每客索價港幣若干，也是近乎黃金珠寶一般的價格。大家叫罵不斷。叫罵歸叫罵，要吃飯的非付高價不可。

後來發現有些一家人只買一客飯，大家分著吃的。而我們仍然是三餐照開，有飯有菜、茶湯不缺。每當開飯，我總教周柏森靜悄悄的盡量不要聲張，也要大家吃飯時盡量躲在帆布篷下面悄悄的吃。

這樣一等候，居然又過去了三天。

第四天，船上服務生宣佈說，船上淡水快用完了，所以，船上只有廚房供應飲用開水，按杯出售，每杯水售港幣三元。這個價格我記得很清楚，當時我還問了那個杯子有多大？答案是普通的玻璃杯，容量大概是二百多不到三百西西罷！

我看周柏森仍舊提一桶水回來供我們洗手，我叮囑他要節省用水。他對我說：「妳不到下面廚房裡去看看！有的是水！他們船上是故意整人！」

耐心的再等候罷！

第五天，全船乘客激昂的情緒快要爆發了。二位博士四處請大家冷靜，並邀請一些人一起去開會商討。我便讓冠中代表我們家去參加開會。冠中回來說：「議來議去，最後的結論是要澳門政府知道這裡有許多人在求救，澳門政府基於人道必須伸出援手。後來又討論：如何才能使澳門政府知道我們在這裡。最後還是其中一位博士想出一個辦法，他要我們大家輪流站在船邊對著澳門的方向大聲叫喊。」

事實上也真是只有這個辦法可行，澳門海岸好像並不很遠，聲音應該可以傳送得到。

二位博士巡視全船，不知道從哪裡找出幾個船上傳話用的圓錐形的傳聲筒分給大家使用。於是，幾十個人同時對著岸上盡量大聲的吼叫：「澳門政府救命呀！」

「澳門政府救命呀！」

「澳門政府救命呀！」喊叫累了的有人接替著喊叫。

喊叫救命從下午開始，一直叫到天黑。第二天一早就繼續叫。

果然大聲的吼叫，叫出效果。九點多鐘時，遠遠一艘小快艇向我們駛來。來近了看得清旗幟，是澳門水上警察的巡邏艇，艇上有幾名操粵語的華人水警。水警的巡邏艇靠在我們大船邊上，我們的二位博士倚在舷邊與他們交談，最後寫了一張東西交給水警。水警快艇撥轉頭回去。二位博士向大家解釋交談過程。於是，暫停叫喊。

第二天早晨巡邏艇回來，載來一位高級警官。高級警官循舷梯爬上來站在梯口，是一個洋人，可能是葡萄牙人罷！二位博士用英語與他對話，比著手勢，船前船後的指示著。那位洋人掏出一個本子在記錄，一面隨著博士的手勢東張西望。

洋警官在問話記事，不想有一條本地小木船跟在水警巡邏艇後面，小船上載了一大籃蘋果，當場靠攏在我們船邊賣蘋果。港幣十元三個。大家一哄而上擠在欄杆上。我讓寬淳擠進人牆去付錢搶到三個蘋果。嘩！多久沒有看見新鮮水果啦！三個蘋果，我分了一個給美顏。他們夫婦吃一個。我們全家吃二個。

洋警官帶著華人警察乘快艇回去。博士回轉身用廣州話來向全體說明，他們要求那警官回去向澳門總督報告，讓我們上岸。

第二天幾乎同一時間，賣蘋果的小船又來了。生意顯然比第一天差多了。

第三天一早，水警巡邏艇又再來到，那位西洋警官帶同一位領港人上來，他們逕行上去船橋。不久，船隻微微振動，船頭甲板上船員忙碌起錨，輪船向港內駛去，漸漸的可以看見岸上房屋、馬路、車輛、行人……。

西洋警官大概又囉囉嗦嗦了一陣，我們只聽見一位博士在船橋上面用揚聲筒對全船說話，他用廣州話說：「葡萄牙警官要我向大家說，澳門總督基於人道立場准許我們全船旅客上岸，進入澳門。但是，我們必須同意上岸後應遵守澳門政府的法律，共同維護澳門的社會秩序，不得有違反治安的行為。」殖民地政府怕的是我們都到街上去行乞、鬧事。

港幣代護照即可入境

澳門政府准許我們上岸，進入碼頭邊的建築物，博士指揮我們的行動。他對我們說：「大家不要怕。我已向他們保證：我們不會鬧事的。他們是不要錢的。各位有錢的盡量拿出來給他看，愈多愈好。他們歡迎有錢人。」

人多、房間小、很擠，然後大家排成隊伍。我不斷招呼美顏夫婦兩人，要他們注意不要被人家衝散，要美顏緊緊跟著我。來到檢查臺關卡處，有四五個華警和葡萄牙警官站著。我走過去把皮包打開給他們看，有一疊港幣；同時回頭把全家大小一一點數給他們聽。葡萄牙警官點一個頭，我們就過去一個人。點著點著，耶！美顏夫婦倆怎麼不見了？宇飛也說：「奇怪呀！剛才還在我背後的呀！」我們踮起腳尖在人群中四面張望，找不到。

我心裡想：他們可能遇到熟人，自己先走了。因為，三叔父一家在香港澳門兩地久住，常在碼頭上跑，三叔父的朋友很多，說不定美顏遇到認識的。

警署裡不能久候，我們出來外面又等一會，決定找車。澳門市面很小沒有出租汽車，交通工具除了小型巴士只有人力車和三輪車。

我們乘坐好幾輛三輪車逕到東亞大酒店。三叔三嬸他們習慣長期住旅館，而且固定是那一家。三叔住在二樓一間房間，恰好美容妹正在那裡，一見面大家歡喜。我問：「美顏來了嗎？」一提及美顏，他們才說很久沒有美顏的消息啦！當然更不知道她在海口與我同船來到澳門。

於是，我從頭說起。最後說，她也許是熟人幫她送她們過關。美容說：「她哪裡有什麼熟人？會不會是被拘留了？」美容有朋友在官署工作，她一連打了幾個電話。最後說：「果真是兩人被拘留在移民局。我去保她們出來！」

未幾，三人一同回來。三叔問她：「大姐要妳跟著她走，一起過關。妳們怎會被警察扣押？」美顏解釋了半天，最後說清楚了。她說：「有錢才能進澳門，大姐打開皮包給鬼佬警察看錢，我們不能仗著大姐的錢一起過關呀！」於是他們二人就在人群中退後幾步。不料異常的動作引起警察注意。警察把他們叫過去問話。黃天錫只會說客家話，說不清楚。警察就把他們留置了。

聽完以後。不便哈哈大笑。只好回自己房間休息。

晚飯前，我去三叔他們房間邀他們一起去用餐，不見美顏二人。我問，美顏呢？三叔說：「她們自己另開一個房間去休息啦！」

美容的大兒子阿柏插嘴說：「四姨沒有開房間！她們在碼頭上等船，等船去香港！」真是的，這一對活寶！從那時起就沒有再見面。

前面的經歷，很早以前寬淳曾經寫過一段，下面就是他寫的。

南中國海的流浪

陳寬淳未完成的遺作

黯淡的雙十節

四十二年（一九五三）春，我們全家在臺灣重又會齊，所謂會齊是因為入境證的關係分批陸續來臺的。

我們來自廣東珠江西側口上的一處小洲——澳門。至於為什麼會在那葡萄牙國旗的羽翼下躲開了祖國大陸上的塗炭浩劫。說來話長，暫從汕頭說起罷！

自民國肇建以來，這第三十八屆雙十節也許是最黯淡的一次了！在粵東的唯一海港——汕頭市的市面上除了少數機關的樓頂上例行的昇起了青天白日滿地紅旗幟外，其他幾乎連最簡單的儀式也沒有了。零零落落的國旗在海風的吹揚下顯得異樣的寂寞衰老。

街頭行人也顯得比往常稀少，但是街上並不冷落。軍隊一批批的通過，隊伍裡的士兵雖然都是沒精打彩、碎步凌亂，可是仍給市面上帶來一陣熱鬧。衣衫襤褸的士兵們有的手提旅行袋，有的肩負皮箱，也有懷抱著一隻猴子或牽著一條狗的。場面倒是很像乞丐結隊遊行，不過如果真是乞丐們的遊行，那麼路旁一定會有許多看熱鬧的觀眾的。

海邊碼頭上嘈雜混亂得有如一鍋熱螞蟻，喧嚷無已的草綠色人群和集積如山的行李捲公文箱等，正由四五艘小汽艇自碼頭上向泊在外海的兩艘輪船上轉駁過去。

小汽艇畢竟創造了一項奇蹟，在兩天之內居然把來自不同單位的軍人，眷屬等一萬四五千人以及附屬於這一萬四五千人的武器、箱籠、行李、畜牲，……全部運送到大海輪上去了。

三個月前，七月，我們來到汕頭。國內局勢的急劇轉變已不容許我們作天真的考慮：我們曾經想到在這裡作暫時的久居之計；也曾考慮到說還可以往哪裡逃跑。十月初我們完成了一個最低限度的應變計畫：將笨重的大件行李樟木箱等，內藏一些諸如皮袍棉襖之類都送到廣州街大伯公家中寄存。其中有七巨冊貼滿我們生長情形的照片簿，現在回想起來當時寄存的幾個箱子中只有這一項是最有價值、最值得懷念的東西。

雙十節的上午，整頓了細軟行李交付轉運上船後，全家便到廣州街赴大伯公為我們而設的餞別宴。我們是一個旅行家庭，從前吃人家的餞別宴簡直不算回事，餞別以後一年半載又遇著了；所以這次餞別席上大家依然興高采烈，焉知這次竟然真是生離死別呢！大伯公、大伯婆、三姨、八姨、子文舅、團表舅以及宋家表姐妹等人，誰知道今日是活著做鬼做奴才呢，還是怎樣了？

海關小快艇把我們送到一艘大船旁邊，爬上舷梯抬頭看見船橋旁漆著兩個白色大字「臺北」。幾個月以前路過臺灣基隆港的時候，曾經專誠到臺北市去遊覽觀光了一天，記憶猶新，又見「臺北」輪倒是在離情別緒中有了一點親切安慰之感。也許這也是個徵兆，暗示我們將在臺北安居罷！

船上把練習生的房間讓出來給我們住，房間尚稱寬暢，有舖位六個，總算不致令我們太難堪，逃難期間有這種際遇實在是難能可貴的。

「臺北」輪連夜裝載不歇。市郊和對岸礐石一帶的防軍早已撤除，現在正在碼頭上爭先恐後的搶著上船。船上舷邊甲板上雖然佈置著機關槍朝向岸上，不過也許是我們所扮演的現代空城計把共軍士兵們震嚇住了，要不然就是他們的目標已經選好了是富庶的城市，寧願讓我們從容逃走。

裝載工作到翌日中午告一段落，這時遙望碼頭上已是冷冷清清寂靜一片了。

我們這艘「臺北」就算超載也載滿了，自駕駛臺下望：只看前後甲板上黑壓壓的人群擠成一片，其中還有因佔據地盤而爭吵打架的，此起彼落好不熱鬧！

近黃昏時，船起了錨，緩緩的循馬司口水道駛出海外。港口附近的左岸是飛機場，遙望黃沙，一片迷惘。回想三個多月前，我們自廣州乘中央航空公司的「空中行宮」翩然降臨的時候，汕頭市軍政首長齊集機場迎接，也曾熱鬧一時，曾幾何時匆匆攜細軟狼狽而去，還落得個冷清清的碼頭上連招手的也沒有。

龐然大物「臺北」輪，看起來倒是很壯觀的，行駛起來速度之慢卻令人詫異。據船員們說，如果機器不出毛病的話，每小時也可以跑上五個多浬的。船大畢竟有它的優點，十月的強烈季風中在海面上行駛如履平地，毫不晃動倒也令人可喜的。

上船以後我們才知道此行轉進的目的地是廣州。但是，當我們在十月十四日駛進珠江抵達虎門附近的時候，卻接到電報命令我們停止進港。沒有多久，那艘在汕頭同時開出的輪船「金剛」，原來它早已先到了，自港內駛出，兩船又連袂南駛。新的目的地是「水東」，一個從來沒有聽說過的地方。

十七日下午，船隻駛抵水東港外，遠遠看去陸地上分辨不出什麼東西來，水面上也靜悄悄不見有小船出來接應。大船拋錨暫停，一面放下小艇派人上岸聯絡去了。

派出的人總算不辱使命，第二天果然集合了許多漁帆，從大船上把部隊轉駁上岸。照規定眷屬等應由原船送到廣州灣去的，然而我們卻沒有遵照這項規定，全家隨士兵們一起離船上岸來到水東。

貿然行動的結果也許是得不償失，雖然我們藉此多遊歷了一處碼頭，嚐夠了地方土產又甜又大的青皮橙。而且還體驗了一層孫中山先生建國理想的偉大：原來水東在實業計畫裡是個二等漁港。港前面是一片無盡寶藏的浩瀚海洋，後面是西江上游的廣袤內陸沃野，這小小的港口的確可以負起繁榮地方的任務的。

在水東住了四天以後，部隊奉命出發向粵桂邊區挺進，水東重又變成真空，我們也勢不能再住下去，匆匆收拾上船撤往廣州灣去。

離開汕頭以後的逃難實在是很愉快的。行止不能預定，所以計畫也沒有用，能夠隨遇而安、愉快自在其中。同行有些眷屬們動輒大哭大號，起初還覺得可以同情，後來覺得實在可厭。

十月二十五日，這天我們必須離開水東了。最後一批部隊將於明日出發，而且很巧廣州綏靖公署的撤眷船「平興」輪，也來在水東港外，我們請求搭乘「黃魚」，當然沒有問題。

上「平興」船以後竟還遇著不少熟人，馬上有人替我們找了一間客艙，房間裡有鋼絲床、有皮沙發，簡直是出乎做夢以外的奇遇了。五個多月前在基隆港坐水牢一般的困在「華孚」輪上的時候，常常看見當時所謂是中國最漂亮的客輪——「中興」「平興」二輪進出港口，心裡十分羨慕不知有什麼機會可上這兩條船去玩玩。想不到卻是在此時此地如此尷尬的場合上償了宿願。

湛江小憩

水東距廣州灣的航程應該僅是幾小時而已，但是，我們在「平興」輪上卻住了三天，直到十月二十八日上午我們才踏上這馳名的南國都市——廣州灣。

廣州灣曾經是法國租界，於是在想像中：廣州灣應該富有法國情調，或者至少也像上海的法租界，有別緻的小洋房，整齊而寧靜的柏油馬路，夾道成蔭一望無際的梧桐樹，或者馬路轉角上佈置著幾處雅緻的小型公園，……；事實卻完全不是這樣，廣州灣市內的建築是香港式的方塊騎樓帶商店舖面，街道除了少數幾條是用柏油或水泥鋪築之外，其他多是碎石子路，車行其上黃沙滾滾而起，至於行道樹木那更是絕無僅有的東西了。

抗戰勝利之後，我國政府正式向法國收回廣州灣主權，更名為「湛江」市。至於以前的廣州灣是不是很美麗？是不是隨著那美麗的名字之淘汰也變成了歷史上的陳跡？我們都不知道了。因為我們來到的是湛江市。湛江市包括兩部分，海邊港口區是「西營」，離西營約半小時汽車路程的市中心商業區叫做「赤坎」。

在水東，父親帶著原來照顧行李的幾個衛士，跟隨部隊出發向廉江方面去了。我們在汕頭上船的時候，宇雄叔給我們推荐了一個勤務兵，湖南人周柏森。周柏森原來是宇雄叔自己貼身的勤務兵，因見他忠實能幹所以特別推荐給我們，俾便路上照料。周柏森短小精悍，講話又多又快滿嘴湖南土腔，尤其兩隻眼睛生得奕奕迫人，起初大家對他的印象都不太好。豈知後來一路上，自水東而湛江、而海口、而澳門的奔波中，行李能夠不致遺失，每日大家三餐不斷，用水不虞短缺等情事，真是多虧得他，否則難免有許多無可奈何的場面。周柏森真正是亂世裡逃難中的一名理想衛士。

到了西營，多承閩粵邊總後方留守處處長梁式鴻先生的照料，在華貴的南天大酒店為我們租下了一間房間，又介紹我們認識了一位胖胖的李先生。李先生是本地人，極為熱心誠懇，承他嚮導帶我們遊遍了整個市區，我們卻背後叫他做「肥李」。

珊哥的老毛病胃潰瘍又發作了，痛得他唉聲嘆氣愁眉苦臉，肥李公開了一個秘方，多吃皮蛋，從前他自己的胃病就是這個秘方治好的。珊哥的病情也許太嚴重了，吃了皮蛋並沒有見效。

在湛江很愉快的住了一個星期，生活居然像在桃花源中一般，不知有漢無論魏晉。每天是肥李先生陪著我們各處參觀遊覽，行李包裡面翻出了一座失靈的收音機，這時也把它送到市上請人修理好了；珊哥有周柏森為助手也早把騎樓佈置成為設備齊全的廚房，供應每日三餐飲食。偶然我們便到南天大酒店的二樓去「飲茶」，花色繁多的廣東點心之中，最令我們欣賞的是「蘿蔔糕」，現在想起來不禁垂涎欲滴。

至於當時父親的情況如何，戰事已經蔓延到了什麼地方，我們毫無所知也無從打聽，當地報紙上所報導的消息也似乎與我們毫無關係。反正市面上顯得很安定，於是我們想：既然暫時不再行動，何必住旅館呢？肥李便為我們在西營租下了一間房間，我們便在十一月四日上午，從南天酒店搬入新居。

新居是一間深長寬大的花廳，陳設著象徵士紳階級的古老紅木傢俱。房東陳老先生是本地士紳名流，親自出來招呼並指揮著家人把紅木傢俱移往大廳一端堆架起來，上面又堆了許多麻包的穀子。一方面是移空大廳讓我們架床，一方面算是佈置一個臨時防空掩護體。他說：

「……有飛機來呀，……，有機關槍呀，細路哥可以躲埋……。」

陳老先生對我們很關切，一再的囑咐著：

「夜晚黑鐵閘一定要鎖實，唔識既人來打門絕對唔好開，……。」很感謝陳老先生的關切，可是出乎他的意外，也出乎我們自己的意外，第二天早晨我們就搬走了。

原來就在搬家的當天晚上，在我們準備休息之前，梁先生突然駕臨並且帶來了立即向海南島海口撤退的命令。

於是，第二天，在房東一家老小驚訝的眼光中匆匆告別，隨著兩架人力板車載著的行李離開了西營。

天平輪上

廣州灣的港面很小，也談不上有什麼港口建設，唯一只有一座伸入海港去的棧橋式碼頭。岸邊是有史以來就有的黃沙和岩礁，不規則的排列著構成了彎彎曲曲的水陸分界線。

我們在午前到了岸邊。碼頭內岸上人群裡亂成一片，碼頭外海面上七七八八的各式漁船也亂成一片。打聽了好久才弄清楚：碼頭左邊是第六十三軍的集結地，右面是其他單位活動的範圍，在這裡面「閩粵邊總」還算是一個有相當力量的番號，我們雖然來得遲了一步，仍舊是很順利的分得了一隻機帆漁船，於是上了漁船準備向大輪船上轉駁。

雖然眼前只顯得一片混亂，但是似乎冥冥之中另有一股巨大的力量在支配著。只見一組組的小船解纜離岸而去，把人員、東西轉運到泊在港外深水處的大船上去。有的小船已經滿載了卻不准行駛，有的小船空著卻無人乘坐，岸上卻是喧嚷沸騰的一大群人，爭先恐後爭奪小船不休。

我們的小船也奉命不得行動。

下午，遠泊在港外的兩艘大船，據說是已經裝滿了，悄悄開走了。這邊碼頭上似乎不見得有任何東西減少。人群中嘈雜忙碌的情形仍和上午一樣。

最後是太陽也似乎感到疲倦了，終於向西方的山嶺上隱藏下去。環境開始靜寂下來，靜寂卻帶來了不祥的聲音。不遠的近處傳來一陣陣此起彼落的槍聲，其中偶然有幾聲比較重濁。這時人們的神經早已麻木了，不祥的聲音也僅僅只能刺激一下耳朵鼓膜而已。後來卻連這個最簡單的生理反應也失去了作用……。

夜闌人靜，幾聲清脆的響聲以後我們的小船晃動起來。原來海面上起了一陣風，我們附近的幾條小船繫向碼頭上的纜索一一掙斷，四五條船失去了控制隨風飄流朝著岸礁衝去，說時遲那時快，我們的船忽然的震動一下停頓下來，原地旋了一轉靜止了，擱了淺了。阿彌陀佛！本來我們這隻船是緊靠著碼頭繫著，外層還有許多小船。這一陣怪風把我們吹出了船陣擱淺，等到天亮時分漲潮，船伕們把船駕回碼頭邊時，我們只好繫在所有小船的最外圍，結果第二天上午各小船出海奔向大船去的時候，我們卻佔了地利最先出發。

十一月六日整個上午，在每個人的等候、漫罵、無聊、焦急……之中溜了過去。就在各各準備午飯的時候，遠遠水平線上出現兩艘輪船，悄悄的駛進眼簾，在不遠的海面上停止了。碼頭上又騷動了起來，本來可以舒舒服服吃一頓午飯的（當然午飯的內容如何，應該不予考慮）又不得不放棄了。

各單位代表協定好如何區分大船上位置以後，通知大家小船轉駁上大船。於是乎只見各色小船，幾乎同一時間自碼頭邊輻射出來，爭相向兩艘大船駛去，真如萬箭齊放，蔚為奇觀。

我們首先到達了「天平」輪的梯口。由於我們已經富有經驗，所以儘速讓空手的人員先行緣梯爬上大船去「佔領」有利地盤；另一部分人則選擇一處適當的舷邊，利用船上的吊架或其他東西固定繩索，自小船上直接把行李吊運上大船來。就在這一天我們開始賞識周柏森的能力了。當其他的許多小船擁塞住梯邊各不相讓，許多人肩負著行李爭奪不已無法爬上船梯的時候，周柏森已經把我們所有的大小行李安頓妥當在「勢力範圍」以內，開始佈置環境了。

船尾甲板的一大部分屬於「閩粵邊總」，儼然是個小天下，閒人免進。梁先生率同他的部屬們在右邊圍起一大片地方，四面是帆布行軍床圍著，把鐵皮公文箱堆在中間變成辦公桌，這就成了他發號施令的指揮所了。隔著瞭望臺的左面便是我們的「地盤」。周柏森在三面用行李圍起馬蹄形的一圈，中間上面再用幾張被單張起當天幕，人在裡面雖然全是睡地舖。但是就氣派而言，全船上各個「攤位」當數我們第一。

從上海出來的「華孚」輪上，我們有尾艙房間可住，那時候還不忍去想像那些睡在甲板上的如何難過；在黃埔港中親眼看見「海杭」輪上人滿為患的狼狽慘狀，當時不覺為自己慶幸。現在想想，這種生活馬上輪到自己頭上，真是不寒而慄！

船面上已經熱鬧得有如菜市場面了，梯口還不絕有人上來。這一天就這樣過去了。

第二天中午以後，船開動了。不知從哪裡開始大家謠傳著：危險！危險！一陣無頭無尾莫名其妙的謠言，然而並不知道真正的危險是何所指。反正船是開往海南島海口去的，也許危險在海口等著我們，不管如何反正現在只說是開往海口，大家混亂而惶恐的心情便有一絲安全感了。

後來我們才發現謠言的起因是對船長而發的。「天平」輪的船長是位年約二十多歲的青年，據說畢業離開學校才兩三年而已。他原來是本船二副。由於時局混亂，英籍船長和大副相繼辭職不幹，回國去了。小伙子時來運轉便當了這艘七千噸大船的船長。昇任船長以後第一次出海就被徵調公差，派來廣州灣撤退部隊人員，廣州灣至海口一帶水域又是他從來沒有航行過的。這次居然在沒有領港人的情形之下，能夠自行進出處處淤沙的曲折港口，而順利到達了海口，不是一樁冒險的奇蹟嗎？

這一段旅程正常絕對不超過十小時，可是我們卻在「天平」輪上作客七日之久，這七日生活也是這次流浪中最淒涼的高潮。

水

天平輪原來是艘散裝貨輪，裝載了這上萬的不速之客以後，跟著就是兩大民生問題，吃飯是第一，排洩是其二。

民以食為天，這時的人們多少都有點逃難的經驗，雖說僅僅是一天的航程，但是每人都準備了足數五六天食用的食物，可是沒有人帶水！而水對於生命卻是更重要的東西。

散裝貨船在先天上就沒有龐大的淡水儲存量，何況這艘船已經有很長一段時間沒有靠過碼頭補充過淡水。水的問題經過各單位代表與船上協商的結果，規定每天開放淡水兩小時，排隊領取每人以一杯為限，過時概不通融。於是這個規定也為船上帶來一種新的熱鬧，人們為了水而爭吵；為了排隊的先後順序，女人與女人吵，女人與男人吵，大人責罵小孩，小孩大聲哭叫，……辦事的人顯然有先見之明，事先在水龍頭旁邊派下了幾個荷槍實彈的士兵鎮壓著，取水的秩序總算沒有太亂，爭吵也沒有釀成嚴重的毆鬥。

淡水供應算是有圓滿的解決，至少一萬多人中不至會有人因乾渴而死的！

船上另外還有幾處神奇的水源。原來有幾條通過甲板上面的蒸汽管接頭處正在漏汽，一面向上冒著小股白色水汽，另一面便有一滴滴的水珠滲透出來滴在甲板上。這是不受管制的水源。於是便有些人拿著漱口杯在蒸汽管下面自動排成順序接取水滴，時間在這時是世界上多餘的東西，人們以接漏水為消遣，談笑風生怡然自得，一舉兩得的也是很痛快的事。但是有時管內壓力太高會突然噴出一陣蒸汽，不小心的也有被燙傷的情形。儘管如此，愛好自由的人們仍然貪戀這個沒有槍兵的地方。水滴雖然一滴一滴滴得很慢，可是它是不停止的滴，滴得不完，使得後來的人都充滿的希望，於是人們恢復的人性在這裡不但沒有爭吵，每個人還都有謙讓的風度。

其次是聖人也要皺眉的排洩問題。船上僅有的船員廁所要讓大家排隊輪流使用的話，一萬人輪起來至少也要十幾二十天才能輪到一次。問題無法循正常辦法解決，只好不顧禮儀了。男人和孩子們蹲在船邊上迎著海風開其方便之門，太太小姐們只好用軍毯或被單圍遮起來行事，這時如果有個搪瓷洗臉盆之類器皿可以應用的話真是幸運無比了。

周柏森是我們逃難途中貢獻最大的人。他機警能幹，力大無窮，不怕困難。船上難友們的一般飲食，是咬大餅、啃硬饅頭，然後用一點生水或蒸餾水潤潤嘴唇舌頭。比較起來，我們簡直是在天堂裡一般。

臘味飯和雞

嚴厲的淡水管制情況下，可是在我們這「堡壘」裡居然經常有一桶清潔的淡水，而且一旦用完，周柏森馬上又去提了一滿桶回來。不知道他用的什麼法術，於是我們不但可以洗洗臉，還可以開箱取出茶葉來，泡了一大壺佳茗。惹得鄰居們兩眼發直，像是羨慕實是妒忌。

上午十點和下午四點左右，周柏森量了米抱著鍋子出去了，也許他與廚房裡的人攀上了交情，不到一小時便抱著一鍋熱騰騰的白米飯回來。這時珊哥便接過來，在米飯中加進去大匙豬油、幾隻雞蛋，再撒了一把鹽，整鍋攪拌勻了，香味四溢。再打開一罐醬菜，人人吃得津津有味，相信船長也沒我們吃得這麼愜意。幸好當時船上紀律尚能維持，否則的話不但我們的豬油蛋飯吃不成，可能連性命也會丟掉！

這次逃難中，大小行李共有二十六七件，其中有好幾大件竟是屬於廚房的，其中炭米油鹽醬醋茶加上幾種蔬菜，爐鍋鑊杓、板刀水桶一應俱全。有用麻袋盛著有用網籃兜攜著，既笨重又骯髒。周柏森是唯恐失落任何一件；梁先生看見了卻是嘖嘖煩言，皺起眉頭說：

「逃難又不是搬家，帶了這些東西幹什麼？」母親故意沒有去理會他，他不好意思再說下去了。

幾天前，大家在碼頭邊小帆船中過夜的時候，我們聽見隔鄰小船中，梁先生的部下在向他請示，上大船要準備些什麼糧食？梁先生指示說：

「買隻雞啦，買點鮑魚呀，……。」

果然，後來在「天平」輪上，我們看見船尾欄杆邊拴著一隻活母雞，母雞也許不習慣海風的薰陶，拍翅展翼的掙扎不停，大聲叫喊，人人都知道那是梁先生的雞。

不幸的是梁先生的那位寶貝勤務兵，我們在背後叫他做「蕃著」，也許及不上周柏森的十分之一能耐罷，他眼睜睜看著那隻母雞在後來的風雨交加中死去，卻始終無法把牠變成一頓可口的美餐讓饑餓的梁先生果腹。

「蕃著」寂寞的為酷刑憔悴而死的母雞舉行了簡單的海葬禮。我們給梁先生送去一碗熱騰騰的豬油蛋飯，他吃了一口便嘆讚道：

「真係靚過臘味飯！」

海口登陸記

廣州灣到海口的航程約為二三十浬而已，按速率最低的輪船計算，大概也只要三五小時便可以航畢全程。我們卻是在天平輪上住了整整一星期之久。

在廣州灣上船花了一整天，航行也花了一整天，到達海口以後卻在港灣裡海上淀泊了五天才讓大家上岸。這是亂世裡不足道的小事，令失去了忍耐的人們無可奈何地再忍耐下去。

到達海口的那天是十一月八日，據說是輪船噸位大吃水太深不便進港，只好在港外拋錨。拋錨的地方，在我們看起來仍是汪洋一片，波浪洶湧並不比在海峽中航行時平穩，七千噸的船也搖晃得如小孩兒的搖籃一般。

自廣州灣開船以後連日微雨不歇，在甲板上露宿的人們衣服濕透了，我們雖然在頭頂上張著被單當天篷，可是全身潮濕的程度並不比任何一人低，不過我們始終沒有遭到比微雨更大的雨淋，可算是不幸中之小幸罷！

港外拋錨的第二天，仍是微雨、勁風和海浪陪伴著我們，各單位的負責巨頭們協議了一下，請船上放下一隻救生艇，派遣幾個代表上岸去找有關單位交涉。提議立刻贏得全船的一致歡呼，船長也同意了。

於是，船側放下了一隻小艇，各單位代表們魚貫下艇，原來各單位代表就是各單位的最高首長。於是有些神經過敏的人表示：這些身先士卒的代表們一定是一去不回了。後來不幸事實證明：神經過敏的人畢竟是有識之士，偉大的代表們上岸以後，果然是好像石沉大海的渺無音信。

在外港淀泊的第五天黃昏，遠遠駛來一艘小船，來近了看出那是一艘改修過的小型登陸艇，也許是來引導入港的。淀泊的五天之中，先先後後不知從哪裡駛來了六七艘也都是載滿著人頭的輪船，在我們附近無規則的拋錨休息著。

領港人要引導入港的不知道是哪一艘，大家都擠向船舷邊看望著，各自猜測著。小船駛過了離它最近的一艘輪船，唔，不錯，我們很有希望，接著小艇又迅速地通過了第二艘。第三艘是一隻大型登陸艦，離我們也較近，只見船邊上擠滿了黑壓壓一片人頭，舉起手背和衣服向駛近的小艇揮舞著，歡呼叫喊的聲音在洶湧的海面上飄飄到我們船上，使我們感到因妒忌而生的慍怒。小船果然減低了速度向他們平行駛去，不過小船平行的通過了那大船並沒有停下來，它又開始加速撥轉了船首向著我們破浪直駛而來，這次輪到我們船上的人們歡呼了，擠在舷邊的人們揮手大聲叫，在他們後面的人群便揮動衣服或帽子跳躍著。

小船的任務是接駁，大船不能進入淺水的海口港，必須要把裝載著乘客和貨物轉用小船運上岸去。我們得救了。小駁船屬意找尋的目標正是我們的「天平」。它駛近了，把速度減到很低很低，可是海浪的起伏劇烈，小船沒法接近我們，它開始在我們四周轉圈子找尋一處風浪威脅較小的地方可以停靠著我們。

小船在比它本身高大數倍的浪堆中爬上爬下奮鬥了快兩小時，最後畢竟帶上了兩條粗大的麻纜，一條從小船船頭繫向大船船頭，一條從小船船尾繫向大船船尾，纜繩的中間大部分都浸在海裡。一道一道巨浪經過小船又經過大船，大浪先把小船舉得高高的然後放開手讓小船直落進海裡去，大浪便鼓起全力向大船撲來，澎湃一陣以後粉碎成一片乳白色的泡沫。第二個大浪又舉起小船把它向大船擲來，碰到大船船殼上把幾個碰墊擠得和爛柿餅一樣扁扁的仍掛著船邊，然後又有一個浪從兩船中間鑽出來把小船推開直到兩根纜索拉直了然後又沉入海中。

大船上放下了一張軟梯，從舷邊一直掛下去送到小艇上，讓兩個水手抓住並且隨著海浪的起浮節奏收緊或放鬆。好，駁運開始！

大頭們協議結果：讓有勢力的單位先下，但仍以高級長官眷屬優先。慚愧得很，我們也被准許搭乘這轉駁小艇第一批離船。於是匆匆收拾行李東西，笨重行李全部交給周柏森看守，我們各自提著細軟來到梯口排隊。

梯口已實行戒嚴，一位上校軍官率領著幾名槍兵重重看守著，各單位的代表團也在旁邊監督，一般秩序也顯得良好，如果再能派出幾個人專門照顧婦孺的話就可以說是十全十美了！

「閩粵邊總」的負責人，梁先生在早幾天已經上岸去了，現在便由肥李先生出面負責，他在梯口給了我們不少方便。母親先緣梯下去了，然後是民弟，然後是泠妹，一個一個趁著小船隨海浪頂起接近大船的時候，被小船上的人們半拖半抱的搶接下去。然後輪到我，我跨過舷邊正好踏著軟梯的第一級時，有人大叫：

「抓住渠！唔准渠落去！」

梯口的上校指揮官突然指著我大聲吼叫。於是半跨在梯緣上的我便被兩隻有力的手掌抓住，肥李連忙走過來向上校解釋，我索性在船舷口上半身依靠著坐下來。原來我這時穿著一身黃色卡其布的青年裝，戴上一頂軍帽，腰上還掛著父親的左輪手槍，外表完全像是個軍人，難怪那位上校不准許我與婦孺們一同離船。

母親在下面小船上大聲叫我把帽子扔掉。畢竟還是肥李向上校說清楚了。衛兵放開了手，我才一步一步爬下軟梯上了小船。

上了小船以後，我們糊裡糊塗的被招待到船長房間裡休息。船長以熱茶招待我們，彼此便寒暄起來。船長大約五十多歲，兩鬢斑白，人顯得非常和氣，說得一口上海話。我們也改用上海話與他攀談，母親的洋涇濱上海話也搬出來了。船長顯得很高興。一會兒，天平輪上的年輕船長也下來了，原來他還是這位老船長的外甥哩。真是無巧不成書！

年輕船長本是天平輪上的二副，原來的船長是個英國人，當這船奉軍令徵調公差的時候，船長怕事往香港一溜、棄職不幹了，於是乎這個二十五六歲的年輕二副，憑著他三年多的海上經驗，就管代起這艘七千噸的輪船了。

小船上的人漸漸多起來了，秩序也隨著人數增多而漸漸紊亂。有人把行李直接從大船上擲上小船來，紛紛的零亂跌落在前面的甲板上，偶然也有投落到海裡去的，也有的是碰上小船後再跳起來滾落下海。

行李落下海的時候，兩方面的人都發出一陣不知代表什麼感情的呼喊聲，每次也有幾個人跑向船邊伸頭向海裡望望，然後又恐怕被大船上摔下來的東西打著似的趕緊縮回來。

鋪蓋捲、箱子、行李袋、……，許多東西隨著波浪上下，載浮載沉向著暗灰色的水平線上浮去！

肥李也下來了，珊哥卻是趁著一個最混亂的時機從大船上跳下來，跌落在小船的帆布篷上沒有受傷。現在我們所唯一惦念的，是留在大船上的周柏森和那些箱籠行李了。

九點鐘，天色全黑了，小船才解開纜索，離開「天平」輪駛向海口港內的秀英碼頭。

秀英碼頭是海口港裡唯一的一座碼頭，是一個頹廢了的水泥木板混合建築物。像一座平坦的橋，長長地從岸邊伸入海中。夜幕裡遠遠望去只是黑黝黝的一片，沒有一星燈火；但是，對於我們向著岸邊駛去的小艇來說，秀英碼頭象徵著希望和平安。

跨越了三艘停泊著的破船，我們終於踏上了秀英碼頭。哇！這裡才真是危險哩！原來這座棧橋年久失修。橋上滿佈著陷阱呢！鋪面的木板有一大半都失蹤了，留剩下來的也沒有一片牢固可靠的。有一段破壞得幾乎完全不能通行，黑暗裡還要臨時就地尋找木板，自行架設獨木小橋。幾十公尺的危路真是如履薄冰令人緊張不勝。

真正踏上海南島的土地是深夜的十一點半，這天是十一月十二日，國父誕辰紀念日。遠遠地平線上浮映著一片城市的光輝，那就是海口市！但是相距還有十二公里。茫茫海岸無處可得交通工具。有人說不如就地坐下等待天亮再說。母親的決定是走，連夜步行到海口去。

據說狗急了也會跳牆，人類似乎也服從這條自然定律。在海上飄泊了七天以後，精神和體力都疲憊不堪的一群人，包括了婦孺和病夫，我們居然在兩小時多一點的時間內走完了這一段路。尤其是珊哥在小船上時還在鬧胃痛發作，這時竟然精神抖擻，提著一隻大帆布袋有說有笑的走在最前頭。

長夜未央的兩點鐘，我們踏進了海口市。

路燈像古廟裡大香爐中的香火，疏疏落落用昏黃的逗點虛線把街道指示給我們。街上靜悄悄的連隻野貓也沒有遇著。肥李引著我們逕直到了「大亞大旅社」，找到了處長梁先生，很抱歉的把他從美夢中驚醒。肥李問他：「處長訂好幾個房間呀?!」

「弊啦！我唔知道你們今天會上岸來！全市旅館都住滿啦。現在只有我這一間房間了。」

我們一路上來都是靠梁先生照顧的，何況在水東時，跛叔還親自一再叮囑過他要特別加意照顧我們的。因此，我們不便向他太講客氣的就佔用了他的房間。母親帶泠妹和民弟共睡一床，珊哥和我打地舖，梁先生和肥李各有一張帆布床，撐開了在房門外走廊裡睡。

現在始終想不起來：周柏森是在第幾天帶著我們留在船上的全部行李，來到海口，找到我們的。

輝煌的海口

海口市建立的歷史有多久不得而知，不過有一件事可以斷言的，就是三十八年底是海口市有史來最輝煌日子。市上從來沒有那麼多的人，從來沒有那麼多的物資，也從來沒有那麼多的錢在流通。繁華、虛榮和熱鬧交織成一片偉大的交響樂，但是這是最後一個樂章的最後一小節。因為這裡面的每一個音符所代表的是貪污、走私、舞弊和腐化。

從來沒有那麼多的機關擁擠在一起，各個獨自為政。每一個單位都掌握兵權、擁有部隊，誰也不能節制誰。海口好像一碗紅燒肉，可是裡面卻放了太多的大蒜、青蔥、辣椒、咖哩，……香臭腥騷，分庭抗禮。

所有的旅社全都客滿，房屋租金飛漲，物價高昂，市面流通的是港幣，連亮晶晶的銀圓，無論是袁大頭、孫小頭或是帆船也非得先兌成港幣才能花用。一般的購買力似乎並不薄弱，街頭巷尾百貨齊備，全是第一流的英國商品。從罐頭原裝的夾心水果糖、太妃糖、巧克力到印花綢緞、上等呢絨，以及全新的海格列斯牌子的腳踏車等等一應俱全。

人們都很忙碌，馬路上人潮川流不息，其實都是沒有目的的亂轉。市面到底是太小，只有那一點丁地方，上過幾次街以後便可以遇到許多熟悉的臉孔了，有同船的難友，有的卻是昨天在街上多看一眼的陌生人。

畢竟我們遇著了真正的熟人。有一天下午正經過第一晚住宿的大亞旅社門口時，背後忽然有人叫道：「大姐，妳地幾時來到架？」

回頭一看，原來是四舅母帶著她的「靚仔」兒子，四歲的家杰，接著長頸四舅舅也趕上來了。真奇怪，我們會在海口遇著。

四舅舅告訴我們說，四姨一家人也都在海口。於是，讓我們進入大亞旅社的咖啡室坐下等著，他便匆匆的去找她們了。

四姨丈黃天錫先生和我們是第一次見面，身體魁梧，一開口卻是一片「艾，艾」聲，原來是我們的同鄉客家人哩。他一見我的時候立刻以客家話大叫起來：「見過！見過！」語調很熟悉，我也不知道到底見過他沒有，幸好四姨記得清楚，解釋了半天才說服他，他在廣州見過的是大哥。

四舅舅和四姨都是三叔公的子女，以前雖然很少連繫，感情上也不及大伯公家的舅舅阿姨們來得親切，但是這是我們逃難以來第一次遇見的親戚。此時此地，大家都感到非常高興。

我們又輾轉的認識了一位同鄉同姓的「滿姑」。她大概是三十出頭的年齡罷。表面上開設了一家棉花店，暗地裡卻是經營海口和香港間的走私行當。為人活躍能幹，是當時海口社交界名花之一。有賴她的幫助，使我們很快的習慣了海口這個地方。

張志岳叔叔早來海口租下一宅房子，我們這時覓不到宿處，於是他讓出一半分租給我們。那是一幢典型的老式房屋，中間有大廳，左右廂房前後一共四間。柴舍廚房則在後天井裡。我們最欣賞的卻是後天井後面的大花園。大花園雖然已是荒蕪多時，但是樹木成蔭，花草不亂依然十分宜人。園中尚有一座八角亭，紅柱碧瓦清新如畫，只是亭中石凳石桌上面生滿了一層深綠色的青苔。

我們佔住了右廂的前房，珊哥和周柏森便睡在客廳後面過道裡的大坑床上。奔波了一個多月，我們總算又安定下來了。

這一段安定的日子大概是一個月罷。

安定生活中的第一件大事是珊哥的胃病又發作了。眼看他一天天的消瘦下去，整日價躺在床上捧著肚子呻吟不歇，滿姑替他介紹了一位中醫老先生，先由周伯森背負著他去就診，喝了兩碗苦湯以後便能自己走動前去就醫了。老先生又開了一劑「肉桂湯」使珊哥恢復了生氣，也掙得我們的信任。在短短一個月中，我們都請他診過脈，喝過他處方的苦茶。

末日的來臨

三十八年十一月，南廣東的局勢似乎和緩下來。南下的共軍佔據了廣州以後似乎已成強弩之末，沒有繼續南下的跡象。各路國軍則齊集雷州半島北部，大軍壓境地方上原有一些土匪也消聲滅跡、不見蹤影。

這時聚集在這個地區的部隊大約有七八萬之眾，分屬各個不同的指揮機構。其中實力較大的是廣東綏靖公署，粵桂邊區剿匪指揮部，廣東省政府，沈發藻兵團和閩粵邊區剿匪指揮部等等。名義上綏靖公署已受令為最高指揮單位，實際上對於混亂無比的局面僅憑一紙命令根本無濟於事。

由於共軍南下廣州後沉默了一陣，我軍便擬定了一個新構想：當時在廣西境內西江北岸我們還有張淦和魯道源率領的兩個兵團，如果雷州方面的部隊能夠向北挺進一點到達西江南岸與廣西各兵團取得聯絡，會師向東可以復得廣州。這個作戰計畫應該可以實行的，可惜後來失敗了。失敗的原因是沒有在十一月間，共軍剛佔領廣州、喘息未定之時進攻；而一直等到共軍休息就緒，整編後繼續向南進兵，戰場上已失主動為被動。而且最嚴重的一點是消息不正確，指揮不靈活，部隊各自打算。

可是在海口，大家卻盛傳：啊，馬上就要打勝仗了！大家都很高興。

十月的最後一天，突然父親回到海口來了。他說，他奉令從長樂趕到北海去謁見歐震將軍，但是到達北海才發現那裡根本是一個不設防的空城，找不到歐震。於是他搭乘小飛機逕直回到海口來。

在海口市，父親奔走了幾天，總算替前線將士爭取了一些援助：號稱為一個團的五百人生力軍、軍用棉衣、幾挺輕機關槍、大批子彈，裝滿了幾艘機動帆船，駛往北海歸還建制部隊，增援去了。

父親率領部隊及補給品離開海口以後，每天早晨大家搶報紙看，等著打勝仗的消息。終於好消息來了，十二月三日報紙的頭號標題，是我軍反攻獲得大捷，正乘勝向北推進中。

可是這是一個謊言，是一個大騙局。也許是新聞記者要欺騙讀者，也許他們自己也讓人給欺騙了。

大概是十二月四日晚飯前，突然門簾掀開，是父親跨進屋來。提著幾天前帶去的一個帆布袋，好像很疲倦，臉色很嚴肅，對於我們帶著驚訝的歡迎毫無反應。

「完了，完了，阿跛完了！」他一進門就這麼說。

「……。」我們都不知道他指什麼說。

「怎麼？你們還不知道打敗仗？梁處長沒有來告訴你們？」

大家都呆了，半天沒有人說話，原來報紙報導的是相反的消息。

跛叔，宇雄叔，伯英哥，雷牛精，劉尖頭，林中南，老柴……一群熟悉的臉龐一一在腦海裡浮現，他們現在都是生死不明了！同船來的眷屬們將有多少變成寡婦孤兒呢？

原來兩星期以前，廣西方面的兩個兵團就被共軍吃掉了。海南島的指揮當局居然毫不知情，仍然按原定作戰計畫把部隊向北伸去，正好投入敵人事先佈署下的口袋陷阱中。就在父親從海口回到北海的同時，跛叔正集中兵力向廉江進發，半夜陷入包圍，混戰達旦，最後統帥被俘，全軍覆沒。

戰爭勝敗乃兵家常事，但是像這樣盲人騎瞎馬的敗得糊裡糊塗，跛叔固然英名掃地，但是他又怨得了誰呢！

幾天以後，伯英哥居然大難不死，繞道廣州灣搭乘民船逃回到海口來了。他回憶那天晚上的情形：

「行軍……，天黑了，走進一個小村落，我找到一間破舊空房子，在牆腳下放開舖蓋睡覺了。……。半夜，四面八方乒乒乓乓有槍聲，我沒有理會，繼續又睡了。天亮，槍聲停了，起來一看：發現外面軍旗都改變了，嚇了一大跳，趕緊換上一套便衣，走出街上不見人影。在一幢破房子後面找到一個小兵在躲藏著，我給他也找了一套便衣。他替我挑了行李，兩個人一直走路，走到了廣州灣。一路上好像什麼事也沒有發生過一樣。」

以後的幾天之中，陸陸續續每天都有官兵回來報到。各人的經歷都不相同，但是都是從廣州灣方面再轉來海口的。相信當夜如果能掌握著部隊向廣州灣退卻的話，跛叔也許不至於全軍潰亡的。

戰場歸來的散兵游勇，由一位姓列的團長出面，維持著原來三二一師的番號收容下來。在海口的眷屬們仍由梁處長照顧著。還好當時作戰失利時，部隊是一哄而散，兵敗如山倒；仗是打敗了，傷亡人員倒是很少。有眷屬的差不多都輾轉回到海口來，沒有令梁先生難堪；否則的話，如果有一位傷了心的太太牽著幾個孩子，一把鼻涕一把眼淚的，來向梁先生叫：「還我丈夫來！」這位梁處長倒是很難排解的。

父親奉命赴廣州灣接運潰退下來的各部官兵，安排他們回到海口編併。部隊整編，事情告一段落後，父親便向上級報告，辭去職務。

父親回來後，每天在家裡吃飯的人便多了起來了。有些是父親以前的隨從衛士，他們原是以軍為家，現在更需要一個棲息之所。打擾了我們也打擾了張志岳叔父家，於是我們乃有搬家之議。搬家是想作久居打算。大家都覺得這是退無可退的地方，海峽天險可憑以堅守。何況報紙上每天仍登載著令人心安、令人恢復自信的消息。

滿姑在海口很熟悉，她每天陪著母親看房子。有的房子不理想，有的地點太偏僻，有的租金太昂貴，忙碌的奔波了十幾日。最後無意間卻發現了一處棧房，一大間房間之中用木板隔成兩房一廳還很寬裕，板壁漆著白漆更顯得清潔悅目。屋外尚有空地可供我們使用。

很奇怪，我們才到海口不久的一天，不知為什麼事情曾到過這房子附近，當時看見這幢白色的房屋相當可愛，大家都很欣賞，說：「我們住在這裡就好了！」現在果然實現了。

那時，地扼雷州半島北端的廣州灣在名義上尚未淪陷，而且地勢上與海南島互為犄角之勢。可是海南島上五指山中的土共部隊在馮白駒率領下，已配合南來的共軍聲勢躍躍欲動了。首先受到威脅的是島上東西兩面海岸的少數駐防部隊，接著西北角上的臨高角一帶發生了小規模的戰事。山上的土共要爭奪海灘接應渡海南來的共軍。

海面上的戰事也隨著共軍試探性的進攻而揭開序幕。每天報紙上都說，有共軍機帆在海峽中被我海軍艦艇擊沉。共軍進攻的箭頭指向海口來了。

我們又要考慮逃亡了。路有兩條，臺灣或是港澳。臺灣對我們是個陌生的地方，沒有親戚和朋友；港澳方面則有親戚熟人，地方上情形也較熟悉。此外當時海口除了與香港、澳門間有輪船交通頻繁外，就找不到去別處去的船隻。最後，我們選擇去澳門。

海口駛往香港或澳門的船隻，風險很大。沒有勇氣的船主、船員老早先駕船逃了；有勇氣的船主和船員卻像海盜，他們駕著數百噸的大型機動帆船，滿載客貨，在戰火與波濤交織的危險中進出自如。一張客票的價格貴得駭人，不過據說其中包括海口港口上各單位的「水頭」在內。水頭者利益也。

我們在海口要走未走的拖著過日子，民國三十八年悄悄溜掉。終於等到槍聲再起，平安夢再被震破，已是民國三十九年了。

民國三十九年元月二日，有一股共軍在臨高角登陸成功，五指山上的土共便拼力下山夾擊響應。偉大的海南島保衛戰終於開始。海軍艦艇也在海上切斷了共軍後援。登陸的共軍部隊彈盡糧絕，終於舉起了白旗。這就是所謂的三十九年臨高大捷。

元月五日，五指山上的土共發動了對海口的一次騷擾性攻擊，雖然遠在海灣彼岸，可是槍聲傳入市區清晰可聞，大家都皺起眉頭。於是，伯英哥和我持了父親的名片去謁見港口司令，請他設法代買幾張船票到澳門去。

三十八年間，大陸各省人民大批湧進香港，彈丸般大的香港因人口突增而問題叢生，於是香港政府乃有入境限制辦法，非先由在香港居住的朋友代為申請不可，否則原船遣回；澳門政府也採取同樣辦法，但執行得較不嚴格。這也是我們決定到澳門去的原因之一。

（本篇是寬淳仍在左營海軍軍官學校就讀時所寫，四十六年畢業後職務繁忙，沒有繼續寫下去。他本人於民國七十八年六月八日因公南下清晨四點多鐘，在中山高速公路后里段157K，豐原附近數公里處車禍當場死亡。）

中華民國七十八年六月八日 星期四

高速連環車禍

后里 五車出事 兩死兩傷

記者林重鑾/北斗報導

一輛滿載電磁筒的大貨車，昨天凌晨在高速公路台中縣后里段南下車道撞上護欄衝下斜坡，司機賴俊成死亡，助手重傷，掉落的電磁筒使後方四輛車撞成一團，一輛軍用轎車被大卡車壓著，海軍少將陳寬淳當場死亡，駕駛兵曾金賜受重傷。

公路警察局第三隊表示，昨天凌晨四時四十分，賴俊成（廿四歲，宜蘭人）駕駛〇五九—四一五五號大貨車南下，經高速公路北起一百五十七公里附近撞上護欄，車子衝下路肩斜坡。賴俊成當場死亡，助手受重傷，被路過車輛送醫，狀況不明。

由於大貨車上的電磁筒掉落在車道上，跟在後面由郭勝福（卅二歲，台北縣人）駕駛的〇一七—一七八六號遊覽車、林明賢（廿七歲、雲林縣人）駕駛的〇七〇—八六二〇號大貨車及由駕駛兵曾金賜（廿一歲）駕駛的軍一〇〇二九號轎車，均緊急煞車。

不料，由王坤芳（卅三歲，屏東人）駕駛的〇三七—四二九三號大卡車煞車不及，追撞軍用轎車，造成四部車撞成一團，大卡車並衝上軍用轎車之上，轎車內海軍少將陳寬淳（五十五歲，住高雄市左營區）當場死亡，駕駛兵曾金賜受重傷。

此一連環車禍使交通受阻三小時，一直到上午八時才恢復暢通。

寬淳一家。

第十六篇　葡萄牙旗幟之下（民國三十九年）

澳門初到

踏上澳門的陸地，真有一種說不出的感覺。

這是異國異地嗎？葡萄牙國旗飄揚下全是與我同一族類的市民，說的全是廣州白話；不過，一般市容卻與汕頭、香港、廣州灣、海口等地所見完全不同。澳門街道整潔，房屋華麗。後來才知道：澳門的房屋其實都很老舊，只是葡萄牙殖民政府要求所有房屋沿街的這一面每年要油漆。尤其許多歐洲式樣的房屋外牆大量使用鵝黃、純白、蘋果綠等鮮亮的顏色粉刷，襯著紅瓦。看慣了國內各城市中灰黑壓壓的雜亂街市建築，的確令人耳目一新。

乾淨的柏油馬路邊有整齊的路燈、高聳的銀色鐵柱、明亮的水銀燈，而且沒有牽牽掛掛雜亂無章的電線，原來電線都埋設在地下了。

莫名其妙的在船上坐水牢一般待了七八天之後，踏上澳門的陸地，那天正是大好晴天，風和日麗，藍天白雲，不自覺的一番深呼吸，身心都感舒暢無比。

我們住入碼頭附近離新馬路口不遠的東亞大酒店。新馬路是繁忙熱鬧的大街。

那時廣州已告解放，我試著寄信去廣州給住在惠愛新街的六表叔顧葉生。

過了幾天，六表叔六表嬸二人親自從廣州搭乘小輪船送寬仁回來。原來，早在汕頭時，我便安排寬仁去廣州昇學，考進了中山大學的先修班，在六表叔家借住。

一般常說「港澳」，其實二地不能相比。無論是人口或是土地，香港大太多了，許多方面澳門要比香港落後，居住澳門的日常生活費用要比香港低得很多。國民政府從廣州撤退，政府機構遷往臺灣，許多附屬單位都進入香港，許多關係人物也都落腳在香港。宇飛本來可以再去香港拾回一點人事關係，只是他對官場已經是心灰意冷不再有興趣。做生意嗎？從商也得要一點本錢，何況宇飛根本不是那塊商人的材料，不商也罷！在這種狀況下，且在澳門住下罷！

三叔父一家早在澳門住了幾年了，他們也勸我們暫且住下。於是，熱心的三嬸每天引領我穿街走巷的去找尋適當的房屋。前面幾天，三嬸帶我看一些可說是她所習慣的傳統房屋：舊街坊裡的房屋，房間狹小、光線不好；漸漸的，三嬸發現我的偏好啦！她說：「明天，我們換一個區域去看房屋，去南環！那邊的房子都很大，妳一定喜歡。」

第二天，我們便來到南環路上看房子。南環路是一條彎彎曲曲沿著海岸的一條柏油大路，路邊二列大樹。沿著海岸是可供行人坐下的石堤和人行道。南環路的前一段二側都有房屋，這一段緊貼著海岸，正好所有的房屋都在一邊，正面朝南。這環境我就很喜歡。

路邊一家正在召租，好像是五十一號罷！果然，一看我就很喜歡。

那房屋以前應該不是一般的住宅。沿著人行道是一段白色的矮牆，進門就是一處很大的門廳，左側是幾間房間，已有人租住著，門廳靠右是一座約有五六尺寬的大型樓梯，踏上大樓梯，左轉二次到達二樓。二樓樓梯口的正對面就是一個特大房間。房間朝南正面左右二個大玻璃窗，隔窗望出去，從樹頂上可以看見平靜的大海，遠方有漁船在捕魚。房間大，光線好，空氣好。

樓梯口向後去，過道二邊是一些小房間，有些已有人住。有一大間說是房東堆放著東西，好像是一包包的棉紗之類。走廊盡頭是一處後面騎樓，有樓梯下去。下面是一處大天井，一邊是諸家公用的廚房和廁所。我感覺不滿意的就是這二項。不過好在廚房很大，各家放置燒木炭的風爐不會干擾。廁所裡面也已分為三小間。

房東太太姓簡，商議一陣，我決定租下。房東太太看我很乾脆，就同意二樓樓梯口這一個空間也歸我使用。租約簽定，我立刻讓冠中率寬仁寬淳丈量房間尺寸，上街買回來鐵釘、鐵絲和印花布料。我要把這特大房間隔成一廳三房來使用。

冠中、伯英和周柏森全體動員在地板上釘下鐵釘、牆頭上釘下鐵釘，鐵釘之間拉緊一根粗鐵絲，把房間一分為二。靠東這略小的一半作為生活起居室，另一大半再隔分為三間臥室。

行李中打開手搖的縫紉機，冠中能幫助我車縫。我們把印花布縫成大幅布幕，用鐵絲穿透二端張掛起來當作隔牆。不到一天，一廳三房實現了。

我又買了些簡單的傢俱，把樓梯口佈置成吃飯的地方（當然不能說是餐廳罷），入夜就排列幾張行軍床。房東太太很同情我們這個逃難家庭，看我們很會利用空間，於是，她請周柏森幫助把她自己的一包包棉紗堆高，堆放整齊，用一大片布蓋起來，圍出一塊空間正好可以放置三張帆布行軍床，供伯英、冠中和周柏森睡覺。

邀六表叔去上海

半年多之前，三十八年五月十八日，我們乘坐「華孚」輪船匆匆離開上海，其實只是半家人。還有一半留落在上海，是我母親在照顧著。

多年來母親一直跟隨我們住，幫我管家照顧孩子。我們在南中國海上流浪的這一段時間，上海解放了。我們與上海之間斷絕了消息。母親帶著冬青、寬平、寬薇、寬鎔和子常弟一家住在友華村，根本不知道我們在哪裡。

既然來在澳門安定下來啦，該去把她們接出來罷！

去上海接她們出來，只有我自己一人能去。回來呢？一群全是手不能提的婦孺，沒有一個有力的幫手。忠實的蔡慶山在南京當然可以找他來幫忙護送，問題是大陸變色後，除了能說廣州白話的廣東人之外，香港和澳門政府嚴格執行不讓外省人進入。蔡慶山一口安徽官話絕對是過不了關的。所以這次行動不能找他幫忙護送。

我想到了六表叔顧葉生，他在廣州就業生活多年，廣州市內開設許多錢莊的區域所謂是十三行那一帶，許多人都稱呼他是「六叔」，他簡直就是個道地的廣東生意人。他早年也曾在上海活動，出門搭車搭船也頗有經驗。他雖然是叔輩，其實年齡和我相當。於是，我正式請求他陪我去上海接取母親等一行。他慨然答應。

彼此都是第一次來到澳門。他們多住了幾天，我們陪他們各處看看。澳門地方很小，但是卻以「東方的蒙地卡羅」為名，我們當然免不了去參觀規模宏大的賭場。賭場中煙霧迷漫，人潮洶湧，人聲嘈雜中又有一陣陣催促賭客下注的電鈴聲更造成特殊氣氛。我們四處瀏覽一陣便回家來。半路中六表嬸對六表叔說：「你怎麼沒有看得準準的去押一把？」

六表叔回答她說：「如果能看得準準的話，我整個人就押上去啦！」

大家聽了哈哈大笑。

全家慶團圓

三十九年的農曆新年之後若干日，六表叔單獨一人再從廣州來到澳門。我已準備好，隨即與他乘坐「電船仔」先去廣州。從廣州搭乘火車回到上海。在內陸江河中行駛的小型機動輪船，當地人稱之為電船仔。

一到上海，匆匆忙忙回到友華村，匆匆忙忙率同母親一行收拾細軟，趕火車回到廣州。在廣州未作停留，逕直乘小輪船回到澳門。

奇怪的是：那一段過程的記憶，如今在腦海裡卻是空白一片。怎麼想都想不起來。

友華村的房屋託付給大伯父家的子常弟，南京傅厚崗的房屋讓蔡慶山一家住著。久居上海多年的父親，他自己在興業里有一幢房屋住著。我去向他辭行，彼此相對無言，在他長嘆聲中，我回頭下樓。生離就是死別。他在一九六三年正月初去世。

在澳門我們這一家總算是團圓啦！

喘息稍定。周柏森前來訴說，他離開湖南家鄉出來當兵十幾年了，想要回解放後的老家去看看。他原來是宇雄的部屬，當時是臨時借調來家裡擔任勤務，局勢變化使得他跟隨我們逃難，即令是直接雇用的僕人也可能辭職，何況是他呢？沒有理由不讓他回家去看看。他很正式的說，他請假一個月，一個月以後回來跟我們去臺灣。

我額外給他一點錢。他走了。從此沒有一點消息。

從上海接取母親，回到澳門攝影。

平時沒有感覺。周柏森走了，我們的日常生活立刻受到影響。南環路上的房子很大，廚房在遙遠樓下的後院。周柏森其實是我們的廚師，他整天前後奔走張羅我們有水喝、有飯吃。他走了，於是冠中下去當廚師。

其實冠中的廚藝是很不錯的。問題在於冠中到底是大少爺出身，偶然弄幾個菜出來給大家欣賞是興趣，要他每天定時下廚就是難題了，再加上他經常胃痛發作，泥菩薩過江自己還要別人伺候呢！

周柏森走後不久，伯英、冠中二人也說要回廣州去看看，找找朋友，找點事做。我勸阻他們。我對他二人說，他們不可自比周柏森一類。現在住在澳門大家都是沒有工作、無聊。這只是暫時的。我要他們忍耐一下。大家一起刻苦生活，等候機會，一同到臺灣去。他們二人堅決要走。

他三人一走，我親自下廚。一日三餐，捧飯捧菜的去後院樓梯爬上爬下，才幾天我就受不啦！決定要搬家，另找適當的房屋住。

賓仁寄住在廣州六表叔公顧葉生家時，曾經在大街上無意遇到宇雄和益彰，彼此留下聯絡地址。原來宇雄在雷州半島作戰失利，部隊潰散之後跑到廣州找到了益彰。益彰在家鄉的名字是展熙，人稱阿熙古，是宇飛同宗遠房的弟弟，他原在民主社會黨廣州市黨部工作。廣州解放，他已準備離開廣州去臺灣。果然，不久宇雄和益彰二人到達臺灣。益彰自臺北寄來書信確定我們在澳門。於是益彰就進行安排我們去臺灣。

羅神父街寓所

看了幾天房屋，距南灣相當遠的地方，在羅神父街上看中了一處很合適。

現在記不太清楚方向啦！澳門有一條幽靜美麗的馬路，好像是東西向的罷！兩旁行道樹茂盛，中間是筆直的柏油路。機動車輛很少。有一班公共汽車定時行走，好像是4路罷，使用的是二十多個座位的藍白二色中型車輛。路邊有公車站牌，但是司機老遠看見我們招手，也會把車停下來等候我們上車。這條林蔭大道是柯高馬路。柯高馬路大概中段地方的一處十字路口，左轉進入一街，有個奇怪的名字是三盞燈。右轉就是羅神父街。

我看中的房屋是一號的地面層，港澳一帶所謂是「地下」。那一列是沿街的三層樓港式房屋。房屋地基是長方矩形，沿著柯高馬路這一邊多出一片三角形土地，原來地主就把這塊地用磚牆圍起來作為地面層的後院。

羅神父街一號地下，進門是一個長方形大廳，廳後右手邊進去是一條長走廊，沿走廊一列二間臥房。一間特大，也許是隔壁的二倍。走廊走到底是廚房和廁所。廚房很明亮，有一個後門。開門出去就是那個三角形院子。

每一個房間都有窗子，光線、通風都很好。最讓我動心的是：屋主說，只要我頂下他的房子，房屋中全部傢俱免費奉送。所謂「頂」的意思是可以得到全部房屋的使用權，只是每一個月尚必須另繳一點租金。

屋主很年輕，可能是一位「二世祖」之流。廣州港澳一帶，稱呼只會花用父母辛苦賺來的錢而享樂的紈袴子弟為二世祖。

客廳中有一大二小、三件式一套牛皮彈簧沙發，一張桌面上鋪設白色磁磚的長長西餐桌，正中間頭上是一盞有玻璃花飾的吊燈；牆邊一座玻璃酒櫃，最下層空著是放置洋酒的，上面用大片鏡子做成每層的隔板，鏡面隔板上放置各式酒杯和水杯。玻璃和鏡子使得櫃子裡根本看不清有幾百幾十個紅紅綠綠的玻璃杯，真是漂亮。屋中其他各房間的應有傢俱可說都很完備。

屋主堅持索價澳幣三千元把房屋頂給我們，另外每月我們只要再付五十元給地產公司即可。全部傢俱免費獲得。澳幣幣值略比港幣大十分之一罷！

房屋外面，隔著羅神父街是一大片還沒有蓋房屋的土地，正好變成孩子們遊戲的地方。寬仁、寬淳兄弟二人去三盞燈附近車店租了腳踏車，在廣場上騎著玩，練特技，學金蟬脫殼，一人自車上跳下，一人跳上去接著騎。冬青在旁看得心癢癢，也去租了一輛車來學騎，只見她一直摔跤。

天氣不好，不能出去玩時，好在客廳很大，孩子們很會利用那張長長的桌子。利用那桌子打乒乓球。有時他們在桌上鋪上一床毛毯，在毛毯上玩滾玻璃珠遊戲。

那是一張特別製造的長桌，整張桌子重得不得了，桌面上鋪砌一般用於浴室牆壁的白色正方形磁磚，六片寬十二片長。吃飯時當作餐桌。入夜以後，孩子們就各據一方自作功課。

孩子們入學

生活暫時安定下來，將來如何尚在未知之數？益彰在臺北為我們辦理入境手續而奔走，不時來信說明仍在進行中。宇飛是一籌莫展，自己哼哼唧唧的唱「四郎探母」：「坐宮院、自思自嘆……。」

我覺得孩子們的學業不能中斷太久，於是放眼各級學校。

澳門算是葡萄牙的海外一省，葡萄牙以天主教為國教。因此，澳門的天主教教會對地方上的影響很大。曾經有一次在大街上遇到教會舉辦大遊行，不知道那天是天主教的什麼節日，許多神職人員穿著中古時代的長袍，唱著聖歌，舉著聖母瑪利亞的神像穿街過巷，慢慢走著。許多教友夾道膜拜，齊聲唱歌，在胸前畫十字。遊行到總督府前面，只見葡萄牙籍的總督率著全家出來都在馬路邊上跪下。

天主教在澳門的影響如何如何，這遠在我的頭腦所能了解的知識範圍之外。不過天主教很重視教育，教會辦學校很嚴謹，卻是早已領教。早在當年日本軍隊進入上海市英法租界之前，我把仁兒送去郊外徐家匯，就讀天主教辦的徐匯學校小學部唸法文，全學期住宿在學校裡。除了教學書本上的東西，還有很規矩的生活教育。只是日本軍隊進入租界破壞了我的安排，不得不讓寬仁轉學到離友華村寓所稍近的一個普通小學，每天步行往返，中午吃飯由蔡慶山騎腳踏車送去。

天主教在澳門只有中小學，規模不錯，校園都很大，只是男女分開不同校。寬淳插入聖若瑟中學唸高二。平、泠、薇三女則進入聖羅撒女子中學，寬薇好像是在小學部。聖羅撒女中的學生制服是純白色的旗袍。

寬薇從此變成極虔誠的天主教教徒。來到臺灣後她從師範大學輟學，接受聖母瑪利亞的召喚，穿上修女道袍傳教去了。

仁兒的問題麻煩一點，他雖持有一紙廣州中山大學先修班的轉學證書，但是澳門沒有大學，要昇學必須到香港去。我們一直聽說，香港有一所公立的羅富國師範學院很不錯，而且考進去的話，學費等費用負擔極少。其實我們是在等候臺灣的入境許可，因此並沒有積極的考慮把仁兒送去香港。

教育界的耆宿朱家驊先生等一行也從大陸輾轉逃難出來，來到澳門。他們便在澳門開辦一所中山教育學院，招收海外流亡失學學生繼續昇學。中山教育學院開學，全部學生也許只有五六十人。寬仁當然也入學了。學費是一筆相當的負擔，無論如何，這一類的支出我一定想盡辦法應付。

中山教育學院院長是留學德國回來的教育學博士吳兆棠先生。吳院長對寬仁有很好的印象，後來彼此都來到臺灣，寬仁去見過他。吳兆棠曾經擔任過青年救國團主任，不幸不久卻去世了。

一拳打爛巴士

仁、淳二兒很早就喜歡玩攝影，從上海出來一路都帶著照相機，都是一流的產品。一個萊卡，一個蔡司衣康。但是逃難途中買不到軟片，等於是有槍沒有子彈。

蔡司衣康是抗戰後，承庸弟從莫斯科託人帶到上海專送給寬仁的。萊卡則是當年宇飛對攝影略感興趣大買特買各式相機時買回來的，寬淳喜歡它體積較小，便帶著它。

來到澳門，街上照相店林立，各國製造的軟片都有，價格不算很貴。他倆兄弟又開始玩起照相機來。我們還住在南環路上時，有一次天未亮，兩兄弟跑出去拍海邊日出的照片。照相店沖洗出來，造成一時轟動。

澳門最有規模的一家照相店，店名是「美苑」，老闆好像姓盧。美苑不是那種沿著街道的傳統照相店。美苑佔地很廣，店前面是一處花圃，進門是個鋪設地毯的大廳，牆上掛著盧老闆自己的攝影作品。那個時代攝影全是黑白照片，作品中居然有一張放大多倍的彩色幻燈片。幻燈照片中主體是幾個蕃茄，蕃茄紅得鮮艷欲滴，蕃茄上面的水珠珠晶瑩剔透，令人印象深刻。

盧老闆在澳門舉辦「美苑杯」攝影競賽。

寬仁使用蔡司衣康相機曾經在汕頭的中山公園拍了幾張照片。在廣州市橫跨珠江的海珠橋上對著江面，逆光拍了幾張漁舟的照片。這些照片經全家一選再選之後，送到美苑放大為二十吋，參加比賽。展覽會盛況空前，數百張照片中，寬仁居然入選兩張。那張逆光拍的漁舟拿到銀牌獎。這些照片後來來到臺灣，我們住在永和時，颱風帶來水患，全被天災破壞了。

要去臺灣大致已有眉目，聽說在臺灣照相機很昂貴，寬淳也表示萊卡攝影必須張張放大、不方便。於是決定再買一個相機。一天我們在新馬路上一家照相機店買了一個日本製造的Mamiya相機，寬淳是騎著一輛租來的腳踏車跟著我們上街。相機買好啦，他把相機揹上肩膀，說：「我不跟你們逛街，我先回家去啦！」踏著單車得意洋洋的走了。

柯高馬路有一點坡度。他踏著單車進入柯高馬路後一路下坡，車速很快。來到廣場前遠遠可以看見羅神父街口的家門口，幾個妹妹正在門外玩耍。她們也看到他了，跳躍起來揮手招呼。

寬淳在快速下坡的腳踏車上一手舉起新買的相機，正要搖晃賣弄，真所謂是說時遲那時快，羅神父街口有一處公車站牌正好停著一輛公共汽車，也許寬淳估計公車會開走，閃避不及便向公車後面撞去。寬淳後來說，他怕撞壞相機於是伸長右手保護相機。不料那小型公車的外殼卻是甘蔗渣板那一類的薄板材料做成的，寬淳高速度一拳伸過去就打穿了巴士後車身。轟然一聲震動，全車人都嚇一大跳。

寬淳只是後來手背有點青腫，幾天就消了。不旋踵之間，三叔父的朋友們輾轉相傳，以及附近幾家鄰居的指指點點，都在說：「一拳打爛架巴士哦！」

「好犀利哦！」

「好大力架！」

至於那幾個相機的下落呢？來到臺灣後，都賣到臺北市博愛路上的委託商行去，補貼家用啦！

香港闖關記

世界上最可惡的人應該是那種講話學洋人腔調欺侮自己同胞的「假洋鬼子」。具體的代表：是那個時代的一些香港華人警察。他們表現的行為真令人氣得牙癢癢的。他們的目的是要旅客悄悄的塞幾張港幣在他們手中。我就是不願意這樣做！

民國四十年初，農曆還是臘月之末，益彰寄來宇飛一人的臺灣入境許可文件，全家興奮。高高興興的過年。正月初五，我陪宇飛一同搭夜船去香港。初七午後送他登上一艘太古洋行的客貨輪船去基隆。我自行返回澳門。

宇飛到臺北後就為寬仁一人先辦入境文件。五月某日，寬仁的臺灣入境許可文件來到。去臺灣必須從香港上船。同樣，我領他乘坐夜船，半夜時分從澳門開航，第二天清晨抵達香港。船隻靠碼頭，我走在前面隨著人群跨上跳板走到碼頭上，回頭不見了寬仁。原來守在跳板口的香港警察盤問他，硬說他不是廣東人，不准許他上岸，要他隨原船回澳門。

幸好我事先聯絡好久居香港的顯弟來碼頭接我們。於是，我們二人立刻趕到移民局。我對一個洋人主管大聲抗議，拍打他的辦公桌，拿出寬仁的臺灣入境證及船票等文件。我說：「你們不准『老兄佬』入境，他是『老兄佬』嗎？他要去臺灣，你們耽誤了船期，你們賠不賠我的船票錢？准我上岸，不准我兒子上岸是什麼道理？」

北方人見面互稱「老兄」，港澳人士推而廣之把所有的外省人都稱為「老兄佬」或是「上海人」。洋人主管顯然聽得懂我說的廣東話，看了我手中的文件，也沒有說什麼，回過頭去對一個華人警察交代一番。華警招呼我們乘坐一輛公事車逕到碼頭，領我們到船上，驗明正身後才讓寬仁踏上香港碼頭。

在香港休息一天，第二天我把寬仁送上開往基隆去的太古輪船「永生」號，自己再搭船回澳門。

暑假開始，臺灣有些學校來在香港招生。寬淳在聖若瑟高中畢業，另有幾個同學也準備去臺灣昇學。於是校長何神父親自率領這幾個學生到香港應考。船到香港，寬淳被認為是「老兄佬」而不准上岸，隨原船回來澳門。

過了幾天何神父又率領另一班學生去香港。寬淳隨著去，又是隨原船回來。

第三次仍然過不了關。寬淳發願說，有朝一日能回來香港，必定要修理這些狐假虎威的假洋鬼子，報復一下。只可惜寬淳是壯志未酬身先死啊！

第十七篇　來寶島重拾尊嚴

新竹的日本式房屋

在澳門又過一次年。

民國四十二年二月，終於拿到全家的臺灣入境許可。整頓一切，過境香港，居然順利上岸。休息二天，搭乘太古洋行的「和生」輪船去臺灣。

澳門羅神父街的房屋，原來是花錢頂下來的，本來可以再頂讓給別人。我發現三叔父兩老在澳門一直住著酒店，長住酒店也許不是辦法。於是，我將羅神父街的房屋免費請他們來住。他們在那裡住了好幾年，後來搬回香港。

太古洋行的「和生」輪船離開香港一路風平浪靜，二個日夜罷，到達基隆。宇飛和益彰已在碼頭上等候。一行人浩浩蕩蕩拖著行李，橫越馬路就是火車站。在火車站附近小食店吃了一頓飯，在候車室中也不知道到底是等了多久，火車來了。終於搭上火車。剛上火車，孩子們都很興奮。車行不久都睡著了。

火車到達新竹，我們下車。找一輛人力車裝載行李，老少一行步行，拖拖拉拉，一直走到東大路和中央路的轉角處，前面是一片稻田的一座日本式房屋。這就是宇飛先來到臺灣買下來的房屋，準備我們全家居住的。我那時心中就覺得不解，為什麼要選擇住在新竹的田野裡呢？

天色已暗，室內有電燈，用的都是低度數的燈泡，只比香煙頭稍亮一點而已。好在鄰居一家人，古先生古太太非常熱心，已經替我們煮好一大鍋開水，大家才有水喝。

胡亂過了一晚。

第二天才看清楚居住的環境。

這是一幢小型的日本式房屋，一層，全屋是木造的，不過並不是上好的檜木，而且已相當老舊。說不出來是多少坪大小，客廳最大也許是八蓆罷！房屋地板離地面有三四級臺階高，房屋下面原來四面應有磚塊圍牆的，但圍牆已有破損，夜間便有野貓野鼠鑽進來在那裡追逐撒野。屋頂顯然比一般日式房屋要低一點，以致房間內光線不好。房屋四面有院子，空地很大。地面上鋪著一層細卵石，行走頗不方便。院子四面圍有竹籬笆，籬笆前有幾株香蕉樹和一叢叢雜亂的美人蕉。新竹風大，高大的香蕉樹樹葉日夜隨風翻滾不已，白天就影響到房間內忽明忽暗，令人不耐。母親說：「眼前不停的搖來搖去，整天好像在坐船一般。」

母親最不習慣的一件事，是進門要脫鞋，換房間要換鞋。有幾次她的鞋子未脫下就一腳踩進房間地板上；有時從房間出來，鞋未穿上便一腳踏在泥土地上。有一次，她一氣之下把鞋子一把抓起來丟得遠遠。全家哈哈大笑，她也笑起來了。

寬仁去年一人先來臺灣，暑假中考進了兵工工程學院，去花蓮接受入伍訓練半年，回臺北校本部入學。利用開學前的假期，來到新竹。兄弟姐妹重聚熱鬧一番。

我始終不懂宇飛為什麼會跑到陌生的新竹來買下這個房屋？要退隱田園嗎？膝下這一群，我們的責任未了。住在這個地方什麼機會都沒有，豈不是坐吃山空？

原來，宇飛先是在臺北寄住在同鄉朋友家裡，偶然遇見客家同鄉李鐵軍和何籓二人。大陸上國軍兵敗如山倒之前，李擔任過軍長，何擔任過什麼司令。二人退離軍職，來到新竹買房子，房屋整頓得美輪美奐，享受寓公生活。何籓是個能說善道的，不斷對宇飛鼓吹居住新竹的好處，宇飛卻是個極容易接受別人意見的人，來到新竹看房屋，鄰居古先生又是一個非常熱心的客家人。於是，買下這幢日式房屋。

新竹住家當然安靜的多，物價低廉。我記得：蓬萊米每公斤只要一元三角，上好的豬腿肉每公斤六七元，新鮮的竹筍一塊錢可以買到十一二斤。

母親看上了那些竹筍，她用醬油、黃豆和新竹的風做成「筍豆」，當做零食，分贈鄰居各家。許多人吃完跑來打聽，問是怎麼做出來的。

寬仁假期完畢，回臺北入學。寬淳積極準備暑假各大專院校的入學考試，他一心要去報考海軍軍官學校。幾個女孩都進入新竹女子中學。後來寬平是從新竹女子中學高中畢業。寬泠則是臺北市第一女子中學高中畢業。寬葳的高中是在臺北市立女中唸的。寬民的高中則是在臺北市成功中學唸的。

臺北市和平東路

在新竹住著有坐吃山空之慮，而事實上宇飛仍然不得不常常去臺北行走一番，見見老長官，看看老朋友。

我有一天翻閱《中央日報》，看到一則售屋廣告。臺北市內有一處沿街店屋要賣。我問宇飛，臺北的和平東路在哪裡？宇飛說，那是一條交通幹道。我說，我們去看看罷！宇飛和我專程去臺北看房子。

房屋在和平東路一段（門牌號碼忘記了），溫州街口和新生南路口之間，坐北朝南，沿街是個窄狹的店面，整片土地卻像一個手指頭般長長的一直伸到後面，後面大概是一大半的土地仍空著，沒有任何建築，地面已經用水泥敷平，兩側是鄰居的高牆。

我們盤算一下：空地上可以加蓋一間房間，這樣便可讓全家住下；沿街的店面可以利用來做一點小生意嘛。主意拿定。決定買下這房屋。

回新竹路上，宇飛說，這半開間大小的店面能做什麼生意呢？我那時也不知道能做什麼生意。搬來再說罷！

船到橋頭自然直！

新竹的房屋順利賣掉，抱著一包鈔票趕到臺北，買下和平東路一段的小店。

宇飛自己在後面空地丈量一陣，計算好尺寸。隔幾家店面就是一家木材行，宇飛讓木材行依尺寸鋸妥材料送過來。宇飛自己動手，首先在一道淺淺的土溝中鋪設一圈紅磚，最大最粗的木樑就平放在紅磚上。宇飛說，他沒有挖孔工具不會開榫。其實他根本就不會做木工。現實限制：請不起木匠師傅，只好自己動手。

幾天功夫，宇飛居然在後院搭蓋完成一座木屋，有一個矮小的二樓用來堆放行李衣履箱盒等，樓下便是主臥室。地面面積大概是七八尺見方罷，比一般所謂四蓆半的房間略大一點。只是房屋可以搖得動，因為整個木材結構全是用大鐵釘起來的。好在那一陣也沒有發生過強烈地震，否則那木屋一定會散掉。

前後建築之間又以波浪形的石綿瓦搭棚防曬也防雨，棚下就是日常生活起居的地方。母親的床鋪則安置在店鋪後面小房間裡。

住的問題解決，面對現實是如何維持生活呢？當然生活問題還沒有嚴重到燃眉之急的地步。不過整天無所事事也很難過。但是真正要去做生意的話，可說是樣樣外行，不知道可賣什麼、該進什麼貨，而且根本也沒有本錢去進貨。

有名氣的無名小店

沿著和平東路一段這個半開間大小的店面能做什麼用呢？

想來想去，想到一件不需要本錢投資，立即可做的生意。我會縫、會裁剪、會用縫紉機呀！

於是，把逃難旅途中一直帶著的「勝家」手搖縫紉機在店鋪中架設起來，店外貼一張空白信紙，寫著：「修改衣服　專門換領」。

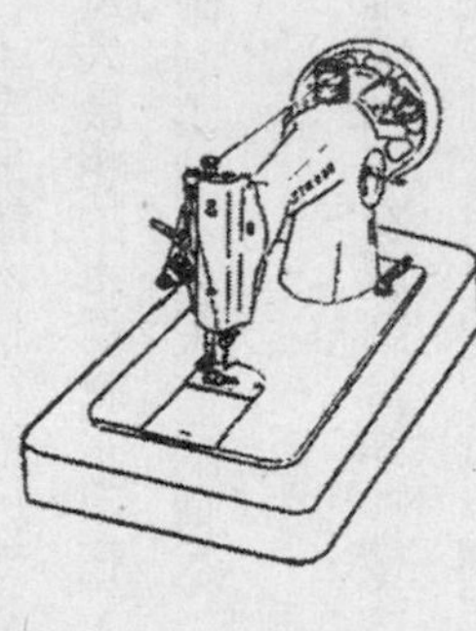

那個時代，一般男士們上身都穿一件白襯衣配一條米黃色卡基布的長褲。白襯衣每天穿、每天洗。領子部分特別髒，要用棕刷刷洗。刷洗的結果是領子部分先破了。於是，我就替他們把衣領部分整個拆下來，翻一個面，還是他襯衣原來的料子嘛！縫回去變成新的衣領。那是最輕鬆不過的小事，卻是經常不斷的生意。

附近有兵營，許多軍人拿衣服來請我修改。

有一次，有位客人拿來一整塊料子要我替他剪裁做衣服。我是姑且答應，替他做了。不料他大讚我的手工好，介紹他的朋友也來做衣服。

我這個無名的小裁縫店，開張不久可說是生意興隆。上午打開店面就有顧客上門。一般衣服：女裝、連身洋裝、旗袍、男士西褲、香港衫、童裝、……，我都能做。傍晚，無所謂打烊，只是有時工作很多，晚上不免會做到半夜才休息。生意好，顧客會輾轉相告介紹的原因：一方面也許是附近沒有其他願意做小修改的裁縫店。一方面我和母親在店裡接待顧客，客客氣氣，把人家當朋友一般看待。收費低廉。有時我說，一點點小事不必了。顧客自己會丟下鈔票快跑。

修改衣服要拆線，這種簡單的工作我就讓冬青來幫忙。我又專為縫紉機去配了一個腳架，手搖的工作改為腳踩，提高一點工作效率。

母親也拋頭露面出來照顧店面，也許看我做裁縫生財有道。她說：「做一點零碎小食物，放在店前賣。如何？」做什麼零碎小食物拿出來賣呢？

母親想到以前在京滬線火車上吃過的一種果汁豆腐乾，很好吃。她說，她會做。於是去菜市場買回來一種微黃色的新鮮軟豆乾，切成一平方寸大小，風乾、油炸，再加入上好醬油和冰糖熬煮。有辣有不辣。最後豆乾變成幾乎是棕黑色。十片一包，便用玻璃紙包起來，放在店前賣。也說是果汁豆乾。

不料我們的果汁豆乾門市銷售，一炮打響。問題是我們全靠手工在家裡做，母親指導，冬青動手。產量有限，供不應求。後來，乾脆取消小包裝，半斤一斤的賣。現在仍然屹立在臺北市羅斯福路上的老牌子西點麵包店「生計」，曾經替我們分銷。

母親會做白色的豆腐乳，我們去買了玻璃瓶罐，裝好一瓶瓶放在店前賣。嘗試買過的顧客不斷回來買，並且說，類似的東西要跑到衡陽路上的南貨店才買得到，可是味道不一樣。我們所賣的沒有牌子的白豆腐乳特別香、特別好吃。

經常有來自大公館的顧客臨門，黑轎車停在路邊，讓司機下車來買。有時高貴的先生或太太也會下車來買。

有一天早晨，冬青才把店門打開，只見已有一輛汽車停在路邊，車中人見我們開門了，走進店裡來要買六瓶豆腐乳，並說，要用繩索捆綁起來。冬青拿出六瓶豆腐乳放在櫃臺上，又拿出一段繩子，摸索一陣之後，對他說：「我不會綁！怎麼辦？你會不會綁？你要是不會綁，那就不要買算了！」說著便把繩子遞給那顧客。那顧客說：「好罷，好罷！那就不必綁啦！」他就來來回回一手一瓶的拎回汽車裡去。

其他顧客以及經常在旁邊觀望的附近鄰居們看得哈哈大笑，有人說：「做生意嘛！哪裡有教客人不要買的？」

母親還有絕技，她做的油炸花生米也是令人百吃不厭。每天晚上九點鐘，準時上市。一轉眼就賣光。幾乎也是每天九點不到，一位中階的警官騎一輛很新的英國進口「海格力斯」腳踏車來在門口等花生米。油炸花生米在上海，一般稱之為「油余果肉」。每次他都買一大包。他不斷讚美的說：「我知道來晚就買不到啦！你們這個油余果肉做得特別好吃！」

我們做的油余果肉特別好吃。為什麼？當然是有道理的。生花生米買回來，先經過一次挑選，入選的用沸騰開水燙軟，去皮，攤在竹盤中風乾，最後才入油鍋炸酥，趁熱撒上極細的花椒鹽粉，放涼之後才拿出店面去賣。母親指導技術之後，每天選花生、洗花生、炸花生便是宇飛的工作。

這樣的生活狀況，維持將近二年。

我們並沒有以賺錢為目的，只是消磨時間，以好玩的心情去應付，不趕工，無所謂辛苦。總之，全家人人有事做。有一點點利潤就感覺到很滿意啦！

孩子們全部入學，平、泠二女課餘又出去擔任家庭教師。假日有空都來協助包裝最暢銷的產品，果汁豆乾。

陳孝強　雪中送炭

陳孝強也是興寧人，雖然同姓，但是已經不屬於同一個祠堂。只是很早離開家鄉出來討生活，在南京時，他也跟著大夥稱呼宇飛為七叔。抗戰軍興，彼此失去聯絡。

來到臺北大約一年，忽然幾個同鄉伴著陳孝強來到我們的小店。他是一身筆挺的高級警官服裝，我根本認不出他是誰。宇飛招待他們就在店舖裡坐下。請他們吃果汁豆乾和油氽果肉。

他們閒談了一會，陳孝強起立要宇飛帶他進入後面，二人悄悄說話。陳孝強出來不久便與其他數人一同辭去。從此我也沒有再見過他。

陳孝強那時是保安警察第一大隊的大隊長，駐地在北投。他直接了當的向宇飛建議：家裡選一個人，把名字給他，他能安排一個雇員的缺額。如此，每一個月可以領到一份薪水和主副食的實物。雇員的薪水不多，可是一份主副食對我們的影響很大。尤其是那一人份的米，幾乎夠我們全家吃大半個月。那個時代，保安警察的待遇可說是非常的好。常常會有額外的福利品。

那時宇飛便以淳兒的名字去應付，當了雇員不必去上班，一切有大隊長在照顧著。

每月定期便由冬青跑一次，去北投某處保警大隊部領主副食補給品回來。

寬淳的雇員身分一直到他考取了海軍軍官學校，要去左營報到，才辭去這個保警大隊的雇員頭銜。

不幸的是吉人沒有天相，陳孝強在大隊長任內得了一種怪病，病發幾天就去世了。

榮民之家

不記得是哪一年了，國軍退除役官兵就業輔導委員會成立。

宇飛當然是合格接受輔導的。只是他在民國四十年，自己一人先來臺灣時，一路上把一些個人經歷的證明文件丟失了，於是，不得不一再去煩擾老長官。最後，何應欽上將、顧祝同上將和余漢謀上將等為他寫信，證明他的身分。終於拿到一份任命去輔導委員會上班。重新開始有一份荐任薪水可領。

第一個月薪水領回來的時候，看著那個牛皮紙薪水封袋真是令人百感交集。

仁兒的兵工工程學院在新生南路上不遠，但是他要逢星期假日才能回來。淳兒考取海軍官校去了左營，只有寒暑假才回來。民兒去成功中學上學是早出晚回。現在宇飛也要每天早出晚回去輔導委員會上班。

白天家裡沒有一個男子，小店店門洞開，顧客可以從店前走到店後，甚不妥當。真有一次，一位女士進店來要借用廁所。事後發現廁所裡整包衛生紙不見了，至於她有沒有順手牽羊另外帶走什麼東西就不知道了。

於是，與宇飛討論一陣。賣果汁豆乾、修改衣服不一定要有店面呀！換一個有門有戶的住宅仍然能做生意。於是，我們又開始找適當的房屋。

所謂是高不成低不就，看得上眼的買不起，陰暗潮濕的當然不適宜。看來看去，看過了中正橋，來到中和鄉。一條田邊的小路——保福路，一條窄窄的長巷——三十巷，巷底的一家——十一號。環境很不錯，進門向右是長方形的一個院子，種有香蕉以及一些花花草草，院子後面就是一所平房。房屋裡面是田字一般分成一廳三房，後面還有一片空地。空地邊上有一口井，井上裝有一座人力抽水機。全部土地四十多坪。屋主就住在隔壁，是一位北方老先生和一位年輕太太住著，還有一個尚未入學的小女孩。小女孩口齒伶俐，寬泠最喜歡隔著竹籬與她對話。

和平東路上的小店面順利的賣給一位理髮師變成一家小型的理髮店。那家理髮店在那裡維持了好多年。幾乎是跟上次換房屋一般，我們也是捧著賣屋的一包鈔票趕去交付買屋。

中和鄉保福路寓所

四十四年暑假開始時，我們搬到中和鄉住進保福路寓所。未幾，中和鄉靠臺北市近的部分分割成為臺北縣的永和鎮。

搬入新居約一個星期，宇飛奉派去宜蘭員山的榮民之家擔任秘書，只有休假日才能回來。數年後他又奉調去花蓮榮民之家擔任秘書，直到退休。

我們家的果汁豆乾已經是遠近馳名，我們不再做零售，只接受老顧客的訂製。何應欽夫人是虔誠的基督徒，她的教會每一星期定期聚會都要我們送十斤八斤豆乾前去，她會向其他教友們推銷。吃過的人也會直接來向我們訂購。何夫人也常常找些衣服讓我修改，又推荐我去替別人修改衣服。

生活很規律，日子平靜的過去。

四十五年夏，冬青的紅鸞星動了。夫婿王仍宗是立法委員王俊的姪子，在臺南工作。王俊字達天海南島人，是宇飛的老朋友，同是留學日本的同學，也是黃埔軍校創校時代的教官。抗戰時期中，宇飛任獸醫學校教育長時，王俊任步兵學校教育長。來到臺灣之後，又都住在永和，我們兩家常相來往。

冬青結婚後搬去臺南，我頓失助手。全家重擔變成我一肩挑。假日，平泠二女協助洗全家的衣服。

那個時代，外面沒有超級市場，家裡沒有冰箱。每天早晨要去買菜。那是很勞累的工作，不要小看一個竹籃子，裝滿東西後實在很沉重。

那個時代所謂菜市場，那是沒有建築物、沒有整頓過的一片空地。菜販子一擔一擔隨處亂放，買菜的人就亂擠亂鑽。腳底下一腳高一腳低，有石頭、有爛泥、有水坑，又髒又滑。那個時代輕便乾淨的塑膠袋還沒有出現，買魚買肉全用一大片芋頭葉子包起來用一根鹹草捆紮。所有的蔬菜類都是連根帶泥的一大把，回來洗摘不停，其中至少有一半是要丟掉的東西。

提著沉重的一竹籃子菜，頂著大太陽，走一大段路拎回家來。買菜回家來有如戰場歸來一般，我要喘息半天。所有買回來的東西便由母親接手處理，挑選、清洗、動刀分配。

抽水抔浦是要用全身力氣去壓，才壓出一點井水來。

午餐常常只有我們母女二人吃，晚餐就熱鬧了。尤其週末更是熱鬧。陳家幾個遠房子姪，震南、滋麟以及寬淳在澳門時的同學白培龍，在國防醫學院就讀，經常是我們家的座上客。

午餐後母親習慣要小睡片刻。我必須打掃房間，從後到前、房內掃到外院。最後都是因腰酸背痛直不起身來而停手，休息一會便要準備晚飯。

這樣很勞累的生活，大概維持了一年多，「五十肩」找上了我。發作的時候左手臂膀從肩到背疼痛無比，不能活動，偶然一點動作會引起鑽心疼痛。不能不做的家事，全家不能不吃飯，一切都只好靠右手一手操作。

永和街上有掛牌的中醫說能治，免不了是塗抹藥酒、貼上不知名的藥膏。折騰了二個多月，不見稍癒。終於，白培龍發現我有病在身，詳細了解之後，他肯定我是患了「五十肩」，他自告奮勇要替我打針。那時他還沒有從國防醫學院畢業，不過他常到我們家來玩已有好幾年了，談吐行動漸漸的愈來愈像個醫生，不知道從什麼時候開始，我們都稱他為「白醫生」。

白醫生向我說明「五十肩」的前因後果，治療的方法是注射，把藥劑注射到骨頭縫隙裡去，所以這種打針注射一般只能由醫生實施。他說得頭頭是道，很有自信。我就請他代我買藥、替我打針。他一口答應。現在已想不起當年年輕的白醫生替我打了多少針治癒了我的「五十肩」。

由於「五十肩」的出現，修改衣服和果汁豆乾的生意也就中斷了。

四十六年初，寬仁自兵工工程學院畢業，留

民國四十六年秋，在永和所拍的全家福。

校擔任助教，搬回家來住。他領的第一份薪水是請來工人在水井上面修建一座水塔，磚砌的一個方箱子。第二個月再安裝了電動馬達抽水機，可以把井水直接打進水塔。水塔下面接有水龍頭。扭轉水龍頭就有水啦！

同年暑假，寬淳自海軍軍官學校畢業，他的工作崗位在船上。休假回家來，當然不會再像以前學生的窮酸相啦！

跌斷髖骨

五十二年，四月某日。

那天只有我和母親二人在家。傍晚，我想該準備晚餐了。

不知道是要從壁櫥的高層拿什麼東西，我拉過來一張竹凳子，一步就站立在凳子上。不料那竹凳子已經鬆散，承受不了我的體重便向一邊歪倒。我跌倒在地上，左側臀部先著地。跌下時一陣迷糊，也許幾秒鐘便清醒了，發現自己躺在地上，腿腰劇痛。我想爬起來，試了幾次，爬不起來，痛不可當。母親坐在一張藤椅上，她伸手想要拉我，搆不著。我怕她也摔倒，要她坐著不要動。我自己想動卻動彈不得。

我們母女就這樣相對望著。

不知道是等了多久。首先是民兒放學回家，把我扶起到床上躺平。兩腿無法站立、無法行走。稍為一點動作真正是痛徹骨髓。

先在永和看醫生，貼上一副膏藥。再去羅斯福路一家有名的跌打損傷診所診斷是骨折。最後住入

民國五十年冬，攝於保福路寓所。

1963年，次女寬洽去了美國進修。1967年在紐約與齊家旦結婚。喜訊傳回來，便在永和永貞路寓所客廳牆壁掛上一幅喜幛為她祝福。晚餐準備了幾個菜，請來幾位貴賓。照片左後第一人是幾十年的老朋友袁壁趙夫人；中間是寬洽的恩師許詩瑛教授夫婦，他們也是長媳夏宗陶的乾爹乾媽。右側後面是新北投醫院護理長張大增。右前是宗陶抱著宜申。左側是寬平抱著翁漢生，前面是翁菀菲。

三軍總醫院，經X光一照，很明顯是左側髖骨齊頸部整個折斷了，裂縫明顯可見。

震南那時正在三軍總醫院藥局服務，他的朋友中正好有一位骨科醫生，而且這位醫生曾經做過好幾次髖骨手術，很有經驗。醫生的姓名是張領士，朋友們也稱他為張西京。於是，我就成了張大夫的病人。

那時三軍總醫院的總院在臺北市小南門，有一處分院在新北投山上。新北投分院的環境比較寧靜，而且張大增小姐在新北投分院擔任護理長，正管著一個外科病房。張大增是我們極熟稔的朋友，經常週末會到我們家來。

所有的住院手續全由震南辦妥，我輕輕鬆鬆住入像一座大花園般的新北投分院。病房是日本式的木構建築，有幾十張床的大統間，也有單一張床的小房間。張大增特別安排我住在護理站對面的單人小房間裡。

在那個時代，髖骨手術是大手術。

醫生在我身體左側割開大約三四十公分長，取出折斷了的髖骨圓頭部分，換上一支特種合金製成的人造髖骨。人造髖骨有大小不同尺寸。張大夫為我裝上最小號的，仍然嫌太大。以致癒後我的臀部左邊略大。

開刀時失血很多。醫生要求多住幾天，而且為我輸血。張護理長也要我多住幾天，好陪我聊天。於是，在醫院住了四十幾天，同時也去做復健，重新學習走路。從那時開始，我就需要一支枴杖助步。手術可以說是成功的。

巧的是：寬仁因眼疾已在新北投分院的眼科病房住著，他患的病是右眼視網膜中心性發炎。治療的方法是注射傷寒疫苗，引起發燒，發燒過程中身體會自行產生消炎作用。可是每發燒一次，人體必須要休息幾天。所以發燒針每週最多打一次。不發燒時完全正常，於是他便到我病房來照顧，擔任臨時特別護士。

我痊癒很快，傷口癒合很好，主要是提早下床勤做復健的原故。

我住入醫院，對母親說是去治療而已，怕她擔憂，沒有告訴她要動大手術。後來回家了，讓她看開刀部位。她看了一回，說：「妳這裡怎麼裝了一條拉鍊呀？」開刀部位縫合後看起來像是一條拉鍊。

我出院回家也許不到一年罷！從震南處得到的消息：張領士大夫去世了。唉！一代名醫，英年早逝！真是世事無常哦！

至於以後的事情，大家都能清楚眼見，我就不必再寫下去了。

講古到此結束。

民國五十四年十月，寬仁與夏宗陶結婚，喜宴上雙方主婚人宇飛和許詩瑛教授夫婦舉杯向大家道謝。

寬民生日，大家集合先吃蛋糕。

1966年2月攝於永和的全家福。

1970年夏攝於永和的全家福。

宇飛自退輔會退休，離開花蓮榮民之家，回到永和家中為孫兒們講故事。從他左邊開始：陳宜申、翁菀菲、陳宜中、陳宜文、翁漢生和陳宜正。照片大概是民國六十三年下半年所拍。

附錄

譜系圖的說明

這本講古雖說是我自己的一些回憶，但是不免牽涉到許多人。人人之間關係不同，尤其我國人習慣把輩份關係看得很重要，文字上不可能一一交代清楚，乾脆用「譜系圖」來表示，脈絡可尋。

我父親姓錢，母親姓翟，丈夫姓陳，所以就應有三張譜系圖。只是翟家人幾十年來沒聯繫，所知道的關係最為簡單。

錢姓源自唐末，史稱五代十國之時代。那時中原有梁、唐、晉、漢、周等五朝，南方則有吳越國等十國。吳越國第一位國王，錢鏐，謚武肅。錢武肅王就是錢姓宗祖。

許多人都知道杭州西湖附近有一座雷峰寶塔，西湖美景之中有一景所謂是「雷峰夕照」；民間神話故事「白蛇傳」裡說，法海和尚最後把白蛇鎮壓在雷峰塔下面。這座寶塔在民國初年坍塌。寶塔建成於西元九七五年相當於宋太祖時代。籌建這座寶塔的就是錢武肅王的孫子錢俶。據說錢俶篤信佛教，他得到一綹佛祖釋迦牟尼的頭髮舍利子，所謂是「佛螺髻髮」，於是為供奉佛螺髻髮而興建雷峰塔。

又有謂隋朝時封功臣於錢塘武林因賜姓錢，所以錢姓以武林為號，武林就是今日的杭州。錢塘是江名也是一處地名。那麼錢姓之始應更早於唐代吳越國的武肅王。

我的曾祖父舜卿從杭州家鄉去北京考中進士放廣州道臺，曾祖母韓氏。我的祖父信甫在我只有四個多月大時就去世了。民國二十三年他假借碟仙顯靈發生一件神話般的故事。

我的祖母顧氏，她妹妹嫁到葉家。所以錢家和葉家有姨表關係。後來，也由於葉家姨丈在潮州任鹽官，祖父才可能把長子和次子送到潮州追隨姨丈學習鹽務管理。次子就是我的父親。長房和二房在潮州落地生根，兩家人都說潮州話變成潮州人；而我的三叔則因年紀較小，祖父把他留在身邊，結婚生子都在廣州。全家人都說廣州話變成廣州人了。

到了我這一輩，我第一個出生；三叔家生了美容。自然我就是大姐，美容就是二姐啦。於是三兄弟家出生的女孩就順序排名次，下一輩的可以從我這個大姨媽數到八姨；可是三家的男孩就沒有統一排序，這就是寬仁、寬淳小時覺得奇怪：為什麼大伯公家裡有「大」舅舅（子平），三叔公家裡也有「大」舅舅（承模）的原故。

譜系圖中人名下的數字就是女孩的順序。父親因我生在長美鄉的石下壩，命名石英字美生。三叔欣賞這個「美」字，因此三叔家的女孩便用美字排行；大伯家的女孩則稱「卿」。三家男孩則依族譜用承字排行，名字都從木；大伯家男孩另有一個字一概都是「子」，後來大家以字行，「承」字就不用了。子平名承樞，子常名承樾。

母親姓翟名秋華。翟家原籍是浙江紹興，是上代放來潮州做官的。外祖父的名字記不得了，外祖母姓梁，生有四男四女。四個舅父依次是樹南、仲如、植之和壽之，然後是三個姨媽，母親行八排最後，所以她的小名就叫「阿小」，出生時她父親已經去世。

壽之就是後來在南京主導鬥魚表演的。大姨媽適呂，二姨媽早死，三姨媽嫁給大伯不久病死，迷信的說法是犯了忌諱，二姐妹不可以嫁二兄弟云云。

大姨媽生有二個兒子：呂文恒和呂星恒。文恒也是二個兒子：飛龍和飛虎。飛龍小名叫「布豬」，抗戰時代在空軍中服務。勝利後，休假來到上海就住我們友華村家中。

陳家在廣東興寧是大家族，人口眾多，在縣城北郊世代務農。與宇飛同輩的漢新大哥，據說早年曾去德國留學，回國後似乎只是待在家鄉，偶然替族人排解紛爭。大哥輔南是清朝的末代秀才，寫得一手蠅頭小楷，會打算盤，後來在縣城內經營一家「世昌」當舖。二哥益三是上海美術專科學校畢業，個性軟弱無能，是個「好好先生」。宇飛對二哥有點特別的感情。從前婦女生育很多，宇飛在男孩中行七。據說在出生時，他母親的乳房已經快乾涸了，於是同時生產的二嫂為兒子餵奶時便順便餵養這個小叔。

宇飛在家鄉中學畢業後在家裡協助製作紙摺扇，四哥雲墀早年去南洋教書，後來當上某地華僑學校校長。僑居在外國身受外國人欺壓，受到孫中山先生的感召，毅然回國參加革命，甚至於號召七弟與他一起去昆明投考雲南講武學堂。宇飛從來沒有出過門遠行，從粵東山區中的興寧要去昆明，必須先到汕頭搭乘輪船去香港，再換其他交通工具去其他地方。宇飛帶著一把新桐油紙傘和一個包袱搭乘木船到達汕頭，在碼頭區，那把寶貝油紙傘便被人偷走了。

後來宇飛從雲南講武學堂畢業，成績優異，雲南督軍府資送他去日本進入士官學校深造。四哥雲墀從此沒有消息。

陳家族大人口眾多，譜系圖只列入我所知道的一些而已。

錢府譜系——我的長輩

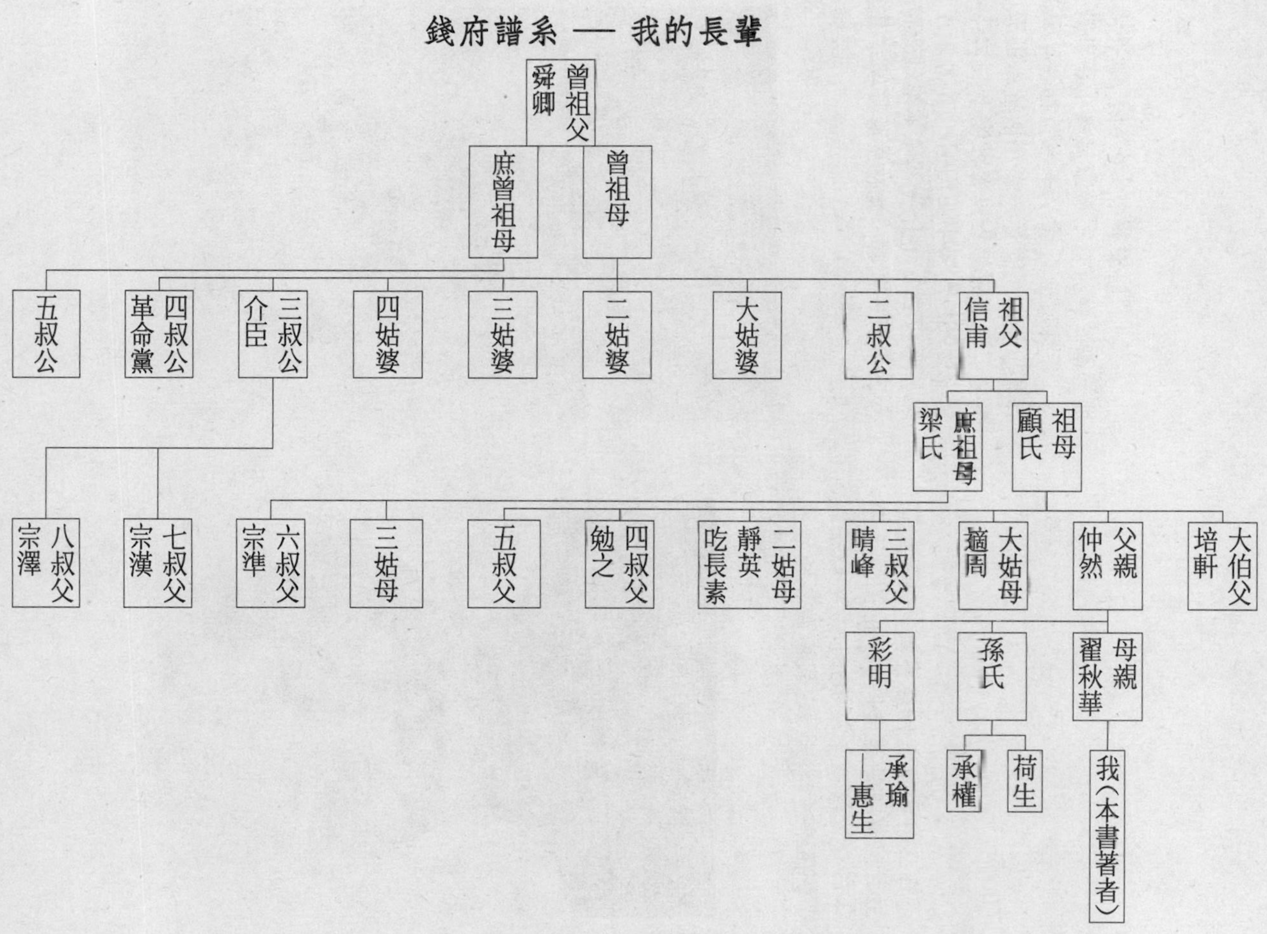
曾祖父 舜卿
庶曾祖母
曾祖母
五叔公
四叔公 革命黨
三叔公 介臣
四姑婆
三姑婆
二姑婆
大姑婆
二叔公
祖父 信甫
庶祖母 梁氏
祖母 顧氏
八叔父 宗澤
七叔父 宗漢
六叔父 宗準
三姑母
五叔父
四叔父 勉之
二姑母 靜英 吃長素
三叔父 晴峰
大姑母 適周
父親 仲然
大伯父 培軒
彩明
孫氏
母親 翟秋華
承瑜 一惠生
承權
荷生
我（本書著者）

母親
著者的母親翟秋華。前清光緒十三年(1887)歲次丁亥七月十八日出生於廣東省潮安。民國五十三年(1964)九月十二日在永和保福路寓所病逝。安葬在北市陽明山第一公墓，碑稱「清封宜人錢母翟太夫人墓」，石雕輓額「永播徽音」是何應欽上將所輓。這張照片大概是1950年攝於澳門。

父親
著者的父親錢浩，字仲然，又號默盦。清光緒六年(1880)歲次庚辰八月初十出生於廣州。1963年農曆正月初二在上海去世。這張照片可能攝1957年。

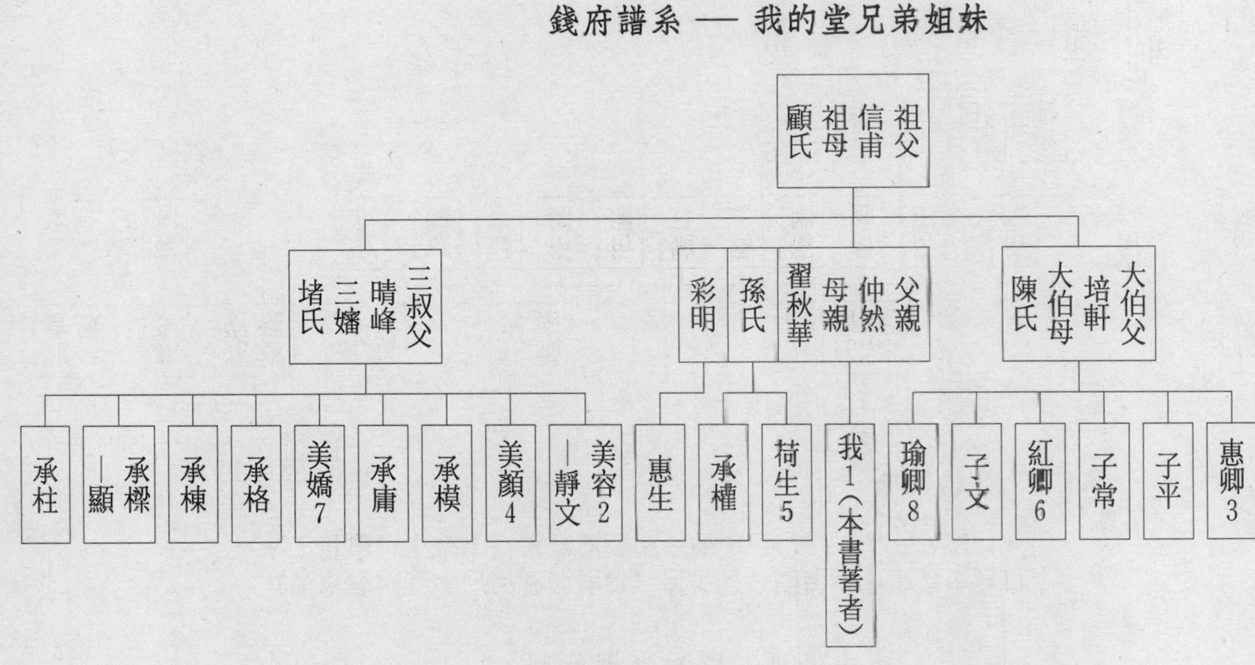
錢府譜系 — 我的堂兄弟姐妹
祖父 信甫 祖母 顧氏
三叔父 晴峰 三嬸 堵氏
父親 仲然 母親 翟秋華
孫氏
彩明
大伯父 培軒 大伯母 陳氏
承柱
承櫟 —顯
承楝
承格
美嬌 7
承庸
承模
美顏 4
美容 2 —靜文
惠生
承權
荷生 5
我 1（本書著者）
瑜卿 8
子文
紅卿 6
子常
子平
惠卿 3

陳府譜系（簡化）

（興寧縣城北陳府所謂外翰第，自惟善公開始至宇飛為十九世。人丁旺盛，下表中只是我認識的一些而已。）

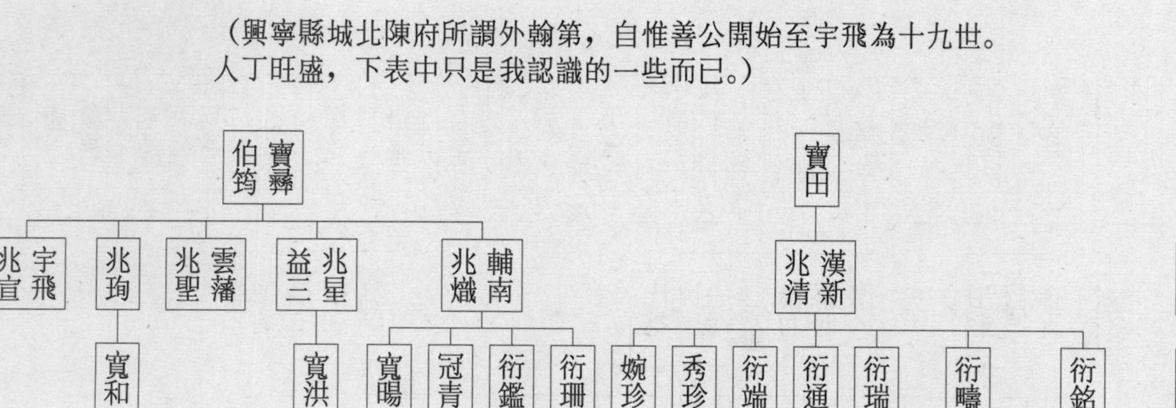

我們這一家

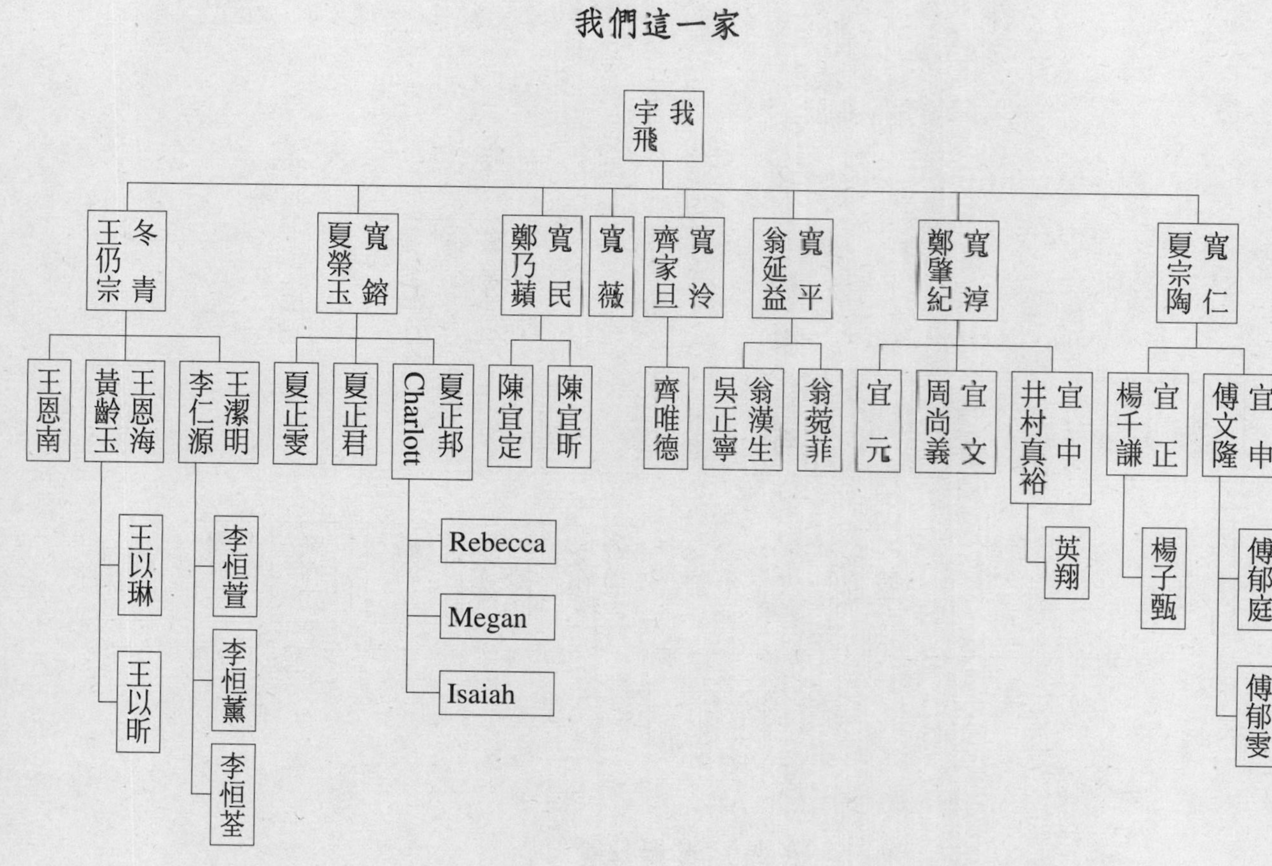
我
宇飛
冬青
王仍宗
寬鎔
夏榮玉
寬民
鄭乃蘋
寬薇
寬泠
齊家旦
寬平
翁延益
寬淳
鄭肇紀
寬仁
夏宗陶
王恩南
王恩海
黃齡玉
王潔明
李仁源
夏正雯
夏正君
夏正邦
Charlott
陳宜昕
陳宜定
齊唯德
翁漢生
吳正寧
翁菀菲
宜元
宜文
周尚義
宜中
井村真裕
宜正
楊千謙
宜申
傅文隆
王以琳
王以昕
李恒萱
李恒薰
李恒荃
Rebecca
Megan
Isaiah
英翔
楊子甄
傅郁庭
傅郁雯

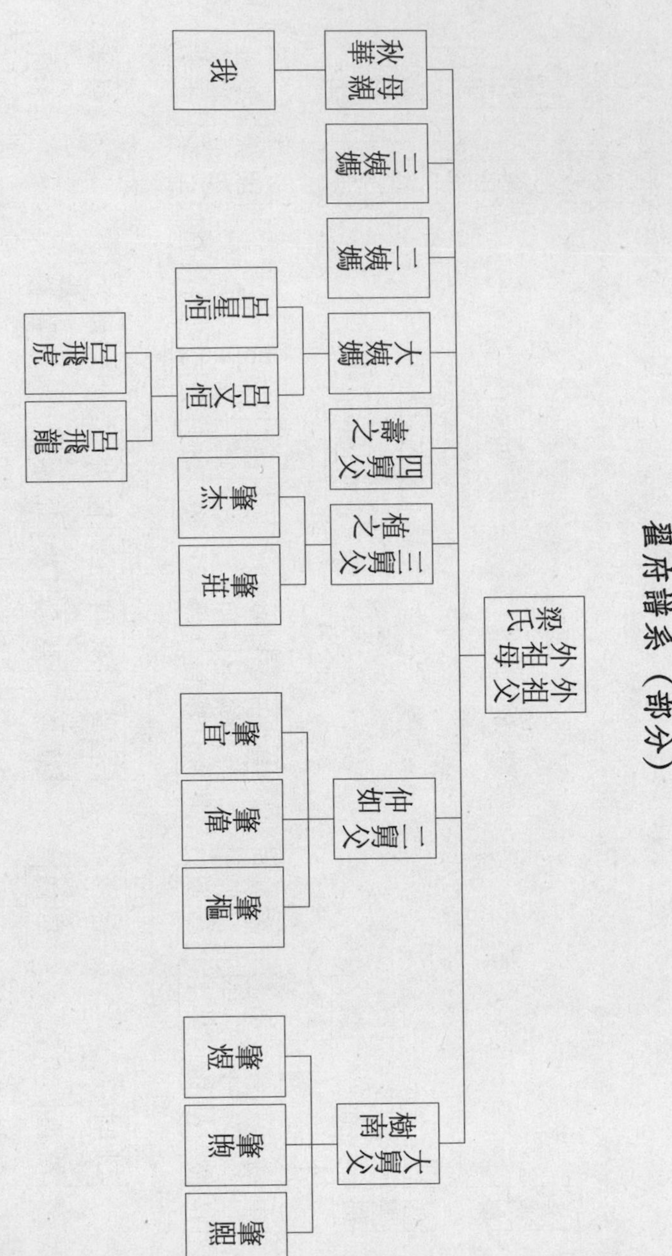
翟府譜系（部分）
外祖父
外祖母 梁氏
大舅父 樹南
肇熙
肇煦
肇煜
二舅父 仲卿
肇樞
肇偉
肇宣
三舅父 植之
肇莊
肇杰
四舅父 壽之
大姨媽
呂文桓
呂飛龍
呂飛虎
呂星桓
二姨媽
三姨媽
母親 秋華
我

「三光先生」

陳寬仁

「三光先生」，是當年外祖母向我們兄弟姐妹講故事時，挖苦外祖父的話。她說，外祖父在當年被人家稱為三光先生，意思是每次他出去賭博打麻將，一直要等到「天光、錢輸光、賭友走光」才會回家的。

外祖父肖龍，光緒六年庚辰（一八八〇）八月初十日出生於廣州，一九五二年正月初二日逝世於上海。

外祖父排行第二，同胞四兄弟，長兄名榕字培軒、三弟名源字晴峰、四弟勉之。外祖父名浩字仲然，號浩然，老年時自署默盦，有時也自稱默道人。

他們的原籍是浙江杭州，姓錢。錢姓乃隋唐時代吳越國武肅王錢鏐之後。

我行長，他比較喜歡我。他曾為我命名叫錢海疇，又用上好的一塊石頭，為我刻了一顆印「吳越國錢武肅王二十八世世外孫之印」。

在上海時，每年年三十夜我們兄弟姐妹去霞飛路興業里他的寓所，向他辭歲。他拿出一疊紅包要分發，便說要我們自己選，但讓老大先拿。事先他會悄悄的告訴我應選哪一包。每次我那包的錢最多。

我大約六七歲時，在南京傅厚崗家中，屋子前面有很大的一片草坪。元宵節夜間燃放煙火，有噴花的，有衝天的，全家人正看得興高采烈之時，煙火放完了。大家有點意猶未盡。外祖父立即拿出二個銀圓來，叫蔡慶山等家人再去買煙火回來放。

當時他拿出二塊銀圓要去買煙火的舉動把蔡慶山弄呆了。外祖父再次說二塊錢統統買。他才定過神來要去買二塊銀圓的煙火，找了司機老魏開車一起去，買了一大車煙火回來。重新又在草地上施放。煙火太多，蔡慶山一人放不了，小六子蔡文，單眼楊媽的兒子春牛都來幫著放，我也拿著一支香，等春牛安放好花筒便去點燃引線，然後跑開等著，看火樹銀花。

我對那一晚的記憶，印象最深刻的那一部分不是燦爛的煙火，而是外祖父伸手交付二個銀圓給人家去買煙火的那一幕。

還有一件事也是我永遠記得的，也發生在南京傅厚崗家中。有一天，外祖父從上海來到，依例帶來一些奇珍異寶。他一件一件的拿出來讓大家欣賞。大多數是瓷器、花瓶之類。我擠進大人堆中看熱鬧。瓷器在圍觀的大人們手中傳來傳去，在我頭上通過。我沒有興趣。

最後有一件東西，大人們放在手掌中觀賞。我看到是個白白的小東西，不知道是什麼。於是，我跳起來，伸手一把搶抓在手中。

大人們都叫喊，哎呀，哎呀！原來那是個小小的花籃，直徑不過三五公分大小。仿竹編的小花籃中有維妙維肖的花朵和果實。整體是細細的白瓷雕刻而成。我一把就把它捏成一堆白粉了。

外祖父急得彎下腰，不斷以手拍膝，口中哎呀，哎呀不停。

我和外祖父相處的最長一段歲月，是抗戰勝利後我隨父親從廣州搭乘飛機回到上海，父親到南京去了，我就住在興業里外祖父家裡。

經由子常舅舅的安排，我進入YMCA青年會中學的初二借讀。學校在法大馬路的大自鳴鐘附近一座大樓裡。我每天搭乘電車去學校。放學後回來，晚餐前經常是和外祖父隔著他的鴉片煙燈，在他的炕床上對面睡著，看他先用鋼針不時蘸取鴉片煙膏在油燈上燒成煙泡，煙泡從小變大，大如一粒大豌豆的煙泡安置在煙斗洞孔中，再趁著煙泡在油燈上燒著的時候吸煙。

外祖父一連燒掉幾個煙泡以後，精神振作起來，開始講話了。他對我說話用普通官話。話匣子一打開，天南地北沒有固定題目。講故事一直講到吃晚飯才止。

抽吸鴉片煙上癮之後，意志消失，母親對外祖父屢戒屢抽是嘖有煩言，我不大懂得，大概是年紀太小的關係。我只覺得：外祖父穿起長袍走路的姿態，真是仙風道骨。而且他是見多識廣，學問淵博。

他起床很晚，早餐很特殊。大家說那是他從廣州灣時代學來的法國規矩。他每天早餐要吃一個煮得七分熟的雞蛋，連殼放在一個特備的玻璃杯中，他自己把殼頂敲破，灑一點鹽，用一把彎曲的小銀匙吃蛋；另外再來一杯白蘭地酒。這二項是必要的，其他附帶的是：姑蘇香腐（一種五香豆腐乾）或一種硬硬的蛋糕，然後就是些筍豆、核桃仁、松子、欖仁、南棗糕等。

偶然，他興致好，他說，我們去買好點心。他會帶了惠生和我，沿著霞飛路走一段路到一家「柏林西點麵包店」去買一種硬硬的蛋糕「好點心」。惠生是他最小的兒子，彩明所生（前面文中，母親有詳細敘述）。惠生與寬淳弟同年，也常常同學。玩在一起，我們都直稱他的小名。

那時所謂的好點心，其實就是原料中用了許多奶油、起士和巧克力的一種布丁罷！

真正算起來，我與外祖父相處的時日並不很長。相處的這一段卻是記憶中最深刻的一段。

「宇飛先生」

陳寬仁

「宇飛先生」在老一輩的興寧同鄉人之中幾乎可說是「無人不知」;年輕一輩聽到這個名字的，也許會覺得他是個傳奇人物。

「宇飛先生」名隱冀，在鄉原名兆宣，字宇飛，常以字行，甚至於他的老朋友不記得他的本名，都稱他為宇飛。

「宇飛先生」生於民國前十一年(前清光緒二十七年、一九〇一)、歲次辛丑，農曆十一月十九日。民國六十四年(一九七五)九月十二日因白血病逝世於臺北市三軍總醫院。國防部組成治喪委員會請顧祝同上將擔任主任委員，黃杰上將擔任副主任委員，籌備喪事。九月二十二日上午在臺北市立第一殯儀館舉行公祭，由黃杰、胡璉、劉安琪、劉玉章等四位上將在棺木上覆蓋國旗，然後發引安葬在陽明山第一公墓的嶺巔。墓上，中央是嚴家淦總統書頒勒石輓額「忠勇聿昭」黑石一方，左側是敬公何應欽上將書頒輓額「戎肆勳昭」四字。

民國十九年，南北各省軍閥平定，全國統一，國泰民安。「宇飛先生」晉昇陸軍少將，任職軍政部軍械司第一任司長，受命管理全國軍用槍枝械彈。那年他剛好三十歲。

那個時代，來到南京的同鄉，許多人都受過他的照顧。尤其是年輕的子姪輩，離鄉出來只要找到「阿宣叔」或是「七叔」;那麼，所有的學費雜費生活費全部都有著落。他真是這麼一個仗義疏財的人物嗎?熟悉他的都知道，他自己是一個節衣縮食，勤儉克己的人。一輩子可說是除了軍服以外，沒有一套像樣的衣服。

「宇飛先生」究竟是一個什麼樣的人呢？

「宇飛先生」是我們的父親，我們是三兄弟四姐妹。

父親出生於廣東省興寧縣，城內北街「道仙陳」屋的「外翰第」。在鄉時原名兆宣，所以親人多稱他為阿宣，兄弟中排行第七。兄弟九人，姐一人。後來取名隱冀，字宇飛。在許多場合上僅以字行，於是，「宇飛先生」一名不逕而走。父伯筠，字寶彝，母黃氏。祖父雲墀，字世閭。曾祖父文成。

大姐，適羅。兩個外甥成年後都與父親有密切關係。兄弟二人，哥哥叫羅翔，字開祥，和父親同年；弟弟叫開茂，有財務頭腦會算帳。父親在廣州國民革命軍中任砲兵隊長時，把開茂找來擔任隊部軍需。開茂體弱多病，革命軍出發東征，他就告退養病；並且推荐其兄開祥前來追隨舅父宇飛先生接替工作。國民革命軍到達南京後，父親即安排開祥投考軍需學校正期班。畢業後，一直在軍事機關中擔任軍需官，耿直誠實，做事一板一眼，有好幾次追隨父親工作，極為父親倚重。我們都稱他為羅表哥。只是他說普通話時仍是一口濃重的客家鄉音，又有一點口吃，常常因為詞不達意，造成一些誤會，影響他的工作績效。在家沒事，他就打太極拳。蔡慶山常說，他很像是在小河裡抓蝦。

父親的大哥輔南，據說，在清朝時代曾應過鄉試、考上秀才，打得一手好算盤，書法流利尤精小楷。父親說過，他大哥寫的字就像是排版印刷品一般。

二哥益三，上海美術專科學校畢業，回到家鄉便以畫畫、繪人像和裱褙字畫謀生。父親少時看二哥畫畫，學了一點皮毛，會用毛筆畫枝頭小鳥。不過畫出來的小鳥，實在看不出究竟是麻雀還是黃鶯。

但是，父親的書法別具一格，行書尤勝。可是正式請他寫字時卻會把幾個字寫得隸不像隸、楷不像楷。

父親的三哥去世很早。

影響父親一生的可說是他的四哥，兆聖又名雲藩。他在家鄉舊制興民中學畢業，成績優異，被羅岡墟小學聘去擔任教員。後來他自己再去廣州高級師範學校進修。畢業後應聘去了南洋，在檳榔嶼的中華學校任教。後來擔任泗水中華學校校長。他們兄弟間可能感情不錯，時有書信往還。因為，後來父親晚年吟哦懷舊時，最懷念的是他雲藩四哥遠自南洋寄返家鄉的一首七絕：

青山隱隱水迢迢　遊子思鄉似海潮
最是呢喃樑上燕　一年一度也歸巢

五哥少珣，是父親親人之中，在抗戰前和抗戰後離開家鄉出來投靠他次數最多的一位。父親公館之中，大家都認識這位「五老爺」。

六哥兆松。早歲投身粵軍。不幸在兩廣軍閥陳炯明、龍濟光互相征戰中陣亡。父親曾經寫過一段：「本為興寧河背陳草鞋老闆的兒子，陳軍衛是廣東陸軍速成學校畢業，在廣東都督陳炯明部隊中積功昇任為什麼司令，來到興寧縣城中張貼招兵買馬的佈告。我還記得佈告的前面幾句：『廣東偽督　龍賊濟光　黨袁肆毒　隅負粵邦　本司令長觸目心傷……』六哥就是被他招去的。」

八弟兆萬和九弟夭折。

父親十歲時，他的父親重病，求神問卜的結果說是他們父子倆的八字相沖，必須過繼遠房以避禳。於是他便過繼給二房阿文伯兼祧。

父親小時去隔壁溫氏祠堂的私塾讀書，起蒙老師是胡助堯先生。後來進入陳族義正小學畢業後考進舊制四年制的興民中學。畢業後，在家協助家人糊製紙摺扇子。紙摺扇子可以向江西省南部贛州一帶行銷。

民國七年十一月，父親接得四哥自南洋發來一封電報，約期在香港見面。於是，十九歲的父親得到堂上兩老同意，又得堂兄漢新的資助，獨自揹了一個布包袱，提著一把簇新的油紙雨傘，第一次離開了家鄉，逕去汕頭等候去香港的海輪船期。在汕頭海邊碼頭上，雨傘被偷。初出茅蘆的父親對這件事，印象非常深刻。

民國八年一月，父親隨四哥雲藩，從香港乘船到安南（越南）的海防，再搭火車去雲南昆明，進入蔡鍔將軍創辦的雲南講武學堂就讀十二期工兵科。那時，雲南講武堂的督辦是唐繼虞。

同期步科同學中有同鄉人張浩東。浩東先生字百川，民前十二年生。抗日戰爭後期任陸軍一五四師師長，駐守粵北一帶。三十六年退伍，三十九年來臺常住中壢，八十一年以心肌衰竭在臺北市去世。

民國十年十一月，父親以優異成績自雲南講武堂畢業，得雲南軍政府的獎勵，以公費保送去日本士官學校深造。十一年一月，到達日本入學。

那個時期，國內各省軍閥割據，互相征戰。廣東省省長陳炯明表面上贊成革命，暗地裡時謀叛變，對當時設在廣州市的國民政府造成很大的威脅。各省派出軍隊來到廣東聲稱是參加國民革命軍，準備加入北伐行列；其實，只是來觀望，等候機會而已。其中有滇、桂、湘、鄂、贛、陝、豫等十幾種番號不同的部隊，其中以楊希閔滇軍、劉震寰桂軍、譚延闓湘軍人數較多，駐紮在廣州市附近。即令是粵軍，也有不同的派系分散各地，號令不相同，各不相屬，有許崇智部和陳銘樞部等。

民國十一年，大元帥孫中山先生曾改編粵軍兩萬餘人交付陳炯明統率，原希望這支部隊能夠變成革命黨軍隊的基礎。不料陳炯明與北洋軍閥吳佩孚暗通款曲，在廣州一再叛亂，最後，佔據惠陽自稱救粵軍總司令，公然與國民政府為敵。

歷經幾次事變經驗後，孫中山先生決心建立革命黨自己的軍隊。民國十三年六月十六日，中國國民黨在廣州市東郊外、珠江中一個名叫長洲的島上，成立了陸軍軍官學校，派蔣中正擔任校長。民國十九年全國統一後，陸軍軍官學校遷往首都南京。

長洲島只有六平方公里大，軍官學校所在地叫黃埔，所以後來「黃埔」變成陸軍軍官學校的代名。黃埔隔著珠江與魚珠砲臺和沙路砲臺遙遙對峙，形勢險要，是珠江逆流而上要進入廣州市的必經之路。

那時全國有志青年紛紛響應中山先生的救國號召，南來廣州參加革命軍的陣容。許多國外留學生，尤其是留學日本各軍事學校的畢業生回國參加的最多，其中輔助蔣中正統一兩廣、完成東征北伐、統一全國，後來對日抗戰時擔任軍政部部長，抗戰勝利代表國軍接受日本軍隊投降的何應欽將軍，原來是貴州省派去日本士官學校進修的，畢業後回國來到廣東參加革命軍。黃埔軍校成立，何應欽擔任教育長兼總教官之職。

民國十二年前後，雲南省內政變，督軍府不再支付留日學生公費。雲南留日士官學校同學推選父親與黃國樑二位廣東人為代表向學校請假遄返國門，向在廣州的國民政府報告詳細情形。最後，國民政府同意繼續支付雲南學生留學日本的公費；但是，要求畢業學生回國來一定要參加國民革命軍的行列。民國十三年四月，父親自日本士官學校騎兵野砲科十五期畢業。遵守諾言，九月二十四日回國到黃埔報到，接受任命為陸軍軍官學校少校砲科教官。十月二十四日，又奉令兼任砲兵隊隊長。父親曾說：「那時的砲兵隊只有幾門來自不同國家，不同規格的八一迫擊砲而已。」

父親從家鄉出來後，在雲南入學，首先學會的是昆明官話。所以後來說普通官話，仍然帶著濃厚的雲南腔。他的廣州白話也說得不錯。

黃埔的陸軍軍官學校第一、二、三期的學生時常要出發去從事實際的作戰。

民國十四年春，革命軍為了肅清盤據廣東東江一帶之軍閥（陳炯明的部屬）洪兆麟、林虎等之部隊，舉行第一次東征。由校長蔣中正親自指揮。何應欽為教導第一團團長，錢大鈞為教導第二團團長。父親是第二團的團附。部隊中所有的排長、連長等基層領導人全由第一及第二期學生擔任。全團官兵約三千餘人。

一月三十一日，校長蔣中正在黃埔軍校舉行東征誓師典禮。第二天出發乘船沿珠江南下到虎門，從東岸登陸進攻。二月十五日打了一場硬仗，攻下淡水城。然後、又是勢如破竹的向東猛進。三月初，底定粵東潮汕一帶。這時，陳炯明屬下有「飛將軍」之稱的總指揮林虎率領二萬餘精銳部隊，自興寧、五華一帶南下，準備切斷革命軍的後路。革命軍自普寧沿著南溪西進，教導第二團在溪之北，第一團在溪之南，分頭前進來到了棉湖與敵軍遭遇。大戰開始，十三日從清晨廝殺到夜晚；第二團從敵後包抄夾擊，林虎部隊節節敗退，林虎本人連夜逃往五華。革命軍雖然大勝，可是官兵傷亡過半，犧牲慘重，是為國民革命戰史中極重要的「棉湖戰役」。

「棉湖戰役」首當其衝的是第一團的第三營。營長王俊，字達天，海南島人，留學日本士官學校比父親高一班，來到臺灣後任立法委員。他和父親是數十年的圍棋對手，他們時常在圍棋下到一半時聊起當年的「棉湖戰役」。在槍林彈雨中衝鋒，王營長前後左右都倒下了，他居然沒有受到一點點損傷。第三營犧牲最為慘重，營黨代表與副營長陣亡，三位連長二死一傷，九員排長陣亡了七員，士兵三百八十五人生還者只有一百一十一人。戰前，對方的兵力是革命軍的十倍以上。

歷史學家們幾乎都同意：如果當年「棉湖戰役」的結果是革命軍失敗的話，則孫中山先生的革命策源地廣州必不可保。那麼，影響之下整個的民國歷史寫法也就不相同了。

民國十四年三月十二日，中山先生在北平逝世。東征革命軍繼棉湖戰役之後乘勝追趕林虎殘部，取五華後繼續追趕，直到二十二日攻克梅縣，東江底定。這才為中山先生發喪戴孝，全軍舉哀。

五月，革命軍教導第一、教導第二兩個團整編，成立黨軍第一旅。何應欽任旅長，父親任第一旅旅部少校副官主任。

七月一日，蔣中正在廣州出任國民政府軍事委員會委員長。

八月二十六日，東征黨軍第一旅再擴編為國民革命軍第一軍，轄一二兩師。何應欽昇任軍長，父親昇任第一師中校參謀處長。

九月，粵軍陳炯明所屬洪兆麟殘部又再叛亂。國民革命軍舉行第二次東征，底定潮汕。十二月十日，黃埔陸軍軍官學校在潮州設立分校，招收第四期學生。何應欽為第一軍軍長兼潮州分校校長。父親奉調派潮州分校。擔任第四期學生的入伍生隊隊長。然後擔任第四期學生班隊的副總隊長，總隊長是李卓元。李先生，廣東人，也是日本士官學校畢業的。

民國十五年七月九日、蔣中正任國民革命軍總司令在黃埔誓師北伐，率七個軍，約共十五萬人，誓師北伐。自廣州出發進入湖南。省長趙恆惕部屬唐生智率部來歸，於是編為第八軍。十月，國民革命軍在丁泗橋大勝軍閥吳佩孚。然後直入武漢。蔣總司令北伐時，顧慮到東方右側福建軍閥周蔭人可能乘機擾亂。於是任命何應欽為東征軍總指揮，指揮第一軍。坐鎮粵東重鎮大埔，警戒閩粵邊區。

民國十五年春，父親在潮安與母親訂婚。介紹人是潮州分校教官胡振武。訂婚後父親即隨東征革命軍進攻福建。九月三日，何總指揮率第一軍向東進攻盤據在福建省的周蔭人。周蔭人所部是自稱東南五省聯軍總司令孫傳芳的精銳部隊。當時，父親擔任東征軍總指揮部迫擊砲隊隊長。

革命軍從粵東高陂攻向福建，在松口戰役中大勝。周蔭人部隊潰不成軍，革命軍擄獲了周蔭人幾乎是全新的英國七五山砲四門（父親親口向我說過這件事！）於是，迫擊砲隊就擴編為第一軍第三師砲兵營。父親任中校砲兵營營長。第三師師長是顧祝同先生。

十六年二月革命軍經浙江進入江蘇，三月到達上海。五月，父親在戰地晉昇上校，任第六軍直屬第五十五騎兵團團長。第六軍軍長是楊耿光先生。八月，革命軍越過長江，來到在皖北宿縣一帶追擊孫傳芳部隊，在河川沼澤地帶作戰，常常水深及腰。父親在戰場病倒，由部屬送到上海市就醫。住入虹口安生醫院。

十七年二月，父親病癒後回到革命軍中。任職第三師上校參謀長。師長是廣東梅縣人涂思宗。五月初，第三師北上途中在山東省濟南遭遇日本駐軍干擾。造成外交專員蔡公時等十餘人被日本軍隊殘害殺死的「五三濟南慘案」。

十七年九月五日，父母親在上海市結婚。

顧祝同先生回任第三師師長。部隊奉命綏靖皖北一帶，要收編洪澤湖中之盜賊土匪，特別在安徽省蚌埠成立了洪澤湖水上公安局。指派師參謀長父親前去兼任局長。對父親來說，擔任水上公安局的局長，這是一段特殊的經驗。因為，公安局應屬警察任務，不是軍隊。水上公安局管轄的範圍極廣，任務複雜，不斷要與江湖上各色幫派過招。汪先章亮出他在青幫的身分與一位招安的俠盜李培六一唱一和發揮了不少作用。我們小時纏著娃娃頭汪先章講故事，水上公安局中抓土匪是他常愛說的一段。

十七年六月四日東北軍閥、大元帥張作霖被日本特務炸死。十二月二十九日少帥張學良宣佈東北全境昇起青天白日滿地紅國旗。服從國民政府。

十八年夏，全國宣告統一。國民政府在南京成立了軍政部。何應欽任部長，將父親自部隊中調回軍政部，派職為部隊編遣委員會委員，代表部長巡視華北及東南各省，把各地方原屬軍閥的軍隊整編為國軍。

十九年三月，軍政部中成立一個軍械司，職掌整理全國各地軍閥留下之軍械。父親晉昇陸軍少將，奉命擔任軍械司首任司長，直至二十三年九月調任參事。

父親在軍械司司長任內找到兩位得力幹部，一個是蔡慶山，一個是韓傳玉（後來改名長義）。兩人都是安徽合肥人，原來在金陵軍械庫中擔任庫兵。父親看他兩人誠實可靠，調為身邊傳令兵。蔡、韓二人後來一直追隨父親。蔡慶山把他的姪子蔡文也找來一起跟隨父親。許多人都知道在父親公館中有個靈活能幹的小六子，小六子就是蔡文。三人後來都昇任為隨從副官。

父親任軍械司司長期間結交的朋友中有一位寧波人鄒讓卿，他體型魁梧高大，抽雪茄煙。鄒先生是個值得我們懷念的好人。當年他得到過父親什麼好處，我們不知道。抗日戰爭勝利後我們全家回到上海，父親經常在南京，雖然名義上是陸軍中將，可是實際上已沒有實際職務。那時家中經濟拮据情形，我們小孩子們都不知道。印象中記得的是：有一天鄒先生到家裡來，親自送來一本江西銀行的摺子。從此每月我有一份工作，定期去四馬路江西銀行憑摺子提領一點錢回來交給母親，應付家用。後來三十八年五月，我們匆忙離開上海，「華孚」輪船的艙位也是鄒先生替我們找的，開船時鄒先生一直送到我們上船。

民國二十年，日本軍隊進攻瀋陽北大營，製造「九一八」事件，約三個月幾乎佔領我全部東三省。東北統帥張學良採「不抵抗」政策，退入關內。時父親任職軍政部軍械司司長。

二十一年，駐上海市日本軍隊進攻閘北，製造「一二八」事件。日軍出動三萬人，國軍奮起抗戰，淞滬戰役打了三十四天，後來經英美二國調停。父親仍任職軍械司司長。

二十二年三月，日軍侵佔熱河省會承德市爆發「長城之戰」，打了三個月。五月簽訂「塘沽協定」日軍的逼迫稍為緩和。父親仍任職軍械司司長。

二十三年春，軍政部部長何應欽將軍在北平與日本代表梅津美治郎舉行談判，歷史書上所謂是「何梅談判」。何部長命父親前去北平協助。秋季，軍械司因購入一批不合格步槍，事發。蔣委員長下令徹查。父親從北平逕去委員長南昌行營應訊。整個事件調查了二個多月，父親恢復清白，回到南京。調離軍械司，改任軍政部參事。

二十四年春，祖母黃太夫人在家鄉病故。父親請假率全家返廣東興寧奔喪。回南京後，奉派任為軍政部少將參事兼特務團團長。

十一月十九日，蔣委員長對全國提出「和平未到絕望時期，決不放棄和平；犧牲未到最後關頭，決不輕言犧牲」。

二十五年六月，父親奉命將全家遷往香港居住。原來那時廣東省省長陳濟棠以抗日為號召，提倡兩廣獨立，發出通電籌組「國民革命抗日救國軍」。不接受中央政府的號令。在廣東政府中，父親有不少朋友，尤其許多實際領軍的將領與父親交誼不錯。父親以國民政府特派員身分來到香港進入廣州，利用舊識關係不斷勸阻兩廣獨立。最後兩廣放棄獨立，通電表示服從中央政府的領導。父親回到南京獲得頒受一座四等雲麾勛章。雲麾勛章是專對卓著戰功而頒發的。所以，許多人對於父親並沒有領兵作戰的顯赫戰功，卻有一座雲麾勛章覺得很奇怪。

返回南京後，父親的寓所自四牌樓遷往鼓樓後面傅厚崗三十四號之一，新建的紅磚二層房屋。離玄武門不很遠。假期中我們去到南京住，經常步行到玄武湖去玩。

十月三十一日，蔣委員長五十歲誕辰，全國發起捐獻飛機祝壽。

十二月十二日，張學良及楊虎城在西安發動「西安事變」。二十五日，事變結束，張學良親自送蔣委員長飛回南京。

二十六年，蘆溝橋七七事變。蔣委員長召集全國將領到廬山受訓。七月十八日父親自廬山訓練團第一期結業回到南京。安排全家先去上海，準備再去香港。父親則再回南京隨政府遷往重慶。母親率全家來到香港，在九龍尖沙咀的漢口道租屋居住。

父親會唱京戲，不會唱歌。自廬山訓練團受訓回來，他一再稱讚團裡音樂教官，並教我唱「濟濟多士，峨峨干城，起舞五老峰下，揮戈鄱陽湖濱，……」這是這一輩子父親教我的唯一的一首歌。後來、抗戰開始後，在大後方，這首歌的歌詞變成「濟濟多士，峨峨干城，起舞崑崙山下，揮戈太平洋濱，……」氣勢自是大不相同了。

十一月上海棄守。十二月十三日南京淪陷，日軍實施「南京大屠殺」。

十二月，父親奉命任職軍事委員會委員長廣州行營副官處兼總務處長，行營駐地是粵北的韶關。他從南京直接去廣州。我們全家從上海經香港再去粵北的韶關與父親重聚。

二十七年，日軍可能從華南登陸，攻佔惠陽。廣州告急。在韶關的委員長廣州行營可能向北方轉移。母親率全家離開韶關再經廣州遷去香港，在香港的三叔公為我們租妥了灣仔軒尼詩道的一處三樓公寓。我們與父親又告離別，父親從韶關去了重慶。

十月，寬薇妹在香港出世。

二十八年十二月，全家自香港趁義大利郵船號回到上海。

二十八年七月到二十九年三月間，父親任軍事委員會戰地防毒視察組中將組長。從重慶出發沿著鄂、湘、贛、浙各省中日作戰的前線，訪問國軍各抗日部隊。視察國軍防禦毒氣以及日軍施放毒氣之狀況。整個過程歷經八個月，一路騎馬。最後到達浙江省的金華，已是隆冬。在旅館中洗澡時燃燒一個火盆取暖，浴室門窗密閉，以致因一氧化碳中毒。幸好有一位朋友要來見他，敲門不應，破門而入；還好中毒不深，清醒過來。真所謂是出門遇貴人。我們一直都不知道這位貴人是誰？

父親的部屬對外人要稱讚自己的「老闆」時，常常以防毒視察這個任務為例。他們說：「從重慶出發就騎馬，每天騎，騎了二百多天，騎到浙江省。一路上除了老闆之外，全組二十多人沒有一個不摔馬的。頭幾天，大家騎完馬下來，兩腿酸痛都不會走路了，只有老闆一個人健步如飛。」

七月，父親回到重慶，住在山洞。進陸軍大學特五期入學。

三十一年七月十四日，父親自陸軍大學特五期畢業，任軍政部部附。

三十二年，父親新職派為陸軍獸醫學校中將教育長，學校在貴州省安順縣。母親率全家從上海去安順。到達安順租太和街田府樓下為寓。

三十三年冬，政府接受美國建議，統一中國戰區的作戰指揮，配合美軍軍援，在昆明成立中國戰區陸軍總司令部，以參謀總長何應欽上將兼任總司令。重新編組國軍軍隊序列，規劃編成四個方面軍，對日軍改採攻擊態勢。第一方面軍司令長官盧漢，自雲南進攻越南北部。第二方面軍司令長官張發奎，自桂西向東反攻，目標是淪陷區中的廣州。第三方面軍在桂北湘西。

民國三十四年一月，我駐印度遠征軍擊敗日軍，滇緬公路全線暢通。父親奉命調職為陸軍總司令部中將高級參謀。他攜同汪先章、蔡慶山等人離開安順去昆明履新。

四月，父親調任後勤總部配屬第二方面軍的兵站司令。番號是「鎮實」。軍次廣西百色。

五月，德國宣佈無條件投降。五月二十七日，第二方面軍光復南寧。

七月，母親率全家從貴州安順到達廣西百色。沿途歷經危險。在貴州省境內接近廣西的山區公路上全車翻覆，幸有附近美軍施救。全家無一人受傷。

八月六日，美國以原子彈轟炸日本廣島，九日再以原子彈轟炸長崎。十四日，日本天皇宣佈無條件投降。母親率全家從百色遷往南寧，在南環路租屋居住。

九月九日，日本的中國派遣軍總司令岡村寧次大將在湖南省芷江向我國何應欽上將投降。八年抗戰終於結束。

三十五年，後勤總部第二區兵站司令部奉令撤銷，父親交卸職務。全家離開南寧，乘坐木船循西江而下經賓陽、貴縣、桂平到達梧州，換乘由小火輪拖行的「花尾渡」船去廣州。到達廣州，我和蔡慶山隨父親乘中央航空公司飛機逕回上海。這是我第一次乘坐飛機。蔡慶山隨父親去南京。我寄住在上海外祖父興業里家中，子常舅設法讓我進入在大自鳴鐘附近、法大馬路上的基督教青年會中學借讀。每天搭乘法租界電車往返上學。不久母親率全家自香港乘船回到上海，仍住蒲石路友華村。樓下兩間，一間是放置大沙發的客廳，一間是飯廳，飯廳中央牆壁供著祖宗牌位，中間懸掛著是請外祖父寫的一幅字「陳府昭穆宗親」，我一直覺得中間的穆字寫得特別大。

三十六年，父親在南京待命。暑假，母親會率我們孩子們去南京住。南京氣候比上海更熱，但是，傅厚崗房屋大，院子大，有草地，樹木茂盛。上海是弄堂房子，活動空間很小。

三十七年，父親在南京待命。八月，蔣經國到上海整頓經濟失敗。金圓券崩潰。

三十八年五月，鄒讓卿先生為我們介紹搭上「華孚」輪船離開上海，歷經基隆、廣州而汕頭。父親意外的接任廣東綏靖公署閩粵邊區勦匪副總指揮職。然後率全家轉進海口。

三十九年，父親率全家自海口到達澳門。

四十年二月，父親取得臺灣入境許可證，獨自一人自澳門經香港乘船去基隆，不料中途遇到海盜劫船，過程中父親遺失了許多重要經歷證件。當時他自己不知，事後輪船公司寄一包在船上拾獲的資料給他，他才發現缺少了幾張重要的人事命令。

五月，我得到臺灣入境許可證，獨自一人自澳門經香港乘船去基隆。

四十二年二月，父親為全家申請來臺灣，終於拿到入境許可。來臺後住在新竹。年底搬來臺北市和平東路。開設無名小商店，母親做縫紉，父親做油炸花生。

四十二年五月，父親奉國防部令核定為備役少將，無職軍官。

四十三年，父親開始去國軍退除役官兵輔導委員會上班。

四十四年初，自臺北市遷往中和鄉，寓保福路。

四十六年，父親去宜蘭員山任榮民之家任總務組長。

四十七年，八二三金門砲戰。

四十八年，父親調任花蓮榮民之家主任秘書。

五十三年，父親自花蓮榮民之家主任秘書職退休。時全家已住在永和永貞路寓所。父親在家唯一的消遣是與老朋友下圍棋或是自己擺棋譜，研究大國手吳清源的棋路。

五十六年，父親虛算七十歲，同鄉人發起寫詩祝壽，在永和餐聚，並贈送詩集。父親特別寫了一篇詩印在冷金紅箋上贈送賀客。箋上印的是：

七十有感並答親友盛意

憶昔從戎萬里征　槍林彈雨幾鏖兵
艱危不避惟忠義　甘苦多嘗見宦情
投筆未能如定遠　歸田安得效淵明
如今老至無他願　但望王師復故京
一從南渡幾滄桑　歲月催人老大傷
念載聞雲常伴鶴　八方舊雨尚勤王
中原多故身居遠　東海難填恨正長
未靖胡塵何可壽　飛觴相約待還鄉

六十四年九月十二日，父親七十六歲因白血病去世。父親平日身體健壯，只是誤以為抗生素可治百病，稍有感冒等不適就自己買藥吃。事後附近西藥房主人說：「老先生常常來買氯黴素！」原來，氯黴素吃多了戕害造血功能才導致白血病的。九月二十二日安葬於陽明山示範公墓。

當年曾在軍械司工作，後來在臺灣見面的興寧同鄉人，有陳錫洪和吳達連二位。陳錫洪來到臺灣在聯勤總部工作，吳達連則在省立法商學院擔任事務性工作，孤家寡人住在學校宿舍裡，喜歡吟哦。他對父親仍然稱呼「司長」，而且常常寄些詩稿來。以前從未見父親寫詩，來到臺灣後也許是受吳達連影響寫了一些，他自稱是打油詩。除了吟和回應吳達連之外，從來都沒有公開。

退休後，父親自己曾經抄寫一些作品在一個十行本子上。唯語多憤世嫉俗，意義雷同。僅有極少幾首可算是寫景寫情的。錄印如下：

㈠等候入境證經年

等到臺灣路已開　偏逢香島阻人來
芙蓉鼎戲飛章日　旨准今朝笑臘梅

㈡中秋有感

異地中秋月枉圓　牽愁家園恨綿綿
嫦娥那解流人意　佳節頻添客裡年

㈢過蘇花公路有感

蘇花絕壁走羊腸　碧海青山過眼忙
蓬島輕車仙境界　神州暴政鬼封疆
世間文物存亡事　人類綱常斷續章
願借重洋千頃浪　沖開鐵幕洗紅場

(四)中秋有感

月月月團圓　年年離恨天

桃源中秋夜　多少未成眠

(五)除夕有感

昨夜不眠非守歲　窮途獻節倍思親

家山遠莫屠蘇酒　知否孤忠念祖先

(六)長媳常奉蛋糕　打油詩七絕二首

習聞百果蛋糕香　薄俸長支蛋粉糖

白髮歡顏誇媳巧　新知古道一般強（其一）

相夫深造役他邦　絜女硯田寫作忙

校授三千賢弟子　家來奉侍兩高堂（其二）

五十四年十月，我與夏宗陶結婚，應是多少年來家中的一件喜事。第二年十二月，我們為他生下第一個孫女宜申。父親對這個長孫寵愛有加。後來，我們搬去建國北路住入第二女中宿舍，父親常從永和來專為逗孫女玩。

宜申週歲，父親為她寫下七言四句，親筆寫了做成一塊銀牌給她留為紀念。

等候入境證經年

等到台灣路已開　偏逢魚鳥阻人來

芙蓉鼎賤飛章日　旨准今朝笑臘梅

除夕有感

昨夜不眠非守歲　窮途獻節倍思親

家山遠棄魔蘇語　知否娘思念祖先

父親書法之一。

附錄
錫 洪康玉
寄跡台員已念秋於人無怨亦無尤讀詩幸有知
交在樽酒欣為進客留西望故園春渺渺途
觀海峡水悠悠此生但願身常健好趁歸
帆 二居頸

父親書法之二。

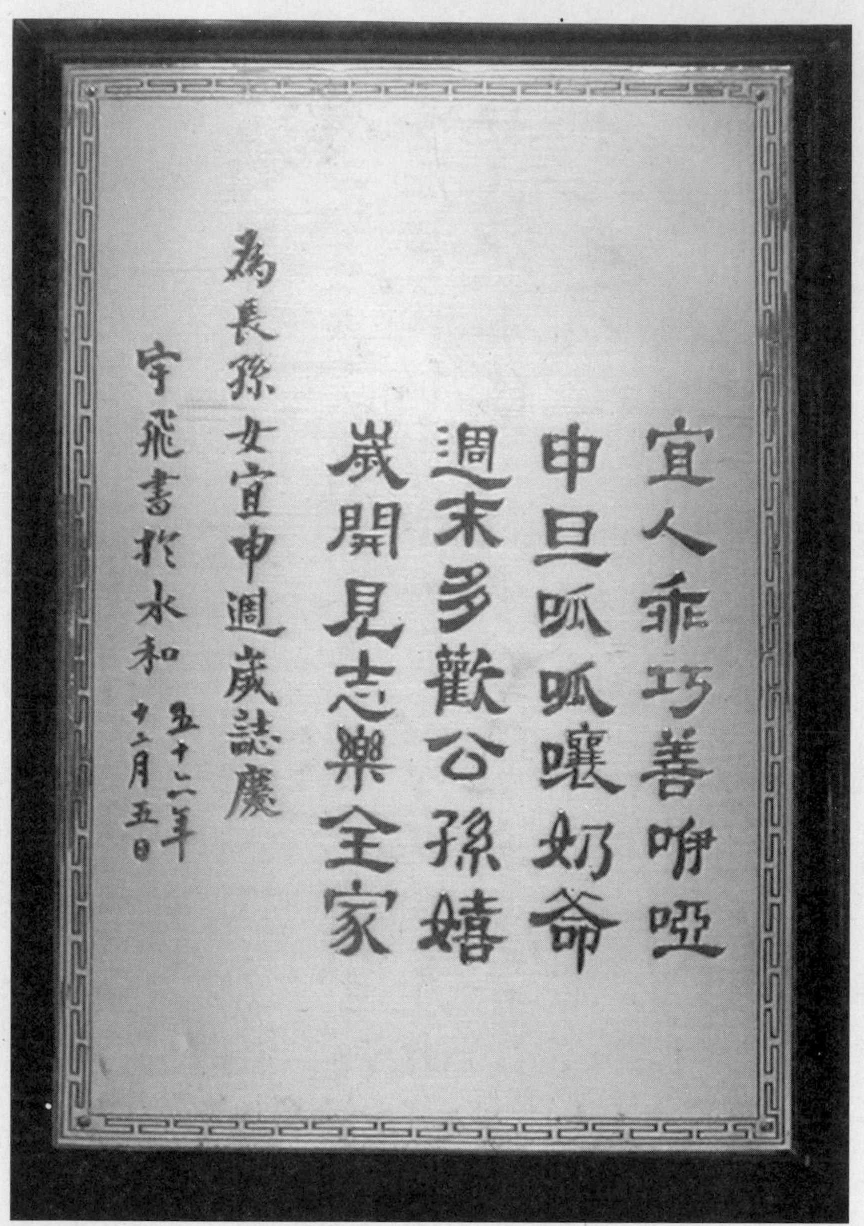

宜申滿週歲時，祖父贈送的銀牌。

關於這本書

陳寬仁

本書著者是我的母親。原稿是她一字一字寫成，再經我一字一字鍵入電腦。民國八十四年九月，母親九十歲時，住入高雄縣鳳山市內「崧鶴樓」老人公寓。

她雙耳多年來嚴重失聰。旁觀者只見她與別人有說有笑，其實她是憑猜測。有人說她能讀唇會意。無論如何，不可能有人長時間陪她、讓她讀唇。她便退回房裡看書、看雜誌、唸經或是寫信。信中幾乎千篇一律是那幾句話，好在她寫信的對象很多，可以消磨一點時間。

我大約一個月一次從臺北去看她。見面以後，無論是我寫她說、或是她問我寫答案，幾乎沒有什麼新鮮內容。

我曾經聽說過一種理論：利用回憶刺激頭腦可以延遲老年性的癡呆。記憶不好的人當然無從回憶，母親卻是個記憶力很強的人。偶然，我便有意無意的故意挑起她的記憶。我發現她的回憶方式是：以陰曆的時間作為主軸，再以某一節日前後一件重大的事情作為參考點，回想那時前後的一些事情，甚至於能記起一些瑣碎小事物。

我對外祖父有特別的懷念。於是，我便以外祖父為主題，請她寫。她開始寫了。她先用每天撕下來的日曆紙背寫，我帶回來鍵入電腦，加標點，分段。打印整齊郵寄給她。她會用筆修改、增添或者另外貼上一小片紙條。見面之後這些修改就變成討論的話題。漸漸，她的興趣濃厚起來。她給我的手稿改用正式的稿紙寫就。一直到了她去世後，我到她房間清理書桌，才發現她仍然是先用每天的日曆紙背寫，寫後再用稿紙抄寫一份給我。寫過的日曆紙厚厚的積有一大袋。

有時她寫下一段，我會錯了她的意思，整理之後的文字她不同意，她便用紅筆圈起來。見面時，她會一再說明解釋，有時還要我當場把適當的完整句子寫下給她看。

有些人寫書是請人代筆，或者所謂是口述錄音。這本書是母親親自寫的，只是有時寫得太簡單，我便要她補充說明前因後果、時間、地點以及另外涉及什麼人等。補正以後有時又會觸發她的另一片記憶，於是她又可能再寫一段。舉例來說：她原來自行寫成一段是不完整的丁，我先讓她把丁交待清楚，整理好，我提出幾個問題，於是她補寫丙；過一段時間她卻自行又寫了一段甲。寫成的是甲丙丁，我與她討論之後請她再寫一段乙。這才有甲乙丙丁。

這一本書在最初其實只是毫無計畫的隨想，信筆陸續串成的。

前一二年間，這個寫作僅僅是我們母子間的遊戲而已。後來，崧鶴樓中的朋友發現她在寫「回憶錄」，向她索閱，她一直沒有同意。但是，她也開始覺得她是在寫回憶錄，她要留一點紀念品給我們了。我鍵入電腦的文稿列印出來蔚然成冊，弟妹們開始傳閱，更激發她寫作。每次給我都是七八張稿紙。

弟妹們見面也就討論要把它印出來公諸於世。因為，母親的記憶寫作可說是對一個時代的側寫，不僅僅只是她個人的經歷或是我們這一家的故事而已。我自己讀書雜錄筆記裡有這麼一段，不記得是哪位文豪大人物說的話。他說：

「人之為人是因為有記憶；如果我們每天晚上睡覺便失去記憶，那就好像我們已死去了，第二天早晨起來，軀體依舊，卻已是另外一個人。一個國家的記憶就是歷史。」

那麼一個家庭的記憶呢？

國家的歷史是洪流，那麼一個家庭的歷史應該是洪流巨濤中的一個小水滴小水泡罷！國家的歷史是一幅色彩斑斕巨畫，那麼母親的描繪應是巨畫千萬筆觸中的一筆罷！我們生存的這一段歲月正是我們民族經歷劇烈蛻變的時代。小水滴在偉大的洪流中激盪飄泊的過程，也許值得利用文字記錄下來。當然母親的描繪並不完整，但不完整並不是沒有用，正因為有不完整，所以更顯得真實而值得珍惜。

母親的記述很口語化，偶然有一點方言習慣的影響。我們家裡使用的語言很雜亂，主要是外祖母和母親之間使用的潮州話，父親對她們說話是用廣州話。有父親這方面的親戚來到，家裡才會聽到客家話。而我們在上海生長所以都能說上海話。在貴州住過二年，於是都能說貴州話。早年，我們兄弟姐妹間受父親影響又學會另一種語言，後來才知道那是昆明官話，只是我們自己又把一些上海話和廣州話混在一起使用。書中有極少幾處用廣州話表示則全是我的想法。

之前，對於我們全家飄泊的過程，我和寬淳弟都各寫過類似遊記的記述，從未發表。母親的著作考慮到正式印書時，她說，可以印在一起呀！尤其是淳弟寫的〈南中國海的流浪〉，她說，那一段經歷最值得寫，各人的感覺不同、記憶不同，各寫各的嘛！

淳弟寫〈南中國海的流浪〉時，只是一個身歷其境的「小男孩」寫出四五年前的記憶；母親寫下那同一個時段的記憶中，卻有她對當時狀況的判斷和她的責任和決心。不要說是那時的淳弟，即使是我，她有所決定也不會與孩子們事先討論的。何況在逃難的船上，母親只是在地舖攤位上守著，「小男孩」卻可能跑遍全船前後，記錄下的經歷難免有所出入。

至於我寫的〈河內之行〉和〈海杭與運金〉這兩段經歷，母親剛好沒有參與。她說過，要印成書的話可以放在一起。兩篇文字中插入多年前我自己值夜班時試畫的幾幅插畫，她很欣賞那張汽車跨過圓木上的插畫。她說：「事實就是如此，那時沒有照相機。你不妨多畫幾張。」說的容易，而我卻是從來沒有學過畫畫。我相信：有時一張畫勝過千言萬語；困難在於畫畫的技巧。於是，一再校閱整理母親的原稿，找尋該有插畫的地方，我畫了一些。畫了「遊擊隊隊部」，她說：「不對，不是這樣！」我就憑她的比劃指點再畫，最後她說，大約就是這樣罷！

其他許多處可有插畫的，我實在是力不從心。

於是，我想到在書中使用一點聯想式的小圖案當插圖，也可以使得呆板的文字版面生動一點。例如，那時代臺灣與香港主要的交通工具是英商太古洋行的客貨輪船，那種黑烏烏的輪船現在已經絕跡。印一艘小小的黑煙囪輪船在書角上如何？母親同意了。她只問我說：「你能找到適當的圖樣嗎？」我找到一個左輪手槍的圖片，她看了搖頭笑說：「當時真不知是個什麼樣子！」我們都很難想像母親握手槍，一婦當關的情景。當時在場另有泠妹和民弟，相信他們二人對這件事一定是毫無印象的了。

其他陸續找到的插圖並沒有全讓她看過。特別是我最後擅自插入一個小小的鳳梨。因為，當年在潮安，父親來到錢家提親，外祖母招待客人用的是鳳梨。我們兄弟姐妹一向喜歡逗弄外祖母，與外祖母嘻戲胡鬧，故意問說：「你請人家吃爛鳳梨嗎？」外祖母會訓斥我們，向我們翻一個白眼。我們卻哈哈大笑說，如果我們要設計一個族徽圖樣的話，圖徽中一定要有一個鳳梨。

民國九十一年，佛光山慈悲基金會為響應社會高齡化，預定十月初在佛光山上舉辦「銀髮優質生活」活動。好幾個月之先，籌備人員來崧鶴樓老人公寓收尋資料，他們看中母親一張滿頭銀髮的照片帶了回去。八月十日，母親在老人公寓中飯後散步跌倒住入醫院，九月二十八日子時心肺衰竭去世。十月一日，老人公寓主任黃美華女士上山參加「銀髮優質生活」活動，抬頭瞻見廟前大型宣傳海報時，她說當時心中陡然一驚。因為海報中獨獨將母親滿頭銀髮的頭像，置於中央空中與許多蓮花並列，儼然有高高飛離這育樂歌舞喧囂凡塵之姿。

可惜的是，這張照片在編排的時候，與許多顯然是屬於私人的照片，最後都因篇幅限制而刪除了。原來還想列印幾封信也因印刷不便而決定放棄，只好在此補述交待。

有一次，母親記起子平舅父的生日，寄了一張賀卡給他。子平舅父很感動，重提塵封多年的筆寄回來一首詩。題為「預賀百歲快樂誕辰」，詩曰：

百歲高壽足自豪
培育兒女勞苦高
珍重玉體　惜
環宇親人齊謳歌

可惜的是子平舅父用原子筆寫字時的筆觸很輕，寫在光滑的卡片上又有一點褪色，致有兩個字無法辨識。

母親遺物中有許多別人寄給她的卡片。美國式的問候卡片都印有現成的句子，紅卿六姨卻寄來一張有著形容她們姐妹關係最貼切的幾句話。卡片上印的是：

You are a warm and caring kind of sister, a thoughtful kind of sister, the best kind of sister!

冬清的外孫女李恒薰八、九歲時從永和寫信給太婆婆，筆跡清晰，字字端正，又用彩色鉛筆密密麻麻的畫了許多小動物插畫。母親說，那信非常有趣。恒薰有一姐一弟。因為孩子們的乖巧，母親說到冬清時，便不斷為她的「福氣」讚歎。

母親在崧鶴樓老人公寓中住了七年多。後面幾年，確實是大家、公寓裡的朋友和我們兄弟姐妹，都覺得她的日子過得很愉快。除非是鬧感冒、氣喘得厲害，她才待在房間。平日出來，雖然要拄著拐杖，她一定是服裝整齊，神采奕奕的跟別人打招呼。雖然她是聽不見，卻喜歡跟人家說話，喜歡跟人家溜出公寓上小館子去喝一點小酒。

母親的那支拐杖是她去美國時，寬鎔妹送她的。式樣很別緻，幾乎沒有和它雷同的。那是用一根中空的透明塑膠管子彎成，管子中間有螺旋形的紅色緞帶看起來很漂亮，她用了二十多年。寬鎔妹卻早在一九九七年在美國因肺癌去世了，引起她物是人非的感傷。

母親在老人公寓中人緣不錯。有一位公寓居民是退休律師耿仁先生。他去故鄉杭州回來，特為母親寫一首嵌名詩，不幸當年就病逝了。我把那首詩放在本書前面。母親遺物中另有耿仁先生一份大作，他寫著請母親指正，猜想母親不可能會與他去論詩。不過這詩題為「崧鶴樓居趣」，可從其中一窺崧鶴樓老人公寓中生活的一斑。

崧鶴樓居趣（七言打油詩，用歌韻）　　耿仁原作

崧鶴樓中奇士多，藏龍臥虎無風波，

有人起舞似蟆跳，有人扶杖說舊痾，
相逢點頭聊幾句，三年不知姓什麼，
對樓神龕香火旺，窗外南風送梵歌，
大家排隊聽主召，輪到俺時莫延拖。

母親發現她自己已經寫了二十多萬字時，有一次她顯得很感慨的說，她應該為她的母親寫一點。

我們的外祖母的確是位了不起的女性。外祖母一直與我們住在一起。我們兄弟姐妹這一群全都是外婆拉拔長大，這一點且不去說。我們這一家在許多困窘過程中，當場挺身應付的是母親，真正給予母親力量、不斷支持她的則是她的母親。

外祖母能夠非常冷靜的分析事理，有時也能表現出高度的幽默。例如：汪先章或是蔡慶山等人回家來報告一些事情，開始時他們會故意簡化。父親聽完還在躊躇。外祖母會冷笑一聲：「哼哼，你說得我差不多快要相信啦！」汪蔡等人都有當場臉色變紅，立刻道歉的經驗。

有一段時間我們住在上海，每到晚上八九點鐘罷，我們兄弟姐妹都擠在外祖母床上，她總是說，以後搬家要為她準備一張很大很大的床。當時，蔡慶山來到，便坐在床的對面，靠著一張桌子。開場白幾乎都是：「老太太，明天買什麼菜呀？」表面上十分鐘就可以結束的談話，卻經常是二小時才結束。蔡慶山是個庫兵出身；而能夠氣質改變，數十年如一日待在我們家中，不求報酬，沒有怨言，外祖母對他的影響很大。

韓戰時代，我們住在永和。外祖母每天要找《中央日報》看。我們問她，要看什麼消息？她要看麥克阿瑟的消息。我們問她最喜歡誰？她眼睛一瞪，說：「當然是麥帥！」

民國五十三年，她八十歲時終因體弱、心肺交瘁去世。臨終前我們以計程車送她到臺灣大學附屬醫院急診處，醫院不接受。氣絕後遺體放在太平間，依法沒有醫生的死亡診斷不能安葬，正不知該怎麼辦，自行開設有診所的程德順大夫，特別趕來簽發一紙死亡證明才解決困難。

程德順大夫是我們在貴州安順時代的朋友，他那時是陸軍軍醫學校的學生，假日隨著震南哥曾到我們家裡來。多年之後來到臺灣，他已是一代名醫了。他從國軍高雄八〇二總醫院少將院長的職位退離軍隊後，曾任馬偕醫院的眼科主任。

母親談到外祖母去世，她說：「像程德順大夫這樣幫忙，絕不是說一聲謝謝就了事啦。常言道刻骨銘心，這件事我真是刻骨銘心！」

正寫到這裡，消息傳來，程德順大夫去世了。世事無常，令人噓唏。

母親最後一年中幾乎無法執筆，寫字手抖得很厲害，字不成形。全書原稿我是一看再看，覺得似乎應有些什麼，我用筆寫下問她。她有時是一臉狐疑不說話；有時會很興奮的說，這個，我要寫一段。不過她答應要寫的好幾段始終沒有完成。

如前文所述，本書原是我們家族中的紀念品，我不得不負擔這個編整的責任，讓這本書出版問世。只是家族中的子弟有些遠去海外，甚至於已不能閱讀中文了，為此特別讓寬平妹寫一篇英文簡介。書名就讓寬民弟寫，只是印在封面上縮小了，顯不出他的書法功力。

許多協助本書能順利出版的大德，大名茲不一一。謹由衷深表感謝。

帶來一信，胡副官是他們同鄉，未識譯。胡來過幾次，帶陳教官來
陳來過一二次。胡正式向父親提出給大小姐作媒。父親的意思
須待我放假回家，雙方見面以後再說，主要是還打探他家裡有無
童養媳。父親記起以前有一鹽商經常來往城廠批
鹽的何炳和伯父有交情，請伯父去信給鹽商饒錦臣打探
陳家情況。饒錦即時復信，陳是陳家三代做大商人，陳氏寅盦出名女兒 當是張姑娘的學生
年品格如何不知道，絕對沒有童養媳。他搥搡。
以上這段事，寒假回家，母親告訴我的。饒信給我看。家世清白
再說目前，黃埔軍校金字招牌，直接主任，蔣校長
稻將（何應欽）。職業前途大有發展。胡陳同事見識

母親手稿一斑。

For Those Who Do Not Read Chinese

陳寬平

This is not a work by a famous writer. The writer of this book started writing at the age of 93. At the age of 98, she passed away; this book actually has not been finished.

If you happen to know the writer or is somehow related to her, you should cherish this book. Otherwise, you should try to understand why this book is worthy for cherishing.

The sub-title of this book is "A Hundred Years of China as Experienced by a Housewife". If you were interested in anything Chinese, would recommend that you read this book. To our regret, this book is published in Chinese only at the time being. If somebody is interested in translating it into another language, he has to first understand some of the Chinese traditions, folklore customs, life styles and the basic values of the conservative, backward yet down-to-earth honest people.

The writer of this book is my mother. She was born in 1905, same age as the last emperor of the Manchurian Ching Dynasty. It was six years before the founding of the Republic of China after the successful revolution led by Dr. Sun Yat-Sen. Her father was a very capable official working in the government monopoly of Salt business. His assigned jurisdiction covered the east part of Kwang-Tung Province and the west part of Fu-Kien Province. He had armed forces to sweep up syndicated smugglers and out-laws. He was in charge of production, trade and levies of sea salt. Salt taxes were an important income for the government at the time.

Her mother came from generations of local administrators; in other words, from a family of tradition on formal etiquettes and manners. However, she was a woman of courage and gallantry; throwing away the restrictions and constraints of tradition. She said that the most admired and respected person for her was General McArthur of the United States of America — "Let's charge!"

Under such a family background my mother grew up. She married to a middle level officer of Dr. Sun Yat-Sen's National Revolution Army. The Revolution Army started out from Kwang-Tung, fighting eastward and pushing northward swiping out warlords all over China with great success. Dr. Sun Yat-Sen founded the Republic of China in 1912, yet the actual unification of the nation was in 1928. There were less than ten years for the Nationalist government to organize and construct the country. In 1937, the Imperialist Japanese army ignited the fire of invasion at the Marco Polo Bridge. This fire had burned through eight long years, only to be ended when Japan surrendered to the Allies after the United States of America dropped the atomic bombs in Japan. Theoretically, The Republic of China was in victory; but as a matter of fact, the whole nation was stripped down to earth. The Chinese Communist Party, getting better organized and stronger during the wartime, took the advantage and initiated military actions against the Nationalist government. Finally, the Nationalist government evacuated to Taiwan from Mainland China in 1949.

In the tide of times of drastic changes, how would millions of ordinary people manage to live? What could a housewife with a group of kids do to survive? My mother, like other hundreds and thousands of mothers, was floating up and down with the changing tide of times and survived. She managed to bring us all to and settle down in Taiwan eventually.

She spent her last seven years of her life at the Senior House of Kaohsiung and she had seven happy years there. In 1997, she started a task she had never done before in her life; she began to write. She said she had no wealth to leave to her children; she left behind this memoir to them as souvenir.

She did not talk about politics; she did not touch on government affairs. She simply applied her amazing memory recording down happenings in her lifetime. In a way, it presented the progress and development of the Republic of China and the changes of people's values and mindset. These recordings are not only souvenirs for her children of generations but worthy to know for many as well. As said in her preface, "This writing could probably provide a little mending for the little holes in the great recording of official history."

As her children, we sincerely hope that the grandma's or great-grandma's storybook would give readers of younger generations enjoyment and pleasure. At the same time, we hope it would help the younger generations better understand the Chinese traditions and the evolutions carried out by a great hard-working, diligent, and resilient people, especially at difficult times.

Ceci Lu

中國現代史叢書

從接收到淪陷

林桶法／著

民國三十四年，日本宣布無條件投降，國民政府如何進行接收與復員，便成為當務之急。接收過程出現官員的貪污、部分地區未能完成接收工作、學潮不斷、通貨膨脹等問題，此係環境使然抑或人謀不臧所致？本書以平津地區的接收為例，分就軍事、經濟、交通、文教等方面加以敘述，並檢討其得失。

抗戰史論

蔣永敬／著

本書選輯二十篇著者對抗戰研究的論文，討論的重要問題如：蔣中正對抗戰的決策與堅持，西安事變前張學良與中共之關係及事變的善後，從七七事變到武漢會戰各次戰役的一些實況，抗戰結束前夕雅爾達密約問題以及中蘇條約簽訂的責任問題等，大多根據檔案及直接資料撰寫而成，兼採各家之言，期成信史。

學潮與戰後中國政治

廖風德／著

抗戰勝利後，國共兩黨針鋒相對。在國共頡頏中，中共在武裝鬥爭外，另闢第二條戰線，即學潮鬥爭。學潮對戰後國共兩黨勢力的消長，的確發揮了關鍵性的作用，餘波所及，亦左右了研究的客觀公正。本書則以跳出此一框框作為研究的基點，以窺探、曝陳往事真相為鵠的，藉而重現戰後學潮史實，並探討其影響。

三民叢刊

何其平凡

何凡／著

新世紀之初，何凡以九十餘歲的高齡，出版了最後的一本散文選集——《何其平凡》，精選在「玻璃墊上」停筆之後，八十年代散文三十一篇，追懷童年往事、專欄寫作生涯；描繪家庭親情、剪影生活；刻畫朋輩交誼，替莊嚴、王惕吾、何容、夏元瑜、林良等人物特寫。同時持續關注社會時事話題，提供前瞻性觀點，發表「言之有物」的中肯建言。

孤蓬寫真

陳祖耀／著

作者生長於戰亂的時代，從小即隨著家人開始逃難，先是逃土匪，接著逃日軍，後又逃共產黨。十幾歲便離家，生命即如一枝孤蓬，歷盡風霜，而終於平靜閒淡。本書作者自敘生平，將一生歷練及所聞所見娓娓道出，情隨筆現。而一生經歷之豐富亦可為歷史佐證，有志於現代史者此書必不可網漏。

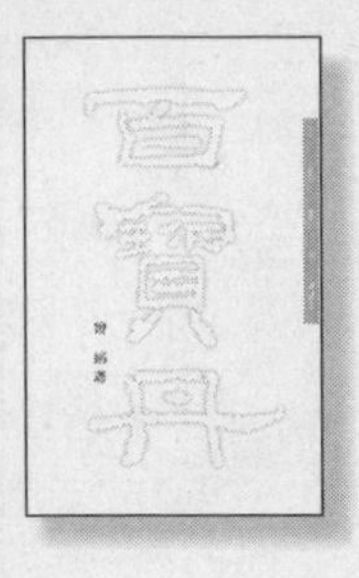

百寶丹

曾焰／著

本書描寫萬應百寶丹——雲南白藥的創始人曲煥章曲折驚險、奇特不凡的人生故事，記敘身世坎坷的孤雛，如何歷經幼年的悲傷變故、青年的奇特恩遇、成年的愛恨哀樂、壯年的大展鴻圖，終成為濟世名醫，是一部結合中國傳統藥理與鄉野傳奇的長篇小說，每一段故事，都是精采絕倫、奇情起伏的動人篇章。